透视元代文人精神文化

TOUSHI YUANDAI WENREN JINGSHEN WENHUA

赵其钧 著

安徽师范大学出版社
·芜湖·

责任编辑：房国贵
装帧设计：丁奕奕　欧阳显根

图书在版编目(CIP)数据

透视元代文人精神文化 / 赵其钧著.—芜湖：安徽师范大学出版社，2016.12（2024.6 重印）
（安徽师范大学文学院学术文库.第三辑）
ISBN 978-7-5676-2677-5

Ⅰ.①透… Ⅱ.①赵… Ⅲ.①知识分子－研究－中国－元代 ②文化史－研究－中国－元代 Ⅳ.①D691.71 ②K247.03

中国版本图书馆CIP数据核字(2016)第253391号

透视元代文人精神文化
赵其钧 著

出版发行：安徽师范大学出版社
芜湖市九华南路189号安徽师范大学花津校区　邮政编码：241002
网　　址：http://www.ahnupress.com/
发 行 部：0553-3883578　5910327　5910310(传真)　E-mail:asdcbsfxb@126.com
印　　刷：阳谷毕升印务有限公司
版　　次：2016年12月第1版
印　　次：2024年6月第2次印刷
规　　格：700mm × 1 000mm　1/16
印　　张：20.375
字　　数：315千
书　　号：ISBN 978-7-5676-2677-5
定　　价：79.00元

总　序

安徽师范大学文学院的前身是1928年建立的省立安徽大学中国文学系，是安徽省高校办学历史最悠久的四个院系之一。1945年9月更名为国立安徽大学中文系，1949年12月更名为安徽大学中文系，1954年2月更名为安徽师范学院中文系，1958年更名为合肥师范学院中文系，1972年12月更名为安徽师范大学中文系，1994年10月更名为安徽师范大学文学院。这里人才荟萃，刘文典、陈望道、郁达夫、朱湘、苏雪林、朱光潜、周予同、潘重规、宗志黄、张煦侯、卫仲璠、宛敏灏、张涤华、祖保泉、余恕诚等著名学者都曾在此工作过，他们高尚的师德、杰出的学术成就凝固成了我院的优良传统，培养出了一大批出类拔萃的各类人才。

文学院现设有汉语言文学、汉语言、秘书学、汉语国际教育等4个本科专业，文学研究所、语言研究所、古籍整理研究所、美育与审美文化研究所、艺术文化学研究中心等5个研究所（中心）。拥有中国语言文学博士后科研流动站，中国语言文学一级学科博士点，中国语言文学、艺术学理论两个一级学科硕士学位点；设有中国古代文学等10个硕士学位二级学科授权点和学科教学（语文）、汉语国际教育两个专业学位点；有1个安徽省A类重点学科（中国语言文学），3个安徽省B类重点学科（中国古代文学、汉语言文字学、中国现当代文学）；1个国家级特色专业建设点(汉语言文学专业)，1个国家级教学团队（中国古代文学），两门国家级精品课程（文学理论、大学语文），1个省级刊物（《学语文》）。

文学院师资科研力量雄厚，现有在岗专任教师82人，其中教授28人，副教授35人，博士55人。2010年以来，本学科共主持省部级以上科研项目100项，其中国家社科基金项目28项（含重大招标项目和重点项目各1项），获得省部级以上奖励9项。教师中，有国家首届教学名师1人，享受国务院特殊津贴12人，皖江学者3人，二级教授8人，5人入选省级学术和技术带头人，6人入选省级学术和技术带头人后备人选。

走过八十多年的风雨征程，目前中文学科方向齐全，拥有很多相对稳定、特色鲜明的研究领域。唐诗研究、古代文论研究、儿童语言习得研究、古典文献研究、宋辽金文学研究、词学研究、当代文学现象研究、古典诗歌接受史研究、梵汉对音研究、句法语义接口研究等在全国居于领先地位或在学术界有较大影响。特别是李商隐研究的系列成果已成为传世经典，国务院学位委员会委员、北京大学教授袁行霈先生说，本学科的李商隐研究，直接推动了《中国文学史》的改写。

经过几代人的薪火相传，中文学科养成了严谨扎实的学术传统，培育了开拓创新的学术精神，打造了精诚合作的学术团队，形成了理论研究与服务社会相结合、扎根传统与关注当下相结合、立足本位与学科交融相结合、历代书面文献与当代口传文献并重的学科特色。

21世纪以来，随着老一辈学者相继退休，中文学科逐渐进入了新老交替的时期，如何继承、弘扬老一辈学者的学术传统，如何开启中文学科的新篇章，成了摆在我们面前的迫切任务。基于这一初衷，我们特编选了这套丛书，名之为“安徽师范大学文学院学术文库”，计划做成开放式丛书，一直出版下去。我们认为，对过去的学术成果进行阶段性归纳汇集，很有必要，也很有意义，可以向学界整体推介我院的学术研究，展现学术影响力。

现在奉献的是第三辑，文集作者既有年高德劭的退休老师，也有年富力强的年轻学者，学科领域涵盖中国文学、语言学、美学、逻辑学等，大致可以反映文学院学术研究风貌的历史传承与时代新变。

我们坚信，承载着八十多年的历史积淀，文学院必将向学界奉献更多的学术精品，文学院的各项事业必将走向更悠远的辉煌！

储泰松

二〇一五年八月

目　录

引　言

冬去春来，潮起潮落；“百代兴亡朝复暮，江风吹倒前朝树。”秦汉隋唐，宋元明清，兴亡更迭，其间得丧易位之君王更是长长一大串。称号各异，本质相同，皇权至上，封建专制，一脉相承。然而“不变”之中的“变”，又从未停顿。一方面，因其内部和周边的情况不尽相同，需要另寻或改变固有的某些制度、策略、办法去应付、去处置。另一方面，“一朝天子一朝臣”，“天子”不管是雄才，是庸才，还是独夫，也不论出于何种宏图大略，还是心血来潮，总得有点自己的作为，以示“皇上圣明”；那身边的大臣不论德才高下优劣，以及出于何种用心，都得竭力展示“通古今之变”而治国的“精明睿智”，以示忠心与才干。所以在本质、宗旨不变的前提下，或因势，或因人，或两者结合，历朝历代在政治、经济、军事、吏制、教育、赋税、土地等等制度中，总要搞出一些新名堂、新招数，动作较大的有所谓“变法”“革新”“新政”“改制”等，主张者、反对者常常为此而激烈争斗，所谓“党争”“派斗”。至于利弊得失，是非功过，那需要世人评说、史家研究、时间检验，而一代君王与大臣不论是主张还是反对，都可以因此而青史留名，这倒是毫无疑问的，因为他们说了想说的话，做了想做的事。当然，这也为历史留下了一份不菲的遗产，那就是两千多年来中国封建制度文化的沿革。

其中出现在13、14世纪的元代，是第一个由少数民族统治全中国的王朝。在草原游牧文化与中原农耕文化的冲突、碰撞、融合中，该王朝所形成的行政、吏制、法律、经济、军事、教育等一套制度，较之以往，更具特色和影响。那种以民族特权统治为出发点与归宿的制度，在专制强权的支持下，其能量与威力足以影响着、改变着这个国家里的每一个人的生活，尤其是既敏感而又一向熟悉并依附传统制度文化的封建文人。

“人的本质”在于人的社会性，这就意味着人不能孤立地生活，也不能没有精神文化。元代文人在文化的冲突、变异中失去了原有的身份、地位与归属，如何在心灵的剧痛、震荡之余，重新选择人生，在另一番事业与价值追求中，找到另一种归属感，从而获得精神寄托、思想表达、情感交流、男女情爱、山水欣赏、文化娱乐、文艺创作等，由此也必然表现出他们的生活、心态、观念与审美，这也就是元代文人在痛苦而艰难的“文化适应”过程中所形成的极具特色的精神文化。这其中人的主观因素固然重要，但是，其前提则是客观社会诸多因素所构成的使它得以滋生和成长的“生态环境”，也就是说，“文化的变迁或转型总是人的世界的最深刻的变革，因为它代表着人的根本生存方式的转变”[①]。亦如法国史学家兼批评家丹纳所言：“作品（按：即精神文化重要的组成部分）的产生取决于时代精神和周围的风俗”，“时代的趋向始终占着统治地位。企图向别方面发展的才干会发觉此路不通；群众思想和社会风气的压力，给艺术家定下一条发展的路，不是压制艺术家，就是逼他改弦易辙”[②]。基于这些理由，我们还是先谈一点元代制度文化的有关情况，也就是“人的世界”（元代社会），或曰“时代的趋向”，所发生的变革。

① 衣俊卿：《文化哲学十五讲》，北京大学出版社2004年版，第19页。

② 丹纳：《艺术哲学》，傅雷译，人民文学出版社1963年版，第32、35页。

第一章　元代制度文化点滴

忽必烈在《中统建元诏》中提出："稽列圣之洪规，讲前代之定制。"[①]意思是既要维护"国朝（蒙古）之成法"，又要沿袭中原历代封建王朝的仪文制度，这个建政纲领就明确地规定了元代制度文化的二元性。还须指出那两句话虽是并列的，但事实上在二元组合之中，还是有先后主次之分的。也就是说，在具体的制度建设和权力运作中，虽各有"变通"，但就实质而言，更多的是"变通"后者，确保前者，来构建二元体制。其结果是：

一方面，元代建立了中央集权的封建王朝，适应了中原经济基础，在一定程度上促进了社会的安定和生产的恢复、发展，这比野蛮地破坏，原始地掠夺，当然是一大进步。但也必须指出，在特权专制的社会中，生产发展，财富增长，与百姓生存状况的改善是了不相干的。关于这一点我曾在拙作《"权利"与"文明"——从元代"刀笔得官者多"想开去》（见本书"续编"）中略有论述。

另一方面，蒙古统治者在行政体制、权力高度、统治对象与规模都已经发生重大变化的情况下，依然持守着一些旧有的制度、意识、习俗，甚至凭借其权力使之泛化、恶化，这又不能不给国家、社会、经济等等带来诸多不良的、消极的乃至破坏性的影响，也使得二元性的制度文化始终贯穿着无法调和的矛盾和冲突。

明、清之际的思想家、史学家黄宗羲早就指出："古今之变，至秦而

---

① 《元史·卷四本纪第四·世祖一》。

一尽，至元又一尽。”（《明夷待访录·原法》）显然，元代制度文化打破了汉唐以来一千多年的传统，带来了别开生面的“一尽”之“变”。所以著名史学家钱穆先生直言：“元代的中国社会实在走上了一变型。”[①]其内涵无疑极具个性，而又相当庞杂。黎东方先生就曾在《细说元朝·自序》中说过：“元朝的历史最难读，也最难写，最难细说。”全面而深入地阐述，既非本文任务，亦非自己力所能及，所以在此只能稍加概括，取其点滴，窥其一斑。

第一节 “联合”与“主从”

元代统治者占领广大中原，进而统一了全国，既要借助汉族地主武装扩充军力，又要吸取汉族地主阶级的剥削、统治之道；而汉族地主则要依靠元代势力，以维护自身的财产与利益。二者相互利用，相互依赖、勾结，便形成了蒙、汉贵族和地主阶级联合专政的封建王朝。

不过，说是“联合”，二者并非“平起平坐”，而是“主从”分明。皇帝宝座不用说，就是在官员任用上的民族歧视也毫不含糊，“台省要官皆北人为之，汉人南人万中无一二”[②]。地方上的路、府、州、县，监控、裁决的实权也都操纵于达鲁花赤之手，且“永为定制”，不可改变。“达鲁花赤”，元朝官名。蒙古贵族人数有限，而征服之地域辽阔，由他们自己“单独”“全面”“直接”去治理不可能，只得委付当地统治阶级中有实力的人物。但为了保证元代统治者权力不致因此而削弱，所以在地方官员之上另设监临官（达鲁花赤），“掌印信，以总一府一县之治。……达鲁花犹华言荷包上压口捺子也，亦由古言总辖之比”（叶子奇《草木子·卷三·杂制篇》）。如何理解这种蒙、汉二元官制的形成及性质，可以引述札奇斯钦先生的一段话：“自汉地的眼光看，达鲁花赤是叠床架屋的，首长上面的首长；但自蒙古人的眼光来看，达鲁花赤才是可汗派去的长官，其他

① 钱穆：《中国知识分子》，《国史新论》，生活·读书·新知三联书店2001年版，第146页。

② 叶子奇：《克谨篇》，《草木子·卷三》。

不过是按照当地人民的风俗习惯而沿袭的旧制度，他们都是达鲁花赤的属员和协助他的‘佐贰人员’。”[①]在这种主从关系中，若遇到暴戾跋扈的达鲁花赤，“同列少逆其意，或诟詈侵辱，不异仆隶”。可见主从关系也无异于主奴关系，加之他们中间的多数人既少政治经验，又缺乏文化素养，甚至目不识丁，这就必然带来达鲁花赤与同列僚佐之间的隔阂与矛盾，也会造成政务纷争，效率低下，弊政丛生。至于“兵籍系军机重务，汉人不阅其数”（《元史·卷九十八志第四十六·兵一》）。因此，准确地说元朝政权是以蒙古贵族为主宰的蒙、汉贵族和地主阶级联合专政。这种政治结构不仅使得汉族官员被矮化了，且须处处小心，以防不测。不过对于投靠元代的汉族地主的经济利益，倒是丝毫无损，他们反而可以乘乱巧取豪夺，官商勾结，投机买卖，正可谓江山易主，私产大兴。在这个民族压迫与阶级压迫相结合的时代，百姓只能是在原有的地主、豪强之外，又增添蒙古、色目的贵族官僚、地主，多了层层盘剥与重重灾难。“在政治上经济上，有许多不合理不合法的特殊权益，分配在蒙古人即军人、征服者，色目人即商人、帮凶者，以及庙寺僧侣、土豪地主的手里。一切田地被霸占，一切工匠被掠夺。社会上是阶级重重，政治上是处处分割，各地方各阶层，到处有许多世袭的特殊权益在压迫民众。”[②]所以吕振羽先生说，这是“在封建制的基础上，遭受着近似半奴隶式的压迫和榨取”[③]。

第二节　“规律”与“权利”

马克思说：“野蛮的征服者总是被那些他们所征服的民族的较高文明所征服，这是一条永恒的规律。”[④]是的，比如元代统治者“附会汉法”，参照历代封建王朝的格式建立各级行政机构，把原先的直接掠夺、随意索

① 转引自李治安：《元代政治制度研究》，人民出版社2003年版，第112—113页。

② 钱穆：《中国社会演变》，《国史新论》，生活·读书·新知三联书店2011年版，第26页。

③ 吕振羽：《简明中国通史》，人民出版社1955年版，第488页。

④ 马克思：《不列颠在印度统治的未来结果》，载马克思、恩格斯：《马克思恩格斯选集》（第二卷），人民出版社1972年版，第70页。

取，改行征收赋税，以及兴办学校、书院传授儒学典籍等，就是被“较高文明所征服”的例证。不过问题绝不是这么简单，还需要具体分析，比如对于那些“较高”的物质文明、技术文明，与其说被“征服”，倒不如说心悦诚服、舒舒服服地占有和享用。而对于“较高”的精神文明、制度文明，那情况就复杂多了。元代统治者由于形势与处境的变化，要立足中原，巩固统治，不能不接受“他们所征服的民族的较高文明”，这道理就如郝经所言：“今日能用士而能行中国之道，则中国之主。”[①]又如徐世隆所言：“陛下帝中国，当行中国事。”还有许衡说的：

> 国朝土宇旷远，诸民相杂，俗既不同，论难遽定。考之前代，北方奄有中夏，必行汉法，可以长久。故魏、辽、金能用汉法，历年最多，其他不能实用汉法，皆乱亡相继，史册具载，昭昭可见也。国朝仍处远漠，无事论此，必若今日形势，非用汉法不可也。陆行资车，水行资舟，反之则必不能。……以是论之，国家当行汉法无疑也。（《鲁斋遗书·卷二·时务五事》）

如果说忽必烈的明智就在于能够顺应形势，能够接受身边这些谋士们的高见，在被“较高文明所征服”的过程中，面对“永恒的规律”，表现了一定的主动与开明的话，请别忽视了，由于元代统治者权力在手，利益在心，对于“较高的文明”取什么，不取什么，什么时候取，怎样取，取到什么程度，等等，又都是由其自身的权力与利益而决定、而选择，这其中虽不免充满着内外的矛盾、斗争，然其权势者操控的特点与表现还是十分明显的，比如：

（一）有限性

当忽必烈在经营分地，积蓄力量，以及争夺汗位的这个阶段，可以说是礼贤下士，延揽人才，信任汉族文人，而且那种“眷顾之诚”，也曾令

① 郝经：《与宋国两淮制置使书》，《郝文忠公陵川文集·卷三十七》。

一些儒士们深为感激。可是，当他打败与其争位的幼弟阿里不哥，迁都燕京，大位坐定之后，昔日的"以礼接之"也就渐渐地不见了。这种变化王恽说得很清楚："国朝自中统元年已来，鸿儒硕德，济之为用者多矣……今则曰：'彼无所用，不足以有为也。'是岂智于中统之初，愚于至元之后哉？予故曰：'士之贵贱，特系夫国之重轻，用与不用之间耳！'"[①]王恽历官中统、至元，到成宗大德八年（1304）去世，为人博学多才，正直能谏，处事精干，不畏权势。其仕宦生涯正是在忽必烈的整个执政时期，所言所感，该来自于亲身的见闻与体验，无疑是真实可信的。那么，人们便不难看出，忽必烈对汉族知识分子的"用"，显然是限于自身的、一时的权力需要，而一旦权力到手，江山一统，也就因形势的变化而变为"彼无所用"了。当然，忽必烈依然是行汉法的有功者，然其局限性也是显而易见的，除了保留了一些很有影响的蒙古旧制之外，他也是制定民族歧视决策的首要人物。许衡是竭诚推动忽必烈"行汉法"的人物，对大元朝的开创、治理都是有功的。但是，忽必烈对他的"天下一家，一视同仁"[②]的执政理念，却毫不理会，而是反其道，坚持推行民族分化、歧视、压迫的政策。还有各种行政架构只是一种形式，其中的权力分配则是："其长则蒙古人为之，而汉人、南人贰焉。于是一代之制始备，百年之间，子孙有所凭藉矣。"[③]这才是要害所在。总之，"行汉法"的表象与有限是显而易见的。

（二）摇摆性

科举制开创于隋，完善于唐，宋亦继之。层层筛选，公开竞争，择优取仕，对于选官制度的变革、政权的开放与文官制度的建立，都有着划时代的意义。孙中山先生早就指出："中国的考试制度，就是世界中最古最

① 王恽：《秋涧先生大全文集·卷第四十六·儒用篇》。

② 许衡：《鲁斋遗书·卷二·语录下》。

③《元史·卷八十五志第三十五·百官一》。

好的制度。”[①]如果说“四大发明”（指南针、火药、活字印刷、造纸术），在国际上还时有争议，那么，科举制这“一大发明”，及其对世界影响之深远，倒是举世无争的。（拙作《“权利”与“文明”——从元代“刀笔得官者多”想开去》对此亦有所论述，见本书“续编”）可是到了元代呢？从世祖忽必烈到成宗、武宗，对于是否行科举一事，反反复复议而不决，直到仁宗时为了整治以吏入仕的种种弊端，才决意行科举，而后又时行时止，即使行科举也有种种歧视、限制，仅此一事也不难看出元代统治者对“较高文明”的摇摆与抗拒。这一点与稍早女真族建立的金王朝也大不相同，比如在1161年至1189年执政的金世宗（完颜雍）就是倡科举而抑吏道的，他指出：“起身刀笔者，虽才力可用，其廉介之节，终不及进士。”（《金史·卷八·世宗本纪》）而且他还指出这是关乎“政道兴废”的大事，不可等闲视之。因此儒风日盛，科举入仕之途比较通畅，以至于到金章宗（完颜璟）之后的“泰和（1201—1208）、大安（1209—1211）间，入仕者惟举选为贵科。荣路所在，人争走之”[②]。这与元代重吏轻儒，恰恰相反，所以叶子奇说：“科目取士，止是万分之一耳，殆不过粉藻太平之具。世犹曰：‘无益，直可废也。’”（《草木子·卷四·杂俎篇》）足见科举对于元代吏制的影响实在是微乎其微。而借科举张扬程朱理学，以禁锢思想，维护封建统治，倒是做出了不小的“贡献”。

（三）片面性

对于有助于加强统治力量，有利于提高皇帝贵族享乐挥霍的较高的物质与技术文明，蒙古统治者是取之犹恐不及，他们在对外战争中就注意俘掠大批各族工匠，元代官办的和皇帝、贵族经营的手工业种类之繁多，机构之庞大，也确实远在宋、金之上，诸如建筑、桥梁、玉工、金工、木工、石工、皮工、抟埴、毡罽、画塑、织染等，应有尽有。另设武备等

① 孙中山：《在广东省教育会的演说》（1921年4月4日），《孙中山全集》（第五卷），中华书局1985年版，第511页。

② 元好问：《遗山先生文集·卷二十三·故河南路课税所长官兼廉访使杨公神道之碑》。

"掌缮治戎器，兼典受给……其所辖属官，则自为选择其匠之能者任之"。因而各州、路也都有相应的机构，这从《元史·百官志》中有关的记载即可窥其概貌。至于对文化的态度，正如韩儒林先生说的："蒙古统治者只驱使蒙古人充当镇压各族人民的工具，保护他们的政权，而不引导蒙古人学习文化。因此，一旦政权丧失，所有的一切便悉归乌有了。"[①]那么，最后的结局，就只能像鲁迅先生在《报〈奇哉所谓……〉》中所说的："来蹂躏一通之后就跑回去。"

（四）极端性

对于社会秩序、意识形态的掌控，进入中原的元代统治者也日趋高明，那就是利用被"征服的民族"中的某些传统思想、学说，作为统治思想，以达到"正人心，一道德"的目的。理学始于北宋，代表人物有周敦颐、程颢和程颐等，集成于南宋朱熹。由于党争、政见和学术思想的纷争，理学曾屡遭打击、禁抑，朱熹就是在理学被禁锢和压抑中去世的。可是到了元代却时来运转，理学成了一统天下的"国是""官学"。奇迹之来，亦非偶然。

元军南下，理学"北上"。"北上"传布理学的一个重要人物就是赵复，所谓"北方知有程朱之学自复始"（《元史·卷一百八十九列传第七十六·儒学一》）。还有另一位叫窦默。理学是在儒家经学的基础上，吸取部分佛学和道教的思想而形成起来的，所以有人说它是"政统儒学的变种"[②]，也有人说它是"哲学化的具有抽象思辨特色的新儒学"[③]。总之，理学将"三纲五常"加以哲理化、系统化，演绎成永恒不变的、神圣不可侵犯的"天理"，人的一切思想、情感、言行都必须合乎"天理"，其结果便是"存天理，灭人欲"。"饿死事小，失节事大。"这种充满极端思想的学说，之所以能够在当时的北方大化其道，自然与元代权势者有关。

---

① 韩儒林主编：《元朝史·前言》，人民出版社1986年版，第11页。
② 邓绍基主编：《元代文学史》，人民文学出版社1998年版，第14页。
③ 周少川：《元代史学思想研究》，社会科学文献出版社2001年版，第23页。

忽必烈在“潜邸”就召见过赵复，言谈之间颇见尊重。对于窦默就更不一般，《元史·卷一百五十八列传第四十五·窦默》载：“世祖在潜邸，遣召之，默变姓名以自晦。使者俾其友人往见，而微服踵其后，默不得已乃拜命。既至，问以治道，默首以三纲五常为对。世祖曰：‘人道之端，孰大于此。失此，则无以立于世矣’……一日凡三召与语，奏对皆称旨，自是敬待加礼，不令暂去左右。”忽必烈于中统元年（1260）登大汗位，至元八年（1271）定国号为元，其权势与威望可以想见，有他的赞许无疑为理学行遍天下大开绿灯。后来还有一位仁宗皇帝爱育黎拔力八达，对“古先帝王得失成败，及君君臣臣父父子子之义”，亦深为感佩，曾面对群臣举起拳头说：“所重乎儒者，为其握持纲常，如此其固也。”（《元史·卷一百七十五列传第六十二·李孟》）显然，元代统治者看重的、需要利用的就是理学对君权至尊至上的鼓吹与捍卫。

同时，元代的一些理学家如郝经、窦默、许衡等人，已不再空谈心性，更不唱什么“夷夏之辨”，而是以务实的态度，主张用世，与元代合作，为忽必烈开创新朝立纲陈纪，巩固统治，积极效力。特别值得一提的是许衡，他为元朝学校规划出一套“永为定式而遵行之”的制度，其核心就是灌输理学。“许文正公衡为祭酒，始以朱子小学等书授弟子。”这也就为元代科举程式奠定了基础，那就是“专以周、程、朱子之说为主，定为国是，而曲学异说，悉罢黜之”（《滋溪文稿·卷五·伊洛渊源录序》）。其目的就在“下至童子，亦知三纲五常为人生之道”。

元代统治者既可以用“三纲五常”去达到驾驭人心的政治目的，还可以借用崇尚被征服者的“文明”去缓解文化的冲撞，笼络人心，分化儒士。事实上这一招确也取得相当的效果，元亡前后出现的一些文人就是很好的例证，比如张翥（1287—1368），清代四库馆臣说他：“一身历元之盛衰，故其诗多忧时伤乱之作。”请看他的《忆维扬》：“蜀冈东畔竹西楼，十五年前烂熳游。岂意繁华今劫火，空怀歌吹古扬州。亲朋未报何人在，战伐宁知几日休。惟有满襟狼藉泪，何时归洒大江流。”还有“百年等是豪华尽，怕听兴亡懒问僧”（《登六和塔》）；“白头一觉湖山梦，谁料繁华有劫灰”（《九日燕允孚森玉轩醉中感怀》）。所谓“忧时伤乱”，实是为气数已尽的大元朝悲痛落泪，哀唱挽歌。《元史》记载：“翥尝集兵兴以来死节之人为书，曰《忠义录》，识者韪之。”《忠义录》今已不存，然张翥对大元朝的耿耿忠心，人人可见。如果说张翥是元末大臣，仕宦显达，有一份知遇之恩：“君恩忘险阻，不觉畏涂来”（《至通州》）；“烽火连齐鲁，干戈接陇秦……老臣叨视草，进罢益沾巾”（《西内应制即事》）。那么，一生未仕的布衣诗人王逢（1313—1388），其竭诚忠元之心，亦可作为元亡之后遗民诗人的代表。钱谦益在《列朝诗集小传》中说：“至于吴城之破，元都之亡，则唇齿之忧，黍离之泣，激昂忾叹，情见乎词。前后《无题》十三首（按：包括《书无题后凡三首偶感燕太子丹事》），伤庚申之北遁（按：指元惠宗），哀皇孙之见俘，故国旧君之思，可谓至于极矣。”是的，“疏磬重烟水，残碑半雨苔。因之怀故国，游雁落清哀”（《重游淀山》）。这种悲凉落寞，眷怀“故国”之心，实际上伴随他走完了人生，而王逢去世，由元入明已二十年。所以顾嗣立在《元诗选》中虽然对钱谦益某些比喻提出异议，但也不能不说，“原吉之诗，志在乎元，则成其为元而已矣，故附于遗民之例而录之”。张翥、王逢等人的心态与表现，正可以说体现了元代去“夷夏之辨”，而重“君臣大义”的理学特色，及其所取得的社会效应。而就元代一部分理学家而言，他们既有“时君世主，欲复天德王道之治，必来此取法矣”①的信念，更在实践中表现了“运用天理，而见诸行事”②的积极与能耐。“时君世主”的政治上的需要，理学家乐于竭诚效力，目的都在维护对意识形态领域的绝对统治，元代理学就是这样凭借权势与制度，被推到“罢黜百家”而独尊的高位。“然就学术本身而言，则已基本上丧失发展而流于因循僵化。”③但是“僵化”不等于“消亡”，而且存在的时空依然有的是，因为对于封建社会后期的统治者来说，这种维护绝对君权的道统，实在是别无选择的“宝

① 《宋史·卷四百三十七列传第一百八十六·道学一》。

② 许约：《鲁斋先生升从祀文》。

③ 周良霄、顾菊英：《元史》，上海人民出版社2003年版，第701页。

贝”，大有利用的价值，因此以朱学为主的理学又成为明、清的官学和科场程式，成为牢笼人们近六百年的正宗思想，而其源头则不能不追溯到元代在思想、学术领域里所推行的极端性的政策。

种种表现，各有特色，但不难看出那“永恒的规律”，实质上都是围绕着一个“不变的中轴”，即“征服者”的特权专制与物质利益而取舍、而运作，却无视“被征服的民族”中，早已有之的“较高的”政治“文明”，比如选官制度，比如“理国要道，在于公平正直”[①]，也拒绝了“淫佚则亡”“恃力者亡”的警戒。当然，这也是一切贪愎喜利、专制黩武的封建统治者概莫能免的通病。

第三节　“统一”与“分化”

元代统一全国，结束了晚唐以来四百年分裂割据的局面，其历史意义和积极作用不少著作都有肯定，恕不赘述。这里要说的是问题的另一面，那就是在这个统一政权下的人却按照不同的民族和被征服的先后，分为四等：第一等蒙古人为元朝的“国族”，统治者的“自家骨肉”。第二等色目人。“色目”，不是一个民族，而是诸多民族的概称，有“各色名目”之意。当时所指称的对象究竟是哪些，曾有多种说法，常见于元人记载的就有回回、畏兀儿、康里、钦察、吐蕃、汪古、乃蛮等。第三等汉人，概指淮河以北原金朝境内的汉族和契丹、女真、高丽，以及较早为元代征服的云南、四川两省人。第四等南人（又称蛮子、新附人），指最后被征服的南宋境内的各族。汉人、南人绝大部分为汉族，此举也制造了汉族内部的矛盾、隔阂与歧视，南人“在都求仕者，北人目为腊鸡，至以相訾诟。盖腊鸡为南方馈北人之物也，故云”（《草木子·克谨篇》）。鲁迅先生在《北人与南人》一文中也曾举出这一点，他说：“至于元，则人民截然分为四等，一蒙古人，二色目人，三汉人即北人，第四等才是南人，因为他们是最后投降的一伙。最后投降，从这边说，是矢尽援绝，这才罢战的南方

① 吴兢：《贞观政要·公平第十六》，房玄龄语。

之强，从那边说，却是不识顺逆，久梗王师的贼。孑遗自然还是投降的，然而为奴隶的资格因此就最浅。因为浅，所以班次就最下，谁都不妨加以卑视了。”总之，这种法定的民族等级制度，使一部分人有着与生俱来的特权，而使另一部分人在政治地位、法律裁决、选拔任用、赋税差役等方面，都处在被歧视、被压制、被防范的境地。“分化”——作为元代统治者一项不可动摇的基本国策，事实上也是赖以维护特权专制的主要手段，这就形成了元王朝有别于传统汉族王朝的一个显著特点。然而，恰恰是这个“自以为得亲疏之道”的国策，使统一的国家，多了矛盾与冲突，少了和谐与凝聚；多了腐败与危机，少了生气与安定，终于走向衰败与崩溃。这种愿望与效果、目的与结局，明显相背，而又无法改变的政治模式，可以说是元代制度文化的又一个特点、又一个死结。还须指出的是，这样做并没有改变蒙古族广大劳动人民受压迫受剥削的命运，他们中的一些人照样被贩卖到异乡和海外为奴。可见民族“分化”的实质只在于维护元代少数贵族的特权利益，却恶化了各族平民百姓的生存环境、经济状况，也加深了、激化了社会矛盾。

萧启庆先生对这一问题剖析得很全面。他说：“全国统一为统合创造有利条件，加速汉地与江南，乃至中原与边疆地区的经济与文化之交流。但是元朝征服政权的性格及其所采取的民族分化政策及‘因俗而治’‘多制并举’等措施都为统合制造了甚大的障碍。”又说：“统合较不成功的几个方面则为意识形态、族群政治参与、民族融合以及阶级鸿沟等等。这几面统合之不成功，与蒙古及汉族文化异质性过高及蒙古政权的征服性格有关。……元朝各族群、各区域之人民的利益相互抵牾，绝非同舟一命。……因而，元朝显然未能迈越‘统合的门槛’。”①这，也就是“统一”的大元朝，始终陷入不可自拔的各种矛盾与困境的一个主要的原因。旁观者清，元明之际的叶子奇曾感汉：“呜呼！治天下之道，至公而已尔，公则胡越一家，私则肝胆楚越。”（《草木子·克谨篇》）但是，视特

① 萧启庆：《元朝的统一与统合：以汉地、江南为中心》，《内北国而外中国：蒙元史研究》（上册），中华书局2007年版，第25、37、38页。

权利益高于一切的元代统治者，又怎么可能以“至公”之道治天下呢！“利益”决定所选之“道”，“道”决定前程与命运，这是不可移易的逻辑。

第四节　“汉法汉制”与“旧制旧习”

忽必烈应该说有其杰出的一面——把握形势、深谋远虑。《元史·卷四本纪第四·世祖一》中说：“帝在潜邸，思大有为于天下，延藩府旧臣及四方文学之士，问以治道。”他对漠南汉地的治理采取招抚流亡、禁止妄杀、屯田积粮等措施，就是为了一改蒙古统治者入主中原“皆不知抚治，征求百出，民弗堪命”[①]的局面，这种“治道”，也就是儒道与汉法的一种体现。由此也必然引发忽必烈与蒙古统治集团中保守势力的分歧，而他在这一矛盾、斗争中之所以能取胜，又是得力于身边的谋臣，以及通过漠南汉地的经营所积聚的物质基础。这些都说明忽必烈对治理中原、治理国家的政治设计，已经有了十多年的思想准备与实践体验。所以后来即使面对反对者的质问——“本朝旧俗与汉法异，今留汉地，建都邑城郭，仪文制度，遵用汉法，其故何如？”[②]也没有改变他的选择。

忽必烈采行汉法，即位称帝，虽不偶然，但也不能简单地将其等同于昔日的中原帝王。他在《建国号大元诏》中宣称“绍百王而纪统”。自认为是尧舜禹汤、秦汉隋唐的继承，也效汉制在中央设中书省、枢密院、御史台，地方上建行省，看上去也确似中原传统封建王朝。不过，他还必须保持大汗的身份，以维护其对蒙古世界统治的合法性。所以，他也要明言不失“国朝之成法”，蒙古贵族的一些制度、仪俗也同时延续下来。总之，汉、蒙制度，各取所需，为我所用，杂糅并行，是元代制度文化的一大特点。对此，应该做一点具体分析。任何制度文化、习俗文化，都是历史形成的一种生活方式，其中蕴涵着人们的思想方法、意识观念、宗教信仰等，因而有它的稳定性和深层性，所以，蒙古统治者对旧制、旧习的沿

① 《元史·卷一百五十七列传第四十四·张文谦》。

② 《元史·卷一百二十七列传第十二·高智耀》。

续，既可以理解，也不可笼统地否定，因为每一个民族都有维护、变革传统文化的自主。我们这里要说的只限于那些旧制旧习，明明已经伤及苍生，危害社稷，而犹凭借“征服者”的优越，统治者的权势，不计后果、变本加厉地固守与彰显。这，对于已经身居高位、拥有绝对权力、治理着偌大国家的统治者来说，不能不说是一种毫无历史责任感的昏聩和愚顽。关于元代统治者对旧制旧习的延续与影响，这里也只能择其几点略加叙述。比如：

（一）怯薛制

这是成吉思汗的宿卫制度。怯薛军既是大汗的护卫，也侍奉大汗的日常生活，还有参与政务机要的职能。入元之后一如既往，可以干预军国大政，官员黜陟，且有“随时献纳”和隔越奏闻的方便。这“不仅是一般皇帝集权专制的派生物，同时还是蒙古旧俗的遗留和元朝二元性政治体制的产物。因此，无论国势盛衰治乱，皇帝开明昏庸，怯薛预政长期延续，经久不衰。这在历代王朝中实属罕见。对元代政治的影响，自然十分严重”①。此外，如遇特殊情况，比如宫廷内讧、皇权更迭，因其职权的便利也就有着特殊的作用。而在平常情况下入仕机遇也大大增加，他们凭借“密近天光”的特殊位置和“好根脚出身”，即使“生来一字不识”，也可“待以不次”，委以军政要职，就如姚燧说的“由宿卫者，言出中禁，中书奉行制敕而已”②。元代官僚队伍的核心也就是这个怯薛贵族特权集团所构成的，其素质、能力之低下，影响之恶劣，不难想见。

（二）赏　赐

根据蒙古惯例，大汗每年要对诸王勋贵行赏。元朝立国之后，皇帝自然是最大的财富拥有者，为了显示权威，“共享富贵”，也为了笼络权贵，以缓解内部的矛盾、纷争，赏赐之风，一代胜过一代。之所以如此，其深

① 李治安：《元代政治制度研究》，人民出版社2003年版，第57页。

② 姚燧：《送李茂卿序》，《牧庵集·卷四》。

层的原因就是“厚赏”作为征战的目的、立国的宗旨，在蒙古统治集团中上上下下早已形成了共识，而绝无例外。赏赐土地，就要去掠夺兼并；赏赐钱财，就要加紧搜刮。如此恶性循环，亦为历史罕见。忽必烈为了解决赏赐所带来的财政拮据，重用阿合马、卢世荣、桑哥这些敛财之臣长达二十一年之久，而不顾其祸国殃民。到了成宗、武宗更是滥赏无度。张养浩在上《时政书》中说“今姑举其害政太甚者一十事”，第一条就是“赏赐太侈”。他直言“陛下（指武宗）所知者，谓堂堂天下何珍不有，何奇不臻，随取随盈，故不靳惜，而不知四方万里之外，穷乡陋邑，疫氓厘妇，发鹤于耕，手龟于织……其成其贡，其来其入，其始其卒，在下者有如此之难。苟因一笑之欢，一醉之适，不论有功无功，纷纭赐予，岂不灰民心糜国力哉！”[①]滥赏的结果，必然增加苛捐杂税，尤不济事，那就“变钞”——变着花样滥发钞币，至元钞，至大钞，至正钞，愈变愈滥，到了至正年间，“军储供给，赏赐犒劳，每日印造，不可数计。舟车装运，轴轳相接，交料之散满人间者，无处无之。昏软者不复行用。京师料钞十锭，易斗粟不可得。既而所在郡县，皆以物货相贸易，公私所积之钞，遂俱不行，人视之若弊楮，而国用由是遂乏矣”。危机没有解决，而一切恶果则转嫁于百姓，这势必招来社会不满——“堂堂大元，奸佞专权，开河变钞祸根源，惹红巾万千……”[②]。尽管滥赐滥赏到国库空虚，也难以满足挥霍与贪婪，权贵们一面向皇上张口“告贫”，以求再赐；一面贪赃枉法，向下敲诈钱财和土地。朝廷急于“理财助国”，亲贵忙于中饱私囊，官员热衷贪赃纳贿，上行下效，所谓“上下贿赂，公行如市，荡然无复纪纲矣。肃政廉访司官，所至州县，各带库子检钞秤银，殆同市道矣！春秋传曰：国家之败，由官邪也。官之失德，宠赂彰也，岂不信夫！”如此穷凶极恶，“非法赋敛，民穷无告”，使权力迅速滑向腐败。百姓嘲之曰：“解贼一金并一鼓，迎官两鼓一声锣。金鼓看来都一样，官人与贼不争多。”[③]或

①张养浩：《归田类稿·卷二》。

②陶宗仪：《南村辍耕录·卷之二十三》。

③叶子奇：《谈薮篇》，《草木子·卷四》。

者就直言之：“贼做官官做贼混愚贤。”[①]如果用官员自己的话来说，那位杂剧中县官的自白就很有代表性：“我做官人单爱钞，不问原被都只要。若是上司来刷卷，厅上打的鸡儿叫。”[②]元代官场状况，官员面貌，社会舆情，于此可见一斑。

(三)宴　飨

这是元代贵族极感兴趣、也极为重视的三件大事（征伐、搜狩、宴飨）之一，“虽矢庙谟定国论，亦在于樽俎餍饫之际”。所以一切宴饮之事，只能隆重操办，不可淡然处置。比如至正二十年（1360），“时京师大饥，天寿节，庙堂欲用故事大宴会”。中书参知政事丁好礼谏言：“今民父子有相食者，君臣当修省，以弭大患，宴会宜减常度。”[③]虽然言辞直率，却也还颇有分寸，不是“免”只是“减”。可是“不听”，照例狂饮于庙堂之上。其冷漠与昏聩连这位大元忠臣也无法忍受，愤而辞官。

(四)佞　佛

这是元代的痼疾。早先成吉思汗、蒙哥就很崇佛。忽必烈中统元年（1260）即大汗位，封八思巴为国师，授玉印。至元六年（1269）又升为帝师，统领全国寺庙僧徒，主持皇庭重大佛事活动，开创了元代特有的帝师制度。此后的皇帝都要选一位高僧为帝师，即位前须从帝师受佛戒九次，后妃接受灌顶。如此特殊地位其影响所及，不仅是教派待遇的高下，更涉及政治、经济和社会等方面。比如寺庙建造、诵经祝寿、功德赐予以及庞大的佛事耗费，汇集成不堪重负的财政开支。所以至大三年（1310），张养浩在上《时政书》中明确指出：“国家经费，三分为率，僧居二焉。”问题还不止于此，寺院经济也借政治势力得以恶性膨胀。寺院既从皇帝、贵族、官僚、富豪那里得到土地、山林、财物的赏赐，也仗势

① 陶宗仪：《南村辍耕录·卷之二十三》。

② 孟汉卿：《张孔目智勘魔合罗》。

③《元史·卷一百九十六列传第八十三·忠义四》。

兼并民产，也经营各种手工业、商业，其“财产之富，虽藩王国戚不及也”[①]，这无疑也激化了社会矛盾。张养浩曾指出：“凡天下人迹所到，精蓝胜观，栋宇相望，使吾民穴居露处，曾不得茎茅撮土以覆顶托足焉……而人见其不蚕不稼，不赋不征，声色自如，而又为世所钦，为国家所重，则莫不望风奔效，髡首从游，所以奸民日繁，实本于此。”[②]僧侣中有的聚徒结党，为害四方，有的茹荤饮酒，玩弄妇女，甚至以祈福为名奏释罪囚，庇护贪官。元代世风败坏，朝纲不振，这也是一大根源。为了多一点形象的感知，不妨读一段赵彦晖的散曲：“一个供佛的柳翠，伴着个好色东堂。钟楼鼓阁，便做了待月西厢。丑禅师宠定个天香，笑吟吟携手相将。凤帏中路柳参禅，鸳帐底烟花听讲，看门儿亏杀金刚。暗想，这场。出家儿招揽乔公状，你也不是清静僧，真乃是莽和尚。当了袈裟做一场，岂怕人声扬?”（[南吕·一枝花]《嘲僧》）。

（五）重武功轻文治

忽必烈在即位诏书中开头便说：“朕惟祖宗肇造区宇，奄有四方，武功迭兴……”[③]祖宗的良马劲弓，威震四方，令人骄傲，也留下了“重武”的传统与习性。不过，得了天下之后，这“武功”所向除了镇压各族人民，又增添了新的任务，那就是“内斗”。“内斗”的核心就是大位的继承。

成吉思汗对内以其军事、政治才干，结束了蒙古各部的长期争斗，创建了帝国与政府；对外“用兵如神”，横扫欧亚，而攻金灭夏，又为大元朝的建立奠定了基础。“其奇勋伟迹甚众”，足以让他周围的人心悦诚服，五体投地，不敢觊觎。“权威，是在许多历史条件下形成的。”“权威”与“专权”可以结合，却不能等同。当成吉思汗倒下之后，“专权”还在延续，而他的“权威”则一去不返，也无人可与之相比。于是原先匍匐在

① 赵翼：《元时崇奉释教之滥》，《陔余丛考·卷十八》。

② 张养浩：《归田类稿·卷二》。

③《元史·卷四本纪第四·世祖一》。

“权威”脚下的子孙们便纷纷冒头，抢班夺权，相互角逐，并由此代代相传，什么死者的遗愿，“大聚会”的推举，都是形式而已，甚至连形式也不需要，汗位、皇位的得失，说到底都是军事实力的较量。

这种“内斗”的特点之一，就是“你死我活”的残酷性。且不说在历次“抢班夺权”的前前后后，所付出的难以计数的生命，就是胜出者坐上汗位、皇位也难得善终。比如：

太宗窝阔台，在位十三年，终年五十六。《元史》说：“奥都剌合蛮进酒，帝欢饮，极夜乃罢。辛卯迟明，帝崩于行殿。”怎么死得如此蹊跷呢？据说是“窝阔台所饮的酒，其中有毒。放毒的是他儿子的一个婶母。”①

定宗贵由，在位三年，“崩于横相乙儿之地”，年四十二。死因也是一个谜：“一说贵由系被拔都的奸细毒死，一说贵由与拔都之弟昔班在酒醉后争斗，互相把对方打死。”②

英宗硕德八剌，在位不到三年，在政变中遭杀，年二十一。

天顺帝阿速吉八，即位不到一个月，被叛臣赶出上都，不知所终。

明宗和世㻋，《元史》说“暴崩，年三十”，在位一年，便不明不白地死去。

宁宗懿璘质班，《元史》说“帝崩，年七岁”，在位不到一个月。

《元史》的编撰者由于种种原因，或不明言，或含糊其辞（“崩”“暴崩”），是可以理解的，不过，死于非命恐怕也是没有疑问的。这种一幕又一幕充满血腥的活剧，不能不让已经登上大位的、准备登大位的、想登大位的以及企图借废立之机从中获益的亲贵们，都必须一心“重武”“用武”，别无选择。

“内斗”的第二个特点就是不可调和的连续性。从第二代大汗窝阔台开始，直到元朝末代皇帝妥懽帖睦尔，围绕着继位问题，兄弟叔侄、诸王亲贵、军政大臣之间分分合合，暗争暗斗，明争暗斗，明争明斗，虽有起

---

① 转引自黎东方：《细说元朝》，上海人民出版社1997年版，第142页。

② 韩儒林主编：《元朝史》（上册），人民出版社1986年版，第199页。

伏缓急，却从未停顿。即使像“为一代之制者”的世祖忽必烈，也是毫无例外地从家族内部矛盾、斗争、杀戮中即位的，在位三十五年内战不止，直到八十岁去世，他与海都的内战也没有结束。

盛世如此，往后更是愈演愈烈，就在大元朝走向崩溃的边缘，“红巾万千”烽烟四起之时，宫廷内依然争斗、杀戮，军阀间“内战”不已，加之朝廷内外勾结，各怀用心，难分难解。至正二十八年（1368）闰七月，扩廓帖木儿与貊高、关保尤在厮杀，明军已进逼大都，元顺帝决意“避兵北行”，于七月二十八日带着后妃太子于“夜半，开健德门北逃”至上都。八月初二明军进入大都，元末旷日持久的军阀混战也终于和大元朝同时落幕了。说元代是“马上得天下”，不错。不过，如此长期的、反复的、残酷的“内斗”，已经使得元代统治集团分崩离析，军队元气大丧，倾覆之势，无可挽回。所以就这一点而言，又未尝不可以说元代是“马上失天下”呢？这也就是吕振羽先生在《简明中国通史》中所说的：“贵族内部不断冲突，却益削弱其对各族人民的统治。”如此结局，绝对是意欲“万世之传”的元代统治者所始料不及，却又是无法改变的！历史就是这样的转化着、发展着。

忽必烈在即位诏书中还有一句话：“文治多缺，五十余年矣。”这是对元代统治者的政治路线、治国方略一个清醒的反思，难能可贵。而且他也确有改善，比如崇儒揽士、推行汉法等。但是，包括他自己在内的整个元代，对于“文治”的认同与举措虽有起有落，终究没有改变“多缺”的倾向，这绝非偶然，究其原因，殆有两点。

首先是文化的隔膜、歧视与防范。元代统治者把儒士视为与和尚、道士一样是“告天祝寿的人”，“子不语怪、力、乱、神”（《论语·述而》）。儒士们既不倡导也不精通此道，所以在元代“敬鬼神而远之”的“儒教”只能勉强地处于佛、道之下。然而中原习儒者众，虽歧视却不能无视，于是乎防范胜于利用，钳制重于笼络，便成了元代统治者始终不变的心态与策略。当然他们也修复过孔庙，加封孔子后人，也用了少数儒士，不过，这些姿态和形式，既无碍特权统治，又可以装点在政治上行

“汉法”的门面，只是改变不了儒生命运。正如汪元量说的：“释氏掀天官府，道家随世功名。俗子执鞭亦贵，书生无用分明。”[1]儒门冷落，吏学风行。“今天下之人，干禄无阶，入仕无路，又以物情不齐、恶危而便安，不能皆入于农工商贩，故三尺童子，乳臭未落，群入吏舍，弄笔无几，顾而主书。重至于刑宪，细至于词讼，生死屈直，高下与夺，纷纷藉藉，悉出于乳臭孺子之手，几何不相胥而溺也。以至为县为州为大府，门户安荣，转而上达，莫此便且速也。人乌得不乐而趋之。”[2]由吏入仕成了为官的主渠道，这也是元代吏制的一大特色。“特色”的效果，不仅是“文治多缺”，更导致“不读书有权”，“不读书最高”[3]，致使官吏素质低劣，道德缺失，贪腐陋政，泛滥成灾。

其次，特权利益的维护。蒙古贵族的战马把草原游牧文化带入中原，中原农耕文化一度惨遭践踏。但若立足于长久，又不能总限于杀戮掠财、虏人而去，这就有了对中原文化的利用、融合的问题。不过融合、碰撞的结果，只能决定于“征服者”的意愿，就像世祖忽必烈既用姚枢、许衡、窦默等儒士行汉法，创建元王朝的一些制度，同时也毫不含糊地推行民族歧视、文化歧视的政策，也用阿合马、卢世荣、桑哥这些不择手段的敛财之臣。这一切都取决于他的治国理念，其核心便是对特权利益的维护。

对特权利益的维护当然还有诸多既得利益的权贵们。比如英宗硕德八剌时期，由于社会矛盾日益严重而决心革弊，任用有志“以儒道治天下”的拜住为中书右丞相，大力起用汉族儒臣，罢汰冗员，这就触犯到蒙古、色目贵族的世袭特权。到了至治三年（1323）八月，铁失等人终于发动政变，将拜住和英宗杀死于南坡。

其实这种文化、观念上的差异、隔膜与矛盾，也并非始于元朝立国之后。为了说明这一点，不妨看看耶律楚材的经历与遭遇，1215年元兵攻陷中都（燕京），楚材遁入空门学佛。成吉思汗在西征中要召见这位曾任职

---

① 汪元量：《湖山类稿·卷二·自笑》。

② 王恽：《秋涧集·吏解》。

③ 无名氏：［中吕·朝天子］《志感》。

于金朝的小官，人在空门，心系天下，将近而立之年的楚材，毫不犹豫地“涉大碛，逾沙漠，未浃十旬，已达行在”（耶律楚材《西游录》）。因为在他看来金的败亡，宋的溃退，一统天下非成吉思汗莫属。而治天下却不可在“马上”，于是乎这位“博极群书，旁通天文、地理、律历、术数及释老、医卜之说，下笔为文，若宿构者”①的耶律楚材，和历史上的许多儒士一样，把这次召见视作风云际会之机。他说：“安得冲天畅予志，云舆六驭信风乘”“千山风烈来从虎，万里云垂看举鹏”（《过闾居河四首》）。扶摇直上，一展宏图，以儒化胡，致君尧舜，使天下大定，似乎就在眼前。拜见之后，成吉思汗为他的“身长八尺，美髯宏声”，以及对答言辞而欣欣然不呼其名，但称“长髯人”。至于楚材要做的事除了掌管汉文文书，更重要的是“帝每征讨，必命楚材卜”。很显然，成吉思汗的兴趣犹在征战，而楚材就是为他占卜吉凶的“巫师”，从1218年相见，到1227年成吉思汗去世，就这样相伴了十年。颇有戏剧性的是由于楚材预言“皆验”，所以“日见亲用”，还曾经“指楚材谓太宗曰：‘此人，天赐我家。尔后军国庶政，当悉委之’”。何等器重，却全然不知，还是从不在意这位“治天下匠”的才能一直未能充分展示，耶律楚材心中的失落与苦闷也只能叹息在诗中：“散材潦倒浑无用，空化昂藏一丈夫。”（《和冲霄韵又一首》）可见，“欣赏”，不等于就用；用其一，也未必用其二。这其中当然也有当时的客观因素。不过，就楚材而言心中的落差还是难免的，“西域风尘汗漫游，十年辜负旧渔舟”（《过云川和刘正叔韵》），终于在失望中隐含了深深的反思。成吉思汗的热乎，耶律楚材的寂寞，为十年的“遇合”涂上了一层苦涩难言的色调。“旧山盟约已衍期，一梦十年尽觉非。……渐惊白发宁辞老，未济苍生曷敢归。”（《和伊喇继先韵二首》）失望并没有绝望，为了理想与抱负，他还在坚持，还在等待。

“苍天变化谁能料，万事反复何所无。”（杜甫《杜鹃行》）岂料成吉思汗对“巫师”的“欣赏”，却为耶律楚材的政治前途做了极好的铺垫。成吉思汗死后，拖雷监国，两年后窝阔台即位。出于情势的需要，这两人

①《元史·卷一百四十六列传第三十三·耶律楚材》。

都很倚重楚材，楚材也不断地展示了“治天下匠”的才干，对于诸多建议、措施，太宗窝阔台大多是“从之”，“然之”，“卿试为朕行之”。当然他们之间也有过矛盾、分歧与误解，特别是窝阔台在位的后期，但毕竟不多。所以耶律楚材在礼仪、法度、文治、税法等等方面皆有建树，尤其是税法的实施令太宗大为赞赏，“辛卯（1231）秋，帝至云中（今山西大同），十路咸进廪籍及金帛陈于廷中，帝笑谓楚材曰：‘汝不去朕左右，而能使国用充足，南国之臣，复有如卿者乎？’对曰：‘在彼者皆贤于臣，臣不才，故留燕，为陛下用。’帝嘉其谦，赐之酒。即日拜中书令，事无巨细，皆先白之。……丙申（1236）春，诸王大集，帝亲执觞赐楚材曰：‘朕之所以推诚任卿者，先帝之命也。非卿，则中原无今日。朕所以得安枕者，卿之力也”。而且还指着外来的使臣夸赞：“汝国有如此人乎？”韩愈说：“事修而谤兴，德高而毁来。”（《原毁》）是的，太宗在世时矛盾、谤毁就已经出现了，加之窝阔台如此“推诚”、赞扬，就更使那些“自家骨肉”（蒙古权贵）无法接受，更何况楚材的许多建议、措施和所处的位置，直接束缚了他们的手脚，损害了权贵们的利益！“骄傲，嫉妒，贪婪是三个火星，它们使人心爆炸。”面对这位契丹人耶律楚材，蒙古贵族心中的“三个火星”都已具备了，不过真正的“爆炸”，且致对手“毁灭”的是在辛丑（1241）十一月窝阔台去世之后，“皇后乃马真氏称制，崇信奸回，庶政多紊。奥鲁剌合蛮以货得政柄，廷中悉畏附之。楚材面折廷争，言人所难言，人皆危之”。虽然勇于抗争，但大势已去，无法挽回，旧怨新恨不可调和，两年之后，楚材郁悒而死，年仅五十五岁。

耶律楚材不是汉人，然其政治思想却属于泽民致主的儒学体系，但这对惯于征战，追求物欲，重在眼前的蒙古贵族来讲，终究是格格不入的，不能接受的，所谓“此理幽微人不识，莫言儒道拙谋生”（《和武川严亚之见寄》）。楚材的感叹和他跌宕起伏、郁悒而终的悲剧，也正深刻地预示了元代文化融合、碰撞的前景。那就是解决矛盾的出路不是认真改变“文治多缺”，仍旧是“特权”重于一切，“武功”决定一切。

看来，文化理念、传统观念，一旦被特权利益所绑架、所左右，也就丧失了理性的评判，丧失了吸取其他民族文化的精髓以及取长补短、与时俱进的活力，而不可避免地陷入固化与僵化，更何况“愈是缺少文化的特权贵族就愈容易彻底腐化。世祖至元二十三年（1286），‘麦术丁等检核万亿库，以罪监系者多。请付蒙古人领治’。有旨：‘蒙古人为利所汩，亦异往日矣！其择可任者使之’。‘为利所汩’，正是腐化的表征。他们的子弟，在这种环境里成长，一代比一代骄奢、昏庸。而元朝的各级政权，却主要掌握在这班无知的纨绔子弟手里……因此，到了元朝末年，吏治已是漆黑一团，贪贿横行”[①]。古人云：“患之所在，非徒在智之不及，又在及而违之者矣。”[②]何其深刻！统治者明知“为利所汩，亦异往日”，却无心也无力去改变，任其泛滥，这种“智及而违”的自作自毁，看似不可思议，实际上也是“为利所汩”的一种表现，一种必然。因为人们只能在具体的历史条件下，依据自身的社会地位，利益需求，利害关系，认知水平，去做他们想做而又能做的事情，统治者也不能例外。比如忽必烈，他要“绍百王而继统”，做大元朝的皇帝，就不能不采行汉法。但是，他既不可能改变征服者的身份，也不能不为蒙古贵族谋求更多的、永久的特权和财富，否则他还能是蒙古大汗吗？蒙古贵族们还能支持他吗？何况他本身就有嗜利黩武的一面。所以根本就不能幼稚地、违背历史地去指望当年的忽必烈及其继承者不搞特权专制，不搞民族压迫。

但是，一个国家的统治者的所作所为，对社会和历史而言，其实践的效果与影响又不可避免地有着高下、优劣、进退之分，这也是客观事实，所谓千秋功过，后人评说。如何评说呢？列宁曾指出：“判断历史的功绩，不是根据历史活动家没有提供现代所要求的东西，而是根据他们比他们的前辈提供了新的东西。”[③]如果我们认为此言有理，而且元代统治者也自认是中原王朝的继承，那么就可以比较一下，唐、宋的制度文化虽然也有其自身的局限、弊端，可是元代制度文化的某些领域，如吏制、科举

① 周良霄、顾菊英：《元史》，上海人民出版社2003年版，第610—611页。

② 《后汉书·刘梁传》。

③ 列宁：《评经济浪漫主义》，《列宁全集》（第二卷），人民出版社1984年版，第154页。

制、文治以及民族政策等方面，比起“前辈”（唐宋），不能不说提供了更为陈旧、落后和倒退的“东西”。也正因为如此吧，才有了钱穆先生这样的评论：“中国历史上的政治黑暗，宜莫过于元代。”[①]当然，如前所述把问题放到具体的历史范畴内去考察、分析，他们只能“这样做”，自然也要别无选择地要承担“这样做”的后果与评判。因此，也可以这样说，元代制度文化为元代统治者设计了一个新的、“一尽”之“变”的舞台，成就了一段颇具特色的表演。同时，从一开始也就为其匆匆落幕注入了各式各样的“催化剂”。成于斯，毁于斯，自导自演，乃时代使然，也是他们的祖先早“商量定”的“取天下了呵，各分地土，共用富贵”[②]这一根本的目的使然，无法改变。因为征服者有征服者的优越与权势，统治者有统治者的思维与逻辑，即使最糟糕的、最不公平的法则，也可行诸于世，而且还是“理当如此”的。至于后果如何，无暇也无须顾及，权势者总是迷信手中的权势。这正如巴尔扎克曾经指出的：“思想，或者说激情（它是思想和感情的汇合），固然是构成社会的因素，却也是摧毁社会的因素。在这方面，社会的生命与人的生命相似。”[③]要“改变”这种思想意识、思维逻辑和利益法则，历史还须耐心地等待。这里之所以要说这些，旨在更好地探索、解读在这个特定的时代和特定的制度文化的影响与制约下，一个特定的群体（元代文人）的精神文化。

---

① 钱穆：《中国传统政治》，《国史新论》，生活·读书·新知三联书店2001年版，第77页。

②《元典章·吏部卷三典章九·官制三·投下·改正投下达鲁花赤》。

③ 巴尔扎克：《〈人间喜剧〉前言》，丁世中译，载金志平编选：《巴尔扎克精选集》，山东文艺出版社1998年版，第11页。

第二章　元代文人精神文化概貌

如前所述，忽必烈在二元性的政治体制中建立了大元王朝，登上皇帝宝座。可是在这个“列圣洪规”与“前代定制”杂糅的政权中，儒士们丧失了原有的地位、位置和价值，“士无入仕之阶，或习刀笔以为吏胥，或执仆役以事官僚，或作技巧贩鬻以为工匠商贾”。这是由于唐、宋以来，业已形成且极具政治和社会影响的科举制、文官制被“杂糅”的体制“变通”掉了。因此，这种为我所用的“前代之定制”不“讲”犹罢，“讲”了反而令儒士们顿生一种被愚弄、被欺骗的难堪与愤慨。回顾以往朝代更替，制度文化承传沿革也是常见的，但有一个趋势则是共同的，那就是对文化、文人价值的认知还是步步提升的。杜甫想“致君尧舜上，再使风俗淳”（《奉赠韦左丞丈二十韵》），李白高唱“仰天大笑出门去，我辈岂是蓬蒿人”（《南陵别儿童入京》），范仲淹说“先天下之忧而忧，后天下之乐而乐”（《岳阳楼记》）。这种理想、胸襟和心态，恐怕只能在文人价值得到普遍认同、提升的政治环境和制度文化中，才能孕育而生，绝不是“九儒十丐”们所能具有的。元代文人面对骤然一落千丈的反差，面对“小夫贱隶，亦皆以儒为嗤诋”[①]的境况，心灵的震荡与悲愤是不言而喻的，然而“无可奈何花落去”，如今的现实就是“不论文章只论财”（郑德辉《王粲登楼》）。这种文化传统的断裂，源于特定的政治制度与专制强权。

人是有情欲的，但更是理性的存在。人不排除有被失落与悲痛摧垮的

① 余阙：《青阳先生文集·贡泰父文集序》。

可能，但更多的还是冷静地、理智地面对现实，选择合适的生活方式和生存空间，去谋求必要的物质生活，开拓必需的精神生活，以求得对环境的适应。这就是元散曲中“参透”“参破”“识破”一类词语使用的频率，远远高于唐诗、宋词的原因，还有一些散曲虽未明写“参透”之类的词语，实际上也是“参透”的结果。试举几例。

林泉高攀，虀盐贫过，官囚身虑皆参破。富如何，贵如何，闲中自有闲中乐，天地一壶宽又阔。东，也在我；西，也在我。

——陈草庵［中吕·山坡里羊］

……偶乘闲细将玄奥剖，把至理一星星参透，却原来括乾坤物我总浮沤。

——王德信［商调·集贤宾］套《退隐》

利名两字不坚牢，参透也弃了。紫袍不恋恋麻袍，其实心儿好。乐者为之乐，愁较少。

——无名氏［双调·快活年］

恕不再举。“参”，参究、思索、探求。对于元代文人而言，参，不是宗教的修行，也不是他们的偏爱，而是一个时代的文化现象。鲁迅先生讲过：“我只可以说出我为别人设计的话，就是：一要生存，二要温饱，三要发展。”①这也应该说是古往今来人类共同的、基本的要求。可是面对传统制度文化断裂、变革的元代文人，恰恰是这“三者”都受到了“阻碍”，而又无力正面地去“反抗”，去“扑灭”，但要活下去，就不能不“参”——参究人间世事，寻思生存之道，探求发展之天地，而“参破”“参透”，也就是“参”有所悟，“参”有所得。所悟所得既不是凭空冥想而来，也不是参禅悟道所致，而是“将汉史唐书遍览，把天时人事相

① 鲁迅：《北京通信》，《鲁迅全集》（第三卷），人民文学出版社2014年版，第265页。

参”[①]。也就是对历史、对现实以及自身经历的反思、观察、体验的领悟和总结。请看：

春风桃李繁，夏浦荷莲间，秋霜黄菊残，冬雪白梅绽。四季手轻翻，百岁指空弹。谩说周秦汉，徒夸孔孟颜。人间，几度黄粱饭；狼山，金杯休放闲。

——庚吉甫［双调雁儿落过得胜令］

［迎仙客］看时节寻道友，伴渔樵，从这尧舜禹汤周灭了。汉三分，晋六朝。五代相交，都则是一话间闲谈笑。

——邓玉宾［中吕·粉蝶儿］套

骊山四顾，阿房一炬，当时奢侈今何处？只见草萧疏，水萦纡，至今遗恨迷烟树，列国周齐秦汉楚。赢，都变做了土；输，都变做了土！

——张养浩［中吕·山坡羊］《骊山怀古》

两鬓皤，中年过，图甚区区苦张罗，人间宠辱都参破。种春风二顷田，远红尘千丈波，倒大来闲快活。

——马致远［南吕·四块玉］

竞功名有如车下坡，惊险谁参破？昨日玉堂臣，今日遭残祸。争如我避风波走在安乐窝。

——贯云石［双调·清江引］

还有“看了些荣枯，经了些成败”[②]，“中年才到便休官”[③]的张养浩等人，他们的身份、地位、经历、遭遇各不相同，却都感到生存的危机、发展的阻碍，且有着不约而同的选择。这一方面折射出元代文人生存环境

①汪元亨：［双调·沉醉东风］《归田》。

②张养浩：［中吕·普天乐］。

③张养浩：［双调·水仙子］。

的恶劣，一方面也反映了由此而引发的一个时代的社会思潮。参破王朝兴亡，就意味对皇权的蔑视，对现实政治的否定；参破功名利禄，就是不俯仰于权贵，以求得身安心安；参破贵贱荣辱，就是鄙弃世俗浮华张狂，以求得清闲自在；参破生死，就是要把握生命的存在，在失落中寻找快意的生活；参破贤愚，就是对“贤和愚无分辨”的抗争。可见元人的“参透”“参破”既不是老庄的“虚无”，也不是佛学的“诸法皆空”，它源自现实，也针对现实，其丰富的内涵不仅有对历史与现实的价值评判，更有着对人格的执着，对人生的追求。它虽然是应文化变异而生，却不是对元代制度文化的顺从、默认和主体意识的淡化与消失，恰恰相反，而是表现出思想的新变，观念的解放。这既有助于增强对文化裂变的承受，也有助于平衡心态，拓宽视野，活跃思维，以利于生存和发展，这才有了元代文人独特而鲜明的精神文化。

“文学作为人类精神创造活动的一个重要的精品，是人类文化活动的精华，是人类思维的神奇的结晶。”[①]叔本华也曾指出：“一般艺术和文学更显示了人类心智的最高成就。”[②]因此，这里拟就元曲这一视角，从生命感悟、情感世界、主体意识三个方面带有群体倾向的认知和行为，来探寻元代文人的精神文化。

第一节　生命感悟

“白骨纵横似乱麻，几年桑梓变龙沙。只知河朔生灵尽，破屋疏烟却数家。”[③]宋、金、元时代战乱连绵，而元军屠城狂戳之风从河朔直刮到江南。中原可见“尸积数十万，磔首于城，殆于城等”[④]的惨状。而后在元灭南宋时，忽必烈虽有“将士毋得妄加杀掠”的指令，但妄杀亦不少见，至元十二年（1275）十一月元军攻破常州“四门杀人，一城尽死”。所以

① 朱寿桐：《文学与人生十五讲》，北京大学出版社2006年版，第11页。

② 叔本华：《叔本华人生哲学》，李成铭等译，九州出版社2003年版，第72页。

③ 元好问：《癸巳五月三日北渡》，《遗山先生文集·卷第十二》。

④ 郝经：《须城县令孟君墓铭》，《陵川集·卷三十五》。

胡祗遹在《民间疾苦状》中说："（江南）自收附以来，兵官嗜杀，利其反侧，叛乱已得，从（纵）其掳掠，货财子女则入于军官，壮士巨族则殄歼于锋刃。一县叛，则一县荡为灰烬；一州叛，则一州莽为邱墟。"①面对这种"干戈直欲尽生灵"的悲惨现实，人们不得不忧生忧死，不得不思索生命的意义究竟何在，也不得不对个体生命予以更多的关注！金元时期全真教之所以盛行，一个重要原因就是在战乱频仍、人命不保之际，以其独特的理念、方式提醒人们对生命的重视与关爱。这，既可满足社会心理的需求，也适应了特殊的文化环境。钱穆先生就曾指出："蒙古的狂风暴雨卷进中国，书生的道理和他们讲不通，对付文化浅演民族，还得靠宗教。佛教复兴之外，在北方又新兴一种新道教即全真教。由于丘长春们七真人的掩护，救了北方中国的万千生命，亦绵延了传统文化之一脉生机。"②全真教不仅主张自我的"性、命双修"，"跳出凡尘，好觅长生路"（王重阳[苏幕遮]《叹人身》），也强调用"敬天爱民"的思想，"弭勇斗嗜杀者之心"。《元史·释老》传中记述丘处机的文字并不多，却有几处写其拯救苍生的言行：1219年，西征中的成吉思汗命近臣札八儿、刘仲禄持诏召见丘处机，"处机乃与弟子十有八人同往见焉。明年，宿留山北，先驰表谢，拳拳以止杀为劝。……太祖时方西征，日事攻战，处机每言欲一天下者，必在乎不嗜杀人。……时国兵践蹂中原，河南、北尤甚，民罹俘戮，无所逃命。处机还燕，使其徒持牒招求于战伐之余，由是为人奴者得复为良，与滨死而得更生者，毋虑二三万人。中州人至今称道之"。因此，元好问说："丘公往年召对龙庭，亿兆之命悬于治国保民之一言，虽冯瀛之悟辽主不是过。天下之所以服其教者，特以此耳。"（《怀州清真观记》）就此不妨再补上几句：元代文人中有与全真道士结交甚密者，有自号"道人"者，亦有出家入道者，从思想上、创作上受其影响之大来看，亦可谓是"服其教者"。而究其之所以如此，除了全真教的修行方式，以及"欲援

① 胡祗遹：《紫山大全集·卷二十三》。

② 钱穆：《中国知识分子》，载许纪霖编：《20世纪中国知识分子史论》，新星出版社2005年版，第90页。

儒、释为辅”的革新、兼容的特色易被文人接受之外，对生命本体的关注，应该说也是一个极其重要的因素。当然，“关注”是一个问题，如何探索与追求则是另一个问题。那么，元代文人究竟是如何理解生死，看待生命、追求生命的意义与价值的呢？从元人散曲中我们大致可以看到以下五点。

（一）生命是短暂的、唯一的

叔本华说过：“诚然，如果没有死亡的问题，恐怕哲学也就不成其为哲学。”[①]“西塞罗说，探讨哲学不是别的，只是准备死亡。……或者也可以说，人类的一切智慧与推理归根结蒂，就是要我们学习不怕死亡。”[②]总之，古今中外哲学界、宗教界以及无数的学者、诗人都探索过、议论过这一“问题”。对此，元代文人也有自己的认知，那就是：“人生可怜，流光一瞬，华表千年。”[③]“莫言李白仙，休说刘伶墓，酒不到他坟上土。”[④]不论是“天子呼来不上船，自言臣是酒中仙”的李白，还是“惟酒是务，焉知其余”的刘伶，只要两眼一闭，撒手人寰，就再也不能“诗酒乐天真”了。“想人生有限杯，浑几个重阳节。”[⑤]生命是短暂的、唯一的，衰老与死亡是不可抗拒的；什么炼丹服食以求不死、求成仙，都是骗人的把戏。其语言之简洁透彻，生动明快，无须诠释，即令人醒悟，自诩“参透”，亦不为言过。请看：

莫莫休休，浮生参透。能得朱颜，几回白昼？野鹤孤云，倒大自由。去雁来鸿，催人皓首。

——马致远［双调·锦上花］

千年调，一旦空，惟有纸钱灰晚风吹送。尽蜀鹃血啼烟树中，唤不回一场春梦。

——阿鲁威［双调·寿阳曲］

① 叔本华：《叔本华人生哲学》，李成铭等译，九州出版社2003年版，第306页。
② 蒙田：《蒙田随笔全集》（第1卷），马振骋译，上海书店出版社2009年版，第70页。
③ 张可久：［中吕·满庭芳］《山中杂兴》。
④ 贯云石：［双调·清江引］《知足》。
⑤ 马致远：［双调·夜行船］《秋思》。

……天地中间，生老病死，物理常情……。

……急回头两鬓皤然，漫说求仙，百计千方，都不似樽前。

——薛昂夫［双调·蟾宫曲］

朝烧炼暮烧炼朝暮学烧炼，这里串那里串到处都串遍，东家骗西家骗南北都诓骗，惹得妻埋怨子埋怨父母都埋怨。我问你金丹何日成，铅汞何日见，只落得披一片挂一片拖一片。

——无名氏［正宫·塞鸿秋］《丹客行》

无法回避“死”，必然关注“生”，丰富“生”的内涵，提升“生”的品质，这是人类共同的方向，文明发展的动力。对此，元代文人又是如何思考与实践的呢？这就是下面将要叙述的了。

（二）生命应存在于自尊、自适之中

人活着不可丧失生命本体的意愿和应有的自主人格。要知道：“你活得是否有意义，这取决于你的意愿，不是岁数多少。”[①]比如元代散曲大家乔吉，他早年大概也与许多传统文人一样憧憬仕途，心怀抱负，后来进入社会见闻多了，经历多了，也就失望了，“英雄事业何时办，空熬煎两鬓斑”[②]。但对生活并不绝望，人生还可以重新选择，就像后来汪元亨说的那样：“趋炎真面惭，附势实心淡。志同车有顣，身比舟无缆。”[③]乔吉说：“几年罢却青云兴，直泛沧溟。”[④]这个选择虽然使他漂泊“江湖间四十年”，却不去屈节趋炎，苟营功名，扭曲自我与世俗同流。他说：“不是我心灰意懒，怎陪伴愚眉肉眼”[⑤]；“清风闲坐，白云高卧，面皮不受时人唾”[⑥]；我如今得空都参破，得清闲才是我”。什么是“清闲”？对他而言

① 蒙田：《蒙田随笔全集》（第1卷），马振骋译，上海书店出版社2009年版，第86页。

② 乔吉：［南吕·玉娇枝］《闲适二曲》。

③ 汪元亨：［双调·雁儿落过得胜令］《归隐》。

④ 乔吉：［中吕·朝天子］《渔父词》。

⑤ 乔吉：［南吕·玉交枝］《闲适二曲》。

⑥ 乔吉：［中吕·山坡羊］《自警》。

就是寄情山水，“酒圣诗禅”，“批风抹月四十年”，笔写春山秋月，倾诉人间爱恨。这，“才是我”，“我”的自尊、自爱与自适。基于此，他也鄙视那些为名利、为身外之物，而“穿袖衫调傀儡，搭套项推沉磨”①的人物，因为他们奴化了、丑化了自我，丧失了自主人格。当然，这种批判与嘲弄也并非乔吉一个人。请看：

红尘千丈，风波一样，利名人一似风魔障。……利，金数两；名，纸半张。

——陈草庵［中吕·山坡羊］

蛩吟罢一觉才宁贴，鸡鸣时万事无休歇。何年是彻？看密匝匝蚁排兵，乱纷纷蜂酿蜜，急攘攘蝇争血。

——马致远［双调·夜行船］《秋思》套

鸡鸣为利，鸦栖收计。几曾得觉囫囵睡！使心机，昧神祇，区区造下弥天罪。富贵一场春梦里。财，讴泛水；人，泉下鬼。

——曾瑞［中吕·山坡羊］《叹世》

当然，这也是古今中外不少人的通病，蒙田对此就曾大为感叹：“虚名浮誉是流转人间最无用的假金币，但是谁不是心甘情愿用健康、休息和生命跟它们交换呢？……‘人真是怎么想的，竟会爱东西胜过爱自己？——泰伦提乌斯’”②看来，人们还是有理由要记住叔本华的一段话：“一个良好、温和优雅性格的人，就是在贫乏的环境中也能怡然自得，而一个贪婪、充满嫉妒和怨恨的人，即使他是世界上最富有的人，他的生命也是悲惨的。……因此，我们生命快乐的最重要和最基本的因素是我们的人格。”③

① 乔吉：［南吕·玉交枝］《失题》。

② 蒙田：《蒙田随笔全集》（第1卷），马振骋译，上海书店出版社2009年版，第222页。

③ 叔本华：《叔本华人生哲学》，李成铭等译，九州出版社2003年版，第5、6页。

（三）生命应活在清醒与理智之中，以避免为权谋所戏弄与戕害

……韩信功兀的般证果，蒯通言那里是风魔？成也萧何，败也萧何，醉了由他。

——马致远［双调·折桂令］《叹世》

张良辞汉全身计，范蠡归湖远害机。乐山乐水总相宜，君细推，今古几人知。

——白朴［中吕·阳春曲］《知几》

在刘、项之争中，刘邦能胜得天下，韩信、张良都是有功之臣。张良主动隐退，韩信不听蒯通劝其起兵弃刘之计，结果被吕后谋杀。打天下可共患难，得天下不可共安乐。“飞鸟尽，良弓藏；狡兔死，走狗烹。”这类故事不知重复过多少遍，可是，“君细推，今古几人知？”这倒是一个值得警醒与深思的问题！那么，元代文人对此是如何思考与解答的呢？我们还是以取材于《史记·淮阴侯列传》等史料而改创的无名氏杂剧《赚蒯通》为例来看一看。

事涉两面，先从最高统治者一面来看，要争权夺利打天下，必须网罗人才，而且不管其真心、本性如何，也不得不弄点虚情假意，以示求贤之诚。比如“萧何追韩信”，就遭到刘邦一顿大骂，可见在刘邦的眼中本就没有韩信的位置。刘邦原是个“素慢无礼”之人，其实“择良日，斋戒，设坛场具礼”，召集诸将，拜韩信为大将，看似隆重，却并不出于（也不可能出于）他的真心本意，只不过是萧何导演的一场戏而已。再比如韩信平定齐国之后，曾上书汉王说：“齐伪诈多变，反覆之国也。南边楚，不为假王以镇之。其势不定，愿为假王便。”刘邦一看大怒、大骂，张良、陈平赶紧踩踩他的脚，并对其耳语几句，于是刘邦“复骂曰：‘大丈夫定诸侯，即为真王耳，何以假为！’”这显然是心有怨恨，而又不得不“假戏真唱”，且“唱”得很巧妙，不能不承认刘邦确也是一个狡诈善变的角

色。所以蒯通对韩信说："当初你假镇三齐，他真拜王也非实意。"是的，依旧是"作戏"而已！

打了天下坐江山，坐江山也要人才。但是封建专制的本质是权力私有、江山私有，所谓"家天下"。因此，皇权高于一切，皇权就是一切，这种以私权为本的思维定势代不可移，万世不易，这就决定了坐在权力顶端之人，对人才的定位与态度——卑视与猜疑。一切人才说到底都不过是争天下，保江山，看家护院的"走狗"与"奴才"，不过，刘邦说得好听一些，叫做"功狗""功人"（《史记·萧相国世家》），表现得好有赏，不好当罚，而觉得"兵权太重恐难销"，自当及早除之。所以蒯通对韩信直言："见你握兵权便生猜疑。""古人有云：勇略震主者身危，功盖天下者不赏。正此之谓也。元帅这一去，必受其祸，愿元帅思之。"类似的话在蒯通力阻韩信"还朝"的过程中，反复说过多遍，韩信为什么还是执意去自投圈套，完成一个悲剧角色呢？这就不能不看看问题的另一面——韩信自身的"问题"了。

韩信足智多谋，能征善战，他之所以被戏弄、被戕害，当非偶然。那么，"问题"在哪里呢？

其一，强烈的成就感。他早年贫困，受辱，不得志，先投楚，后归汉，用他自己的话说："臣事项王，官不过郎中，位不过执戟，言不听，画不用，故倍楚而归汉。汉王授我上将军印，予我数万众……"奇迹由此而生，以至"功无二于天下，而略不出世"。这一点刘邦也是肯定的："连百万之军，战必胜，攻必取，吾不如韩信。"并称赞他是"人杰"，是"吾所以取天下"的三大功臣之一。可见人生难得的机遇，人生难有的辉煌，他觉得都有了，怎么能轻率弃刘，将这一切弃之不顾呢？

其二，优越的安全感。韩信在与蒯通的对话中反复诉说着："想某费了多少力气，方才灭的那西楚霸王，扶助圣人，平定天下，圣人岂有负了我的？""想某南征北伐，东荡西除，立下十大功劳，料的圣人怎好便负了我也？""想某驱兵领将，卧雪眠霜，立起这等江山，料着无事。""俺想圣人平日解衣衣我，推食食我，这许多好意，难道今日便负了我？"可见在他的心中既装满了冠冕堂皇的“资本”(功勋),还有着十分亲密的“私交”之情,所以在他看来“负了我”,“必无此理”!这种安全感不也是合乎寻常逻辑吗?

其三,无比的安逸感。蒯通告诫韩信,此去“管送的你死无葬身之地……不如学那范蠡、张良,早弃官而去,倒落的个远害全身也”。韩信回答是:“你差矣!想为官的前呼后拥,衣轻乘肥,有多少荣耀,平白地可倒修行办道,餐松啖柏,草履麻绦,受这等苦来!”

韩信的这些想法,有悖于人之常情吗?似乎没有。是空想吗?也不是,刘邦的一些言行是有所据的。但是,专制者翻云覆雨,说的、写的都是靠不住的——“汉家分土建忠良,铁券丹书信誓长。本待山河如带砺,何缘葅醢赐侯王。”(王安石《读汉功臣表》)此一时,彼一时,世事人心又岂是“常情”所测。比如说韩信虽是有心建功无意篡权,然客观上已有“错位”之嫌。这就是蒯通分析的:“势在人臣之位,而有震主之威,名高天下,窃为足下危之。”也是唐代诗人罗隐说的:“莫恨高皇不始终,灭秦谋项是何人。”(《书淮阴侯传》)要“恨”只能“恨”你韩信功高才著,留着你“高皇”我不放心,睡不着,那么,“烹狗”之灾,也就在劫难逃了。“奴才”就是“奴才”,“走狗”就是“走狗”,既不能高于主子,更不能令主子感到威胁,不管你是有意还是无意。如果说这一点还属于主观无意,思虑不周,那么下面的情况就是另一回事了。蒯通对韩信说:“你休性执,劝不的,还待要争名夺利。”“图什么风光,待气昂昂端坐在中军帐。”这就明确指出韩信不弃刘的根本原因,还是名利难舍。蒯通还曾警告他:“患生于多欲,而人心难测也。”但是韩信对萧何、刘邦一直是心存感激的:“蒙萧何举荐,汉王筑起高台,拜某为帅。”因此,他一再地表示:“食人之食者死人之事。”“虽死不易。”这种感激,这种以义待人,也是人之常情吧。可他怎么也想不到现在已经有人在设计“妆诬他一个谋反情由”,萧何更怕因举荐之事连累自己,也决意要协助刘邦除了他。正是“天于人乐,天于人祸,不知此个心何苦。叹萧何,反调唆,未央宫罹惹韩侯过,千古史书难改抹。成,也是他;败,也是他。”(陈草庵[中吕·

山坡羊］）萧何在变，刘邦在变，世事也在变，而韩信却以其寻常之情理，去应对“难测”之“人心”，“难测”之形势，于是这位统率过千军万马的将军，终成了胡涂执拗之人。除了“头脑简单”之外，其深层的原因还是争名夺利，恋富贵，恶清贫，贪安逸。这一点连樊哙也看得很清楚，他对萧何说：“我料韩信乃贪利之人，见诏书必然入朝。那时夺了三齐王印信，将他拿下杀了，怕他有本事会飞上天去。”是的，如果仅仅是“头脑简单”，思虑不周、不深，那可以静下心来听听别人的分析、劝告，而韩信做不到这点，正是被“贪利”“多欲”蒙蔽了心智。“处身者，不为外物眩晃而动，则其心静，心静则智识明。”（欧阳修《非非堂记》）反之，那就是“利心中骛，贪目不瞬”（刘禹锡《观市》）。“游鱼儿见食不见钩。”（不忽木［仙吕·点绛唇］《辞朝》）而这恰恰就是韩信既听不进蒯通之言，更不会放眼历史与现实的原因，当然也就不会去学范蠡、张良那样“见盈虚，识乘除”，轻弃世人所艳羡的一切，断然隐去。纵观历史，如此清醒、理智者毕竟不多。而似韩信之心态者则是多多，所以白朴要呼唤世人去想一想——“君细推，今古几人知？”无独有偶，蒙田也曾提出：“虚名浮誉是流转人间最无用的假金币，但是谁不是心甘情愿用健康、休息和生命跟它们交换呢？”[①]看来东方也好，西方也好，人性的弱点倒也颇为相似，令人深思。不过，也正因为如此，韩信作为一个被戏弄、被戕害的典型，倒也是很有代表性和启示性的。“鱼烂缘吞饵，蛾燋为扑灯。”（白居易《不如来饮酒》）所以说人要“知几”，分析、思考事之几微，也就是要反思历史，洞察现实，参透世事，目光远一点，深一点，预知事物的变化及其未来的结局。而要达到这个境界，关键还是要不为“外物眩晃”，不图“多少荣耀”，就如蒯通所言：“他安排香饵把鳌鱼钓。”而韩信之所以做了上钩的“鳌鱼”，既不是胡涂一时，也不是无人警告，而是“贪目不瞬”于“香饵”所致。“须知香饵下，触口是铦钩。”（李群玉《放鱼》）那么，不贪“香饵”，“见香饵莫吞钩，高抄起经纶大手”[②]，也

① 蒙田：《蒙田随笔全集》（第1卷），马振骋译，上海书店出版社2009年版，第222页。
② 王实甫：［商调·集贤宾］《退隐》。

就自然远离了“钴钩”。这，就是元代文人对这一问题的思索，与简明而又深刻的解答。再从另一个角度来看，如果说“岂不闻自古太平时，不许将军见”[①]是从韩信的结局中引发出来的一个悲愤的历史概括，那么，《赚蒯通》杂剧则是对封建专制权力私有、嫉贤妒能以及戕害人才的阴毒狡狯、冷酷无情给予了生动而形象地揭露与批判，实是一出鞭辟入里、振聋发聩的好戏。“古来青史谁不见。”所以“好戏”，不是重复历史，也不仅仅是“发思古之幽情”，而在于取材与表现上的创意，而在于“请出亡灵来给他们以帮助，借用它们的名字、战斗口号和衣服，以便穿着这种久受崇敬的服装，用这种借来的语言，演出世界历史的新场面”，“使死人复生是为了赞美新的斗争，而不是为了勉强模仿旧的斗争”[②]。换言之，也可以说“善言古者，必有节于今”（《荀子·性恶》）。大概有鉴于此吧，白朴就是绝意仕途，布衣终生。

（四）生命需要珍爱

人，最有价值的东西该是生命。这大概还是古今中外相通的一种价值观。2009年11月18日奥巴马登上八达岭，面对雄伟的长城，悠久的历史，亦深为感慨：“我们在地上的有生之年并不长，我们应好好珍惜。”[③]生活在特定时代的元代文人不仅对此特别关注，也还有自己的感悟与见解。这不妨看看他们对屈原的议论。

任薰莸不分，尽玉石共焚，由人海鱼龙混。长歌楚些吊湘魂，谁待看匡时论？

身重千金，舌缄三寸，坐时安行处稳。醉看山倒樽，醒读书闭门，无半点尘俗闷。

——汪元亨［中吕·朝天子］《归隐》

① 薛昂夫：［双调·庆东原］《韩信》。

② 马克思：《路易·波拿巴的雾月十八日》，载马克思、恩格斯：《马克思恩格斯选集》（第一卷），人民出版社1973年版，第603、605页。

③《奥巴马登长城，感慨“珍惜有生之年”》，《现代快报》2009年11月19日。

楚《离骚》，谁能解，就中之意日月明白。恨尚存，人何在？空快活了湘江鱼虾蟹，这先生畅好是胡来。怎如向青山影里，狂歌痛饮，其乐无涯。

——张养浩［中吕·普天乐］

屈原是伟大的，但在历史上也不是没有争议的。元代曲家从前期到后期，对屈原可以说是议了又议，说了又说。不过他们议的内容有别于前代，已不再争论是“露才扬已显暴君过”[①]，还是“与日月争光可也”[②]之类的问题。元人既理解屈原之恨，也不否认他是“忠臣”。他有“匡时”之论，但对于自沉汨罗，虽然在言辞上各有表述，不过总的倾向则是一致的，那就是几乎是没有人给予认同和肯定。这种不约而同的观念与文化现象，在唐诗、宋词中不曾见到，显然反映了元代文人对历史与现实独特而深刻的反思与感悟。请再看：

三闾当日，一身辞世，此心倒大无萦系。淈其泥，啜其醨。何须自苦风波际。泉下子房和范蠡。清，也笑你，醒，也笑你。

——陈草庵［中吕·山坡羊］

楚怀王，忠臣跳入汨罗江。《离骚》读罢空惆怅，日月同光。伤心来笑一场，笑你个三闾强，为甚不身心放。沧浪污你，你污沧浪。

——贯云石［双调·殿前欢］

画不成，西施女，他本倾城却倾吴。高哉范蠡乘舟去，那里是泛五湖？若纶竿不钓鱼，便索他学楚大夫。

——马致远［南吕·四块玉］《洞庭湖》

陶朱工钓船，晋处士田园，潜居水陆脱尘缘，比别人虑远。贤愚参杂随时变，醉醒和哄迷歌宴，清浊混沌待残年，休呆波屈原!

——张可久［正宫·醉太平］

① 颜之推：《颜氏家训·文章篇》。

② 晁补之：《重编楚辞·序》。

贯云石认为屈原是“忠臣”，其精神、人格与理想见于《离骚》，可与“日月同光”。但是，“谁能解”？“谁待看匡时论”？伟大的诗章只能令人“读罢空惆怅”，楚怀王不仅“不察”，反而听信谗言，怒而疏之，放之。就是按照孔老夫子的话，也应该是“君使臣以礼，臣事君以忠”（《论语·八佾》）。按照孟子的话就是：“君之视臣如手足，则臣视君如心腹；君之视臣如犬马，则臣视君如国人；君之视臣如土芥，则臣视君如寇仇。”（《孟子·离娄章句下》）可见在孔孟那里忠君也还是有条件的，只有到了程朱理学忠君观念才被绝对化了。屈原面对这种“谏则不行，言则不听，膏泽不下于民”的昏庸无救之君，“为甚不身心放”，为什么不弃之远去？根本没有必要去反反复复证明什么清白、忠贞，更不必自投汨罗，“休呆波屈原”！忠贞岂能感动暴政，气节岂可撼动强权，这样做是不是有点愚执与拘囿，而缺少通达与超脱呢？

当然，屈原以生命殉理想之悲壮，震撼古今。然而历史的因循，朝政的痼疾，是难以用这种方式去扭转的，正如屈原之死无改于楚国的命运，只落得个“沧浪污你，你污沧浪”。无论是正言、反语，还是苦涩、诙谐，言外总蕴含着深深的无奈和惊人的清醒。这种“清醒”也并非前无古人。马致远说“高哉范蠡乘舟去”，就是很好的例证。范蠡为越国大夫，前497年，越国被吴国打败。范蠡向越王献计，以卑词厚币、美女珠宝乞求吴国保存越国，并随勾践质身于吴。后来勾践获赦返越，十年生聚，十年教训，卧薪尝胆二十年，于前473年彻底灭吴。“已立平吴霸越功，片帆离飏五湖中。”（汪遵《五湖》）范蠡为什么断然隐去？他真地是心仪隐逸而去泛舟五湖吗？不！他在给文种的信中说得很清楚：“越王为人长颈鸟喙，可与共患难，不可与共乐。”并劝他早日离去。遗憾的是文种没有离去，结果勾践听信谗言，赐剑令他自我了断。所以马致远盛赞“高哉范蠡”！“高”就“高”在功勋卓著之时，也葆有一份难得的清醒！否则不做第二个“文种”，也会步屈大夫后尘遭谗放逐。也就是马致远说的：“若纶竿不钓鱼，便索他学楚大夫。”而且就在元代也并非汉族文人独有此见，萨都剌的《登歌风台》也有同感：“淮阴年少韩将军，金戈铁马立战勋。

藏弓烹狗太急迫，解衣推食何殷勤！倒使英雄遭妇手，血溅红裙急追首。萧何下狱子房归，左右功臣皆掣肘。……台前老人泪如雨，为言不独汉高祖。古来此事无不然，稍稍升平忘险阻。”这就是英国学者威廉·葛德文在《政治正义论》中所说的：“一个国王必然而且几乎不可避免地在本质上都是一个暴君。”如果说这是元代文人参破了封建帝王阴毒残暴的本质，那么，下面我们再看看元代文人对封建王朝兴亡成败的参破：

江山如画，茅檐低凹。妻蚕女织儿耕稼。务桑麻，捕鱼虾，渔樵见了无别话。三国鼎分牛继马。兴，也任他；亡，也任他。

——陈草庵［中吕·山坡羊］

峰峦如聚，波涛如怒，山河表里潼关路。望西都，意踌蹰。伤心秦汉经行处，宫阙万间都做了土。兴，百姓苦；亡，百姓苦。

——张养浩［中吕·山坡羊］《潼关怀古》

古今尽成闲是非，翻覆兴和废。休夸韩信功，谩说陈平智，早寻个稳便处闲坐地。

——钟嗣成［双调·清江引］

从先秦诸子到历代文人大都关注、研究治乱兴亡之道，追求“治国平天下”的人生价值，屈原“虽九死其犹未悔”，意亦在此。然而元代文人却“参透”出另一番道理——兴亡翻覆，只不过是“一话闲谈笑”，只不过是“牛继马”的“闹剧”。“闹剧”可以倒旗竖旗使一些人成王成寇，而给百姓带来的只是一个“苦”字。不过请注意，“闹剧”登场之前，登台之初，也并非直奔“主题”，照例总得玩点噱头，比如什么“致天之罚”的旗号打起来，“伐罪吊民”的口号喊起来，可一旦黄袍加身，龙床睡稳，便渐露真相——荒淫专制，祸国殃民，此一过程有快有慢，却无例外。这就叫做“始为天下忧，后为天下羞”[①]。那么，为这种循环反复的

①徐再思：［越调·凭阑人］《无题》。

“怪圈”摇旗呐喊、奔走呼号的价值何在呢？再说那摇旗奔走者又有什么结局呢？“一个悬首城门，一个和衣东市，一个抱恨湘流。”[①]皇权的“光环”，帝王的“外衣”，天子的“隆恩”，在这里统统剥落了、戳穿了，露出来的便是争权夺位的本质，专制腐败的虚伪与残酷。“参破”了这一切，还有必要去争什么“醉”和“醒”吗？所以曾瑞说：“有见识越大夫，无转理楚三闾。”[②]至于他自己则直截了当地宣布：“不学举国独醒葬汨罗。”[③]再退一步说，葬了汨罗又怎样呢？能使昏聩的楚王和贵族们惊醒吗？能改弦易辙，振兴楚国吗？也没有。可以说“一事无成，汨罗江倾送了残生”[④]。因此，“仔细寻思，都不如一叶扁舟”[⑤]；也不如“高卧绿阴清味雅。栽，三经花；看，一段瓜”[⑥]，兴亡任他，“早寻个稳便处闲坐地”。说历史，说屈原，无非加强这种参破的深沉与厚重，而归根结蒂还是回到现实与自己，这不就是元代文人的生存选择吗？所谓“善言古者，必有节于今”（《荀子·性恶》）。说消极也罢，说愤激也罢，暂且不论。但有一点该是明确的，那就是对封建专制的剖析和认识，总是多了思考，少了愚忠；多了自主，少了盲从。就这一点而言，元代文人对生命的珍爱，实质上也就包涵着对封建专制的理念、礼教与传统价值的颠覆。

（五）“生命之花”因“树德建言”而绽放，而超越时空、流芳后世

曹丕说：“年寿有时而尽，荣乐止乎其身，二者必至之常期，未若文章之无穷。是以古之作者，寄身于翰墨，见意于篇籍，不假良史之辞，不托飞驰之势，而声名自传于后。”（《典论·论文》）刘勰在谈论自己写作《文心雕龙》时说：“夫‘文心’者，言为文之用心也……夫宇宙绵邈，黎献纷杂；拔萃出类，智术而已。岁月飘忽，性灵不居；腾声飞实，制作而

---

① 张养浩：[双调·折桂令]。

② 曾瑞：[中吕·快活三过朝天子]。

③ 曾瑞：[正宫·端正好]《自序》。

④ 无名氏：[中吕·齐天乐过红衫儿]《幽居》。

⑤ 张养浩：[双调·折桂令]。

⑥ 陈草庵：[中吕·山坡羊]。

已……形同草木之脆，名逾金石之坚，是以君子处世，树德建言。岂好辩哉？不得已也”（《文心雕龙·序志》）。晚了一千多年，且生活在另一个国度里的歌德似乎也有类似的观点。他说：“到了七十五岁，人总不免偶尔想到死。不过我对此处之泰然，因为我深信人类精神是不朽的，它就像太阳，用肉眼来看，它像是落下去了，而实际上它永远不落，永远不停地照耀着。”①请注意，这里说的是“人类”，至于个人则又是另一回事，“我们并不是同样不朽，要在将来表现出伟大的生命力，就应［在今世］也有一种伟大的生命力”②。那就是用有生之年，在事业、思想或文艺方面有所创获，方能留下深远的影响——“将来”的“生命力”。那么，元代文人对此又有何感悟与见解呢？我们不妨先读三首小令：

黄尘万古长安路，折碑三尺邙山墓。西风一叶乌江渡，夕阳十里邯郸树。老了人也么哥，老了人也么哥，英雄尽是伤心处。

——无名氏［正宫·叨叨令］

陶渊明自不合时，采菊东篱，为赋新诗。独对南山，泛秋香有酒盈卮。一个小颗颗彭泽县儿，五斗米懒折腰肢。乐以琴诗，畅会寻思。万古流传，赋归去来辞。

——盍志学《双调·蟾宫曲》

晋时陶元亮，自负经济才，耻为彭泽一县宰。栽，绕篱黄菊开。传千载，赋一篇归去来。

——吴弘道［南吕·金字经］《咏渊明》

前曲意思是说，纵然一世佼佼功名，一世王侯公卿，曾经叱咤风云，终是一枕黄粱，一抔黄土，“尽是伤心处”。如果像庄子所言：“有人之形，无人之情”，一生死，齐万物，还有什么“伤心”可言！说“伤心”

① 爱克曼辑录：《歌德谈话录》，朱光潜译，人民文学出版社1978年版，第39页。

② 爱克曼辑录：《歌德谈话录》，朱光潜译，人民文学出版社2008年版，第181页。

者，心有不甘也。因为人除了肉体生命之外，还有情感、思想、智慧与精神，难道这一切也都要随着肉体生命的终结而灰飞烟灭吗？难道人就没有跨越生死的价值所在吗？倘若有，又在哪里呢？怎样获得呢？如果说这一系列的问号，反映了作者的苦恼、思考与探索的话，那么，下两曲便可以说是一种不约而同的“发现”，且有着相同的“答案”。

晚于曹丕（187—226）、先于刘勰（约465—约532）的陶渊明（约365—427），在那个个体意识觉醒的时代，“文学的自觉时代”，其人其诗可以说既是曹丕理论的实践，也是刘勰立论的一个依据。“岁月飘忽，性灵不居”，陶渊明走过六十来个春秋，便“辞逆旅之馆，永归于本宅”（陶渊明《自祭文》）。可是李白记得“陶令八十日，长歌《归去来》”（《对酒醉题屈突明府厅》）；“何日到彭泽，长歌陶令前”（《寄韦南陵冰余江上乘兴访之遇寻颜尚书笑有此赠》）。辛弃疾则高唱：“须信此翁未死，到如今凛然生气，吾侪心事，古今长在。”（《水龙吟》）至于元代由于时代的原因，对于“三径修，五柳栽，归去来”，“名万载”的陶渊明更是思之多多，颂之多多。此后当然还有，比如龚自珍的“陶潜诗喜咏荆轲，想见停云发浩歌。吟到恩仇心事涌，江湖侠骨恐无多”（《舟中读陶诗三首》）等。要问陶渊明为什么如此“声名自传于后”，“名逾金石之坚”？前引盍志学的小曲也算是一个简括而艺术的回答。那就是“陶渊明自不合时”，“五斗米懒折腰肢”，志存高洁，不与浊世同流，嫉恶除暴，猛志常在，“采菊东篱，为赋新诗”，而又能“一语天然万古新，豪华落尽见真淳”[①]。读其诗，思其人，人品诗品，相得益彰，是所谓“万古流传，赋归去来辞”。这就是曹丕所言“寄身于翰墨，见意于篇籍”以及刘勰所说的“君子处世，树德建言”的结果。换句话说，也就是一种超越生死、万古流传的价值的实现。奇怪的是，这一点还是中外相通的，请看：“西塞罗说过退出官场后要利用退隐时间写文章名传千古：‘天下人不知道你的才能，满腹经纶不也归于无用？——柏修斯’”[②]元代文人对此不仅知

① 元好问:《论诗绝句》。

② 蒙田：《蒙田随笔全集》（第1卷），马振骋译，上海书店出版社2009年版，第225页。

之，且也行之。朱庭玉在[大石调·青杏子]套《归隐》中说：

不羡穿红骑马，准便玩水观霞。自去携鱼换酒，客来汲水烹茶。家存四壁，诗书抵万金价，岂望皇宣省劄。

这意思就是做人不要降志辱身，羡慕荣华，为名利所缚，人生不惧清贫，即使家徒四壁，也要在自由适意、文化素养和心灵方面的富有。这与陶渊明的"弊庐何必广，取足蔽床席。邻曲时时来，抗言谈在昔。奇文共欣赏，疑义相与析"（《移居》），"微雨从东来，好风与之俱。泛览周王传，流观山海图。俯仰终宇宙，不乐复何如"（《读〈山海经〉十三首》），都有着相似的神貌。再比如张养浩说："陆龟蒙长散诞，陶元亮自耕耘。这几君，都不是等闲人。"（[越调·寨儿令]《春》）"同声相应，同气相求"，张养浩也"不是等闲人"，请看他的为人之道：

与人方便，救人危患，休趋富汉欺穷汉。恶非难，善为难，细推物理皆虚幻。但得个美名儿留在世间，心，也得安；身，也得安。

——张养浩［中吕·山坡羊］

"诗品出于人品"（《艺概·诗概》）。张养浩这么说也是这么做的，他"于人诚信，于官清正"，以直言敢谏而弃官归隐，七诏不赴，而当晚年受命赈灾，"即散其家之所有与乡里贫乏者，登车就道"，救人危患，惩治凶顽，终日辛劳，以至死于任上，"关中之人，哀之如失父母。"至于张养浩的诗文《四库全书·归田类稿·提要》评曰："养浩为元代名臣，不以词翰工拙为重轻，然读其集如陈时政诸疏，风采凛然；而《哀流民操》《长安孝子贾海诗》诸篇，又忠厚悱恻，蔼乎仁人之言。即以文论，亦未尝不卓然可传矣！"

刘勰说："拔萃出类，智术而已""腾声飞实，制作而已"。显然，"这些都不是身份与财富所能促成或代替的"[①]，是凭借一个人的德行、学

① 叔本华：《叔本华人生哲学》，李成铭等译，九州出版社2003年版，第5页。

问、才智与“用心”“制作”所致。元代众多的文人于“文海晦盲”之际，“淹于词章”；于失落困厄之中，沉浸于“几曲宫商大用心”，“笔端写出惊人句”，创作出“名占古今”的杂剧与散曲。他们的爱与恨，胸襟与志趣，人格与品性，自然也寄寓其中，从而使短暂的“生命之花”绽放在无限的时空中，流芳于后世。就如欧阳修所说的：“其同乎万物生死而复归于无物者，暂聚之形；不与万物共尽而卓然不朽者，后世之名。此自古圣贤莫不皆然，而著在简册者昭如日星。”（《祭石曼卿文》）。元代文人当然也明白这个道理，且付诸实践，请看赵孟㒥的诗：“功名亦何有，富贵安足计。唯有百年后，文字可传世……”（《酬滕野云》）“齿豁头童六十三，一生事事总堪惭。惟余笔砚情犹在，留与人间作笑谈。”（《自警》）“暂聚之形”可以消亡，功名富贵过眼烟云，然而世事感悟、人生体验、思想情感、审美情趣等等皆可籍“笔砚”“文字”，“留与人间”，传之后世，“昭如日星”。所以钟嗣成在他的《录鬼簿序》中说：“酒罂饭囊，或醉或梦，块然泥土者，则其人虽生，与已死之鬼何异?”而对那些“门第卑微，职位不振，高才博艺”的已亡名公才人则赞之为“不死之鬼”。这里不仅有对豪门权贵的蔑视，对人世不公的控诉，更有对生命意义、价值与追求的评判。钟嗣成的观念和著述也得到周浩的认可，他在《题录鬼簿》一曲中说：“想贞元朝士无多，满目江山，日月如梭。上苑繁华，西湖富贵，总付高歌。麒麟冢衣冠坎坷，凤凰台人物蹉跎。生待如何，死待如何？纸上清名，万古难磨。”（［双调·折桂令］）。可见生命虽然有限，但是怎样度过，如何结局，也还是可选、可塑的。这就是蒙田所告诫的：“生命的价值不在于岁月长短，而在于如何度过。有的人寿命很长，但内容很少；当你活着的时候要提防这一点。”[①]

歌德曾经说过：“人生一世不就是为了化短暂的事物为永久的吗？要做到这一步，就须懂得如何珍视这短暂和永久。”[②]就元代文人对生命的思

① 蒙田：《蒙田随笔全集》（第1卷），马振骋译，上海书店出版社2009年版，第85页。

② 歌德：《歌德的格言和感想集》，程代熙、张惠民译，中国社会科学出版社1982年版，第22页。

考与实践而言，正可以说既珍视了“短暂”，也将“短暂”化作了“永久”。当然，“有诗便写，无酒重赊”[①]，落魄洒脱的元代文人也未必人人、处处着意于此，就如刘永济先生在《元人散曲选序》中说的：“原不过抒其郁抑无聊之思，初不存传世久远之念，彼辈视人生如蜉蝣之暂寄，又何声名之足惜。”但是，世事往往就是这样的奇妙——着意而无缘，无心却得之。元曲——“中国最自然之文学”的辉煌，却在客观上无可争辩地证明了这两点：其一，生命是短暂的、有限的，而优秀的文学艺术则是长久的、永生的。就如席勒所言：“诗的精神是不朽的，它也不会从人性之中消失。除非人性本身消失了，或者人作为人的能力消失了，诗的精神才会消失。”[②]其二，“生命就是一种奋斗，不能奋斗，就失去生命的意义与价值；能奋斗，则世间很少有不能征服的困难。”[③]

第二节　情感世界

“闲将往事思量过，贤的是他，愚的是我，争什么！”[④]“今朝有酒今朝醉，且尽樽前有限杯。”[⑤]似这类“玩世”之作在元散曲中随处可见，但要说元代文人真的如此，那就欠妥了。就如蒙田所说的：“只从表面行为来判断我们自己，不是聪明慎重的做法；应该探测内心深处，检查是哪些弹簧引起反弹的；但这一件高深莫测的工作，我希望尝试的人愈少愈好。”[⑥]那么，要论述古人的“行为变化”，当然更“是一件高深莫测的工作”。不过，按照行文之意，这又是一个绕不过去的“工作”。本书也只能迎难而上，做点粗浅的“尝试”。元代文人的“玩世”，虽然有对强势的无

① 曹德：[三棒鼓声频]《题渊明醉归图》。

② 席勒：《素朴的诗和感伤的诗》，载伍蠡甫等编：《西方文论选》（上卷），上海译文出版社1987年版，第489页。

③ 朱光潜：《朝抵抗力最大的路径走》，《朱光潜谈修养》，中国青年出版社2013年版，第25页。

④ 关汉卿：[南吕·四块玉]《闲适》。

⑤ 白朴：[中吕·阳春曲]《知己》。

⑥ 蒙田：《蒙田随笔全集》（第2卷），马振骋译，上海书店出版社2009年版，第8页。

奈，但也反映了弱势并没有泯灭心中的反拨与嘲弄。“于嘻笑诙谐之处，包含绝大文章。”[①]当然，那些正言直说之处，也不乏“绝大文章”。总之，“玩世”的元代文人实有着丰富而炽热、真挚而细腻的情感世界。“情动于中而行于言”（《诗大序》）；“诗缘情而绮靡”（陆机《文赋》）。元代文人也正是以其丰富的情感才创作出动之以情的作品。下面将就亲情、爱情、友情、世情、物情与乡情来逐一谈谈。

（一）亲　情

培根曾说过：“对家庭的责任心不仅是对人类的一种约束，也是一种训练。”[②]我们这里就从“家庭”的角度，看看元代文人对妻子儿女的情怀与责任。

郑振铎先生说：关汉卿“有一篇［南吕·一枝花］《不伏老》，恐怕是他的自供吧。……写得多么有风趣！”“风趣”不错，“自供”则未必全然。曲中之所以用第一人称，无非是为了增强作品的真实感、生动性和趣味性，很难说那就是作者关汉卿，或者说那就是元代文人的生活“写真”，要不然他（他们）真成了不知有家、不顾妻儿的风流浪子、放浪形骸的堕落文人。须知元代文人的玩世佯狂，不等于轻狂浪荡。试读这首小令：“狗探汤，鱼着网，急走沿身痛着伤。柳腰花貌邪魔旺。柳弄娇，花艳妆，君莫赏。”（曾瑞［南吕·四块玉］《警世》）便不难看出元代文人对于寻花问柳、狎妓嫖娼的“痛着伤”，还是持有一份清醒与警戒的。下面再回到原来的话题，其实关汉卿《不伏老》的创意要以一个叛逆者的宣泄，表达出对世俗、礼教的高贵、虚伪报以公开地蔑视与挑战，而不必到现实生活中指认“我”是谁。就说关汉卿吧，从他的杂剧、散曲中都不难看到有着尊重、同情、赞美妇女的平等意识，而且在家里也还是一位颇为“惧内”的角儿。请看他的［中吕·朝天子］《从嫁媵婢》：

---

① 李渔：《闲情偶寄》。

② 培根：《论婚姻》，《培根论人生》，何新译，天津人民出版社2007年版，第31页。

鬓鸦、脸霞，屈杀了将陪嫁。规模全是大人家，不在红娘下。巧笑迎人，文谈回话，真如解语花！若咱、得他，倒了葡萄架。

一位相貌靓丽、热情灵巧、言辞文雅的姑娘，作为随嫁的侍女，作者见之深感“屈杀了”，若是到此为止，也仅仅是怜惜、不平而已。可是进而心动神摇，正当想入非非，又是一个急转弯——“若咱、得他，倒了葡萄架”，戛然而止。荒唐无非笑谈，然笑谈中亦见清醒与理智。吴梅《顾曲麈谈·谈曲》中说：“汉卿轶事，有至可笑者。尝见一从嫁媵婢甚美，百计欲得之，为夫人所阻。关无奈，作小令一支贻夫人云：‘鬓鸦、脸霞……。’夫人见之，答以诗云：‘闻君偷看美人图，不似关王大丈夫。金屋若将阿娇贮，为君唱彻醋葫芦。’关见之太息而已。”王季烈的《螾庐曲谈》也有类似记载。这是不是后人“敷衍故事……以成小说”，暂且不谈，就作品而论，起码在那“戛然而止”的调侃之中，作者关汉卿就已流露出道义在心、移情理亏的蕴意。其深层的品格不就是责任、平等与尊重吗？这在宗法社会自是可贵的进步。似这种亲情为重的心理，在关汉卿的散曲中还可以见到。比如：“深沉院舍，蟾光皎洁。整顿了霓裳，把名香谨爇。伽伽拜罢，频频祷祝：‘不求富贵豪奢，只愿得夫妻每早早圆备者。’”（［黄钟·侍香金童］）曲中的女子整衣燃香，深深祈盼夫妻团圆，在她的心中恩爱相守，远胜过“富贵豪奢”。当然夫妻团聚，儿女簇拥，其乐融融的温馨，男人又何尝不向往呢！请看魏初的［黄钟·人月圆］《为细君寿》：

冷云冻雪褒斜路，泥滑似登天。年来又到，吴头楚尾，风雨江船。但教康健，心头过得，莫论无钱。从今只望，儿婚女嫁，鸡犬山田。

“细君”，指妻子。魏初仕宦在外，四方奔波，却不忘远方妻子的生日，已见一片深情，还为此提笔作曲，曲之真情实意更令人感动。他首先诉说自己的行踪，这不是喧宾夺主，也不是浪费笔墨，恰恰相反，因为他深知妻子只有知道他一路平安，才能放下日日夜夜的惦念，丈夫的祝愿也才能听得下去，这就是两心相通的体贴。祝愿什么呢？身体健康是头等大事，而要健康，则须心无烦恼，“莫论无钱”，方能知足常乐，平实之中饱含着深深的温情与爱意。最后说出自己的心愿，那就是早日归来，办好儿女婚事，过着朝夕相守，“鸡犬山田”，平淡平常而又无限温馨的生活。这，不也是妻子的最大的心愿吗？如果是，那就是送给她的最佳的、最需要的生日“礼物”！理解与关爱，尽在不言中。

作为父母系于心上的岂止是“儿婚女嫁”，“养不教，父之过”。从古到今，对于子女的教育都是每一个家庭的重任，由此也构建了中华文化的一个优良的传统。元代文人尽管自己处境特殊，不免佯狂散诞，然对子女的教育犹不失传统理念。任昱就说过：“杜门，守贫，知有归田分。……向东皋植杖耘。子孙，更淳，闲把诗书训。”（［中吕·朝天子］）曾瑞也说过：“……桔槔便当权衡。堤防着雨涝开沟洫，准备着天晴浍水坑。栽排定，生涯要久远，养子望聪明。”（［般涉调·哨遍］《村居》）如果说简朴恬淡、清贫无忧、躬耕自立，是自我修养，也是对子女的身教，那么，“闲把诗书训”，则重在文化知识的传承，而这一切的目的总在“养子望聪明”。希望他们不要做一个为贪图名利富贵而迷失了、丧失了人生方向的“糊涂”人。

但是，世上也有另一类父母给予子孙的是另一种“关照”与“爱护”。他们“为儿女使尽些拖刀计，为家私费尽担山力”[①]。不过，随着时代前进，一切都在变化，如今的一些人“为儿女”“为家私”倒也无须如此费力，只要手中有点权，就有人会变着法儿送上门的，即使有“不识相者”，一个暗示，也就行了。而且也无须老爷一个人去使计、费力，君不见许多贪官的妻子儿女外加情妇们分工合作，步调一致，齐上阵吗？不过，话说回来，这，也是祖宗留下来的“痼疾”，并非什么“新病”。张养浩就曾指出：“居官所以不能清白者，大率皆由家人喜奢好侈使然也。中既不给，其势必当取于人。或营利以侵民，或因讼而纳贿，或名假货，或

① 邓玉宾：［正宫·叨叨令］《道情》。

托姻属，宴馈征逐，通室无禁，以致动相掣肘，威无所施，己虽日昌，民则日瘁；己虽日欢，民则日怨。由是而坐败辱者，盖骈首俪踵也。”（《牧民忠告》）此与当下官场腐败的某些情境不也是颇为相似吗？“前腐后继”，世代相传。可惜的是他们总是忘记了：“阴随阴报，阳随阳报，不以其道成家道。枉劬劳，不坚牢。钱财人口皆凶兆，一旦祸生福怎消。人，也散了；财，也散了。”[①]所以任何时候都得记住：“富贵不依公道取。儿，也受苦；孙，也受苦。”[②]退一万步说：“狗苟蝇营贪不足，为妻儿口体区区。君家饱暖，他人冻馁，于汝安乎？”[③]人，总得有点良知、良心吧！就如白居易说的：“百姓多寒无可救，一身独暖亦何情。”（《新制绫袄成，感而有咏》）

看来，“玩世”的元代文人不单有着深爱妻儿的亲情，且有着心系天下苍生的胸怀，憎恶贪邪的正义。“狗苟蝇营贪不足”，纵是翻新也面熟。这不禁令人深感人性的弱点、人性的丑陋，也不能不惊叹元代文人洞察人情世事的睿智！这些都应该说是元曲之所以能历经岁月，仍能以其鲜活的形象，“光景常新”地展现在后人面前的一个重要的原因。“原因”就在于“并非过去之文字真能常新也，乃未来之人事大都仍旧耳。……则读昔人此词，时同此艰，心同此感，颇有不觉其光景常新者乎！”（任讷《曲谐·小隐余音》）

（二）爱　情

“关关雎鸠，在河之洲。窈窕淑女，君子好逑。”[④]“青年男子谁个不善钟情？妙龄女人谁个不善怀春？这是我们人性中的至圣至神。”培根在《论爱情》中说过，爱情在舞台上，要比在人生中更有欣赏价值。因为在舞台上，爱情既是喜剧也是悲剧的素材，而在人生中，爱情常常招致不幸。

---

① 陈草庵：［中吕·山坡羊］。
② 陈草庵：［中吕·山坡羊］。
③ 滕斌：［中吕·普天乐］《财》。
④《诗经·周南·关雎》。

也因此吧，中外古今描写爱情的作品浩如烟海，元代散曲虽不能例外，但也有自己的特色。传统诗词中的男女相思爱恨，往往写得婉转含蓄，朦胧暗示，怨而不怒；而元散曲对此则表现得比较直率单纯，大胆泼辣，其思想之开放，语言之俚俗，风格之明快，都有别于诗词。比如："有意同成就，无意大家休。几度相思几度愁，风月虚遥授。你若肯时肯不肯时罢手，休把人空拖逗。"（吕止庵［仙吕·醉扶归］）读之可见一斑。对此论者颇多，且不赘言。这里我们只想谈谈元代文人在这个特定的文化融合与碰撞的时代，所形成的、所持有的某些有关男女情爱的理念。比如：

1.爱在真诚。

我事事村，他般般丑。丑则丑村则村意相投，则为他丑心儿真，博得我村情儿厚。似这般丑眷属，村配偶，只除天上有。

——兰楚芳［南吕·四块玉］《风情》

鸾凤配，莺燕约，感萧娘怜才貌。除琴剑又别无珍共宝，则一片至诚心要也不要？

——周文质［双调·落梅风］

"男才女貌"，传为佳话，世人皆求，世人皆羡，当然可以理解。不过请注意，婚姻美满与否，还不完全在此。就像前曲中所说的：我是啥事都蠢，他是咋看咋丑，那又怎样呢？他心儿真，我情儿厚，情真意深，不就是人世间最美满的姻缘吗？不避不惧，有理有情，自满自得，一反世俗之见，揭示出爱的根基——情意的融洽，心灵的契合。

"鸾凤配，莺燕约"，以比兴领起，意在"同类相从，同气相求"。"琴剑"，作为儒雅与勇武品格的象征，古代文士外出常为随身之物。所谓"琴剑事行装，河关出北方"（薛能《送冯温往河外》）。男女结合，不仅是情相投，还须意相合，也就是生活追求与价值观念的合拍。男主人公说：感激"你"不弃在下的才貌，但必须告诉你，我乃一介书生，除了

“琴剑”身无长物，要说有嘛，那就是对你的“一片至诚心”。至于“要也不要”，请你三思。既尊重对方，也无损于己；既诚恳相求，也可进可退；文士之风度、风趣、心智溢于字里行间。这种不瞒不骗、不吹不哄、审慎坦诚的示爱求爱，即或在当下也是可贵可取的，因为“他”坦荡而直率地表现出一种示人以真、爱人以诚的品格。

2.爱在清淳。

> 笑将红袖遮银烛，不放才郎夜看书，相偎相抱取欢娱。止不过迭应举，及第待何如？
>
> ——白朴［中吕·阳春曲］《题情》

> 锦笺题芳恨，旧香余绣衾。两处相思一样深。琴，有谁能解音。情难禁，爱郎不用金。
>
> ——无名氏［南吕·阅金经］《失题十二首》

婚恋观也是一种意识形态的体现。在封建社会里“父母之命”是婚姻的主宰，“门当户对”是婚姻的定位，权势财富是婚姻的价值追求。之所以如此，恩格斯早就讲得很清楚：“对于骑士或男爵，以及对于王公本身，结婚是一种政治的行为，是一种借新的联姻来扩大自己势力的机会；起决定作用的是家世的利益，而绝不是个人的意愿。在这种条件下，关于婚姻问题的最后决定权怎能属于爱情呢？”[①]上举两曲中说：“止不过迭应举，及第待何如？”（这当然与元代对文化与民族的歧视亦不无关系）“情难禁，爱郎不用金。”在这些看似轻松、爽快的话语中，实是蕴藏着巨大的颠覆力，颠覆了千百年来的世俗传统、陈规陋习，而把“个人的意愿”摆到决定的位置。这种不唯功名金钱是图的清纯之爱，不仅反映人性之美，也体现人类婚恋文化的一种共同的、进步的理念。是的，我们在莎士比亚的《李尔王》中不也见过类似的观点吗——“爱情里面要是掺杂了和

① 恩格斯：《家庭、私有制和国家的起源》，载马克思、恩格斯：《马克思恩格斯选集》（第四卷），人民出版社1973年版，第74页。

它本身无关的算计，那就不是真的爱情。”

3.爱在勇气。

弹玉指，觑腰肢，想前生欠他憔悴死。锦帐琴瑟，罗帕胭脂，则落得害相思。

曾约在桃李开时，到今日杨柳垂丝。假题情绝句诗，虚写恨断肠词。嗤，都扯作纸条儿。

——周文质［越调·寨儿令］《闺情》

从来好事天生俭，自古瓜儿苦后甜。奶娘催逼紧拘钳，甚是严，越间阻越情忺。

——白朴［中吕·阳春曲］《题情》

从别后，音信绝，薄情种害煞人也。逢一个见一个因话说，不信你耳轮儿不热。

——马致远［双调·寿阳曲］

白居易诗曰：“为人莫作妇人身，百年苦乐由他人。”（《太行路》）

千年之后的徐志摩又写了一篇文章，题目就叫《不幸而为中国女子》，文中说：“字典里女字部的文字，坏字较好字为多。”又说“国破家亡，以及一切大小不幸的事件发生，就都推到女子的身上”。如此“不幸”，自然也就很难做人。才情颖慧吧，不好，因为“女子无才便是德”；天生丽质吧，更坏事，因为“夫有尤物，足以移人”（《左传·昭公二十八年》）。左右都不是，出路只有一条，那就是听天由命，“苦乐由他人”。但是，元人散曲却偏偏为我们塑造出诸多不“由他人”的女性，她们敢爱，也敢憎；敢于追求，也勇于“决绝”。比如周文质《闺情》的开端，女主人公直言相思害得“憔悴死”。可是她却没有“愿言思伯，甘心首疾”（《诗经·伯兮》）的痴情，也没有“只愿君心似我心，定不负相思意”（李之仪《卜算子》）的幻想。为什么？那是由于她没有因往日的相爱、眼前的相思，而丧失了应有的清醒与理智，她用对方的行为证实了、揭穿了写给她的那些海誓山盟的“题情诗”“断肠词”，统统是虚情假意的哄骗。怎么办？被欺骗、被捉弄的她不是饮泣吞声，不是怨而不怒，不是“苦乐由他人”，而是嗤之以鼻，不屑一顾，“都扯作纸条儿”。“恩情中道绝，流止任东西。”（曹植《怨诗行》）一刀两断，告别过去。这倒有点像《白头吟》中的女主人公“闻君有两意，故来相决绝”的果断与刚烈。

“决绝”需要理智与勇气，追求也同样需要理智与勇气。我们来看白朴的《题情》。“奶娘”严加管束自然受命于主人，当然也可能掺杂着“奶娘”自己的传统意识。不过这位姑娘却不一般，她很理性——好事多磨，瓜儿苦后甜——从来如此。所以她胸有成竹，走自己的路——“越间阻越情忺”。这种不顾“家世的利益”，挑战封建礼教，以“个人的意愿”决定情感的选择，在那个时代应该说很有勇气，当然也是难得一见的。正如恩格斯讲的：“至多只是在浪漫事迹中，或者在不受重视的被压迫阶级中，才有这样的事情。”[①]但是，现实与传统往往不是“浪漫”的，而是严峻的、残酷的，“人欲胜，则天理灭”（《朱子语类》）。任何敢于挑战与颠覆“天理”（如“三纲五常”）的言行，总难逃压制与打击，可这对于志勇情坚者又有何用呢？

> 解不开同心扣，摘不脱倒须钩，糖和蜜搅酥油。活摆布千条计，死安排一处休。恁两个忒风流，死共活休要放手。
>
> ——无名氏［商调·梧叶儿］《题情》

> 泪滴湿香罗袖，泪湮透白苧衫，娇士女俊儿男。一个心肠热，一个眼脑馋。便死也心甘，俺为他他为俺。
>
> ——无名氏［商调·梧叶儿］《题情》

---

① 恩格斯：《家庭、私有制和国家的起源》，载马克思、恩格斯：《马克思恩格斯选集》（第四卷），人民出版社1973年版，第75页。

也因此，人世间才有了以生死相许的悲与喜。元代文人不仅以其杰出的才情在杂剧与散曲中演唱了这些故事，而且把同情与赞美聚焦于一个又一个颠覆者的形象上，以其坚贞与勇气去启迪、去呼唤人性的觉醒，人格的自主与尊严。

再说前引马致远“从别后”一曲。其中的矛盾不是长辈们的“间阻”，而是来自“薄情种”。在男尊女卑的时代，男子一旦移情别恋，女子反而觉得无颜面世，更羞于言及。因而忍气吞声，逆来顺受，自怨自艾，就是最省事、最常见的选择。可是曲中的那位女子相反，她不躲不闪，首先公开事情的曲直原委——“薄情种害煞人也”，矛头直指，责任分明。接下去便是见人就说，公之于世。如此大造舆论倒也不是要了断情缘，甩掉他，而是“不信你耳轮儿不热”，不信你心无所动，意无所悔，骂来骂去，心中守着的还是一个“爱”。

像这一类勇于面对现实、敢恨敢爱、坦率泼辣的形象，显然与传统女性迥然不同。比如宋代女诗人朱淑真，她也有过美好的憧憬和心中的情郎。她说：“初合双鬟学画眉，未知心事属他谁？待将满抱中秋月，分付萧郎万首诗。”（《秋日偶成》）似乎还曾有过一些浪漫的经历：“恼烟撩露，留我须臾住。携手藕花湖上路，一霎黄梅细雨。　娇痴不怕人猜，和衣睡倒人怀。最是分携时候，归来懒傍妆台。”（《清平乐》）单看这词中的描写着实是天真的、大胆的。可是当她面对父母之命却勇气全无，默默顺从。有说“嫁为市井民妻”，有说“嫁给了一个俗吏”，总之不是她心中的“萧郎”。后来她痛苦地返回了娘家，无可奈何，只能“独行独坐，独唱独酬还独卧。伫立伤神，无奈轻寒著摸人。　此情谁见？泪洗残妆无一半。愁病相仍，剔尽寒灯梦不成”（《减字木兰花》）。一团曾经点燃而炽热的生命之光，就在这孤独寂寞、“愁病相仍”中，悄无声息地熄灭了。当人们为朱淑真的悲剧叹息的时候，再读到“越间阻越情忺”“死共活休要放手”的诗句，又无不为之一振，那是因为终于见到了叛逆者的无畏与勇气，冲破了漫漫的长夜，闪现出一缕个体意识觉醒的光芒。是的，爱情虽然是人性的需要，生活的需要，但爱不单是甜美的，也有辛酸与苦涩，必要时还要有争取、抗争和付出的勇气。

4. 爱在仁义。

闷酒将来刚刚咽，欲饮先浇奠。频祝愿：普天下心厮爱早团圆。谢神天，教俺也频频的勤相见。

——商挺［双调·潘妃曲］

剔秃圞一轮天外月，拜了低低说。是必常团圆，休着些儿缺。愿天下有情底都似你者。

——宋方壶［双调·清江引］《托咏》

“万里关山万里愁，一般心事一般忧。”[①]心事忧愁知多少，只有当事者深知深感。但是这里看到深陷其中的人却不局于己，而能推己及人，为“天下”之同忧者祈福，自是另一番境界。这使我们想起孔老夫子的话：“夫仁者，己欲立而立人，己欲达而达人。能近取譬，可谓仁之方也已。”（《论语·雍也》）还有韩愈说的：“博爱谓之仁，行而宜之之谓义。”（《原道》）“频祝愿：普天下心厮爱早团圆”，不正是充满着仁义与博爱的人道关怀吗？这种“关怀”从元前期的商挺，唱到元后期的宋方壶；从元散曲唱到元杂剧：“永老无别离，万古常完聚，愿天下有情的都成眷属。”（王实甫《西厢记》）“愿普天下姻缘皆完聚。”（白朴《墙头马上》）还有无名氏的《留鞋记》，写在开封经营胭脂店的少女王月英，与落第书生郭华相恋相爱，约期幽会，中经曲折，闹到官府。这原本就是违背父母之命的私订终身，可是最终促成其“合着你夫和妇永远团圆”的，竟是铁面无私的包拯。这不仅以人性、柔情丰富了向以凛然正气著称者的形象，更是用封建国家的执法之“剑”，挑开了礼教之“网”，成全自主的姻缘，其意义实非一般。如此普遍而强烈的愿望，绝非偶然，乃是那个时代的一股蔑视礼教传统、世俗观念以及强调个体、尊重人格的思潮，在男女婚恋中的表现，它生动而感人地表达了那个时代人们对美好生活的向

① 高明：《琵琶记·伯喈夫妻分别》。

往。这向往就是对现实的不满与挑战，这向往也能给不幸的人们带来“情感的滋养”和期待与追求的力量。

如今时代的列车已经奔驰到21世纪，元代文人的这种“祝愿”是不是过时了呢？看来未必。就在前几天我在2007年7月14日《现代快报》上还看到一则短文——《情侣爱情受阻殉情　葬礼上补办婚礼》，文章开头说：“这是一场葬礼，一对痴情男女为爱情双双跳江殉情；这是一场婚礼，是双方父母追悔莫及后的‘补救’。”“跳江”的事发生在2007年7月10日，葬礼与婚礼于12日上午，在湖北仙桃皇河殡仪馆同时举行。像焦仲卿与刘兰芝、梁山伯与祝英台一样古老的悲剧，竟然又真的、活生生的在我们的身边上演了，实在令人惊叹扼腕，久不能平。还是培根说的有道理：“既成的事物，即使并不优良，也会因已被习惯所适应而不断坚持。而新事物，即使更优良，也会因为不适应于旧的习惯而受到抵制。”[①]他们的父母为什么“追悔莫及”？文章没有说。我想起码对两个年轻人的姻缘没有“祝愿”的情怀，而从“受阻”二字中，更透露出“父母之命”的干涉与阻止。如果这个推测不错的话，那就是自觉不自觉地“适应”了、“坚持”了千百年来“并不优良”的传统、习惯，并以此去“抵制更优良”的“新事物”，扼杀了一段美满姻缘。类似的悲剧仅见于报端的也非此一宗，那么，“愿普天下有情人都成眷属”，这个元代文人的理想与呼唤也并未过时。因为爱护人的生命，关怀人的幸福，尊重人的权利与人格，既是人类精神文化的一种进步，也是我们时代的需求。如果说上述各种“理念”，在短小的令曲中，只是较为单纯的情意抒发，那么在元杂剧中，通过故事情节、舞台表演以及人物之间的矛盾、冲突所引发的悲欢离合，不仅将上述各种“理念”表现得千姿百态、血肉丰满、可歌可泣，而且更能让人从中悟出这些“理念”的产生不是偶然的，而是元代文人思想意识、精神文化的解放与叛逆给创作带来的必然结果，那就是在人物描写、主题思想等方面，给予传统观念以彻底颠覆，试举两点，聊以为证。

先看妇女观——“三纲五常”、“三从四德”、理学、礼教，层层叠

① 培根：《论革新》，《培根论人生》，何新译，天津人民出版社2007年版，第101页。

叠，把妇女压在封建社会的最底层，贬之为“祸水”“小人”，且愈蠢愈好，“女子无才便是德”，但在元人杂剧中恰恰相反。王实甫《西厢记》中的红娘本是个侍女，却成了全剧中重要的角色。她既有体察人情、玉成姻缘的才智，又有敢作敢为、有理有节的胆识，对于挑战礼教的莺莺、张珙而言，她是“军师”，面对封建势力的代表人物老夫人，她是“勇士”，其光彩照人的形象，至今犹活在人们的心中。关汉卿《救风尘》中的赵盼儿是个妓女，更是卑贱中之卑贱，然而她洞察世事，虑事深远，侠肝义胆，有勇有谋，救义妹于患难，且使奸诈狠毒的周舍狼狈不堪，身败名裂。关汉卿《望江亭》中的谭记儿是个寡妇，当她和白士中再婚之后，花花太岁杨衙内欲夺之为妾，竟诬告白士中，请下势剑金牌来查办。白士中虽然也是身在官场，对此却是惶惶无措。而谭记儿则能因人设计，巧扮渔妇，佯作风情，与杨衙内互赠情词，乘其大醉，取走势剑金牌和文书。结果是杨衙内受到妄奏不实的惩罚，害了自己，好了他人，正是“从今不受人磨灭，稳情好夫妻百年喜悦。俺这是美滋滋在芙蓉帐笑春风，只他那冷清清杨柳岸伴残月”。反抗礼教，战胜邪恶，张扬正义，让“高贵”的权势者，败在“卑贱”的女子手下，这对于封建传统而言，不就是一个彻底的颠覆吗？

再看婚恋观，以及与此相关的价值观——“父母之命”“门当户对”，在封建社会的男女婚配中都是天经地义、不可违抗的。恩格斯曾指出：“买卖婚姻的形式正在消失，但它的实质却在愈来愈大的范围内实现，以致不仅对妇女，而且对男子都规定了价格，而且不是根据他们的个人品质，而是根据他们的财产规定价格的。”[①]因此，“婚姻的缔结便完全依经济上的考虑为转移了”。但是，元代杂剧偏偏反其道而行之。《西厢记》中相国千金莺莺，已经许配给表兄郑恒，门当户对，亲上加亲，可她偏不顾一切地热恋着书剑飘零的白衣秀士张珙，彼此“价格”悬殊，却能“一双心意两相投”。王实甫《破窑记》中的洛阳刘员外别出心裁搭彩楼叫女儿

①恩格斯：《家庭、私有制和国家的起源》，载马克思、恩格斯：《马克思恩格斯选集》（第四卷），人民出版社1973年版，第75页。

月娥抛球择婿，岂知女儿心中早有自己的标准和意向，她面对彩楼下众多的富家子弟、贫困书生，对绣球嘱咐道：“绣球儿你寻一个心慈善、性温良、有志气、好文章。……夫妻相待，贫和富有何妨。……休打着那无恩情轻薄子，你寻一个知敬重画眉郎。”正是基于此，她有意将彩球抛向穷秀才吕蒙正，刘员外意欲反悔，而刘月娥则毅然走出豪门，和吕蒙正住进一贫如洗的破窑，“虽然是人不堪居，我觑的胜兰堂绿窗朱户”。“心顺处便是天堂。”十年艰辛，情志不移，视苦若甘，感人至深！石君宝《秋胡戏妻》中的罗梅英与秋胡成婚之后，“只一夜恩情”，秋胡便被征服役，梅英从此“与人家缝联补绽，洗衣刮裳，养蚕择茧”，侍养婆婆。十年间生计的艰辛，杳无音讯的等待，这一切只是考验的一个方面。更严峻的还是面对邪恶势力的算计，财主李大户以债务故意威逼她父亲：不还四十石粮食，就告官，就追杀！“你若把女儿与了我呵，我的四十石粮食，都也饶了，我再下些花红羊酒财礼钱。”父亲竟然同意了，婆婆也无奈，李大户带着乐队吹吹打打强行迎娶，孤立无援的梅英却毫不畏惧，给他一番痛斥：“留着你那村里鼓儿则向村里擂。其实我便觑不上也波哥，其实我便觑不上也波哥。我道你有铜钱则不如抱着铜钱睡！”并且连父亲也不放过：“爹爹也，怎使这洞房花烛拖刀计！”这与“桑园会”中痛骂秋胡是一脉相承的：“那禽兽见人不肯，将出黄金来，你道黄金这般好用！”“你个富家郎，惯使珍珠，倚仗着囊中有钞多声势，岂不闻财上分明大丈夫？不由咱生嗔怒，我骂你个沐猴冠冕，牛马襟裾！”义正词严，痛快淋漓。罗梅英，一个普通的劳动妇女，为什么能一次又一次抗拒金钱财富的威逼、诱惑？除了坚贞的情感——“自从他（秋胡）那问亲时，一见了我心先顺”；还有不忘那“一宵的恩爱”，更有她自己的“贫富观”——“咱人这贫无本，富无根”；“咱人腹内无珍一世贫”。对于仗势欺人者的财富她“觑不上”，所以能“见其金”而不“坏其志”，坚守着自己情感的纯洁和人格的尊严，《破窟记》中刘月娥亦如此，她们不是根据金钱财产，而是以“个人品质”、才智与德性来规定“价格”，以“相互爱慕”作为婚姻基础。这对于门当户对、家世利益等等传统的观念，无疑也是一次彻底颠覆！

时间不会倒退，历史不可重复，但也不乏其相似之处。李大户欲娶罗梅英仗的是财富，“家中有钱财，有粮食，有田土，有金银，有宝钞”。他对梅英说：“小娘子，你靠前来，似我这般有铜钱的，村里再没两个。”梅英的回答是：我“觑不上”，你有铜钱，“不如抱着铜钱睡”。今天的“大款”不是昔日的“李大户”，但是有的人追求另一半的做派，又不禁让人想起“李大户”，那就是首先亮出财富，你看，开着高档轿车摆在大学校园里，征婚招牌上写着有车、有房、有资产。巧的是女大学生同样也是“觑不上”，她们走过来说：“你这是干什么？瞧不起我们女大学生吗？有钱又怎么样，难道嫁人就是冲着有钱人？”“你以为人人都会‘傍大款’？丢不起那人！”“赶紧走吧，别在这儿污染校园了！”[①]两相对照，是不是颇为相似呢？

不过，“学得好，不如嫁得好”，也是如今经常听到的一句话。其实《桑园会》中的秋胡早说过类似的话：“力田不如见少年，采桑不如嫁贵郎。”对此，罗梅英予以痛斥：“这厮好无礼也！”但现在有的姑娘不是这样，放弃了学业，嫁给千万富翁去做全职太太。遗憾的是，一年之后白天鹅成了丑小鸭，扫地出门。这当然是个案，不足概全。在价值多元的时代各有追求，亦不足怪。俗话说“萝卜青菜各有所爱”，不过“吃”下“所爱”，自当品尝其滋味，承受其后果。所以“爱”之前还是掂量掂量为好。“易求无价宝，难得有心郎。”（鱼玄机《赠邻女》）古人之言，也未必无益于今人的心智。天下之大，无奇不有。如今以色骗婚者、骗财者，亦大有人在，自属另类，又当别论。

回到正题。前面所列举的有关男女情爱的种种理念，应该说都是与元代文人的妇女观、婚恋观和价值观相关联的，如果我们把有关这方面的抒情性的散曲，与叙事性杂剧结合起来，便可以更全面、更深刻地发现元代文人，对爱情——这个古老、传统而又永远新鲜的主题，确实有着杰出的、具有时代特色的贡献。当然，做到这一点也自有其深层的原因。《秋胡戏妻》中罗梅英有一句唱词：“我想着儒人颠倒不如人，早难道文章好

①《大款高校征婚 遭到女生奚落》，《现代快报》2008年4月28日。

立身!”不妨就此展开我们的思考。首先，传统文化的断裂，价值观的颠倒，连一般妇人都能看到，“儒人”的感受自然更为深切，由痛苦、愤慨，而怀疑、反思、批判封建统治者传统的意识形态，否定现实社会的不公，以叛逆证明自我的存在与抗争，就是情理中的必然。这在他们的主观上或许更多地是为了情绪的宣泄、心理的平衡，但在客观上恰恰颠覆了、超越了传统与世俗。其次，“这壁拦住贤路，那壁又挡住仕途。”（马致远《半夜雷轰荐福碑》）于是不少落魄文人只能混迹于勾栏瓦肆，身世的变化早已失去了“四民之首”的优越，居高临下的做派，而饱谙诗书、通晓百家之才，又是作为其必备的修养。“山重水复疑无路，柳暗花明又一村。”儒士们在这个圈子里既获得了“用武之地”，也获得了知己，更感悟到“卑贱者”心灵中的闪光之处。基于这些因素，他们以饱蘸爱意与尊敬的笔触去赞颂、去刻画女性的聪慧、坚贞与奉献，爱才爱德，而不嫌贫爱富；勇敢侠义，而不畏强权恶势；历经艰难曲折，去追求美满姻缘的团圆结局。这其中既有理性的、道德的评判，也有生活的体验，当然，也不乏以浪漫的色彩去平衡失落的心态、慰藉内心的凄楚。

比如乔吉杂剧《两世姻缘》，虽取材于唐范摅《云溪友议》，但人物、剧情均有改创。剧中写书生韦皋与洛阳名妓韩玉箫相爱，韩母嫌其功名未就，逼赴科考，相别时两人定下三年完聚之约。岂料韦皋状元及第，即受命领兵西征，平西夏，守吐蕃，升为镇西大元帅，“及至坐镇时节，方才差人取他母子去”。这已过去了十八年，玉箫早已忧思成疾，郁郁而死。临死之前，她作了一幅自画像，一首《长相思》词，请人带去京城寻访韦皋。玉箫死后，转世为荆襄节度使张延赏的义女，名张玉箫。韦皋班师途中拜访张延赏，席间与张玉箫相见，玉箫是：“我那里也曾见他……不由我心儿里牵挂，莫不是五百年欢喜冤家?”韦皋是：“小字相同，面貌相类。因此见面生情，逢新感旧。”两情相感，引得主人张延赏大为不快，指责韦皋失礼，几乎兵戎相见，使得好事再挫。直待各方人士进京，皇帝见韩玉箫自画像确与眼前张玉箫相同，认定张即韩的转世，于是赐其成婚。

剧情起伏跌宕，曲词凄婉流丽，此生未如愿，转世成姻缘，在这个浪漫而美丽的故事中，刻画了两个“赤心相待”的人物。玉箫因爱而死，为爱而生，不因转世之后的年龄、相貌、门第而变，她认为这都是“天地安排”，“情愿琴瑟和谐，连理双栽，生则同衾，死则同埋”，可谓人世沧桑心不移。韦皋十八年来，“想念其情，至今未婚娶，日夜忧思，不觉鬓发斑白”，亦可谓功成名就情依旧。这，就是“两世情缘”的基础。它表现了两情相爱的执着与追求，有着无可阻挡的力量，有着跨越时空与生死的永恒。作品在完成这一主题的同时，也就展示了“卑残者”（玉箫）的才情与德性。而韦皋文能状元及第，武能领兵西征，在民族歧视、文化歧视的元代，就具体地反驳了“儒有何用”的观念，而成为文人同样可以治国安邦的典型。

“男婚女嫁寻常有，两世姻缘自古无。”自古虽无，人愿其有。为什么？就因为人性之美、心愿之美，被人世间太多的不公与苦难压抑了，被太多的罪恶与悲剧粉碎了，人们需要在艺术创作与欣赏中，去抚慰心灵的伤痛，也渴望从中汲取抗争与追求的力量。哪怕它是荒诞不经的故事，故事中也有“奉旨完婚”、团圆结局的陈套，都可以暂且不计，因为鲜明的自主意识和美好的人情、人性，毕竟在这里得到了生死不渝的检验、合乎理想的升华。也因此吧，晚清杨恩寿曾在《词余丛话》中感叹：“倩女离魂，古今钟情人艳称之，尝欲衍成院本。近见《两世姻缘》杂剧，先得我心，词亦骀宕生姿，鲰生当阁笔矣。”

总之，元曲有关婚恋作品的基本倾向与价值，就在于颠覆了不可冒犯的理学、礼教，弘扬了人的主体精神，让“卑贱者”拥有一个大写的“人”字。其深远的意义他们自己也许并不十分清楚，然而事实上歌颂了人性之美，唱出了被压迫者的爱憎，和对美好生活的期盼。这，也就是元曲艺术生命之所在，历代人民喜爱的原因之一。

（三）友　情

“离京邑，出凤城。山林中隐名埋姓，乱纷纷世事不欲听，倒大来耳根清净。”这是李爱山的[双调·寿阳曲]《厌纷》，“京邑”“凤城”都指京城。京城人文荟萃，热闹繁华，而他觉得那是红尘纷扰，心生厌弃，实不如隐居山林，两耳清净。在元代文人中这种心态、意愿绝不是李爱山一个人，而是众多文人认可的、追寻的生活，可以说是一个时代的潮流，也可以说是元代文人心理防卫的一种手段，它有助于排除一些对于心理、情绪有害的刺激，所谓“眼不见，心不烦”。但是还应该指出，元代文人向往“山林中隐名埋姓”，与渴望友情又是一对奇妙的统一。比如马致远一面神往“红尘不向门前惹，绿树偏宜屋角遮”（[双调·夜行船]）的隐逸闲静，一面也醉心于酒深情深的友情：“酒杯深，故人心。相逢且莫推辞饮，君若歌时我慢斟……”（[双调·拨不断]）还有“不知音不到此，宜歌宜酒宜诗”（[双调·湘妃怨]《和卢疏斋〈西湖〉》）。再看贯云石怎么说的：“弃微名去来心快哉，一笑白云外。知音三五人，痛饮何妨碍？醉袍袖舞嫌天地窄。”（[双调·清江引]）还有“将屠龙剑，钓鳌钩，遇知音都去当酒”（[中吕·红绣鞋]）。这种对于“知音”的渴望、率真与豪情是何等感人！可见元代文人的隐逸独处，不是心理自闭，也不是内在精神的枯萎，而是为了心理与情绪的转移，好在另一种环境中，寻找心灵的自由和愉悦，这恰恰是生活与创作的一个重要的不可或缺的条件，正如叔本华说的：“若无适度的孤独，思想的平静也是不可能的”，“隐退或隐居的倾向总是与理智能力有着直接的关系”①。而朋友之间的思想、情感的相互交流、启迪，又总是人生的一大快事，所以不忽木就说过：“宁可身卧糟丘，赛强如命悬君手。寻几个知心友，乐以忘忧，愿作林泉叟。”（[仙吕·点绛唇]套）是的，“如果你把快乐告诉一个朋友，你得到两个快乐；而如果你把忧愁向一个朋友倾吐，你将被分掉一半忧愁”。不仅如此，在朋友的交流中还可以增进智慧，获得良言忠告，“由此可见，友谊对人生是何等重要。它的好处简直是无穷无尽的”②。

所以《红楼梦》第57回中有：“万两黄金容易得，知心一个也难求。”

① 叔本华：《叔本华人生哲学》，李成铭等译，九州出版社2003年版，第75、76页。

② 培根：《培根论人生》，徐飞译，黑龙江科学技术出版社2012年版，第94页。

难求难得难相聚，自然也就难舍难分难别离。

> 浙江秋，吴山夜。愁随潮去，恨与山叠。塞雁来，芙蓉谢，冷雨青灯读书舍，怕离别又早离别。今宵醉也，明朝去也，宁奈些些。
>
> ——姚燧［中吕·普天乐］《别友》

情深难别，溢于言表。但是，“明朝牵世务，挥泪各东西”（杜甫《酬孟云卿》），也是在所难免的。不过即使各别东西，也还有一份不了的牵挂。

> 乍相逢同是云萍，未尽平生，先诉飘零。淮甸迷渺渺离愁，淮水流滔滔离恨，淮山远点点离情。玉薤杯拼今朝酩酊，锦囊词将后会叮咛。鱼也难凭，雁也难凭，多在钱塘，少在金陵。
>
> ——汤式［双调·天香引］《留别友人》

两个朋友巧于逆旅相逢，喜出望外。遗憾的是行程在即，难得细诉“平生”，只能“先诉飘零”。仕途、人生、生计之艰辛、坎坷尽在“飘零”二字之中。“鸿雁不堪愁里听，云山况是客中过。”（李颀《送魏万之京》）彼此倾诉，相互怜惜，景因情生，山也愁，水也恨，千杯一醉也难销。但愿后会有期，音信常通。虽说生计多艰，人似云萍，漂泊不定，不过还要请你记住：我是“多在钱塘，少在金陵”。反复叮咛，亦如李洞《送友归吴》的尾曲所言：“传情字莫违，买醉金宜散。千古事毋劳吊挽，阖闾墓野花埋，馆娃宫淡烟晚。”（［双调·夜行船］）这些都以深情之笔，曲尽眼前的离伤和别后的牵挂、期待、叮嘱与劝慰，“友人”能不为之动容？

由于元代历史的特殊性，所引发的社会、文化、风气，以及文人地位、处境、观念、创作的一系列变化，使得元代文人与艺人有着更加广泛而亲密的交往，和真挚而浪漫的情谊。元代陶宗仪《南村辍耕录·卷之十九》就有这样一则记载：“歌妓顺时秀，姓郭氏。性资聪敏，色艺超绝，教坊之白眉也。翰林学士王公元鼎甚眷之，偶有疾，思得马版肠充馔，公杀所骑千金五花马，取肠以供，至今都下传为佳话。时中书参政阿鲁温尤属意焉，因戏谓曰：‘我比元鼎如何？’对曰：‘参政，宰相也；学士，才人也。燮理阴阳，致君泽民，则学士不及参政；嘲风咏月，惜玉怜香，则参政不如学士。’参政付之一笑而罢，郭氏亦善于应对者矣。”再比如“杂剧当今独步”的朱帘秀，与关汉卿、卢挚、冯子振、胡祇遹等人的交友，就是常常为人称道的，这里姑举两首小令可见一斑。

才欢悦，早间别，痛煞煞好难割舍。画船儿载将春去也，空留下半江明月。

——卢挚［双调·寿阳曲］《别朱帘秀》

山无数，烟万缕，憔悴煞玉堂人物。倚篷窗一身儿活受苦，恨不得随大江东去也。

——朱帘秀［双调·寿阳曲］《答卢疏斋》

据说朱帘秀后来不知何故嫁给杭州一位道士。从两首小令的痛别之情来看，殆是朱氏此去完婚。请听——卢挚深情地说：人去了，春去了，美好的一切都不见了，“空留下半江明月”，一腔愁惆，“痛煞煞好难割舍”。朱帘秀答赠道：“山无数，烟万缕”，路遥遥千山万水，何日再相逢？你“痛煞煞”“憔悴煞”，我却不能不孤帆远去，与其这样“活受苦”，“恨不得随大江东去”——了此一生。不知卢挚读到此，又是如何之“痛”？“世上万般哀苦事，无非死别与生离”（《醒世恒言·白玉娘忍苦成夫》），亦于此可见。

再说关汉卿在套数［南吕·一枝花］《赠朱帘秀》中，巧思妙笔，以物喻人，句句写帘，句句喻人，其容、其艺、其品尽在其中，结尾说：“恰便似一池秋水通宵展，一片朝云尽日悬。你个守户的先生肯相恋，煞是可怜，则要你手掌儿里奇擎着耐心儿卷。”爱物之情，怜人之意，只有托付、祈盼那位道士了，深情缱绻，无可奈何。是友情，是怜爱，是屈煞……，抑或兼而有之，难以言说。但有一点则是明确的，那就是彼此间的真挚与平等，而绝无居高临下的冷漠与睥睨，更无逢场作戏的应付与轻浮。朋友有聚有散有遗憾，遗憾中也蕴藏着人性之美，那就是真诚的祝愿与一生一世的牵挂。这种祝愿与牵挂自会给伤离伤别的朱帘秀以无限的温情，其情性之美善也深深地感染着读者。王国维称赞："关汉卿一空倚傍，自铸伟词，而其言曲尽人情，字字本色，故当为元人第一。"[①]殆亦是有感而发。

往后还有乔吉与李楚仪的交往。李楚仪，一作李芝仪，元后期的扬州女艺人。乔吉散曲中标明为她而作的就有七首：

［越调·小桃红］《楚仪来因戏赠之》，《别楚仪》。

［双调·折桂令］《贾侯席上赠李楚仪》，《会州判文从周自维扬来道楚仪李氏意》。

［双调·水仙子］《席上赋李楚仪歌以酒送维扬贾侯》，《楚仪赠香囊赋以报之》，《嘲楚仪》。

以上作品仅就曲题亦可见出他们的相识相交，相聚相别。据此，赵景深先生曾在《乔吉与李楚仪》一文中，认为乔吉与李氏"有过热恋，似不仅是风流调笑"。但是，情感的走向，与生活的轨迹往往相背，不遂人愿。就如张先所言："人意共怜花满月，花好月圆人又散。"（《木兰花》）据说后来李氏为扬州太守贾伯坚所娶，坎坷潦倒的乔吉依旧流落江南，寄情山水。"从友谊到相爱，只要跨出一步就到了。"是的，友情可能生发恋情，然而，世事纷纭，人生难料，恋情也可以回归为友情。唯此，也更能检验出人性的另一种美。下面仅录乔吉［双调·折桂令］两曲，聊见其情：

洗妆明雪色芙蓉，默默情怀，楚楚仪容。甚烟雨江头，移根何在，桃李场中。尽劣燕娇莺冗冗，笑落花飞絮濛濛。湘水西东，怅望

① 王国维：《元剧之文章》，《宋元戏曲史》，中国和平出版社2014年版，第124页。

蹇衣，玉立秋风。

——（《贾侯席上赠李楚仪》）

文章杜牧风流，照夜花灯，载月共舟。老我江湖，少年谈笑，薄幸名留。赠杨柳人初病酒，采芙蓉客已惊秋。醉梦悠悠，雁到南楼，寄点新愁。

——（《会州判文从周自维杨来道楚仪李氏意》）

聚散随缘，友情长在。这对于乔吉与李楚仪来讲，不是美丽的传说，而是生活的真实，情感的历程，且真真切切地记录在曲词中。这与当下那些恋爱不成仇相向，不啻天壤之别。但愿人间多一点理智与文明，包容与尊重，少一点野蛮与疯狂，不要再频频上演那些骇人听闻的悲剧。须知人间还有一种情怀叫“大度”，还有一种爱叫“放手”。

（四）世　情

鲁迅先生在《魏晋风度及文章与药及酒之关系》中说：“据我的意思，即使是从前的诗人，那诗文完全超于政治的所谓‘田园诗人’‘山林诗人’，是没有的。完全超出于人世间的，也是没有的。既然是超出于世，则当然连诗文也没有。诗文也是人事，既是诗，就可以知道于世事未能忘情。”是的，元代曲家高唱乐隐闲居，归去来兮，无是无非，常醉不醒，却也不是“完全超于政治的”，因为他们同样“于世事未能忘情”，不过也有他们自己的特色。比如唐、宋文人对于政治的热衷、进取，对于理想抱负的执着追求，是生活中的常态，也是诗文创作中常见的主题，这是科举制、文官制逐步建立与成熟时期，朝廷延揽人才、文人参与朝政的产物。而被歧视、压制的元代文人，不得不在行动上远离政治，思想上排斥政治，这种逆反对于传统儒士而言，实是一种心理的扭曲，其结果是一方面要强迫自己对政治以超然，对是非荣辱以冷漠，就如曾瑞说的：“冠世才，安邦策，无用空怀土中埋。有人跳出红尘外。”（［南吕·四块玉］

《述怀》）另一方面，当无法“强迫”，或不愿“强迫”的时候，就会迸发出更大的冲击力，对世态人情中的不公与丑陋予以无情的抨击。“咱，妆作蠢；民，何受窘！”（曾瑞［中吕·山坡羊］《讥时》）似这种“于世事”既想“忘情”又不能“忘情”的群体性的两难情结，也是元代文人精神文化的一大特色，这一切自然也要表现在元曲的创作上。比如：

南亩耕，东山卧，世态人情经历多。闲将往事思量过，贤的是他，愚的是我，争什么！

——关汉卿［南吕·四块玉］《闲适》

知荣知辱牢缄口，谁是谁非暗点头。诗书丛里且淹留。闲袖手，贫煞也风流。

——白朴［中吕·阴春曲］《知几》

虚名休就，眉头休皱。终身更不遭机彀。抱官囚，为谁愁，功名半纸难能够。争如漆园蝶梦叟。常，紧闭口；闲，且袖手。

——曾瑞［中吕·山坡羊］《自叹》

还有马致远的“莫笑巢鸠计拙，葫芦提一向装呆”（［双调·夜行船］《秋思》）等，都是在自我规劝，或曰自我强迫，然而真能不“争”吗？做不到！说“装呆”，显然不是“呆”；唱出了“牢缄口”，写出了“闲袖手”，就没有缄口、袖手，那“千古是非心”读者自会思而得之。再说关汉卿写《窦娥冤》《鲁斋郎》《绯衣梦》等杂剧，不就是要与权豪鬼魅、贪官庸吏“争”个是非曲直，必欲将他们的横行歹毒、徇私枉法暴露于阳光之下而后快吗？曾瑞呢？当然也无法“闭口”“袖手”，用他自己的话说就是：“有感幽怀露光焰，吐虹霓作歌挥剑。”（［中吕·醉春风］《清高》）比如他的［南吕·四块玉］《酷吏》：

官况甜，公途险。虎豹重关整威严，仇多恩少人皆厌。业贯盈，横祸添，无处闪。

请注意，曲中讲的是“酷吏”，不是说清官、好官，因为清廉正直而险遭不测。酷吏们一朝权在手，得志便猖狂，“虎豹重关”，作威作福，掠财害人，鱼肉百姓。他们活得春风得意、甜美有味之时，也就是百姓痛苦不堪之日。孰不知“恶积者丧”，恶贯满盈，必遭天怒人怨，末日临头，也是无处藏身的，骄恣横暴一时的阿合马、桑哥不都是活生生的例证吗？这叫做“甜”以恶得，“祸”因恶积。作者是在为“酷吏”们画像，还是给贪官警示，抑或兼而有之。总之，曾瑞在大声诅咒，在握笔抨击，既没有“紧闭口”，也没有“闲袖手”。“酷吏”古已有之，只是元代以其数量之多，且赃污狼藉而鲜知耻著称于史，究其根源当然还是前面所说的制度文化所致，具体而言就是吏制太过混乱与腐败的结果。关于这一点，我们还可以看看张鸣善的［双调·水仙子］《讥时》：

铺眉苫眼早三公，裸袖揎拳享万钟，胡言乱语成时用，大纲来都是哄。说英雄谁是英雄？五眼鸡岐山鸣凤，两头蛇南阳卧龙，三脚猫渭水飞熊。

挤眉弄眼、善于作态的小丑，捋袖挥拳、逞狠霸道的痞子，胡说八道、巧舌如簧的骗子，都窃居高位，是何世道？“讥时”二字自可体味。世界上的事物又是复杂的，白石似玉，葶苈似菜。鸡与凤，蛇与龙，猫与熊，不也有相似之处吗？流氓骗子，小偷无赖，摇身一变，头戴乌纱，身披朝服，前呼后拥，哼哼哈哈，不也有模有样，俨然一副“三公”显要的派头吗？然而“物多相类而非也”，“相似”决不等于“相同”，鸡就是鸡，蛇就是蛇，猫还是猫，“说英雄谁是英雄”？冷冷一问，锋芒直逼，剥掉了“三公”显要的画皮，还其原形，露其嘴脸。还应该指出如此鬼蜮、丑类身居高位，则皇帝怎样？朝政怎样？官场怎样？似乎也不必再说了，辛辣、深刻、大胆，又非一般“讥时”之作可比。不过想说的，忍不住要说的还是大有人在，请看张养浩的［中吕·朱履曲］：

那的是为官荣贵，止不过多吃些筵席，更不呵安插些旧相知。家庭中添些盖作，囊箧里攒些东西，教好人每看做甚的。

此曲章法很巧妙，除了结尾一句，通篇都是官儿一腔“委曲”的辩护词——人人都说当了官就享有荣华富贵，这全是“误解”，哪有什么“荣贵”？只不过“多吃些”酒席，“安插些”亲朋好友，“添些”楼阁亭院，“攒些东西”（不说金银珠宝，亦妙）。一句一个“些”字，“些”者，含糊不定之量也，然与“那的是”“止不过”相联系，自是些须、少许之意也。孰不知喋喋不休的辩解，轻描淡写的口吻，恰恰是自画嘴脸。“画”够了吗？也许还自得于“化重为轻”“化多为少”的技巧吧？笔锋突转——你知道在“好人们”的眼中这是什么货色吗？干净利落，爱憎豁然。其实这种“货色”今天的读者也并不陌生，大吃大喝，任人唯亲，以权谋私，贪赃枉法，买官卖官，不也是被一些官儿们视作“小菜一碟”“小钱”“小意思”吗？此曲出于张养浩之手，实非偶然，他为官几十年，深知元代官场的污浊，而他自己则是“于人诚信，于官清正”（［中吕·山坡羊］）。所以他既深知贪官们的罪恶与表演，也拥有正直与良知揭露其丑恶。看来“官”也还是一分为二的，又不可一概而论，即使在元代亦复如此。只不过，孰多孰少，倒是一个不可忽视的问题！

如果说张养浩这首小令的结尾，还有点引而不发的意味，那么无名氏［正宫·醉太平］一曲对于元代官场，则是笔墨酣畅，直泄其愤。请看：

堂堂大元，奸佞专权，开河变钞祸根源，惹红巾万千。官法滥刑法重黎民怨，人吃人钞买钞何曾见，贼做官官做贼混愚贤。哀哉可怜！

陶宗仪在《南村辍耕录·卷之二十三》中说此曲“不知谁所造，自京师以至江南，人人能道之。古人多取里巷之歌谣者，以其有关于世教也。今此数语，切中时病，故录之，以俟采民风者焉”。这段话记载了此曲曾有过遍及大江南北的影响，也指出了之所以如此，乃在于它“切中时病”——元代政治、经济、吏制、刑法等等方面的弊端、恶行，不过还应补充一点，那就是作者一反封建正统史书上那种“盗贼蜂起”的调子，而是公然地、明确地指出是“贼做官官做贼”“奸佞专权”“惹红巾万千”。是所谓官逼民反，也可以说“贼”逼民反，民不得不反，有因有果，是非分明，而且还从“时弊”中引出了“堂堂大元”，骄纵一时，难逃“哀哉可怜”的下场。正是“罗网施，权豪使，石火光阴不多时。劼活若比吴蚕似。皮作锦，茧作丝，蛹烫死”（曾瑞［南吕·四块玉］《叹世》）。自作自毁，而无法自纠自正，乃是一切愚昧、专制而又自视无所不能的统治者的本质使然。其实荀子早说过“愚而自专，事不治”（《荀子·成相》）。然而，这种“不治”又总是反复上演的。至于“以俟采民风者”，恐怕也只能是陶宗仪善良的愿望而已，因为即使有人“采”了，又能怎样呢？但是，对于陶宗仪能注意并录存这首以正义还历史真实面貌的曲子，后世还是应该感谢的！当然还有那位把颠倒的历史颠倒过来，却没有留下姓名的作者。

“奸佞专权”，“铺眉苫眼早三公”，如此清浊不分、人世无公的乱政，必然要毒化世风，腐蚀人性，以致道德沦丧，弊端百出，是所谓“上邪下难正，众枉不可矫”（何承天《上邪篇》）。下面我们再看元代文人对这方面的描述与揭露。

人皆嫌命窘，谁不见钱亲？水晶环入面糊盆，才沾粘便滚。文章糊了盛钱囤，门庭改作迷魂阵，清廉贬入睡馄饨。葫芦提倒稳。

——张可久［正宫·醉太平］《感怀》

任讷先生曾说过：“元曲之号为当行本色者，取材有时极琐，遣词有时极质，而融裁必新，刻画务尽；并所谓俗能涉趣，驳中寓纯者。渊雅如小山，自与殊路，但集中亦偶有一、二作，悉排典语，独铸俚辞，而能极尽其妙，浑然元人风度者。于以知为真作者，固无所不可也。如［醉太平］《感怀》曰……痛愤之深，嘲骂之烈，得未曾有，在全集中，直是别调矣。”（《曲谐·张小山》）这段评论还可以从另一角度给人以启示：其一，向以清丽典雅风格著称的张小山，也有“独铸俚辞”的“嘲骂”之作，其愤世难忍之情可知；其二，“渊雅如小山，自与殊路。”反之，就意味着在“当行本色”的元曲中，这种尖新俚俗、泼辣明快的“嘲骂”之作，就不是“别调”，也不是“一、二”了。是的，除了以上所举的，不妨再读几首：

新修宅院，多开门面，要图久远儿孙佃。恣专权，横堆钱。更临危不与人方便，一日过深业贯满。天，也降愆；人，也做冤。

——陈草庵［中吕·山坡羊］《叹世》

仗权豪，施威势，倚强压弱，乱作胡为。我劝你，休窒闭。此等痴愚儿曹辈，利名场多少便宜？寻饥得饥，凭实得实，归去来兮！

——滕斌［中吕·普天乐］

醉颜酡，太翁庄上走如梭。门前几个官人坐，有虎皮驮驮。呼王留唤伴哥，无一个，空叫得喉咙破。人踏了瓜果，马践了田禾。

——刘时中［双调·殿前欢］

夺泥燕口，削铁针头，刮金佛面细搜求，无中觅有。鹌鹑嗉里寻豌豆，鹭鸶腿上劈精肉，蚊子腹内刳脂油。亏老先生下手。

——无名氏［正宫·醉太平］《讥贪小利者》

不读书最高，不识字最好，不晓事倒有人夸俏。老天不肯辨清浊，好和歹没条道。善的人欺，贫的人笑，读书人都累倒。立身则《小学》，修身则《大学》，智和能都不及鸭青钞。

——无名氏［中吕·朝天子］《志感》

东村里鸡生凤，南庄上马变牛，六月里裹皮裘。瓦垄上宜栽树，阳沟里好驾舟。瓮来大肉馒头，俺家的茄子大如斗。

——无名氏［商调·梧叶儿］《嘲谎人》

够了。六百多年过去了，今天依然可以就仅举的这些作品，也不难勾画出那世道的丑恶——物欲横流，金钱至上；恣势掠财，官甚于盗；唯利是图，贪狠残暴；吹牛撒谎，坑蒙拐骗；斯文扫地，价值颠倒；良知泯灭，公德崩析。总之，就如苏轼所言："纪纲一废，何事不生。"（《上神宗皇帝书》）曲中虽然也有"葫芦提倒稳""归去来兮"，却不是"玩世""遁世"，不过也只能自叹无奈。这是真实的，也是可以理解的，吴弘道面对那混浊的人世就有过这样的感叹："风尘天外飞沙，日月窗间过马。风俗扫地伤王化，谁正人伦大雅！"（［中吕·醉高歌］《叹世》）人世如风沙蔽日，昏暗污秽；岁月不居，混浊依旧，何时是尽头？谁能移风易俗，改变这种"何事不生"的病态社会！因此，换一个角度来审视，"自叹无奈"，并非毫无作为，也未必悲观，毕竟指出了弊端，表达了希望。"不知耻者，无所不为。"（欧阳修《魏公卿上尊号表》）那么，揭露、嘲骂那些"无所不为"的贪婪狠毒，不也就是以人间的正义对"不知耻者"的丑恶给予直透灵魂的鞭挞！"天堂地狱由人造，古人不肯分明道。到头来善恶终须报，只争早到和迟到。"（邓玉宾［正宫·叨叨令］《道情》）这虽然有点"传经布道"的色彩，但若联系作者对"为儿女使尽些拖刀计，为家私费尽些担山力"的嘲讽，再结合那个"恣专权，横堆钱"，"门庭改作迷魂阵"，"刮金佛面细搜求"的社会，其"经言道语"所深含的现实性、批判性还是不难理解的，那就是"无所不为"的"恶"者，必将走向"人造"的，也就是"自造"的"地狱"，这叫做"自作孽，不可逭"，"多行不义必自毙"。可见世风浇漓并没有使正直的元代文人迷惘绝望，相反，他们以愤世嫉俗之情，彰显着社会的良知与公德，以善恶分明对抗公理的失落，以善恶有报昭示人间自有公道、公道必胜的信念。16世纪英国的哲学家、思想家、政治家培根在《论自私》中也曾指出："时时都在谋算怎样为了自己而牺牲别人，到头来命运之神却使他们自身成为自我的祭品。要知道，纵使再精于为自己谋算，却毕竟捆缚不住命运之神的翅膀啊！"此亦可谓中外相通，人间一理。

“激浊扬清，嫉恶好善”，互生互发，相反相成，是正义与公道的必然逻辑。对“仗权豪，施威势，倚强压弱，乱作胡为”的憎恶与谴责，无疑就是基于对弱者、贫者的同情与关注。是的，元代文人对百姓的苦难、妇女的悲怨，也确实给予了诸多的正面描述。比如刘时中［正宫·端正好］《上高监司》(前套)，就逼真地描绘了江西大旱之年百姓的惨状：“谷不登，麦不长，因此万民失望，一日日物价高涨。十分料钞加三倒，一斗粗粮折四量，煞是凄凉。”天灾人祸，弄得百姓“一个个黄如经纸，一个个瘦似豺狼，填街卧巷”。如果说这是一幅挣扎在死亡线上的灾民图，以其直观的惨状猛击着世人的心灵，也还有曲笔之作，深沉之章，令人细细品味。

> 绿云冉冉锁清湾，香彻东西岸。官课今年九分办。厮追攀，渡头买得新鱼雁。杯盘不干，欢欣无限，忘了大家难。
>
> ——盍西村［越调·小桃红］《客船晚烟》

> 美人自刎乌江岸，战火曾烧赤壁山，将军空老玉门关。伤心秦汉，生民涂炭，读书人一声长叹！
>
> ——张可久［中吕·卖花声］《怀古》

前一首作者以船客的身份写其所见、所感。炊烟袅袅，轻笼江湾，酒菜饭香，飘向两岸，村民你追我赶地聚集到晚宴上，杯觥交错，热热闹闹。为什么如此欢天喜地呢？原来是今年的官税基本上缴完了。人们只有完成了最紧要、最艰难的任务，才有满心喜悦、一身轻快的感觉。所以这欢快的背后，原是一个无比沉重而又非完成不可的任务——官税。其实这任务也还没有全部完成，所以这“欢欣无限”，也只是一时“忘了大家难”，忘了这之前的难，也忘了这以后的难，短暂的欢乐蕴藏着不尽的苦涩。这种见其乐，思其悲，意之深，笔之巧，应该缘于诗人对百姓艰难困苦的深知与感受。回顾历史，百姓之苦，何止眼前。征战杀戮，兴亡更迭，付出最多的总归是百姓，无限悲愁尽在那“读书人一声长叹”之中！

不以同情百姓之心去审视历史，怎能一反那些封建史家于治乱兴亡、世事风云之中，忙于对帝王将相歌功颂德的传统，而只着眼于百姓之“苦”，为百姓“长叹”呢？

当然也还有急百姓之所急，乐百姓之所乐的例证。比如冯子振的［正宫·鹦鹉曲］《农夫渴雨》：

> 年年牛背扶犁住，近日最懊恼杀农夫。稻苗肥恰待抽花，渴煞青天雷雨。［幺］恨残霞不近人情，截断玉虹南去。望人间三尺甘霖，看一片闲云起处。

日出而作，日落而归，好不容易种得一片茁壮的禾苗，正待扬花吐穗，老天却久旱不雨，怎不“懊恼杀农夫”！情尤难尽，下曲再写“恨”。本来残阳散彩，斜映苍山，也是一道美景，所以陆游说：“欲归还小立，为爱夕阳红。”（《东村》）可是晚霞满天正预示着明天依旧无雨、无望，这对于“无限旱苗枯欲尽”“大地生灵干欲死”而言，只能“恨”其“不近人情”！“恼”也罢，“恨”也罢，心还是不甘，总盼着老天能“为云为雨，使枯槁以还滋”。哪怕是远在天边的一片薄云，也要引颈长望，焦急期待，可是那“不成霖雨漫遮天”“悠悠闲处作奇峰”的“闲云”，能给久旱盼雨的农夫带来什么呢？除了恨其“不近人情”，似乎还多了几分幸灾乐祸地挑逗与戏弄，则更大的失望、伤痛犹在言外。朱光潜在《诗的意向与情趣》中言：“‘了解’情感势必‘感受’情感。”选材生动，情感真切，非只于才华所致，更表现了这位自号“怪怪道人”“瀛州客”的作者，实际上对底层百姓的生活、苦难和内心世界，原是有着深刻的了解、体悟和感同身受的情怀。

再比如张养浩为官正直敢言，恐遭不测，“中年才过便休官”，后经英宗、泰定两朝，八年七召，婉辞谢绝。可是“天历二年（1329），关中大旱，饥民相食。特拜陕西行台中丞。既闻命，即散其家之所有与乡里贫乏者，登车就道。遇饿者则赈之，死者则葬之。道经华山祷雨于岳祠，泣拜不能起。天忽阴翳，一雨二日。及到官，复祷于社坛，大雨如注，水三尺乃止。禾黍自生，秦人大喜”[①]。“青天多谢相扶助”，张养浩自然也为之感激，为之“大喜”。那民喜官喜的场景就描绘在他的小令中：

万象欲焦枯，一雨足沾濡。天地回生意，风云起壮图。农夫，舞破蓑衣绿。和余，欢喜的无是处。

——［双调·得胜令］《四月一日喜雨》

天灾人祸，百姓困苦，自不是一场喜雨所能消除的，张养浩对此也很清楚，他在套曲［南吕·一枝花］《咏喜雨》中说：“恨流民尚在途，留不住都弃业抛家，当不的也离乡背土。”“只愿的三日霖霪不停住，便下当街似五湖，都淹了九衢，犹自洗不尽从前受过的苦。”因此他在赈灾中日夜辛劳，救济灾民，自舍资财，打击贪官猾吏，惩治奸商凶顽。当“满城都道好官人”的时候，他很清醒：“还自哂，未戳乱朝臣”[②]，“人祸”甚于“天灾”，怎能彻底地拯救百姓于苦难。不过，这也决不是他那个时代，更不是他个人能力可以做到的，所以他虽然积劳成疾，死于任上，带着遗恨和痛苦走了，关中之人还是“哀之如失父母”，因为张养浩已经用尽了“为民为国心”。善良的百姓从来都是深明大义、爱憎分明的。

元散曲中虽然有“挨着靠着云窗同坐，偎着抱着月枕双歌”[③]，这样爱的缠绵；也有“东墙花月，好景良宵恁记者”[④]，这样花前月下的浪漫；也有彼此“意相投”“情儿厚”，那种人间少有的美满姻缘；也有“但教康健，心头得过，莫论无钱”，那样恬淡而恩爱的夫妻。但由于社会制度、经济地位、文化传统等等的制约，女性的悲怨总是更多更深。

春花秋月，歌台舞榭，悲欢聚散花开谢。恰和协，又离别，被娘间阻郎心趄。离恨满怀何处说。娘，毒似蝎；郎，心似铁！

——曾瑞［中吕·山坡羊］《妓怨》

---

①《元史·卷一百七十五列传第六十二·张养浩》。

②张养浩：［中吕·喜春来］。

③贯云石：［中吕·红绣鞋］。

④无名氏：［中吕·四换头］。

巡官算我，道命运乖。教奴镇日无精采。为想佳期不教傍妆台。又恐爹娘做猜，把容颜只恁改。漏永更长，不由人泪满腮。他情是歹，咱心且捱，终须也要还满了相思债。

——王伯成［仙吕·春从天上来］《闺怨》

《马可·波罗游记》中曾说："新都城内和旧都近郊操皮肉生意的娼妓约有二万五千人……" 至于京师（即杭州）城"妓女的人数，简直令人不便启齿。不仅靠近方形市场的地方为她们的麇集之所，而且在城中各处都有她们的寄住之地"[①]。那么，元代各地官妓私娼加起来该是一个惊人的数字，仅此亦足以折射元代妇女的生存状况。这些人或因天灾，或因人祸，或两者兼遇，不得已走上这条"卖笑求食"之路，不仅地位卑贱，活得辛酸，而且那青春逝去、孤苦凄凉的景象也就在眼前。所以在无可奈何的煎熬中总难舍一丝幻想和期待。就像关汉卿《救风尘》中的赵盼儿说的："我想这门衣饭，几时是了也呵！"（第二折）怎么"了"呢？那就是有朝一日遇上一个如意郎君，或遇到一个同情的好心人，帮自己赎身从良，比如与柳永相恋的谢天香，她聪明机智见到一点可能，便向钱大尹乞求："小人便关节煞，怎生勾除籍不做娼，弃贱得为良。"（关汉卿《谢天香》第二折）戴善甫《风光好》中的秦若兰授南唐丞相宋齐丘之命，去引诱大宋使臣陶谷，而她自己心中想的则是借此机遇改变身份，"我想这歌台舞袖风流相，怎如大院深宅窈窕娘？也得今朝这一场，想官司也不枉。……我把那段疋绫罗不希望。我本不乐作娼，则向那烟花簿上，勾抹了我的名儿胜如赏"（第二折）。"我等你那取我的轩车，赠咱的官品，我也待显耀乡间，改换我这家门"（第三折）。披上历史的外衣，让"古人"给"今人"以生的期盼，美的幻想，亦可谓用心良苦。

但是，要从"火坑"里跳出来，想想还可以，做起来并不易。首先要遇到可意且可靠的男人，其次还得有足够的金钱、权力的支持，否则鸨母那一关就过不去，诸多因素能凑合到一起，很难很难！然而，要从心底放

① 马可·波罗：《马可·波罗游记》，梁生智译，中国文史出版社1998年版，第113、203页。

弃从良的愿望，同样很难很难！因此，整天生活在两难之中的妓女们，总有着道不尽的忧愁悲怨。所以曾瑞的这首《妓怨》，文字不多，却很有代表性，也不失个性，代表性在一个普遍存在的“怨”字，而个性则在曲中女主人公所遇到的问题。她在花开花谢、送往迎来中，终于遇到一位可意的人，那人对她当然也有几分爱意，从良的心愿，未来的憧憬，就将变成现实，内心的激动、喜悦该是难以言说的。然而好梦难成，“恰和协，又离别”。变化来自两方面，“娘”，指“鸨母”。这种人是“银堆里舍命，钱眼里安身，挂席般出落着孩儿卖”（马致远《青衫泪》第一折）。说她无情无义“毒似蝎”，倒也并不奇怪，可悲的是遇上这么一个“郎”，无钱无权也可理解，可恨的是无情，一见到“娘间阻”，便犹豫、动摇，而且还变得“心似铁”。因而曲中的“离别”，就不是一般的“分别”，而是情的了断，梦的破灭，一场空欢喜，换得无限悲，而那个“又”字还透露了类似的遭遇已不是一次了，满腹悲怨向谁诉？其实，真的出嫁从良，也未必就有理想的归宿，就能融入正统的家庭和社会，赵盼儿对这一点就看得很清楚：“我想这先嫁的，还不曾过几日，早折的容也波仪瘦似鬼，只教你难分说，难告诉，空泪垂。我看了些觅前程俏女娘，见了些铁心肠男子辈，便一生里孤眠，我也直甚颓。”（《救风尘》第一折）虽说看得很清楚，却也无法泯灭心中的那点期盼，她赵盼儿不是也唱出了“咱这几年来待嫁人心事有”吗？真是“心似双丝网，中有千千结”。左也难，右也难，进也难，退也难，解不开，放不下，这就是悲，这就是怨。李庭芝在《青楼集》中述说了另一个悲剧：“李奴婢，妆旦色，貌艺为最，仗义施仁，嫁与杰里哥儿佥事，伯家闾监司动言章，休还。名公士夫，多与乐府长篇，歌曲词章。予亦有《水仙子》与之云：‘丽春园先使棘针屯，烟月牌荒将烈焰焚。实心儿辞却莺花阵，谁想香车不甚稳。柳花亭进退无门，夫人是夫人分，奴婢是奴婢身，怎做夫人。’”“名公士夫”同情也罢，愤恨也罢，都无改于李奴婢的命运。这就是残酷的现实。

那么，养在深闺人未嫁的女子又怎样呢？我们来看看王伯成的《闺怨》。“巡宫”，这里指占卜、星相的术士。曲中的女主人公大概早已与一位男子有了婚约，可种种迹象使她感到情况有变，这种焦急、不安又不便向人诉说，但是“心挂结而不解”更痛苦，于是她悄悄地去求教算命先生，掐指一算，果然时运不遂。一听此言，心沉渊底，终日惶惶，既不愿瞧见自己容颜的憔悴，还不敢让爹娘担心，白天强颜无事，长夜泪流满腮。对方可以无情无义，想咋就咋，而自己呢？“心思不能言，肠中车轮转。”（汉乐府古辞《悲歌》）只能苦熬苦挨苦等待，默默地等待别人的发落。还须指出的是“道学盛于宋，宋弗究于用”（《宋史·道学一》），也就是不重实践的“坐而论道”。但随着元代理学的官学化，“三纲五常”那一套又渗入到家庭、社会各个方面，且强调付之于生活实践，所谓“日用常行”。因此对妇女思想的毒害尤深，约束更严酷。这只要看看《元史·列女传》把那些自毁、自残、自杀以守节、尽孝作为“卓异”之行闻，“故特著之，以示劝励之义”，便不难看到妇女之悲惨和统治者的导向与用心。以上引的《妓怨》《闺怨》两首曲子都是代言之作，不过也因此，倒更能发现元代文人在道德评判与文化批判中所展示的思想与情怀——呼唤平等，同情弱势，谴责不义。当然，就元代理学家而言，也还另有一层“用心”。那就是企图用贞节、守节的倡导，对外以保护包括他们自己在内的眷属“免受征服者的纠缠”。所以说“十三世纪后，理学说教同蒙古占领造成的感情因素，引起实行两性隔离的趋势日益加强”[①]。对内可使贞节、守节内化为妇女自己的生活规范和精神追求，化压抑为自律。然其后果除了将更多妇女引向悲剧的结局，却无助于改变现实，“用心”岂能敌过强权！这，仅从那些揭露权豪势要，倚强凌弱，夺人妻女的元代杂剧中，就可见当时之世风，亦可见元代文人之控诉。

总而言之，“民之所好，好之；民之所恶，恶之”（《礼记·大学》），正可以用来概括元曲有关“世情”的核心所在，这也就是元曲重要的思想价值之所在。

① 高罗佩:《中国古代房内考——中国古代的性与社会》，李零、郭晓惠等译，商务印书馆2007年版，第176页。

（五）物　情

"春秋代序，阴阳惨舒；物色之动，心亦摇焉。……岁有其物，物有其容；情以物迁，辞以情发。"（《文心雕龙·物色》）我们这里说的"物情"，也就是指元代文人在散曲中所表现的对于高山流水、风烟花月……自然景物之"情"。这也是元代文人情感世界中的一个重要的特殊的组成部分。散曲作为诗歌的一种体裁，其创作亦继承了前代诗歌理论和艺术的传统，所谓"景无情不发，情无景不生。"（范晞文《对床夜语·卷二》）因此，触景生情也罢，缘情写景也罢，在上述各类情感的抒发中皆有所见，恕不赘述。

我们这里要指出的是，在民族压迫、文化歧视的制度下，"山水自然"乃是被边缘化的元代文人的一个"必然流向"，马谦斋的一首曲子就说明了这个道理：

> 手自搓，剑频磨，古来丈夫天下多。青镜摩挲，白首蹉跎，失志困衡窝。
>
> 有声名谁识廉颇？广才学不用萧何。忙忙的逃海滨，急急的隐山阿。今日个，平地起风波。
>
> ——［越调·柳营细］《叹世》

"平地风波"，天下突变，才无所用，仕途凶险，只能"忙忙的逃海滨，急急的隐山阿"。若用白贲的话说就是：那满眼青山绿水，正是"天公"给"我""安排"的地方[①]。比如白朴幼经丧乱，国破家亡，郁郁不乐，终生不仕，于是乎放情山水。再比如乔吉，"江湖间四十年，欲刊所作，竟无成事者"（钟嗣成《录鬼簿》），潦倒一生，也只有寄情山水。他自己说："不占龙头选，不入名贤传。时时酒圣，处处诗禅。烟霞状元，

① 白贲："觉来时满眼青山，抖擞绿蓑归去。算从前错怨天公，甚也有安排我处。"（［正宫·鹦鹉曲］）

江湖醉仙，笑谈便是编修院。留连，批风抹月四十年。”[①]这种“频将浊酒沽，识破兴亡数。醉时节笑拈着黄花去”[②]的“必然流向”也必然结下了特殊的情缘，那就是他们需要山水自然，山水自然也不负其所望。

第一，山水自然中可以寻得安全。

白云深处青山下，茅庵草舍无冬夏……煞强如风波千丈担惊怕。

——邓玉宾［正宫·叨叨令］《道情》

湖平棹稳，桃花泛暖，柳絮吹春。……闲日月熬了些酒樽，恶风波飞不上丝纶。芳村近，田原隐隐，疑是避秦人。

——乔吉［中吕·满庭芳］《渔父词》

其实在特权专制的元朝，正直的、清醒的官员心中也同样有着“避虎狼”、远离“恶风波”的向往，比如为官多年的胡祗遹就是这样说的：

月底花间酒壶，水边林下茅庐。避虎狼，盟鸥鹭，是个识字的渔夫。蓑笠纶竿钓今古，一任他斜风细雨。

——胡祗遹［双调·沉醉东西］

第二，山水自然中可以安享宁静。

绿水边，青山侧，二顷良田一区宅，闲身跳出红尘外。紫蟹肥，黄菊开，归去来。

——马致远［南吕·四块玉］《恬退》

苫茅屋白云数间，睡芸窗红日三竿。远近村，高低涧，把人我是非遮断。阆苑蓬莱咫尺间，因此上功名意懒。

——张养浩［双调·沉醉东风］

①乔吉：［正宫·绿幺遍］《自述》。

②郑光祖：［正宫·塞鸿秋］。

像白朴那样从未踏入仕途的文人，对于山野宁静的享受也许早一些。不过，那些先仕后隐的文人对于这份“宁静”，则别有一番情味，那就如陶渊明说的“久在樊笼里，复得返自然”的轻快与欣慰。比如马致远做过“浙江省务提举”的小吏，早年也曾怀着建功立业的希望，可是心有“登楼意，恨无上天梯”（［南吕·金字经］）。希望的结果便是失望与痛苦：“困煞中原一布衣。悲，故人知未知？”到了中年只能退出官场，“闲身跳出红尘外”，有了此番经历就更觉得“绿水边，青山侧”，才是“快活闲住处”。山水之趣不仅使身心得以宁静，而且还激发了审美情趣、创作灵感，“满眼云山画图开，清风明月还诗债”（［南吕·四块玉］《恬退》）。直到晚年，依然创作不辍，终成一代大家。这，也可以说是“静念图林好”的一大收获。

张养浩与马致远相比有同有不同。张养浩由吏而官，官至监察御史、礼部尚书、参议中书省事，进入了官僚队伍的高层，远非马致远的仕途可比。但是，由于他的刚正耿介，直言进谏的“毛病”忍不住要一犯再犯，只好见机引退，“中年才到便休官”，这一点与马致远又有些相似。如果说马致远是“恨无上天梯”的悲恨，那么张养浩则是有位无用、有术无为的苦闷，以及仕途不测的忧虑，两人又有差异。不过，当张养浩“辞却凤凰池，跳出醯鸡瓮”（［双调·庆东原］），用“远近村，高低涧，把人我是非遮断”，醉心于“花与竹无俗气，水和山有异香，委实会受用也云庄”（［双调·水仙子］《咏遂闲堂》）。他也就同样享受到难得的宁静：“杖藜无处不堪行，满目云山画难成。泉声，响时仔细听，转觉柴门静。”（［中吕·十二月兼尧民歌］《归田乐》）门无车马喧，心也随之静，“门静”者，“心静”也。这又使我们想起了马致远的“红尘不向门前惹，绿树偏宜屋角遮，青山正补墙头缺”（［双调·夜行船］《秋思》）。还有：“惟有西山万古青。子陵一钓多高兴，闹中取静。”（［双调·拨不断］《浙江亭》）总之，“相看绿水悠悠，回避了红尘滚滚”（无名氏［南吕·一枝花］《渔隐》），得以安享宁静。

第三，山水自然中可以获得心灵的抚慰。

树连村，山为界。分开烟水，隔断尘埃。桑柘田，相襟带，锦里风光春常在，看循环四季花开。香风拂面，彩云随步，其乐无涯！

——张养浩［中吕·普天乐］

云林远市朝，烟村绝吏曹，风景隔长安道。淋漓醉墨湿宫袍，诗酒把王侯傲。南亩躬耕，东皋舒啸，看青山终日饱。携一琴一鹤，做半渔半樵，人不识予心乐。

——汪元亨［中吕·朝天子］《归隐》

“天空是一本书，让人百读不厌。”[①]大自然既可以拓宽人们的生存与活动的空间，也有着无穷的魅力与神奇，那么，终日“饱看”彩云青山无限景，也就开阔了视野、胸襟，转移了心中的苦闷，使失衡的心态变得快乐。正所谓“湖山遣兴还诗债，杖履寻芳释闷怀”（曾瑞［中吕·喜春来］《寻乐》）。就这一点而言，说“最伟大的药方就是大自然”[②]，也不无道理。比如说，由于制度文化、价值观念的变异，失去了过去，落魄于现实，茫然于未来的元代文人，要生活下去，那远离尘世的“大自然”，当然就成了他们最理想的抚慰伤痛的精神家园——“青山爱我，我爱青山”（张可久［双调·殿前欢］《爱山亭上》），“林泉爱我，我爱林泉”“溪山恋我，我恋溪山”（吴西逸［双调·殿前欢］），“醉月悠悠，漱石休休。水可陶情，花可融愁”（吴西逸［双调·蟾宫曲］《山间书事》），如此恬静而充满诗意的生活，自可带来身心的愉悦。

第四，山水自然既可以开阔视野，激活情思，还可以从中窥视社会，联想人世。所谓“诗人感物，联类不穷”（《文心雕龙·物色》）。

问荆溪溪上人家，为甚人家，不种梅花？老树支门，荒蒲绕岸，苦竹圈笆。寺无僧狐狸弄瓦，官无事乌鼠当衙。白水黄沙，倚遍阑

① 北岛：《夏天》，《蓝房子》，江苏文艺出版社2009年版，第140页。

② 欧文·斯通：《心灵的激情——西蒙·弗洛伊德传记》，朱安等译，中国文联出版公司1986年版，第103页。

干，数尽啼鸦。

——乔吉［双调·折桂令］《荆溪即事》

绝顶峰攒雪剑，悬崖水挂冰帘，倚树哀猿弄云尖。血华啼杜宇，阴洞吼飞廉，比人心山未险。

——张可久［中吕·红绣鞋］《天台瀑布寺》

荆溪在今江苏宜兴，流入太湖，水乡泽国，素以风景秀丽著称。杜牧曾在此构筑水榭，梅尧臣、苏轼等人也曾流连于此。乔吉此曲劈头一问，似是突兀，其实那正是他面对眼前的无“景”（梅）之景的心寒、惊诧，脱口而出。接下去用一连串移动的镜头，对前面的提问做了回答，村庄、寺庙、官衙，一概荒凉破败，从人到神，从民到官，一派死寂，还有谁去种梅呢！“白水黄沙”，一片苍茫，夕阳西下，几点寒鸦哀鸣而去。这就是元代江南农村的一角，水乡泽国之萧索，一寓人之悲情。当然，也还有一些元人的曲子用风光依旧，江山易主，“惟有湖山，不管兴亡”[①]，来倾诉心中的沧桑悲恨。

瀑布之“势”在于“山”，“悬崖”“云尖”，状山之高耸入云，再以“雪剑”“冰帘”，猿声哀鸣，杜鹃啼血，阴风怒吼，写境之凄神寒骨，不堪听闻。山高境险，一路铺排，天台瀑布自可想见，而这一切又都是“盘马弯弓”，意在最后的、奇妙的一“发”——“比人心山未险”。“人面咫尺，心隔千里。”《庄子·列御寇》中说：“凡人心险于山川，难于知天。”唐代诗人雍陶说：“楚客莫言山势险，世人心更险于山。”（《峡中行》）究竟如何之“险”，各人都有自己的经历与体会，当然也包括作者自己在内。这又使我们联想到英国诗人华兹华斯的诗句：

通过我的感受，大自然，把人类的灵魂和她的杰作联接起来了；

①赵善庆：［双调·折桂令］《湖山堂》。

这使我的心灵更悲伤地想起人又是怎样对待人的。[①]

第五，山水自然可以启迪心智，提高审美情趣，激发创作热情，所谓"对青山枕上诗成"（刘敏中［正宫・黑漆弩］《村居遣兴》）。那是因为"大自然是一朵变幻不定的云，它永远一样，又从不一样"[②]。

如果说元代文人向往大自然，"流向"大自然，这一文化现象的出现，不论是出于仕途无门，还是政治上的不合作，总免不了带有一些被动、无奈的色彩。但是，当他们亲近自然、走进自然，面对那"一样"而又"不一样"的鲜活、美妙且又慷慨无私的大自然，其心态则变得活跃而主动。歌德在谈创作兴致时，也曾说过："水有助于创造力，空气尤其如此。空旷田野中的新鲜空气对人最适宜。在那里，仿佛上帝把灵气直接嘘给人，人由此受到神力的影响。"[③]而"影响"又是互生共发的。"风光投奔诗家"[④]，"诗家"拥抱"风光"，这就像张养浩说的："云来山更佳，云去山如画……我爱山无价……云山也爱咱。"[⑤]也如马致远说的："满眼云山画图开，清风明月还诗债。"[⑥]"情往似赠，兴来如答。"请看在元人散曲中不论是细微的娇美："暮云楼阁画桥东，渐觉花心动。"[⑦]"嗔垂杨袅绿丝，海棠花偷抹胭脂。"[⑧]还是山川的壮丽雄姿："长江浩浩西来，水面云山，山上楼台。山水相辉，楼台相映，天与安排。……醉眼睁开，遥望蓬莱：一半烟遮，一半云埋"[⑨]，都写得形神俱现，有情有味。

程颢说："万物静观皆自得，四时佳兴与人同。"（《秋日偶成》）钟嗣成将此话一字不差地移入自己的曲子［南吕・骂玉郎过感皇恩采茶歌］

① 华兹华斯：《早春遣句》，林天斗译，载诗刊社编：《世界抒情诗选》，春风文艺出版社1983年版，第44页。

② 爱默生：《爱默生演讲录》，孙宜学译，中国人民大学出版社2004年版，第48页。

③ 爱克曼辑录：《歌德谈话录》，朱光潜译，安徽教育出版社2006年版，第156页。

④ 周德清：［中吕・红绣鞋］《郊行》。

⑤ 张养浩：［双调・雁儿落兼德胜令］。

⑥ 马致远：［南吕・四块玉］《恬退》。

⑦ 盍西村：［越调・小桃红］《临川八景・东城早春》。

⑧ 卢挚：［双调・湘妃怨］《西湖》。

⑨ 赵禹圭：［双调・蟾宫曲］《题金山寺》。

《四时佳兴·冬》中，显然表现出他对这种审美态度、创作心理是认同的，是有体会的。这话也是颇具艺术哲理与审美体验的。《老子》十六章有云："致虚极，守静笃。万物并作，吾以观复。"如果说"虚静"的心态是人们观照宇宙万物的前提，那么把它移用到文学艺术的创作上，就相当于刘勰所说的："是以陶钧文思，贵在虚静；疏瀹五藏，澡雪精神。"（《文心雕龙·神思》）而且这种审美理念还是中外相通的，康德就说过："一个审美判断，只要掺杂了丝毫的利害计较，就会是很偏私的，而不是单纯的审美判断。"[①]是的，只有涤除嚣尘与杂念的"静观"，才能对宇宙万物的自然、"自得"之美以"单纯的审美判断"，所谓"水停以鉴，火静而朗"（《文心雕龙·养气》）。"春景看山色晴岚翠，夏天听潇湘夜雨疏。九秋玩洞庭明月生南浦，见平沙落雁迷芳渚。三冬赏江天暮雪飘飞絮，一任教乱纷纷柳絮舞空中……。""悟乾坤清幽趣，但将无事老村夫，写入在潇湘八景图。"[②]"四时佳兴"，情景相融，以至于身心俱入画图中。其情境亦如罗丹说的："艺术就是所谓静观、默察；是深入自然，渗透自然，与之同化的心灵的愉快。"[③]朱光潜先生在《谈静》一文中也说过："领略趣味的能力固然一半由于天资，一半也由于修养。大约静中比较容易见出趣味。……我所谓'静'，便是指心界的空灵……我这番话都是替两句人人知道的诗下注脚。这两句诗就是'万物静观皆自得，四时佳兴与人同'。"而作为一个文人，尤其是被边缘、被歧视的元代文人，要做到心神"虚静"、心界"空灵"，恐怕最重要的是在尽洗名利心，了却功名愿。这一点他们自己也清楚，且颇有体验。比如张可久就说过："白云来往青山在，对酒开怀。……还李杜吟诗债。"（［双调·殿前欢］《次酸斋韻》）"云岩隐居安乐窝，尽把陶诗和"（［双调·清江引］《张子坚运判席上》）。还有"白云两袖吟魂健"（［双调·水仙子］《次韵》）。种种说法总在表达只有安于两袖清风，乐游青山白云，心无尘世俗念之扰，方可

① 康德：《判断力批判》（上卷），宋白华译，商务印书馆1987年版，第41页。

② 沈和：［仙吕·赏花时北］《潇湘八景》。

③ 罗丹口述，葛塞尔记：《罗丹艺术论》，沈琪译，人民美术出版社1978年版，第10页。

气清神朗，潇洒人间；方可才思泉涌，诗魂健旺。这也就是“静念园林好，人间良可辞”的陶渊明，之所以得到众多元代文人反复称颂与乐意追随的一个主要的原因。于此可见，元代文人同样是具有可贵的审美理念与审美心态的，而且那个特定的时代还催生了他们欣赏和表现自然美的精神需求，也“给予”了他们充裕的闲暇。“便是握雾拿云志已疏，咏月嘲风心愿足。”种种因素的结合，不仅成就了元散曲中自然景物的刻画，也在理论与实践上丰富了艺术宝库。

同时，也由于上述的诸多原因，在元代散曲创作上还出现了另一个特点。那就是他们往往以组曲的形式，力图充分地多角度地去观察、展示自然之美。比如盍西村有《临川八景》，鲜于必仁有《潇湘八景》《燕山八景》，马致远的［双调·寿阳曲］中也有“潇湘八景”，以及［仙吕·青哥儿］《十二月》。白朴有《春》《夏》《秋》《冬》，胡祗遹的《四景》也是写春夏秋冬，张养浩也有《春》《夏》《秋》《冬》，卢挚有《西湖》四首，写西湖的春夏秋冬，马致远《和卢疏斋〈西湖〉》四首，也写西湖的春夏秋冬，薛昂夫有《西湖杂咏》，还有［双调·殿前欢］《春》《夏》《秋》《冬》也是写西湖的，恕不再举。同是春夏秋冬，西湖山水，潇湘八景……，可在诗人的笔下，也是“从来不一样”的。“善于适要，则虽旧弥新矣。”（《文心雕龙·物色》）这样既展示了诗人各具个性的审美理念和才华，也丰富了“万物自得”“四时佳兴”之美的多姿多彩。

“一样烟波，有人吟景便多。四海诗名播，千载谁酬和？知他是东坡让我，我让东坡？”①西湖，因历代诗人的吟诵而名扬四海，无言的山花流水，因诗人的妙笔而富情趣，流传久远。但是，换一个角度看，诗人也少不了“物色之动”，江山之助。是青山不老，绿水长存，日月星光，四季风物，西湖之美，潇湘之韵……，才使得诗人“心亦动焉”，触发了灵感与诗情。不是吗？请看：“野水明于月，沙鸥闲似云。喜村深地偏人静，带烟霞半山斜照影，都变做满川诗兴。”②“荷盘敲雨珠千颗，山背披云玉

① 薛昂夫：［双调·殿前欢］《秋》。

② 张养浩：［双调·落梅引］。

一蓑，半篇诗景费吟哦……”[①]“里湖，外湖，无处是无春处。真山真水真画图，一片玲珑玉。宜酒宜诗，宜晴宜雨……”[②]所以刘勰说：“若乃山林皋壤，实文思之奥府……屈平所以能洞监‘风’‘骚’之情者，抑亦江山之助乎？”（《文心雕龙·物色》）而歌德所言则更为肯定：“只有自然，才是无穷丰富；只有自然，才能造就大艺术家。”[③]不过，“自然”升华为艺术形象，也得艺术家的发现与表现，因此，全面地看也可以说“自然”与诗人、艺术家还是相互成全的。这就如刘敏中说的：“昔太史迁南游而文益奇，故知宏才博学，必待山川之胜有以激于中，而后肆于外；山川之胜，亦必待名章巨笔有以尽其真，而后播于远。”（《中庵集·卷十六·江湖长短句引》）

总之，“湖海襟怀阔，山林兴味长。”[④]“椰子瓢，松花酝，山中风韵，乐道岂忧贫。”（任昱［正宫·小梁州］《闲居》）对于失落而苦闷的元代文人来说，“物情”在精神文化中确有着特殊的意蕴——大自然既是他们身心栖息的港湾，又是心绪得以活跃的乐园，更是借以施展才情、言志抒怀的广阔无垠的天地。因此，人们也许对元代曲家的身世、经历并不一定十分熟悉，却也可以透过这些摹山写水的曲子，去感知、去想象一代文人的心性与情趣。那正是由于他们早将自己身心融入“批风抹月”之中，生活与创作、客体与主体、心灵与环境相依相映。

（六）乡　情

古今唱不尽，最是思乡情。请读下列的诗句：

鸟飞反故乡兮，狐死必首丘。信非吾罪而弃逐兮，何日夜而忘之！

——屈原《哀郢》

① 张可久：［中吕·喜春来］《永康驿中》。
② 徐再思：［中吕·朝天子］《西湖》。
③ 歌德：《少年维特的烦恼》，杨武能译，人民文学出版社1981年版，第11页。
④ 汪元亨：［双调·雁儿落带得胜令］《归隐》。

人情同于怀土兮，岂穷达而异心。

——王粲《登楼赋》

秋风起兮木叶飞，吴江水兮鲈正肥。三千里兮家未归，恨难禁兮仰天悲。

——张翰《思吴江歌》

海畔尖山似剑芒，秋来处处割愁肠。若为化作身千亿，散向峰头望故乡。

——柳宗元《与浩初上人同看山寄京华亲故》

碧云天，黄叶地，秋色连波，波上寒烟翠。山映斜阳天接水，芳草无情，更在斜阳外。黯乡魂，追旅思，夜夜除非，好梦留人睡。明月楼高休独倚。酒入愁肠，化作相思泪。

——范仲淹《苏幕遮》

故乡何处是，忘了除非醉。沉水卧时烧，香消酒未消。

——李清照《菩萨蛮》

夜夜贾舡里，思乡愁奈何。醒听北人语，梦听南人歌。

——洪昇《客愁》

朋友们，等你看到了故乡的春，怕不要老尽春光老尽了人?

——闻一多《你看》

遗憾的是，“老尽了”的于右任先生，到死也没能看到“故乡的春”，思不断，恨绵绵，泪涟涟，一曲悲歌，梦难圆！请看他的《望大陆》（1962年1月24日）：

葬我于高山之上兮望我大陆，大陆不可见兮只有痛哭！葬我于高山之上兮望我故乡，故乡不可见兮永不能忘！天苍苍，野茫茫，山之上，国有殇。

还有流传甚广的余光中先生的《乡愁》：

> 小时候/乡愁是一枚小小的邮票/我在这头/母亲在那头。
> 长大后/乡愁是一张窄窄的船票/我在这头/新娘在那头。
> 后来呵/乡愁是一方矮矮的坟墓/我在外头/母亲在里头。
> 而现在/乡愁是一湾浅浅的海峡/我在这头/大陆在那头。

古也罢，今也罢，思乡之作不胜枚举，这说明“狐死首丘”，“落叶归根”，“人情怀旧乡，客鸟思故林”，乃中华民族传统的文化心理，不变的情结。情之深超越时空，也超越人之性别、身份、信仰、显达与困厄。落魄游子乡魂梦萦，就是贵为天子也不能例外——“万里中原皆汉土，高皇犹有故乡思”（朱朴《歌风台》）；“帝王亦有回乡事，父老争看衣绣行”（郑献甫《歌风台》）。就是高唱“俱往矣，数风流人物，还看今朝”的“人物”，也有“别梦依稀咒逝川，故园三十二年前”（毛泽东《到韶山》）的“故乡思”“回乡事”。我儿时也常常听大人慨叹：“一辈子不出门是福人！”还有“在家千日好，出门时时难”。这种怯于离家远行，依恋家门故里，之所以成为千百年不变的文化心理，倒也不是与生俱来的，而是世代沿袭的。相沿不绝，自有诸多客观因素，比如古代交通不便，信息不畅，跋山涉水的艰险，人身安全的忧虑等，但是，更主要的还是源于中国的农耕文化，亦即自给自足、自然自在的小农经济，其悠久、稳定、成熟而封闭的特性，足以培育出一种根深蒂固的乡土情结。这正如费孝通先生指出的：“乡土社会是一个生活很安定的社会。我已说过，向泥土讨生活的人是不能老是移动的。在一个地方出生的就在这地方生长下去，一直到死。极端的乡土社会是老子所理想的社会，‘鸡犬相闻，老死不相往来’。不但个人不常抛井离乡，而且每个人住的地方常是他的父母之邦。‘生于斯，死于斯’的结果必是世代的黏着。这种极端的乡土社会固然不常实现，但是我们的确有历世不移的企图，不然为什么死在外边的人，一定要把棺材运回故乡，葬在祖茔上呢？一生取给于这块泥土，死了，骨肉还得回入这块泥土。”[①]对外“老死不相往来”，对内“是世代的黏着”，日子过得好吗？孟子说过：“五亩之宅，树之以桑，五十者可以衣帛矣。鸡豚狗彘之畜，无失其时，七十者可以食肉矣。百亩之田，勿夺其时，数口之家可以无饥矣。”（《孟子·梁惠王章句上》）即使“不知有汉，无论魏晋”，也照样生活得“怡然自乐”。可见儒、道两家在这一点上倒也有着相通之处，这就更能说明建立在小农经济基础之上的以家庭为本位所构建的家庭、家族、村落的农本社会，乡土生活，是中国传统文化的一个重要的特征，一个重要的价值取向。从这里也不难看到，物质文化和制度文化对于精神文化有着多么巨大而深刻的影响。因此家庭团聚、四世同堂的“黏着”，就成为一种理想和追求。所以有人说：“中国人习惯把日常生活之中的享受称为‘天伦之乐’。毋庸赘言，古往今来、古今中外的日常生活都离不开这一自然之网和情感之基。但是，中华民族对于家庭、血缘、情感、人情的依赖，甚至是迷恋，的确举世无双。”[②]杜甫说：“月是故乡明”，未必合乎理性，却一定合乎情感，人人认可，世代欣赏，亦本于情，情之所系在故乡。然而理想与现实往往是矛盾的、冲突的，正如费先生所言：极端的乡土社会“不常实现”，其中的原因很多，诸如由于寻求功名，戍关守边，谋求生计，天灾人祸，时局纷争，王朝更迭等等原因，不得不远离故土，骨肉分离，于是乎也就有了悲歌当泣，远望当归，茫茫乡愁，千古相续。还由于离乡背井的原因，以及离乡背井之后的经历、遭遇不尽相同，所以一样的乡愁，又有着不一样的内涵与况味，前人如此，元人亦如此，相比而言，元代文人则有着更普遍、更深沉的失落与无奈。请看：

渔灯暗，客梦回，一声声滴人心碎。孤舟五更家万里，是离人几行情泪。

——马致远［双调·寿阳曲］《潇湘夜雨》

① 费孝通：《乡土中国》，生活·读书·新知三联书店2013年版，第21页。

② 衣俊卿：《文化哲学十五讲》，北京大学出版社2004年版，第245页。

离家一月，闲居客舍，孟尝君不费黄齑社。世情别，故交绝，床头金尽谁行借？今日又逢冬至节，酒，何处赊？梅，何处折？

——乔吉［中吕·山坡羊］《冬日写怀》

砧声住，蛩韵切，静寥寥门掩清秋夜。秋心凤阙，秋愁雁堞，秋梦胡蝶。十载故乡心，一夜邮亭月。

——赵善庆［双调·庆东原］《泊罗阳驿》

楚山云，湘江岸。霜添白发，日减朱颜。秋风马耳寒，夜雪貂裘绽。万里南归孤飞雁，动离人故国乡关。闲身易懒，休官怕晚，倦羽知还。

——张可久［中吕·普天乐］《客怀》

为谁忙？莫非命！西风驿马，落月书灯。青天蜀道难，红叶吴江冷。两字功名频看镜，不饶人白发星星。钓鱼子陵，思莼季鹰，笑我飘零。

——张可久［中吕·普天乐］《秋怀》

一声梧叶一声秋，一点芭蕉一点愁，三更归梦三更后。落灯花棋未收，叹新丰孤馆人留。枕上十年事，江南二老忧，都到心头。

——徐再思［双调·水仙子］《夜雨》

月光，桂香，趁着风飘荡。砧声催动一天霜，过雁声嘹亮。叫起离情，敲残愁况，梦家山身异乡。夜凉，枕凉，不许愁人强。

——周德清［中吕·朝天子］《秋夜客怀》

惊回一枕当年梦，渔唱起南津。画屏云嶂，池塘春草，无限销魂。旧家应在，梧桐覆井，杨柳藏门。闲身空老，孤篷听雨，灯火江村。

——倪瓒［黄钟·人月圆］

故园一千里，孤帆数日程，倚篷窗自叹漂泊命。城头鼓声，江心浪声，山顶钟声。一夜梦难成，三处愁相并。

——汤式［双调·庆东原］《京口夜泊》

乔吉，太原人，博学多能，一生未仕，流落江湖四十多年，终寄寓杭州。虽自称“时时酒圣，处处诗禅。烟霞状元，江湖醉仙”①。颇为洒脱，然在“世情别，故交绝”的世态炎凉、潦倒窘困之中，过着“尖风薄雪，残杯冷炙，掩清灯竹篱茅舍”②的生活，自不免时时流露出身世寂寞，乡愁满怀的悲凉，“甚情绪灯前，客怀枕畔，心事天涯。三千丈清愁鬓发，五十年春梦繁华。蓦见人家，杨柳分烟，扶上檐牙”③。与乔吉有所不同的是张可久，他终生为吏，“楚山云，湘江岸”，“西风驿马，落月书灯”，忙忙碌碌，东奔西走，直到七十多岁，还“匿其年岁，为昆山幕僚”，强颜事人。这对于“读书万卷”，才具不凡的张可久而言，自然郁积着一腔人世不公的愤慨，所谓“十年落魄江滨客，几度雷轰荐福碑，男儿未遇暗伤怀”④，但也只能归之于“莫非命”。他也并不甘于这种“命”，既然“高风不借便”，那就弃职，那就归去，“万里南归孤飞雁，动离人故国乡关”；“归雁横秋，倦客思家”⑤；“望乡关倦客天涯，孤雁南来倍思家”⑥。可是为了全家生计，又不可能像张翰那样，一想到家乡便挂冠而去。“西风信来家万里。问我归期未。雁啼红叶天，人醉黄花地。芭蕉雨声秋梦里。”⑦“万里”两相思，“归期”未有期。为什么会这样呢？他说过：“溪上良田得数顷来，也敢上严陵钓台。”（［双调·沉醉东风］《钓台》）这意思就是说，除了眼前这点微薄的俸禄，一家生计别无所托，岂敢率性归去？那么，家——回家？只能在“芭蕉雨声秋梦里”。无可奈何

① 乔吉：［正宫·绿么遍］《自述》。
② 乔吉：［双调·卖花声］《悟世》。
③ 乔吉：［双调·折桂令］《客窗清明》。
④ 张可久：［中吕·卖花声］《客况》。
⑤ 张可久：［双调·折桂令］《九日》。
⑥ 张可久：［中吕·红绣鞋］《洞庭道中》。
⑦ 张可久：［双调·清江引］《秋怀》。

的张可久只有深深地感叹："老来也思故乡，想途中梦感魂伤。云莽莽冯公岭，浪淘淘扬子江，水远山长。"（［双调·水仙子］《归兴》）"倦羽知还"人不还，梦里乡关数十年，内中该有多少依违两难的辛酸啊！

"乡情"，是个人的，比如对父母长辈、兄弟姐妹、妻子儿女的思念，对窗前寒梅、溪边垂柳、田间小道、童年伙伴、少年成长、当年梦想等等难忘的忆念。然而其中也不免有着时代的感怀，社会的投影，古与今都一样，元代文人也不能例外，从他们的国愁乡思中，不仅折射出世事沧桑的文化变异，也反映了一代文人失落飘零、坎坷寂寞的生存状态，以及贤愚不分、有志难伸的悲愤。总之，乡思、乡愁内涵丰富，不单有亲情，也有爱情、友情，还有物情与世情。这，也是我们把它放在"情感世界"最后来谈的一个原因。

"江山信美，终非吾土，何日是归年。"（王恽［越调·平湖乐］）乡情、乡愁是切身的体验，心声的倾诉，真挚动人，自不待言。而散曲的简洁明快，疏朗活泼，"文而不文，俗而不俗"，自然流走等等特点，更给人一种"变故作新"的美感，比如元后期曲家徐再思的《夜雨》，不忌重复，多用数量词，层层渲染，警策动人，早被誉为"情中紧语"（王世贞《曲藻》）；"语语俊，字字艳，直可压倒群英，奚止为一时之冠"（吴梅《顾曲麈谈·谈曲》）。下面我们再具体地谈谈前期曲家马致远的那首被称为"秋思之祖""直空今古"，至今元曲选本无不录入的小令［越调·天净沙］《秋思》：

> 枯藤老树昏鸦，小桥流水人家，古道西风瘦马。夕阳西下，断肠人在天涯。

如何解读，论者很多，有说"秋思指一种萧条、寂寞、悲凉的情思"，有说"写天涯游子在秋日黄昏里的思绪和感受"等，应该说都有道理。但我想最核心的一点，恐怕还是作者此时此刻的乡愁——一切"情思"归于此，一切"思绪"缘于此。为什么这么说呢？让我们回到作品中去，这首小令的点睛之笔该是在最后一句，所以不妨先从此说起。“天涯”者，极远之意也。远近，是就两端的距离而言，作品中的“一端”显然是游子（诗人）身在之处，那么，另“一端”呢？自然便是游子（诗人）“生于斯，长于斯”的家乡，只有这两者距离极远，才有“人在天涯”之感，才有“断肠”之痛。试想诗人眼前的那些“小桥流水人家”的居者，决无“断肠人”此时之痛！因为一家团聚，没有“距离”，亦无“天涯”之感。再退一步说，眼前那“人家”也未必就是世世代代居于此的土著，也未必没有心中的乡恋，但这一切也丝毫不影响此刻“天涯”游子，对他们天伦团聚的艳羡。这就如近代诗人江湜说的：

浮生已是一孤舟，更被孤舟载出游。却羡舟人挟妻子，家于舟中去无愁。

——《舟中二绝》（其一）

以“愁”对“无愁”，自是愁更愁。至于这一点睛之笔所以能深情动人，当然还有赖于前面的层层渲染。比如季节——“秋”，宋玉说：“悲哉秋之为气也”（《九辩》）。刘勰说：“‘朔风动秋草，边马有归心。’气寒而事伤，此羁旅之怨曲也。”（《文心雕龙·隐秀》）总之，“客怀处处不宜秋，秋到梧桐动客愁。”（何应龙《客怀》）再比如时间——“夕阳西下”，“鸡栖于埘”，“羊牛下来”，百鸟归巢，这不仅触动游子思家之情，更有“落日恐行人”“未晚先投宿”“日暮客愁新”等等蕴意。再看看小令的景物描写，“枯藤老树”，不免衰飒苍凉，然对于黄昏中的归鸦而言，那儿有巢、有“家”，得其所居，安享于大自然的怀抱；“小桥流水人家”，更见一派生机，宁静而温馨。与这两者相对的则是夕阳西下，秋风瑟瑟，人困马瘦，独行于天涯古道的游子，曲至此，戛然而止。而一股茫然、空落、孤寂的气氛更令人窒息，至于“断肠人”走向何方，宿在何处？还有天涯岂是无归意，欲归不归何人怜？这些都在言外，言简意深，令人神远。正所谓“两个蒙太奇镜头的对列不是二数之和，而更像二数之积”。

那是因为“镜头的对列”，引发了人们的联想，从而扩大了、增加了原有境象的艺术容量，丰富了审美的内涵。所以王国维盛赞此曲：“寥寥数语，深得唐人绝句妙境。有元一代词家皆不能办此也。”再进一步说，就是马致远自己似乎也难再“办此”神来之作。请看他的另一首小令：“渔灯暗，客梦回。一声声滴人心碎。孤舟五更家万里，是离人几行情泪。”（[双调·寿阳曲]《潇湘夜雨》）也是一首“万里”思乡、情伤“心碎”的感人之作，却没有得到后人更多的青睐和“直空今古”的赞誉。那原因大概是作品的艺术氛围与容量，感发的技巧与力度，都难与《秋思》相比吧。

综上所述：这首《秋思》，也可以说是“乡思”。这在古典诗词中可以说是一种历史积淀的集体记忆、传统情结，如果说这是它“先天”的优势，那么它在表现上又巧妙地运用诸多早已积淀的审美经验与成熟的艺术手法，诸如时空设定，景物烘托，意象的反差、对比，等等，密集地浓缩于一种新的诗体（散曲小令）中，须知“不同的诗的形式会产生奥妙的巨大效果”[①]。这便是它的“后天”之长，两者结合既易于唤起人们潜藏的审美期待与情感的共鸣，又能以其小巧而新颖的形式，激发人们的审美情趣，所谓“望今制奇，参古定法”（《文心雕龙·通变》）。承传创新，妙合无垠。这，大概就是它令人难忘而又玩之无尽的奥秘所在吧。

第三节　主体意识

元代文人各有身世、经历、禀赋、个性和审美情趣，就如黑格尔所言的“这一个”。但是，任何“这一个”也不能超越时代，与世隔绝，不近人间烟火。因为“人的本质不是单个人所固有的抽象物，在其现实性上，它是一切社会关系的总和”[②]。“一个人的发展取决于和他直接或间接交往

① 爱尔曼辑录：《歌德谈话录》，朱光潜译，安徽教育出版社2006年版，第30页。

② 马克思：《关于费尔巴哈的提纲》，载马克思、恩格斯：《马克思恩格斯选集》（第一卷），人民出版社1973年版，第18页。

的其他一切人的发展”，“单个人的历史决不能脱离他以前的或同时代的个人的历史，而是由这种历史决定的”①。总之，人是生活在社会中，并归属于一定的群体，这既是精神与实践的需要，同时在这种联系与影响之中，也有意无意地形成了某种具有共同倾向的价值观念、审美情趣、精神风尚，是所谓一个文化群体的“基本人格结构”。这在前述“生命感悟”与“情感世界”中都有所体现。下面我们还想对元代文人那些带有群体特色的“主体意识”再做一些集中与归纳。当然，论述中的取材与依据，还是离不开“这一个”的。

儒学对人的最低要求，也可以说是最高规范，简单地说也就是四个字——克己复礼。所以孔老夫子教育弟子、教育儿子一再强调：

> 非礼勿视，非礼勿听，非礼勿言，非礼勿动。（《论语·颜渊》）
> 不学礼，无以立。（《论语·季氏》）
> 不知礼无以立也。（《论语·尧曰》）

人的一切之所以要如此严格地“礼”化，最终的目的就是要在意识和言行上消解、丧失自我，去扮演你应该充当的社会角色，以维护王权和宗法社会的等级制度，而无视个人还应该具有的独立的意识、志趣和追求。换言之就是要以群体、伦理为本位，而否定个体存在的价值与自由。因此，儒学也可以说就是以“礼”去规范人的学问。可是到了元代，由于文化的碰撞、变异，这个“规范”也随之失灵了，代之而起的则是元代文人张扬自我的主体意识，这从以下几点约略可见。

（一）因势而变——选择“在我”

元代文人无疑自小也是读着圣贤书，熟背孔、孟言的，可是当我们翻开元代散曲，会看到一种颇为流行的腔调：

① 马克思、恩格斯：《德意志意识形态》，《马克思恩格斯全集》（第三卷），人民出版社1995年版，第515页。

东，也在我；西，也在我。

——陈草庵［中吕·山坡羊］《叹世》

行，也在我；藏，也在我。

——乔吉［中吕·山坡羊］《失题》

宠辱从渠，去就从予。

——汪元亨［双调·折桂令］《归隐》

他们唱来唱去都是“我”，就是没有一点儿“克己”的味道，当然更谈不上什么“复礼”。至于“你便是落了我牙，歪了我嘴，瘸了我腿，折了我手，天赐于我这几般儿歹症候，尚兀自不肯休。则除是阎王亲自唤，神鬼自来勾，三魂归地府，七魄丧冥幽。天哪，那其间才不向烟花路儿上走”[①]。简直是不顾一切地坚持“我”的选择——“烟花路”走到底。这无疑是在宣称：“非礼”的、“不雅”的、“不齿”的，“我”偏视、偏听、偏行，从言行到观念都摆出一副对传统的、现实的所谓礼教、高贵、正经公然抗争的架势！这就如马克思曾经指出的：“一切发展，不管其内容如何，都可以看作一系列不同的发展阶段，它们以一个否定另一个的方式彼此联系着。……任何领域的发展不可能不否定自己以前的存在形式。而用道德的语言来讲，否定就是背弃。”[②]元曲正是在这种“否定”与“背弃”的意象中，激荡着元人对传统的叛逆，对自由意志的张扬。

是不是元代文人天生了一副“背弃”的反骨呢？当然不是，而是世易则事异。本来“不仕无义”，早已成了读书人心中的方向和目标，连孔子本人不也为此而东奔西走、“席不暇暖”吗？“周霄问曰：‘古之君子仕乎？’孟子曰：‘仕。《传》曰：孔子三月无君，则皇皇如也，出疆必载质’。”（《孟子·滕文公章句下》）“质”同“贽”，即执持的礼物。为什

① 关汉卿：［南吕·一枝花］《不伏老》。

② 马克思：《道德化的批判和批判化的道德》，载马克思、恩格斯：《马克思恩格斯选集》（第一卷），人民出版社1973年版，第169页。

么一定要带点见面礼呢？当然意在表示诚意与礼貌，不过，孔老夫子渴望接纳的谋仕谋位之心似亦隐然可见。但是，到了元代原有的“社会关系”，在文化、意识的碰撞中断裂了、颠覆了，传统的士子与文化都在歧视中掉价了，现实是“不读书有权，不识字有钱，不晓事倒有人夸荐。老天只恁忒心偏，贤和愚无分辨”（无名氏［中吕·朝天子］《志感》）。所以“想前贤语，总是虚。可不道书中车马多如簇，可不道书中自有千钟粟，可不道书中有女颜如玉，则见他白衣便得一个状元郎，那里是绿袍儿赚了书生处”（马致远［仙吕·点绛唇］）。“出则事公卿”已成过去，现在想“事”也无路，“空岩外，老了栋梁材”（马致远［南吕·金字经］）。从“唯有读书高”，一下子变成“不读书最高”，变成“儒人颠倒不如人”。世道如此大变，“我”当然要因势而变，于是从“克己”一变而为强调自我，张扬自我，从“复礼”而一变为对“礼”的轻蔑和挑战，正所谓“物极则反，数穷则变，此理之常也”（欧阳修《本论下》）。元代文人精神文化中的逆反性，也正是这种“理之常也”所致。这里顺便说一个问题，也有人认为元代儒人被“颠倒”，不为当政者所用，也有其自身的原因。那就是元代统治者讲求务实，铨选制度单纯，而大多数文人虽有书本知识，却缺乏实际能力，因而不能适应这一制度的变革，所以想仕亦不能。就一般意义而言，这话也不无道理，务实总比空谈高明，单纯也比繁琐便捷。但是，具体问题总有其具体的内涵，且离不开具体的历史环境。比如“务实”，就要像阿合马、卢世荣、桑哥那样“暴敛无艺”，搜刮民脂民膏，以充盈国库，满足统治者的豪奢浪费；就要像贪官酷吏那样“驱车在道，见物垂涎。不畏暮夜之知，殆成白昼之攫”。如此“务实”，于国于民何益？再说，如果把特权、世袭、等级、歧视，都具体化为一种明确的制度，甚至就是“徇一己之好恶”，或者按级论价，买官卖官，那确实比层层筛选的科举考试更便捷、更简单。然而，于国于民何益呢？

再说，一个人的实际能力有或无，也只能在实践中才能检验出来。如果一见书生就认定其“无”，一见不知诗书者就认定其“有”，那不是无知，便是偏见。而且事实上元代也明明就有既知诗书又有实践经验的官员，比如名臣张养浩就是其中之一。他在地方任过县尹，在朝廷的政务、监察等机构多年为吏为官，清廉正直，为民所爱，敢于直言，勤于思考，屡次上书，欲匡弊政，结果呢？还是痛感“当国者不能容”，“无技可呈于治世”，只好“中年才过便休官”[①]。仅此一例，亦可明显地看出元代统治者所要的并非真正的为国为民、直道勤政的“务实”。这，当然不是偶然的、孤立的，统治者如何选人、用人自有其欲达之目的。“元朝统一中国的性质及其所产生政权的性格皆与典型的汉族王朝不同。元朝统一中国的主要动力并非来自中原内部，而是蒙古世界征服的一部分。蒙古征服战争的发动及其赓续乃是出于掠夺财富的强烈欲望和征服新土的宗教狂热。其初攻夏伐金原无统治计划，目的不过掠夺玉帛子女与强征贡赋而已。灭金以后，对汉地不得不长期占领。但是，汉地不过是蒙古草原帝国的一个殖民地，短期的掠夺转变为财源与兵源之长期榨取。”[②]从这一段精辟的论述中，是不难认识这个政权的性质，执政的理念与价值取向，征战、占领、施政，一切都可以讲求务实，而“务实”的最终目的就是“掠夺”与“榨取”。那么，谁能动脑筋，变花样，不择手段地快速而高效地“榨取”，谁就是“务实”的、“精干”的“人才”。而怎样尽快地网罗这种“人才”，也就成了他们制定铨选制度的指导思想。面对如此“变革”，那些深受“为政以德”影响的儒士们，“不能适应”，也完全是可以理解的，对其所造成的恶果给予揭露、嘲讽，也是可以肯定的，比起那些能够“适应”，并“急攘攘蝇争血”似的去浑水摸鱼、争名夺利者，应该说更能见其清正与良知。一切问题都得具体分析，“变革”不能例外，对“变革”的反映与态度也不能例外。总之，元代文人不为时所用，归根结底乃是政权性质所衍生的制度文化的问题，而并非文人都是空有一肚子之乎者也，而不知天下世事的腐儒。恰恰相反，更多的倒是因为参透了“贤和愚无分辨”的现实，才有牢骚，才有“东，也在我；西，也在我”的独立意识。下面我

① 拙作《进退出处 谁识其心》《传统官文化中的一个亮点》《张养浩的自我意识》对此有所论述，见本书“续编”。

② 萧启庆：《内北国而外中国：蒙元史研究》（上册），中华书局2007年版，第19页。

们再回到原来的话题，元代文人要因势而变，然而一个人的行为、观念要“变”，也绝不是口头上一句话、一个表态可以了得，也不是躲到山野大泽就可以变的，诚如蒙田所言：“野心、贪婪、患得患失、害怕、欲念并不是换了地方就会离开我们的。”[1]深刻地转变还需要理性的支持，比如对“仕”，对功名利禄，就要有一种新的认知与价值评判。对此，不妨看看白朴的见解：

忘忧草，含笑花，劝君及早冠宜挂。那里也能言陆贾？那里也良谋子牙，那里也豪气张华。千古是非心，一夕渔樵话。

——白朴［双调·庆东原］

曲以比兴领起，意思是若要忘却忧愁，含笑人间，那就劝君及早辞官。即使像陆贾、姜尚、张华那样有才、有谋、有豪气，而且也都确有过辅佐之功。但是，争来夺去，台上台下，也不过给后人提供一点谈资而已，所以他的结论便是“盖世功名总是空”[2]。倘若一生不仕，浪迹山川，纵情诗酒，既无“皇皇如也”之感，更无祸福难测之患。试想“昨日玉堂臣，今日遭残祸”[3]还少吗！再说，“三国鼎分牛继马”，血雨腥风一场又一场，于天下苍生何益？“伤心秦汉，生民涂炭，读书人一声长叹”[4]。读书人虽无力改变，但又何必参与其中，谋取什么功名利禄，不如“兴亡一笑间”[5]，“兴，也任他；亡也任他”[6]。请注意：“任他”只在“兴亡”，至于自己则恰恰相反，要在认识历史和现实的同时，清醒地把握自我，塑造自我，一切“在我”。所以被歧视、被边缘的元代文人，反而少了束缚，多了自由；少了“折腰”，多了自尊；少了听命，多了自主。也由此才使得自我人格、精神与智慧得以放开，得以升华，是所谓“穷则

①蒙田：《蒙田随笔全集》（第1卷），马振骋译，上海书店出版社2009年版，第219页。

②白朴：［双调·乔木查］《对景》。

③贯云石：［双调·清江引］。

④张可久：［中吕·卖花声］《怀古》。

⑤庾天锡：［双调·雁儿落过得胜令］。

⑥陈草庵：［中吕·山坡羊］《叹世》。

变，变则通”。同时，也证实了“人类生而具有与四周之困难搏斗的力量”。这其中既有对现实的适应，更有对传统与现实的批判，前面我们讲的“生命感悟”“情感世界”也都含有这层意思。

（二）变中之智——贵在“适意”

古人说：“人之生也，与忧俱生。”（《庄子·至乐》）“天下不如意，恒十居七八。”（《晋书·羊祜传》）处于传统文化被歧视、被断裂的元代文人，该有着更多的“不如意”，但在元人散曲中却少见“我生之后，逢此百罹”[①]的哀叹。他们虽然也有过“春醉有醒时，人老欢难会”[②]的感慨，却没有“衣上酒痕诗里字，点点行行，总是凄凉意”[③]的情调。相反，滑稽幽默、嬉笑怒骂，自寻其乐倒是随处可见，当然论者也可以说那其中有苦涩，有自嘲，有无奈。不错，但毕竟不是惨惨戚戚，痛不欲生，相反乐于展示“善谑”之才，欣赏“调笑讥嘲”之作，倒是当时一种流行的文化现象。比如杨果“外若沉默，内怀智用，善谐谑，闻者绝倒”（《元史》）。杜仁杰“性善谑，才宏学博”（《全元散曲》）。关汉卿“生而倜傥，博学能文，滑稽多智，蕴藉风流，为一时之冠”（《析津志》）。更有王和卿“滑稽佻达，传播四方，常讥谑汉卿，汉卿虽极意还答，终不能败”（《全元散曲》）。还有王晔“体肥而善滑稽，能词章、乐府，临风对月之际，所制工巧”（《录鬼簿》）；陆显之“滑稽性，敏捷情，再出世的精灵”（《录鬼簿》）；沈和甫“能辞翰，善谈谑，天性风流”（《录鬼簿》）；汤舜民“落魄江湖间，好滑稽”（《录鬼簿续编》）；杨景贤“善琵琶，好戏谑”（《录鬼簿续编》）。其实许多作家虽不见类似的记述，却不乏诙谐幽默、辛辣风趣、令人绝倒的作品，比如大家熟悉的睢景臣［哨遍］《高祖还乡》，作品通过“我”对车驾仪卫的“不识而识”，滔滔不绝，认真描述，描得“老母鸡变鸭”面目全非。看似荒诞，

① 《诗经·王风·兔爰》。

② 薛昂夫：［双调·楚天遥过清江引］。

③ 晏几道：《蝶恋花》。

实也合乎自然，因为人们总爱把“不曾见”的东西，首先放到熟悉的事物中去比照、去想象，作者正是利用了这种心理机制，展开奇思妙想，不仅获得了喜剧效果，也写活了“我”，更是“歪打正着”，使汉高祖衣锦还乡、君临天下的威风，在人们的笑声中化为乌有，变成了怪人怪物“大作怪”的丑剧，并进而还其“好酒及色”、流氓无赖的原形，行为与心愿相背，手段使目的落空，如此自相矛盾，自我否定，岂不滑稽可笑！不过笑了之后，还请注意：“无知”与智慧，“认真”与诙谐，却在这里获得了巧妙地统一，这大概也是被人赞为“制作新奇，诸公皆出其下”（《录鬼簿》）的一个重要的原因吧。

“亭长为天子”，无赖当皇帝，“偶因乱世成功业”，作为艺术形象，在中国历史上还是颇有代表性的。可是一旦登基，便是灵光四射，若再去翻老底，揭疮疤，无疑就是亵渎圣上，漠视皇权，罪责难逃！好在“刘三”早已作古，淫威不再。然而细读来，睢景臣颠覆皇权之意，似乎又不止于“刘三”之类的已死之帝。你看：大元朝也是“讲前代之定制”，皇帝们不也是一个个改姓“元”，名什么“祖”、什么“宗”吗？不也是很喜欢每当春回大地、草色青青之时，携着后宫诸闱、宰执大臣、百司庶府，浩浩荡荡离开大都，沿途纳钵，放鹰走马，热热闹闹返回上都，既接受宗亲姻戚的觐见，也要大行赏赐，纵情燕乐，这与高祖还乡盛大而欢乐的场景不仅有几分相似，更是有过之而无不及，而且那作品中的“社长排门告示”，分明就是元代基层行政建制和常见的施政方式。如此说来也确有“妄撰词曲”，嘲骂当今之嫌。是所谓“世事大半不称意，放言岂必皆游戏”（徐渭《歌代啸》）。不过，也无须担心，因为这种借古喻今、旁敲侧击的表现，元代统治者也未必能领悟。更重要的是那些不敬之词，都是“不识而识”所致，不知者不为罪，何况那“言非若是，说是若非，能乱同异”的“胡言乱语”，确也有令人回味捧腹的效果呢！这就如弗洛伊德所说的：“在历史上的每一个时代中，那些有话要说，但说了又要担风险的人都急于戴上一顶‘傻瓜’的帽子。如果能使那些听到违言禁论的听众们同时哈哈大笑并加以捧场，在心里相信那些逆耳之言全属无稽之谈，那么，他们就比较容易地对之采取宽容的态度。”[1]不同的是“有话要说”的睢景臣，把“‘傻瓜’的帽子”戴到别人（“我”）的头上去了。这是在追求艺术效果，还是给自己的“违言禁论”多留一条“退路”，抑或兼而有之。只有睢景臣自己知道。但不管怎样，说他在“新奇”之作中玩了一点小小的“心计”是不为过吧？

别林斯基说过：“何谓创作中的典型？——典型既是一个人，又是很多人，就是说：是这样的一种人物描写：在他身上包括了很多人，包括了那体现同一概念的一整个范畴的人们。”[2]这就是说典型“既是一个人”，典型也“是类的样本”。因而睢景臣“高祖还乡”的典型意义，又不仅仅是灭了帝王头顶上的光环，揭穿了美化帝王的神话，对皇权至尊的颠覆；同时，也会让人们联想到过往的、眼前的那些“一阔脸就变”的暴发户的做派，那些“得志便猖狂”的小人的嘴脸，那些“才上马齐声儿喝道”的官儿的狂傲自彰。作品的产生自有其现实生活的土壤，而后世读者亦有其感受的“当代性”，这就是作品得以常读常新的艺术生命。喜剧大师莫里哀说过，一本正经的教训，即使最尖锐，往往不及讽刺有力量；规劝大多数人，没有比描绘他们的过失更见效的了。恶习变成人人的笑柄，对恶习就是重大的致命打击。其实以艺术手法把人性的弱点、缺陷、乖谬和社会生活中的假丑恶，淹没在大众轻松而辛辣的笑声中，也不仅有否定、鞭挞和“打击”的作用，同时也能给人一种智慧与道德的优越感和自我实现的快感。

元代文人之所以能将诙谐滑稽之风张扬到极致。其一是得益于渊源久远的文化传统，我们知道早在《诗经》中就有：“善戏谑兮，不为虐兮。”（《卫风·淇奥》）后来又有《史记》的“太史公曰：天道恢恢，岂不大哉！谈言微中，亦可解纷”，故特作《滑稽列传》。《史记索隐》释“滑稽”云：“滑，乱也；稽，同也。言辩捷之人言非若是，言是若非，谓能

① 转引自潘智彪：《喜剧心理学》，三环出版社1989年版，第280页。

② 别林斯基著，别列金娜选辑：《别林斯基论文学》，梁真译，新文艺出版社1958年版，第120—121页。

乱同异也。”刘勰在《文心雕龙·谐隐》一文中，更是对这种寓嬉笑怒骂于其中的“谐隐”艺术，从产生到意义、表现和作用都给予精辟论述。他认为：“怨怒之情不一，欢谑之言无方……故知谐辞讔言，亦无弃矣。”最后还对这一文体做了恰当而严肃的区别与品评：“合义适时，颇益讽诫；空戏滑稽，德音大坏。”元曲中虽不无“空戏”无聊的玩笑之作，但更多的还是“合义适时”的讽世之作，继承和发扬了滑稽诙谐艺术的“讽诫”传统，使得元代杂剧和散曲既有鲜明的时代感，也为其增添了独有的情趣与风采。

其二，元代的民族歧视，特权专制，吏制腐败，造成了权豪势要、贪官猾吏、恶徒渣滓泛滥成灾，他们的阴毒狡诈，骄横无耻，鄙陋可笑，实为嘲骂讽诫之作，提供了丰富而鲜活的创作源泉。

其三，也是更重要一点，那就是创作者——元代文人的理性与智慧的修养，以及生活态度的取向。杜甫就曾说过：“细推物理须行乐，何用浮名绊此身。”（《曲江二首》）人的生命可贵也有限，不该为身外之名利而羁绊、而烦恼，短暂的人生应该在快乐中度过，而对元代文人来讲，则更需要在调笑娱乐之中超越压抑与苦闷，比如白朴“幼经丧乱，苍皇失母，便有山川满目之叹。逮亡国，恒郁郁不乐”。入元之后，“既不欲高蹈远引以抗其节，又不欲使爵禄以污其身，于是屈己降志，玩世滑稽”。所以任讷先生说：“惟曲之重俳谐，出于异常，而非寻常。”确是很有见地的。按照弗洛伊德的观点，这也是生命活动趋向平衡的本能。那么，怎样取乐呢？晋人张翰早说过：“人生贵适意尔，何能羁宦数千里以要名爵。”（《世说新语·识鉴》）宋代苏辙说：“天下之乐无穷，而以适意为悦。”（《武昌九曲亭记》）很巧，一百多年之后的关汉卿也说：“世情推物理，人生贵适意。”（［双调·乔牌儿］套）至于“适”什么“意”，那就因人而异了。有人也许以高官厚禄，贪财掠物，香车宝马，灯红酒绿，寻欢作乐为“适意”，然而也有人不以为然。贯云石就说过：“弃微名去来心快哉！一笑白云外。知音三五人，痛饮何妨碍，醉袍袖舞嫌天地窄。”（［双调·清江引］）这不是唱高调，也不是作矫情。贯云石在元代可以说出身显贵，早年也曾袭父职任两淮万户达鲁花赤，有特权，有实权，但是他却弃而不顾，不久辞官，隐居杭州一带。此外，诸如主动辞官者，征召不起者，终生不仕者，在元代文人中亦大有人在。可见“适意”是对人生意义与价值的选择，是一种修养、品味和情趣的追求。“弃微名去来心快哉，一笑白云外”，重在心灵的自在、自由、自娱，而这恰恰是理性与智慧的体现，因为“人类最上的享受是心灵的享受”。为什么这样说呢？不妨看看叔本华的论述：“环境只不过是对我们产生一种间接的影响而已。”“人的最高、永恒和丰富的快乐实是他的心灵，虽然我们在青年时不了解这一点，事实上却是如此……如果我们内在的生命富有的话，我们就不会多求我们有些什么了。另一方面是愚人终其一生还是愚人，即使在乐园中被美女包围，他也难于脱离愚人的个性。”又说：“聪明的人首要努力争取的无过于免于痛苦和烦恼的自由，求得安静和闲暇，以过平静和节俭的生活……”[①]这就不难理解为什么元代文人可以“一枕葫芦架，几行垂杨树，是搭儿快活闲住处”（马致远［双调·清江引］）。也可以“窗前流水枕边书，深参透其中趣”（汪元亨［中吕·朝天子］《归隐》）。也可以身处柴米油盐酱醋茶“七件儿全无”，“饥寒交迫，而犹能歌声出金石者，即原思（孔子弟子原宪，字子思，亦称原思）在今日，恐亦未必能如斯”[②]。之所以能如此，那是因为元代文人能以自己的思想、智慧、文化、审美去看待人世、感悟人生，在困厄中开拓精神世界，寻找心灵的乐园。这就是叔本华说的：“心灵的快乐主要又在依赖我们心灵的能力。”[③]这一点在我们的传统文化中似乎也能找到依据，孔子就说过：“知者乐。”（《论语·雍也》）对此，李泽厚先生的解读是：“真正聪明的人之所以常快乐，不仅因为能够迎刃而解各种问题，而且因为了解人生的方向和意义而快乐。”很有见地。反之，缺乏心灵能力，内在生命枯寂贫乏，而又役于外物，“驰竞于荣利，耿介于得失”的庸人，则只能是忧戚缠心，悽

① 叔本华：《叔本华人生哲学》，李成铭等译，九州出版社2003年版，第2、5、16页。

② 吴梅：《顾曲麈谈·谈曲》评周德清［双调·蟾宫曲］。

③ 叔本华：《叔本华人生哲学》，李成铭等译，九州出版社2003年版，第5页。

悽惶惶，所谓“小人长戚戚”（《论语·述而》）。不错，一个迷失了“人生的方向和意义”的人，还有什么“快乐”可言呢？

“聪明的”元代文人则大异于此，他们可以在一江烟水、竹篱茅舍、云来云去中找到快乐，也可以在妻蚕女织、田家翁媪、沙三伴哥中找到快乐，而更重要的还在于他们可以把丰富的生活体验与感悟，融入多姿多彩的艺术创作中，美与丑，爱与恨，笑与骂，形诸文字，搬上舞台，远近传唱。这“一方面是现实人生的反照，也是现实人生的超脱。在让性情怡养在文艺的甘泉时，我们霎时间脱去尘劳，得到精神的解放，心灵如鱼得水，徜徉自乐”。这既是更高级的审美愉悦，也使人世间的善与恶、美与丑定格于永恒，不仅提升了、繁荣了杂剧与散曲的创作，也使他们的爱憎与才华永久地留在文化艺术的历史长河中，而成为“不死之鬼”。这就如周浩在《录鬼簿》中说的：“生待如何，死待如何？纸上清名，万古难磨。”其影响与贡献亦如萧启庆先生所说的：“菁英角色的扩散导致了上述种种文化新发展。”[①]（按：此处指元代俗文学的提升、文人画的昌盛与文人主义的兴起。）如果说“菁英角色的扩散”是迫于民族歧视，文化变异，文人失去传统仕进之途，那么，这一创作现象、创作群体的出现，则是他们自主选择的结果。他们不仅有着相似的心态、境遇，而且在人生“方向和意义”上的认知与追求，都有着共同的倾向，那就是独立而智慧的主体意识——适意“在我”，快乐“在我”。马克·吐温曾说过：“幽默本身的秘密源泉是欢乐，而不是悲伤。”那么，元代文人的人生理念与创作灵感，正是在这里自然形成了一个恰当的契合点——“幽默”，而两者的相互引发、激荡便是元曲“谐隐”艺术的活力与灵魂。当然，这也不是元曲的全部，正如任讷先生所言：曲“可以谐，亦可以庄，斯曲体之所以广大也”（《曲谐·乐府群玉》）。

（三）变而不变——“德之休明”

面对客观现实和主观境遇的激剧变化，被边缘化的元代文人又有其独

① 萧启庆：《内北国而外中国：蒙元史研究》（上册），中华书局2007年版，第56页。

立不变之处，那就是立身处世的道德操守。这一点又是承传了“德者，本也；财者，末也”[①]以及“德之休明，不在位之高下”[②]的古训。如果说因势而变的主体意识，主要表现于逆反中张扬自我，那么在“倚强压弱”“谁不见钱亲”的社会中，对道德信念的坚守，对邪正分明的态度，同样体现了拒流俗反世风，选择“在我”的理念，其“居陋而不改其度”的清醒脱俗，同样是一种可贵的主体意识。请看：

劝渔家，共樵家。从今莫讲贤愚话，得道多助失道寡。

——陈草庵［中吕·山坡羊］《叹世》

无官何患，无钱何惮，休教无德人轻慢。

休学谄佞，休学奔竞，休学说谎无人信。

——张养浩［中吕·山坡羊］

俗物俱无，蔬圃锄蔬，书屋读书。

——刘庭信［双调·折桂令］

曲词说得很清楚，一个人哪怕是官高位重，富甲天下，只要是阿谀、钻营、虚伪、缺德，都是人所不齿的。反之，即使无官无钱，生活清贫，却坚守诚信、正直、自立、脱俗，也是一个德行可称的人。这对读书人也不例外，所以孔子对子夏说：“女为君子儒，无为小人儒。”（《论语·雍也》）“豹死留皮，人死留名。”（《新五代史·王彦章传》）元代文人继承了这些理念，对于爵禄财富可以视若烟云，但对于德行、名声同样是很在意的。“与人方便，救人危患，休趋富汉欺穷汉。恶非难，善为难，细推物理皆虚幻。但得个美名儿留在世间，心，也得安；身，也得安。”[③]此曲所言颇有深意，在一个是非颠倒、道德式微的社会中，清正为善是不容

① 《礼记·大学》。

② 李白：《武昌宰韩君去思碑》。

③ 张养浩：［中吕·山坡羊］。

易的。因为除了要有一颗仁爱之心，更要有“见势不趋，见威不惕”的精神与付出代价的勇气，所以说“善为难”。而干坏事、做贪官，同流合污，随波逐流，反而不是什么“难”事。那么，一个人该如何选择呢？答曰：还是要见“难”而上，做一个刚正不阿、富有爱心的人，“与人方便，救人危难，休趋富汉欺穷汉”。为什么？因为趋富欺贫，为非作歹，贪赃枉法，说到底无非为了一己私利。“豺狼死而犹饿兮，牛腹尸而不盈。”（柳宗元《哀溺文》）“朝三暮四，昨非今是，痴儿不解荣枯事。攒家私、宠花枝，黄金壮起荒淫志。千百锭买张招状纸。身，已至此；心，犹未死。”①不错，财迷心窍，色迷双眼，胆大妄为，至死不悟的“痴儿”确实古今皆有。不过，“难将一人手，掩得天下目”。待到东窗事发之时，也就是身败名裂之日，那万贯家财换来的只不过是一纸供状而已，“家私”“花枝”皆“虚幻”。因此，实不如正直清廉、与人为善，“但得个美名儿留在世间”。这种重道德精神、轻金钱富贵的观念，既是继承了“不义而富且贵，于我如浮云”（《论语·述而》）的文化传统，也是针对元代现实社会的批判，即在贪腐难遏的当下，也不失其道德光彩。“诗人的力量在于他的独立。”正是“公卿自有公卿禄，儿孙自有儿孙福。神心自语，恁麒麟阁上图。凤凰池中立，不如俺鹦鹉州边住。黄纸上名，不如俺软瓯（似为‘饮’字之误）中物，谁知野夫。列翠围四屏山，引寒练一溪水，盖蜗舍三椽屋。我头低气不低，身屈心难屈，一任教风云卷舒。饭饱一身安，心闲万事足”②。元代文人之所以能创作那么多彰显正义、惩恶扬善的杂剧、散曲，不也正是基于这种“变而不变”、选择“在我”的良知与人格的追求吗？

如果说这种“因势而变”“变中之智”“变而不变”融于一体的“主体意识”，是元代文人精神文化的“根基”，那么，前面所说的“生命感悟”“情感世界”，便是在这个“根基”上的“延伸与扩展”。没有“根基”无从“延伸与扩展”，没有多方位、多侧面的“延伸与扩展”也不能充分地

① 乔吉：［中吕·山坡羊］《冬日写怀》。

② 马致远：［双调·夜行船］。

彰显其生命与活力；而只有这种认知与情感的互补互动、相辅相成，方可展示出元代文人丰富多彩、生趣盎然、可亲可感的精神风貌，方可构建元代文人精神文化独有的价值体系。这，也就是我们之所以要指出元代文人精神文化的内涵，及其相互间内在联系的用意所在。

第三章　元代文人精神文化的形成

上一章我们已经涉及这个问题，但因为不是重点所在故未能展开。马克思曾指出："人不仅通过思维，而且以全部感觉在对象世界中肯定自己。"[①]普列汉诺夫在《没有地址的信》中也说过："为什么一定社会的人正好有着这些而非其他的趣味，为什么正好喜欢这些而非其他的对象，这就决定于周围的条件。"是的，人是环境的产物，元代文人也只能"以他们自己的生存环境来决定自己的看法和好恶"[②]。中国历史进入元代，原有的制度文化被武力断裂了，代之而起的是体现元代贵族治国理念的元代制度文化，其鲜明的特征就是民族特权与民族歧视。元代文人既要在这个"对象世界""周围条件"下磨练、调整自我，以适应生存，然而失落、不平的心理又迫使他们要宣泄、抗争，要寻找自己"审美的趣味和概念"，要"在对象世界中肯定自己"。用元代文人自己的话说，这叫做"苍天负我，我负苍天"[③]。用明代李开先的话说，就是"中州人每沉抑下僚，志不获展，宜其歌曲多不平之鸣。元词（指曲）所由盛，元治所由衰也"（《张小山小令序》）。即使到元仁宗延祐二年（1315）恢复科举，少数文人录为进士，也没有改变"沉抑下僚"的状况，与唐、宋时代迥然不同；也有个别人位列翰苑，那也是点缀升平，与治世无关，犹是"志不获展"。歌德曾说过："我们赞同的东西使我们处之泰然，我们反对的东西使

① 马克思：《1844年经济学哲学手稿》，载马克思、恩格斯：《马克思恩格斯全集》（第三卷），人民出版社2002年版，第305页。

② 蒙田：《蒙田随笔全集》（第1卷），马振骋译，上海书店出版社2009年版，第272页。

③ 乔吉：［双调·殿前欢］《里西瑛号懒云窝自叙有作奉和》。

我们的思想获得丰富。”[1]这话是很有道理的，试想如果只有“苍天负我”，没有“我负苍天”，而是逆来顺受，忍气吞声；只有元代制度文化，没有对这种制度文化及其所带来的社会弊端的“反对”，而是“泰然处之”，甚至歌功颂德，那就不可能有我们今天所见到的元代文人的精神文化。因此，元代文人精神文化的形成及其鲜明的特征，最重要的一点就在于它的批判性。批判开拓了、丰富了思想，也活跃了、繁荣了创作。即使他们对于高情逸志的追求，对于道义、诚信、仁爱、节俭、安贫等等传统观念的倡导、持守，那矛头也是针对现实社会中的贪佞狡诈、倚强凌弱、草菅人命的腐恶之风的不满，同样闪射出批判的锋芒，而决不是泛泛的空谈，虚伪的说教。惟其如此，其生动而艺术的嬉笑怒骂，审美趣味，自有着广泛的社会影响，所谓“元治所由衰也”。至于元代文人之所以具有这种批判精神、批判能力，除了基于个人的良知和现实的境遇之外，应该说与他们的理性思维、文化素养也有着密不可分的关系。下面就此再做一点分析。

第一节　文化变异的反思与批判

渔得鱼心满愿足，樵得樵眼笑眉舒。一个罢了钓竿，一个收了斤斧，林泉下偶然相遇，是两个不识字渔樵士大夫。他两个笑加加的谈今论古。

——胡祗遹［双调·沉醉东风］

黄芦岸白蘋渡口，绿杨堤红蓼滩头。虽无刎颈交，却有忘机友，点秋江白鹭沙鸥。傲杀人间万户侯，不识字烟波钓叟。

——白朴［双调·沉醉东风］《渔夫》

侬家鹦鹉洲边住，是个不识字渔父。浪花中一叶扁舟，睡煞江南

① 爱克曼辑录：《歌德谈话录》，朱光潜译，人民文学出版社2008年版，第110页。

烟雨。

[幺] 觉来时满眼青山，抖擞绿蓑归去。算从前错怨天公，甚也有安排我处。

——白贲 [正宫·鹦鹉曲]

希腊古诗中有“不聪不明，一切省心”（索福克勒斯），《传道书》中有“因为多有智慧，就多有愁烦”。“加增知识的，就加赠忧伤。”——有道理吗？道理何在？这里似可找到一种答案。请看：

明明是个通诗书、善词曲的胡祗遹、白朴、白贲，心中羡慕的、向往的理想人物却是“不识字”的“渔夫”“樵夫”。这其中虽不无对元代文化变异、价值颠倒——“不读书最高，不识字最好”（无名氏 [中吕·朝天子]《志感》）的反讽，但更多的恐怕还是宣泄了自己心底的苦闷与无奈，也就是苏轼引以为恨的“人生识字忧患始”。不过，你若细想想，这话也还有略加分析的必要。其一，“识字”与“忧患”有必然联系吗？未必。“识字”之人，也可以人云亦云，“随时上下”，何“忧”之有？也还可以攀附权势，去“帮忙”“帮闲”，做奴才，当走狗，何“患”之有？问题显然不在于“识字”，在哪里呢？我们还是去看看苏轼，他在《上曾丞相书》中说过：

轼不佞，自为学至今十有五年，以为凡学之难者，难于无私；无私之难，难于通万物之理。……是故幽居默处而观万物之变，尽其自然之理，而断之于中。其中所不然者，虽古之所谓贤人之说，亦有所不取。虽以此自信，而亦以此自知其不悦于世也。

读了这段文字，你就知道问题来了。“贤人之说”，比如“四书五经”，早被世人奉为万世之经典，可是饱读诗书、遍览诸子百家的苏轼，认为那也不过是一家之私说，未必“通万物之理”，所以他要排除一切干扰，克服各种偏见，通过自己的考察、分析、思考，去做出判断，既不屈从“贤人之说”，也不管世人高兴不高兴，这无疑是向传统权威、习惯势力、世俗之见大胆地挑战。而这种独立思考的态度，一旦成为认识、评断现实世界的原则，自然会带来更大的麻烦，比如他在北宋新旧两党的斗争中，既“不惟荆是师”，也“不惟温是随”，坚持自己的观察、分析与评判，并直言己见。这会带来什么呢？只能是遭诽谤、打击，一贬再贬，直到六十二岁还要贬到遥远荒凉的琼州（今属海南省）。可见问题的关键，是在于不该有“断之于中”的独立思想，不该明知“不悦于世”，而不去趋时从众。苏轼的“忧患始”于此，元代文人亦复如此。当然，换一种情绪，说得极端一点，那就是“不识字”，不知“贤人之说”，没有思想，糊涂白痴，最好最好！苏轼诗言：“人生识字忧患始，姓名粗记可以休。”（《石苍舒醉墨堂》）正是这种愤激之言，亦不必拘泥于字面作解。所谓“说诗者，不以文害辞，不以辞害志。以意逆志，是为得之”（《孟子·万章章句上》）。

其二，虽然说这种“忧患”古已有之，但时代不同，那“忧患”也还是有差别的。我们不妨仍以苏轼为例。他有幸生在一个重文的时代，二十二岁一经科考，就名震京师。此后，有时倒霉，有时也还在朝廷与地方上任职；其文也曾遭毁、遭禁，然而实际上还是广为流传。民谚有：“苏文熟，吃羊肉；苏文生，吃菜根。”（陆游《老学庵笔记》）《宋史》记载：“神宗尤爱其文，宫中读之，膳进忘食，称为天下奇才。”后来宋孝宗还亲自为其文集作序作赞，说他“忠言谠论，立朝大节，一时廷臣，无出其右，负其豪气，志在行其所学，放浪岭南，文不少衰”，为“一代文章之宗”。即使贬于黄州，远谪岭南，众多学子还是不远千里去拜他为师。总之，其文其人，还是得到上上下下的肯定。

由宋而元，同在一片蓝天下，“天下”已经大变——文章再好无人问，才学再高没有用。

叹寒儒，谩读书。读书须索题桥柱。题柱虽乘驷马车，乘车谁买长门赋。且看了长安回去。

——马致远［双调·拨不断］

秀才饱学一肚皮，要占登科记。假饶七步才，未到三公位，早寻个稳便处闲坐地。

——钟嗣成［双调·清江引］

元代文人的“忧患”，其深其广远非宋代文人所能想象得到的。如果说苏轼是在体制内由于参政、议政带来了一生的“忧患”，那么，被歧视而沦为“九儒十丐”的元代文人，连这种“忧患”的“资格”也没有。“书生无用分明”，他们才真是在一个不该“识字”的时代，而又不幸地“识”了“字”。无可奈何，只好去羡慕“不识字”的“渔父”“樵夫”，去佯钝装呆，醉酒酣睡，躲到“鹦鹉洲边住”，做一个“烟波钓叟”……，这样就真没有“忧患”了吗？当然不可能。因为已经“识字”是无法改变的了，除非大脑失忆；而那有思想、探事理、求是非的文人习性，代代相传，也是无法改变的。请看：“不识字最高，不识字最好。”（无名氏［中吕·朝天子］《志感》）不就意味着对“老天不肯辨清浊”的抗争吗？这抗争中不就包含了对“字”所代表的文化、文明的执着吗？不就意味着对文化变异和危机的反思与批判吗？是的。因为“在特定时代主导性文化模式进入非常规期和变革时期，最先感受到文化失范或文化冲突的往往是敏感的知识分子，特别是人文知识分子。一般说来，知识精英不只是以感性的方式去体验文化危机，做出直觉的反应，而且是要以自觉的理性反思来揭示和把握主导性文化危机的失范。我们把这种理性反思称作文化反省或文化批判。”①更何况元代制度文化的变革，直接使文人失去了赖以生存和发展的传统模式。“功名览镜看，悲歌把剑弹。心事鱼缘木，前程羝触藩。世途艰，艰声长叹，满天星斗寒。”②世变途艰，年华虚度，什么理想、功业、追求，都只能化作一声长叹，天寒心寒，凄凉凄凉！正如王明荪先生在《元代的士人与政治》中所述，“政治环境之转变与文化之危机，意识最为深刻者应在于知识阶层”，也就是“所论及之士人”。不过，

① 衣俊卿：《文化哲学十五讲》，北京大学出版社2006年版，第99页。

② 吕止庵：［仙吕·后庭花］《怀古》。

事物总是辩证的，“不塞不流，不止不行”。丧失了原有的生活模式，就迫使他们在文化冲突中去思考、去寻找，由此也必然引发出另一种生活方式和生存之道。比如吏制的变革，比如元前期废止科举长达七十多年，此后也时行时止，且多歧视，种种变化都堵塞了文人仕途。但也因此他们得以从“学成文武艺，货于帝王家”，那种依附封建政治、权力，去实现人生价值的传统中，从“君君臣臣”的观念中，从终日耗于“四书五经”一心博取功名的束缚中解脱出来。于是乎就拥有了自主的时间与空间，加之生计窘迫，地位失落，也不得不走进社会现实，走向民间，体验百姓的爱憎与疾苦。同时，也还可以按照自己的兴趣、需要去读书、观察和思考，就如刘壎说的：“今幸科举废，时文无用，是殆天赐读书岁月矣。”[①]这一切都大大地拓宽了生活领域，开阔了视野，活跃了思维，对于思想意识和审美观念的解放，文学艺术的开拓、创新，无疑都有着极其深刻地影响。所谓“参破”“参透”，说来说去，不都反映了元代文人在社会生活、文化变异的环境中，对历史与现实的反思与批判，对人生与世事的思考与探寻，且有所感悟的表现吗？

那么，他们悟到了什么呢？我们择其最重要的一点来看看。“报国行赴难，古来皆共然”[②]，这是古代文人自己认可和总结的传统理念。“小来思报国，不是爱封侯”[③]，“位卑未敢忘忧国”[④]等，都反映了士人的一片赤诚。“上医治国，其次疾人”[⑤]，就是对治国方略、才能的高度评价。所以从先秦到唐宋，绝大多数文人都期待着、梦想着有朝一日“君臣遇合”，大展才智，成为名垂青史的治国之“上医”。即使满怀为天下苍生的心愿，也只能把自己的事业、理想依附于君主和王朝，他们在朝也罢、在野也罢，婉言规劝也罢、冒死诤谏也罢，乐也罢、忧也罢，不都是为了帝业的兴衰吗？而元代文人就大不相同了，请听听：“兴，也任他；亡，也

① 刘壎：《水云村稿·卷十一·答友人论时文书》。

② 崔颢：《赠王威古》。

③ 岑参：《送人赴安西》。

④ 陆游：《病起书怀》。

⑤《国语·晋语八》。

任他”，这显然是站在体制外的冷眼旁观。“兴，百姓苦；亡，百姓苦。”如此“兴亡”对百姓而言，还有什么意义！这不就是对历代帝业兴亡的彻底绝望与否定吗？不见“君臣之义”，更无“古来皆共然”的报国之念。那么，元代文人为什么会有这种颠覆传统、“离经叛道”的透悟呢？“不识庐山真面目，只缘身在此山中。”元代因民族歧视，制度文化的变异，使得大批文人或无缘进入、或不愿进入“此山（王朝体制）中”，还有“身在山中”而心在“山”外，以及先在“山中”、后在“山”外的一群文人，总之，此身此心不在“此山中”。这种位置与关系的变化，就改变了把自我实现与王朝大业捆在一起的依附与被依附的模式，断裂了价值相关的链条，这一点十分重要。因为只有这样，才能真正地将身心置于“山”外，才有可能使他们对历史与现实做出更客观、更清醒地观察与思考，从而对“庐山真面目”——封建政治、权力的自私、虚伪与残酷的认识与批判，达到有异于前代文人的深度，从而也给他们的文学创作带来了颠覆性的变化。

比如唐代诗人喜言王霸大略，常以天下安危为己任，“感时思报国，拔剑起蒿莱”（陈子昂《感遇诗三十八首》）；“少小虽非投笔吏，论功还欲请长缨”（祖咏《望蓟门》）；“愿得此身长报国，何须生入玉门关”（戴叔伦《塞上曲二首》）；“欲为圣朝除弊事，肯将衰朽惜残年”（韩愈《左迁至蓝关示侄孙湘》）。即使到中晚唐国家元气大丧，国势衰微，自己也不可能施展才能的李贺，还以昂扬激越之情唱出：“男儿何不带吴钩，收取关山五十州？”（《南园十三首》）一生遭排挤、潦倒困踬的李商隐，也终不弃心中凌云之志：“永忆江湖归白发，欲回天地入扁舟。”（《安定城楼》）宋代“重文”，文人执掌政权是宋代政治的一大特色。也因此文人对国势的积弱积贫更加深切地关注，“庆历新政”和古文运动，还有王安石变法的先后出现，都深刻地反映了文人与政治的紧密关系。宋之诗文不必说，且看“一代之文学”的词。词在宋初仍被视为艳科小道，承袭晚唐五代婉约绮丽的习气。然而宋代文人的政治头脑，理想抱负，忧患意识，以及社会现实，政治斗争，不能不影响到词的创作。范仲淹的“浊酒一杯家万里，燕然未勒归无计。羌管悠悠霜满地。人不寐，将军白发征夫泪!”（《渔家傲》）一改低沉绮丽之风，唱出了慷慨雄放之声，展示出这位“每感激天下事，奋不顾身”之人的气质与风采。王安石、苏轼的一些词作，即景抒怀，将人生感慨，世事沉浮，国家兴衰等重大社会题材写入词中，感慨深沉，气势飞扬，冲破了婉约词的藩篱，别立豪放一宗，开南宋张元幹、张孝祥、辛弃疾、陈亮、刘过、刘克庄等爱国词人的先河，这是词的一大飞跃，也是时代赋予词在中国诗歌史上新的使命。此类词作所表现出来的对国家政事的参与意识、忧患意识，也无异于唐诗，同样可以纳入“远之事君”（《论语·阳货》）的传统理念。而元散曲则绝然不同，在高歌玩世、佯狂、乐隐的同时，表现出对封建政治的远离与冷漠，对封建王朝的批判与否定，却毫无什么“事君”“教化”之意。“言，心声也。”元散曲这种思想内容，自然要求与之相应的艺术形式，就如朱光潜先生在《文学与人生》中说的：“作者对于人生世相都必有一种独到的新鲜的观感，而这种观感都必有一种独到的新鲜的表现；这观感与表现即内容与形式，必须打成一片，融合无间，成为一种有生命的和谐的整体，能使观者玩索而生欣喜。达到这种境界，作品才算是‘美’。”所谓“诗庄词媚曲俗”，这个“俗”，就是对曲之“美”不同于诗词之“美”的一个大体的概括。比如在语言方面，曲既沿用文学语言，又大量采用民间生活用语；在表现手法上既可以用“比、兴”，又大量用“赋”的方式去铺排、叙述；在格律方面，既和诗词一样注意平仄和押韵，又放宽韵部，平仄通押，不避重韵，还可以活用衬字。可见这个“俗”字，实在赋予了曲体更多的自由，以适应元代文人冲破传统的个性、思想与审美习惯，也为元曲带来了独有的质朴俚俗，穷形尽相，韵散结合，自然本色的风貌，这就是“独到的新鲜的观感”与“表现”，“打成一片，融合无间”，所创造的曲之“美”。而这对于诗词的温柔敦厚，典雅蕴涵，怨而不露，则无疑是一种我行我素的逆反。我们还可以再换一个角度来看，比如有人认为唐诗“主情”，宋诗“主理”。那么，接下去我想说的是：繁荣于文化裂变中的元曲则二者兼具，且有其自身的特色。惟重情韵，才能使元曲无束缚，去雕饰，自然而真切地反映“人生本色”，且多是“大地众生”，底层人物；惟长于意理，才使元曲的批判性、叛逆性更见深度与力度，且大有过于前人之处。正因为如此吧，“大元乐府”方可继唐诗、宋诗之后，在诗歌史上另竖一杆旗帜，另建一道风景。也只有这样“各极其变，各穷其趣”，才能展示艺术价值的时代性。反之，也说明社会状况、文化环境的变化，必然会引发精神文化、审美风尚、美学思想的演变。

第二节　传统文化的汲取与扬弃

儒、道两家是中国长期封建社会思想、文化领域里的两大支柱。元代文人的文化批判，虽然不可能获得超越他们时代的思想“材料”与理论“武器”，但是凭借其深厚的文化素养，也可以在旧有的“材料”与“武器”中，通过一番汲取与扬弃，构建出既源自儒道又走出儒道，既源自传统又挑战传统、颠覆传统的精神文化，这在以上的“因势而变”“变而不变”等等论述中已经可以看到，恕不赘言。再比如说隐逸是元代文人普遍认同、向往并实践的一种生存理念。这从道家的“辟世”、儒家的“无道则隐”的思想中，都能找到相似的元素，但是，元人的隐逸却不忘世，仅从那些“警世”“叹世”等散曲中，就不难看出他们对人间世事的关注，更别说那些惩恶扬善、抨击黑暗腐朽的杂剧和散曲。虽不忘世，却又鄙弃入世，因为他们对封建王朝的兴衰是旁观的、批判的、否定的，此与“隐居以求志”大不相同。所以元人的隐逸，既不是道家的“绝仁去义”“复归婴儿”，放弃一切是非、爱憎和追求，去进入混沌世界，也不是儒家以退为进的“入世”策略，也不是孔老夫子所称赞的“邦无道，则愚”（《论语·公冶长》）、“邦无道，则可卷而怀之”（《论语·卫灵公》）的处世之则，而是根据自我的感悟与需要，在汲取、借用儒、道的某种生存方式（如隐逸）的同时，又扬弃其中的一些固有的观念，再注入批判、否定封建政治，展示自己的才华与睿智，张扬主体的价值观与人格观，从而形成了一种自主而独特的文化风貌。那就是既有玩世亦有真情，既有参破亦有执着，既有诙谐亦有严肃，而真情、执着与严肃又是成就这种文化风貌的真正的内涵与灵魂。这，也就是元代文人精神文化的底蕴与意义之所在。

再比如："克己复礼"是儒学规范人的最高纲领，而元人偏偏创作出得意于"盖世界浪子班头"之类的形象，这显然不曾把封建礼教放在眼里，抑或就是意在挑战，意在颠覆。但在这种十分情绪化的言辞中，又隐含着深刻的理性反思。为什么？因为"古今尽成闲是非，翻覆兴和废"[①]。既然"兴和废"都无所谓，那么，维系"君君臣臣"，维护宗法制度的"礼"要它何用？自当扔到一边去。这与《老子》中所言"夫礼者，忠信之薄，而乱之首也"，倒有着相似的倾向。然而元代文人却不取老庄的无为无欲，否定人类智慧与文化，"与天为徒"，"游方之外"。相反，他们讲道义、重诚信、深于情、力于作，"长歌咏楚辞，细赓和杜诗，闲临羲之字"[②]。不仅对优秀传统文化有着虔敬执着的心态，而且对于"修身、齐家"也很在意，当然如何修身齐家有他们自己的准则。而对"治国平天下"之类的功业、追求，则一再地报之以"参破"二字。这无疑又大胆地颠覆了传统的家、国、天三位一体的政治理念，因为无视国（以皇权为中心的封建王朝），也就意味着无视"天"（皇权天授的合法性。与此相似的是，"成吉思汗"，意即上天赐予蒙古族人的大汗。元代统治者征服世界的信念与狂热也是基于"长生天"之命，那些作战有功者的奖牌上就刻有"长生苍天保佑"的文字。）其现实的针对性是不言而喻的。这一切也都同样表现出元代文人对传统文化的汲取与扬弃。

当然在"堂堂大元，奸佞专权"的社会中，也有似"密匝匝蚁排兵，乱纷纷蜂酿蜜，急攘攘蝇争血"一样去争名夺利的人；也有"权势所在，奔走趋向，阿媚迎合，取容求悦，胁肩谄笑，不以为耻"[③]的士子；也有"才上马齐声儿喝道"的得意张狂之徒；也有"刮金佛面细搜求，无中觅

① 刘时中：[双调·殿前欢]。

② 汪元亨：[中吕·朝天子]《归隐》。

③ 胡祗遹：《士辨》，《紫山大全集·卷二》。

有”的“贪狠”者；还有为迎合元代统治者驾驭人心的需要，而热心去传播、倡导理学的人物。可见一个时代的制度文化，决定一个时代的精神文化，然而精神文化的取向则因人而异，诚所谓“世界相同，各人却大异其趣”[①]。也可以说同一个世界，不同的梦想。“受贫的是个凄凉梦，做官的是个荣华梦。”（周文质［正宫·叨叨令］《自叹》）不同人群的精神文化，从不同的侧面反映出制度文化对社会的巨大影响与效应，但却无法限定所有的精神文化，都是制度文化的附庸。比如这里所谈的元代文人的精神文化，恰恰就是元代制度文化酿造出来的对立面，其明显的特征就是“超脱”与“现实”的结合。没有超脱传统、世俗、权势的态度，就不可能有独立、脱俗而清醒的认知；没有直面现实的精神，也不可能有深邃、犀利而冷峻的批判。而两者之所以能结合，则应归之于理性，以理性的思维与精神看待古今，分析世事。当然，也只能是他们时代所允许的认知。综上所述，可见精神文化既有其多元性，也有其相对的独立性。

第三节　元曲——元代文人精神文化的一种诗情画意的展示

由于我们主要是通过作品（元曲）透视元代文人的精神文化，所以对于创作主体的心理动因、精神状态，也不能不做点分析。不过，这是一个较为复杂且有争议的问题。姑妄言之，略抒浅见。

明人胡侍曾指出：“盖当时台省元臣，郡邑正官，及雄要之职，中州人多不得为之。每沉抑下僚，志不得伸。……于是以其有用之才，而一寓之乎声歌之末，以抒其怫郁感慨之怀，所谓不得其平而鸣焉者也。”[②]还有不少论家也基本上认同这一观点，如前引李开先的论说。而后王国维在《宋元戏曲考》中也曾说：“余谓元初之废科目，却为杂剧发达之因。盖自唐宋以来，士之竞于科目者，已非一朝一夕之事，一旦废之，彼其才力无所用，而一于词曲发之……”这里虽然说的是“杂剧发达之因”，又何尝

① 叔本华：《叔本华人生哲学》，李成铭等译，九州出版社2003年版，第2页。

② 转引自焦循：《剧说·卷一》。

不可以用之于散曲。但亦有论者认为这样的看法是有失偏颇的，因为元王朝确立了“以汉法治国”的路线，也任用了一些汉人、南人，也求访隐逸名士，对儒户“免其徭役”等，正是这种“博大的政治气魄”，使得作家意识到时代的使命和历史责任，因而有成就的作家的创作思想是自觉的、积极的，仅以胡侍等人的观点来解释元曲的灿烂，就显得太过苍白无力了。

如果把前者称作“消极被动创作”论，那么后者就可称为“自觉积极创作”论。我觉得世事、人情都是复杂的、变化的，问题总得具体分析为好。比如元朝说是“行汉法”，那实际上只是为“我”所用的“汉法”，这在前面已有所论述，不再重复。再说元朝确实任用了少数汉人、南人，但任用不等于没有限制、钳制与歧视，即使围在元代统治者身边的那些智囊人物，如姚枢、许衡、郝经、刘秉忠、窦默等人也确实为大元朝做过不少事，也曾进谏过千言万语，但都无改于民族歧视、民族压迫——这个维护元王朝的立国之本。还有，忽必烈时期，朝廷虽然下诏免儒户徭役，但地方未必照办，陆文圭《墙东类稿·廉访使孙公墓志铭》中就曾指出：“至元有诏，蠲免身役，州县奉行不虔，差役如故。”尽管元后期行科举，但是各种规定中的民族歧视十分明显，且时断时续。诚然，元王朝对儒士的态度确有变化，比如从“以儒为驱（即驱口，供人驱使的奴隶）”到提出“免儒户徭役”，从“儒家何如巫医”到选用少数儒士于朝廷，从废科举到行科举，其中尽管还存在诸多不公与弊端，但毕竟有了变化。所以“笼统地说元代儒士受压迫或笼统地说他们受重用都不符合历史实际。又由于民族歧视政策和选官制度中存在的弊端，元代儒士问题始终成为一个严重的社会问题”[①]。这个看法应该说比较客观的，因为少数人的境遇不能代表众多儒士的生存状况，个案、特例更不能代表一种政治制度。其深层的原因，简而言之，就是在元代统治者看来提升儒士的地位，就等于提升了汉人的地位，那是万万不可的。总之，要说元代统治者对待汉族文人，有什么“博大的政治气魄”确实未免过誉了。其实在历代封建统治下，各民族

① 邓绍基主编：《元代文学史》，人民文学出版社1998年版，第13页。

之间也不可能存在真正的平等，何况元代统治者以少数上层贵族来统治人口众多、幅员广大的中国，其权力的根基就是建立在民族分化、歧视与压迫之上的，人们也不能违背历史地要求他们有什么“博大的政治气魄”，把各民族团结到自己的周围。

但是，这并不能说明生活在这种政治环境中的作家、艺术家，就失去了时代的使命和历史的责任感，就没有创作的自觉与积极，正如宗白华先生在《论〈世说新语〉和晋人的美》中论述的：“汉末魏晋六朝是中国政治上最混乱、社会上最痛苦的时代，然而却是精神上极自由、极解放，最富于智慧、最浓于热情的一个时代，因此也就是最富于艺术精神的一个时代。”因为生活是多彩的，即使是黑夜，世上也有亮点——天空中的星星与月亮，大地上的万家灯火；何况人们的思想更是多元的活跃的，爱恨情仇，悲欢离合，历史反思，现实感悟，人生体验，高山流水，竹篱茅舍，花开花谢，云来云去……，还有不堪的生存状况和文化环境的压抑等，都可以激发创作的灵感与冲动。正如叔本华说的：“人的内在生命性质是使我们心灵满足的直接源泉，……我们所处的世界如何，主要在我们以什么方式来看我们所处的世界。正因为如此，世界相同，各人却大异其趣。”[①]欧阳修说“诗出于民之情性”（《定风雅颂解》），叶燮说：“诗是心声”（《原诗》外篇上）。法国批评家、作家史达尔也说过：“诗人只不过解放了被监禁在灵魂中的感情。”[②]中外相通，其理一也。文艺的创作，元曲的灿烂，归根结底在于创作者主体的潜能，人格与艺术才华，以及审美个性自觉、自由的释放，而不一定非要以统治者“博大的政治气魄”的感召，才能做出“有力”的解释，何况那实际情况又并非如此呢！恰恰相反，不少士人倒是出于抨击现实、抒泄郁闷而走上创作之路的。再就大多数的元曲作品来看，也是更易于用“愤怒出诗人”“哀怨起骚人”的创作心态与艺术实践去解读的。还应该肯定，这也是一种“时代的使命和历史责

① 叔本华：《叔本华人生哲学》，李成铭等译，九州出版社2003年版，第2页。

② 史达尔《论德国》第十章《论诗》，载伍蠡甫主编：《西方文论选》（下卷），上海译文出版社1987年版，第137页。

任”。不过，也应该指出元曲的创作环境倒是比较宽松的，但这并不是源于元王朝“博大的政治气魄”，其间种种原因，我们留待下一章细说。

现在我们再谈谈“消极被动创作”论。如果从历史（比如唐、宋）的对比来看，从元代吏制与科举情况来看，说元代文人“志不得伸”，总体上还是符合事实的。但是人毕竟有主观能动的一面，特别是文化变异的年代，既影响了也增强了元代文人的主体意识。比如说从太宗窝阔台十年（1238）举行“戊戌试选”到仁宗延祐二年（1315）恢复科举，其间天下无科举长达76年，这种铁的事实不能不对社会产生巨大的影响，那就是人们对科举一事不是心死，也早已淡忘了，最多也只能是历史的记忆而已，与现实人生了不相干。“有待江山信美，无情岁月相催。”（任昱［双调·沉醉东风］《信笔》）岁月不居，生活在那个年代的人绝不会，也不容许还有人在傻等着什么开科取士。即使后来恢复科举，人数既少，选录、授官种种规定，亦足以使汉族文人了无信心，且时断时续，加之吏员出职早已成为元代吏制的一大特色，所以科举一途对元代文人而言，依然是不畅不公，艰难而渺茫的。如果说元初一些文人对科举之废多有不适与怨愤，但随着时间的推移，一代又一代文人的经历与感悟，人们早已对读书入仕一途渐渐参破，所谓“生活就是一连串我们通过生活才能理解的教训”。“达时务呼为俊杰，弃功名岂是痴呆？”（汪元亨［双调·沉醉东风］《归田》）待到心无此念，还有什么“被动”可言，而“达时务”“弃功名”，更包含着对世事的清醒与理性，以及主动的人生选择，“笑频因酒醉，烛换为诗留……舒笑东皋，放眼西楼”（王实甫［商调·集贤宾］《退隐》）。选择山水，选择诗酒，选择创作……，像“细吟风雅三千首，独擅才名四十年”（王恽《挽杜止轩》）的杜仁杰，虽然朝廷屡征却婉谢不起，惟云游山水，结交文友，以“江湖散人”自居。再看白朴，中统初，史天泽迁中书右丞相，力荐之于朝，但他“再三逊谢，栖迟衡门，视荣利薄如也”。还有曾瑞，“志不屈物，故不愿仕，自号‘褐夫’”（《录鬼簿》）。也还有仕途遭挫，中年弃官，八年间，朝廷七召不起的张养浩。还有曾为江西儒学提举，后弃家入天台为道士的滕斌等，从中都不难感到一种主动的人生选择。而当人们在自选的天地中有所感、有所悟、有所得，并创造了另一种人生价值，自然也就乐在其中，乐此不疲。“人们不会对他不希冀的东西有失落感，因为没有那些，他依旧可以快乐。”[①]比如关汉卿既能写戏，也能登台，躬践排场，面敷粉墨，偶倡优而不辞，“有梨园领袖，编修师首之誉”。白朴说：“不因酒困因诗困，常被吟魂恼醉魂”（［中吕·阳春曲］《知几》）；马致远说：“吟诗未稳推敲字，为西湖捻断髭”（［双调·湘妃怨］《和卢疏斋〈西湖〉》）；王实甫说：“捏几首写怀抱歪诗句，吃几杯放心胸村醪酒，这潇洒傲王侯”（［商调·集贤宾］套《退隐》）。是的，“西厢记天下夺魁”，岂不足以“潇洒傲王侯”吗？是的，“具有优越灵魂的人占据和帝王同等的地位”，即使没有脍炙人口的《西厢记》，又何妨拥有这种心态呢？“一任他紫朝服，我不愿画堂居”；“篷窗下几卷书，他每傲人间驷马高车”（沈和［仙吕·赏花时］套《潇湘八景》）。“淋漓醉墨湿宫袍，诗酒把王侯傲”（汪元亨［中吕·朝天子］《归隐》）。可见这是一种价值的评判，也深涵着人生的选择，情趣的追求，因此，不屑仕进，流连光景，醉心创作，也是大有人在的。“回首江南倦客，西湖诗债，梅花等我归来。”（徐再思［越调·天净沙］《别高宰》）“窗前流水枕边书，深参透其中趣。”（汪元亨［中吕·朝天子］《归隐》）可以“闲吹凤箫，闷拈兔毫”（张可久［双调·庆东原］《次马致远先辈韵九篇》）；也可以“柳外莺声碎，花底佳人醉。携将酒去，载得诗归”（张可久［双调·殿前欢］《春晚》）。明代李梦阳说过：“天下无不根之萌，君子无不根之情。忧乐潜之中而后感触应之外，故遇者因乎情，诗者形乎遇。”（《梅月先生诗序》）忧亦可，乐亦可，人生百味皆可因“情”“遇”之契合，从心灵中流淌到笔下，也未必尽是“怫郁感慨之怀”，“不得其平而鸣”，仅以前面所谈到的“情感世界”不也可以算是一个小小的缩影吗？何况还有题材内容异常广泛的元杂剧呢？

歌德说：“要想逃避这个世界，没有比艺术更可靠的途径；要想同世界结合，也没有比艺术更可靠的途径。”很巧，当代作家也有类似的体

① 叔本华：《叔本华人生哲学》，李成铭等译，九州出版社2003年版，第32页。

验——“‘小说家总是想远离政治，小说却自己逼近了政治’。莫言在写《天堂蒜薹之歌》时，伪造了这段名人名言。”[①]说是伪造，实是有感之言。元代文人高唱乐山乐水的“隐逸”之歌，似乎就是“想逃避这个世界”，然而恰恰又是他们创作了大量的扶弱锄强，抨击黑暗，伸张正义，关爱生命，展示人性之美的杂剧与散曲，从而与“这个世界”紧密地广泛地“结合”在一起。这看来好像有点令人费解，其实这正是上面讲的“反思与批判”“汲取与扬弃”，所形成的精神文化在文艺创作中的一种反映，也可以说是真情、执着与严肃的文化底蕴及灵魂所导致的必然结果。因为，其涌动在心底深处的依然是传统文人那种欲去还留，心系人间世事、苍生冷暖的情怀。屈原是“陟升皇之赫戏兮，忽临睨夫旧乡。仆夫悲余马怀兮，蜷局顾而不行”（《离骚》）。李白是“我欲因之梦吴越，一夜飞度镜湖月。……忽魂悸以魄动，怳惊起而长嗟。惟觉时之枕席，失向来之烟霞。……安能摧眉折腰事权贵，使我不得开心颜”（《梦游天姥吟留别》）。总之，升天，入梦，游仙境，隐山林，都解不开心系苍生世事的情结，也正是从这种心弦上弹出来的歌声，才能得到人民大众的共鸣，才是现实世界真实的回声。而当作品一经演出、传唱、流传，并受到广泛的欢迎，自然会给作者带来满足感、成就感。这种感受歌德也说过：“当年我曾亲耳听过意大利渔夫歌唱我的《塔索》中的片段，我的情绪是多么激昂呀！”[②]同时，还会启发、感染更多的人去主动地一试身手，比如在元代就不仅仅是文人，也有官吏；不仅仅是汉族文人，也有各族文人，像贯云石、薛昂夫、萨都剌等人都是名贯一时的作家，《录鬼簿》著录曲作家就有152位，《录鬼簿续编》又录元明之际曲作家71位，而这些数字也并不完备。正是由于众多的知名和不知名的作家，以其才智与热情倾心于创作，才赢得了元曲的辉煌。那么，我们再回到创作的心理动因来看，如此众多且包含着几代作家，其情况恐怕就不能笼统地一概而论。曾经是出于

② 张英：《“不做人上人，也不做人下人”——莫言的家乡和家族》，《南方周末》2012年10月18日。

② 爱克曼辑录：《歌德谈话录》，朱光潜译，人民文学出版社2008年版，第130—131页。

“消极被动”，亦不等于往后一直“消极被动”；曾经有人“消极被动”，亦不等于人人“消极被动”；即使同一个人也还是有变化的：“老来方知幼时非，急省悟半途之际。”（范康［双调·新水令］《乐道》）“老来休说少年狂，都是谎。樽有酒且徜徉。”（无名氏［中吕·喜春来］）“一身行路难，两鬓秋霜染，老来莫起功名念。”（张可久［正宫·塞鸿秋］《道情》）“莫起功名念”，不等于放下了手中的笔，也许恰恰相反，激发了更强烈的创作欲望，因为“仕途”不畅，绝不等于路路不畅。传统的生存与发展的空间被挤压掉了，还可以到山水中，到底层生活中，乃至自我的心灵中，去寻找，去开拓。就如钱穆在《中国知识分子》中所言：“当时儒生被看成与丐为伍，最宽大是把他们当和尚道士看待，躲在社会一角落，预闻不到政治，占不到社会中心领导的地位。那时的知识分子，在此形势下，却获得意外发展。诗文、戏曲、小说、艺术、字画、园林堆造、医药、算数、历法、工程、水利、机械制造，多方面地分途迈进。”可见“被动”亦可以因理性与智慧而转化为“主动”，所谓“成功之道，嬴缩为宝”（《管子·势》）。“宜行则行，宜止则止。”（韩愈《上留守郑相公启》）“此处不留人，自有留人处。”“流则盈科止则坎。行，也在俺；藏，也在俺。”（乔吉［中吕·山坡羊］《失题》）“但新词雅曲闲编捝，且粗衣淡饭权挪拽。这虚名薄利不干涉，老先生过也。”[①]元代文人正是参透世情，审时度势，知得知失，知进知退，从而在创作领域里既找到了快乐，也发展了自我，成就了自我，而这正是人生的第一要义。“江山不幸诗人幸。”当然，“不幸”而“幸”也不是偶然的。“古代最伟大的思想家”亚里斯多德就认为：“文化思想的创造需要三个条件：一是天才人物对学问的真兴趣；二是充分的思想自由；三是充足的闲暇（时间之保障）；这三个条件缺一不可。”我们也不妨借此解读元曲之繁荣，试想，不正是元代制度文化的变异，给元代文人“创造”了这“三个条件”吗？第一，他们失去了原有的地位，也就失去了传统观念、生活模式的束缚，在思想与行动上多了自由。第二，科举废，文化歧视，才无所用，就有了更

① 汪元亨：［正宫·醉太平］《警世》。

多的闲暇寻找自我发展的空间。第三，元代也确有众多才华横溢的作家，将自己的兴趣与才智投入元曲的创作。正是这“三个条件”的结合，才孕育出“不幸”而“幸”的硕果——“中国最自然之文学”。

沧桑无情人有情，“江山代有才人出”。元曲的灿烂，为中国文学史留下了不朽的一章，它不仅再现了一个时代广阔的生活图景，也是元代文人精神文化的一种诗情画意的展示，而这种文学艺术与精神文化生动融合、相得益彰的情景，也丰富了中国文化史的内涵与表现。再说，“文学艺术的创作属于精神快感的宣泄，它的基本运行方式就是共享，就是展览，就是在社会化的运作中实现自身的价值。这种价值与一般的人生必然发生一定的联系”[①]。所以元曲的问世对于丰富世人的精神生活，提升人们对世事的感悟和人生的体认，以及情智的启迪，都不无裨益，尤其在那个特定的困苦压抑、文化变异的时代。这，就是元曲的现实的、历史的意义与审美价值。

① 朱寿桐：《文学与人生十五讲》，北京大学出版社2006年版，第89页。

第四章　元代文人精神文化的生存

元代文人在困厄之中以其才智与识见，将理性的反思与批判融入文学创作，既表现了他们对人生意义、生命价值的执着，也留下了一代文人对历史与现实的认知，这也算是一种历史责任吧。问题是那些高层次的精神文化成果，比如高唱隐逸，揭露黑暗，控诉暴虐，伸张正义，直言“贼做官官做贼”的散曲与杂剧，以其通俗性、生动性、深刻性广泛流传于社会，对于元代的政治统治和意识形态，显然是一种不满与抨击，为什么没有遭到打压、封杀，而任其生存、传播，乃至成为盛极一时的文化热潮呢？紧随其后的朱元璋就认为这是元代统治者最大的失误，最大的教训，他说：“奈何胡元以宽而失，朕收平中国，非猛不可，然歹人恶严法，喜宽容，谤骂国家，扇惑非非，莫能治。”①即位之后废除中书、门下、尚书三省，独揽军政大权的朱元璋自然也能说到做到。比如“洪武十五年颁禁例于天下，学校镌勒卧碑于明伦堂”②。其中就有：“军民一切利病，并不许生员建言。”这就是说对于社会问题、国家事务，读书人要一律“闭口”。而且连死去一千多年的孟子也不能例外，那是因为“上（朱元璋）读《孟子》怪其对君不逊，怒曰：使此老在今日宁得免耶!”③不过，也别为孟夫子庆幸，人虽早死，事未必了，有权者总是有办法的。于是把“他”逐出孔庙，把《孟子》中“民为贵，社稷次之，君为轻”；“君之视

① 刘基：《诚意伯刘文成公文集 · 卷一 · 皇帝手书》。

② 《大明律附例 · 大明律第二 · 史律一》

③ 全祖望：《辨钱尚书争孟子事》，《鲒埼亭集 · 卷三十五》。

臣如土芥，则臣视君如寇仇”等85条，一并删去，变成《孟子节本》，可见事实上也未能幸免。再比如他还规定“寰中（国内）士大夫不为君用，罪该抄杀”。其实“用”了也未必不杀，诗人高启被他“用”过，还有浙江府学教授林元亮，杭州府学教授徐一夔，都因为朱元璋感到在诗文中触及了他的淫荡，讥讽了他的出身，被腰斩、砍头。当然被他斩杀者不仅是文人，也有武将，明初影响最大的“胡（惟庸）蓝（玉）之狱”，所诛杀的文武大吏、列侯功臣就有五万多人，如此血腥之“猛”、之“严”，能保住子孙万世之帝业吗？不可能！“眼前将相堤防易，身后儿孙位置难。燕子飞来金阙冷，年年石马啸荒寒。”（赵对澂《孝陵》）“杀胡党，杀蓝党，数十万人保无枉？文武军民打一网。一斗粟，一座城，一条龙，一连鹰，革左塌回何纷纷，得非此辈之冤魂！”（尤侗《胡蓝狱》）事实、情理皆如诗中所言，可是专制集权的恶性膨胀，帝业千秋万代的私欲，早迷住朱元璋的心窍，他根本不明白“灭六国者六国也，非秦也。族秦者秦也，非天下也”（杜牧《阿房宫赋》）。残酷的专制，绝对的权力，必然导致权力自身的腐败、内讧与溃烂，也必然招致人民的反抗。元之亡，明之亡，其理皆在于此。不是吗？“猛”，未能改变明之亡，就如吴晗先生说的：“知识青年对于现实政治不能说话，不许有声音，明太祖的统治就巩固了。可是，他没想到代替说话的是农民的竹竿和锄头，朱家的政权，到后来还是被竹竿和锄头所倾覆。”①

至于元的“倾覆”，余嘉锡先生在《杨家将故事考信录》中有一段话说得简明而切中要害：“元人恃其兵力以征服中原，得其地，得其人，而不能得其心，戏剧所表演者如此，民之蓄怒深矣。书曰：‘时日曷丧，予及汝偕亡。’民欲与之偕亡，故崖山破后，不九十年而天下大乱，遂鱼烂土崩而不可救。”失人心者，必失天下。这道理虽很古老，却永远鲜活，万世不易，元之亡亦不例外，而并非“以宽而失”，何况那“宽”既非出于元代统治者的主观意愿，更不是元代的制度文化在这一方面特别开明。请看：“诸妄撰词曲，诬人以犯上恶言者，处死。”“诸乱制词曲，为讥议

① 吴晗：《明初的学校》，《吴晗史学论著选集》（第二卷），人民出版社1986年版，第554页。

者，流。”这些法规，其“猛”，其“严”，也足以令人不寒而栗。可是元代文人并没有因此被吓退而缄默不语，恰恰相反，文坛上热热闹闹，群星灿烂，奇葩迭现，佳作累累。那是不是元代文人早将生死置之度外，不惧流放不畏“处死”呢？也不是。前面已经说过，元代文人对于生命的存在倒是十分在意的、珍惜的。实际上元代文人这种“见法不避”，主要还是因为元代统治者“有法不行”，或者说“此法难行”，也许更准确一点。这样才出现“你说你的，我唱我的”各行其是的现象，元代统治了近百年，这种现象的长期存在也就绝非偶然，对于其中的原因，我们试做如下思考。

第一节　有文化隔膜者“不晓的”

元人陶宗仪曾说过：“今蒙古色目人之为官者，多不能执笔花押，例以象牙或木刻而印之。宰辅及近侍官至一品者，得旨，则用玉图书押字。”[①]即或像颇为亲儒重道的仁宗爱育黎拔力八达，“汉文亦不甚深贯，至朝廷大臣亦多用蒙古勋旧，罕有留意儒学者”[②]。可以说终元之世，元代统治者对汉文化要么歧视、漠视，要么虽重视亦不熟习。因此，“刑法”上虽然写得清清楚楚，但要具体分析、确认什么叫“妄撰词曲”？什么是“犯上恶言”？什么是“讥议”？对于连汉字不识，或识不得几个的人来讲，实可谓茫茫然不辨东西，更别说面对文学创作中的诸如谐音、谐意、隐喻、象征、反言显正、引古喻今、旁敲侧击、寓庄于谐等表现手法。正如无名氏杂剧《十探子大闹延安府》中的回回官人对庞勣讲的：“你休说我是个回回人，不晓的这汉儿的道理……。”这话很实在，也很形象地反映了元代统治者对中原文化的生疏与隔膜，对于文学艺术的内容、特点与功能自然也就缺乏理解与重视，所以他们对杂剧、散曲的创作与演出较少干预、难于干预，也就不难理解，这在客观上就为其提供了有利于生

① 陶宗仪：《南村辍耕录·卷之二》。

② 赵翼：《廿二史札记·元诸帝多不习汉文》。

存、发展的空间。明代朱权在曲学专著《太和正音谱》中所说的“盛元体”：“快然有雍熙之治，字句皆无忌惮，又曰‘不讳体’。”这种“皆无忌惮”、任性不羁的作品一再出现，广泛流传，应该说与当时文学创作活动，拥有一个看似严酷、实则宽松的环境密不可分。

元代统治者对汉文化的生疏、隔膜，与后来清朝统治者如康熙、雍正等人的学习、熟习、精通，恰恰是一个鲜明的对比。不过，事物总是复杂的，出于某种心态和需要，“精通”也可以孕育出“怪胎”——变异成荒谬而可怕的“文字狱”。余嘉锡在《杨家将故事考信录》中就曾有这样的论述：“也是园藏本所存杨家将诸剧，虽不题名氏，观其风度，实元人所作。……当是时，国已亡，天下之人犹追恨奸臣，痛詈丑虏，愿保山河社稷。幸而此言发于元时，蒙古不甚通汉文字，无过而问者。使发于清雍、乾之世，必掇赤族之祸，纵幸而不死，亦必不免给披甲为人奴矣。”所以鲁迅先生在《谈“激烈”》一文中说：“元朝之于中文书籍，未尝如此留心。这一著倒要推清朝做模范。他不但兴过几回‘文字狱’，大杀叛徒，且于宋朝人所做的‘激烈文字’，也曾细心加以删改。”不过要说明的是，因文字得祸、坐牢、杀头，就中国而论也并非始于满清王朝。鲁迅先生在《致杨霁云》中就曾说过：“集中国文字狱史料，此举极紧要，大约起源古矣。”远的不说，就以元代前后为例吧，北宋有闻名于世的“乌台诗案”，苏轼被关进大牢，还差一点送了性命。南宋时期掌权的秦桧、史弥远，以及明代的朱元璋、朱棣都大搞文化专制。当然，文字狱也不终于满清王朝，连鲁迅先生都在感叹：“弄文罹文网，抗世违世情。积毁可销骨，空留纸上声。”而这也远不是最后的感叹，请看一段短文：“‘文革’后期，18岁的儿子参加工作，父亲嘱咐道：孩子啊，要好好学习毛选……嘴巴不要乱说乱讲，千万不要写日记和文章，防着有人害人，一句错话，就可能坐牢，杀头的。”[①]巧的是，儿子写父亲的书中也有一段文字，不妨参读：“‘文革’时代没有人写日记，太危险了。”张靖璋说：“日记总要写点心情，或者对事情的看法。日记万一流传出去，或抄家时被人拿走，那问题

① 王友元：《三代人的嘱咐》，《中年读者》2008年第1期。

可大了，可等着一件件挨斗吧！就算什么感觉、什么批评都不写，那你为什么写日记却不写感觉？你是心里藏着鬼，怕人知道吗？所以人们干脆不写日记，免得惹麻烦！”[①]还有过去已有的文字，如日记、书信、文稿等，“文革”中怕惹麻烦，则赶忙悄悄地付之一炬，也大有人在。可见“弄文罹文网”的阴影与恐怖还是笼罩在人们的心头。而元代却不曾见到哪个文人因一首曲、一出剧而罹难于文网。所以换一个角度来看，那“不晓的”倒也并非一无是处，否则毁之、禁之、杀之，哪还有散曲的繁荣，杂剧的辉煌？

当然，世事万千，人间百态，借权势打压言论，扼杀批评，迫害异己的事例，元代也是有的。不过，那与人们常说的“文字狱”，还是不尽相同的。比如我们读元末陶宗仪《南村辍耕录》，就会发现卷八有一则《岷江绿》：

> 太师伯颜擅权之日，剡王彻彻都，高昌王帖木儿不花，皆以无罪杀。山东宪吏曹明善，时在都下，作《岷江绿》二曲以风之，大书揭于五门之上。伯颜怒，令左右暗察得实，肖形捕之。明善出避吴中一僧舍，居数年，伯颜事败方再入京。其曲曰：“长门柳丝千万缕，总是伤心处。行人折柔条，燕子衔芳絮，都不由凤城春做主。”“长门柳丝千万结，风起花如雪。离别重离别，攀折复攀折，苦无多旧时枝叶也。”此曲又名［清江引］，俗曰［江儿水］。

故事是这样的：至顺四年（1333）六月，年少的妥懽贴睦尔即位为顺帝，皇舅唐其势怨恨独断专权的伯颜，欲谋除之，结果反被伯颜杀害，他的弟弟“塔剌海走匿皇后坐下，后蔽之以衣，左右曳出斩之，血溅后衣。伯颜奏曰：‘岂有兄弟为逆而皇后党之者！’并执后。后呼帝曰：‘陛下救我。’帝曰：‘汝兄弟为逆，岂能相救邪！’乃迁皇后出宫，寻酖之于开平民舍，遂簿录唐其势家”（《元史·卷一百三十八列传第二十五·燕铁木

① 张至璋:《镜中爹》，生活·读书·新知三联书店2009年版，第173页。

儿》)。慑于伯颜淫威，顺帝不仅救不了皇后，还得顺其意而言。当然，不顺其意也于事无补。例如伯颜“搆陷剡王彻彻笃，奏赐死，帝未允，辄传旨行刑。复奏贬宣让王帖木儿不花、威顺王宽彻普化，辞色愤厉，不待旨而行”(《元史·卷一百三十八列传第二十五·伯颜》)，都证明了顺帝在他的眼中只是虚有其名的摆设。了解这些，曲中之意自可领会。“长门”原是汉代冷宫之名，这里的“长门柳”被人“攀折复攀折”，自然让人联想到皇后伯牙吾氏，及其亲属一一被杀。“凤城”，古代泛指京城。“离京邑，出凤城，山林中隐姓埋名”(李爱山［双调·寿阳春］)。而今的“凤城春”既不能使万木增荣，连“长门柳”也成了“伤心树”，这就等于明示了人主之权旁落，“天下人惟知有伯颜而已”。锋芒直指，势焰熏灼的伯颜岂能不怒、不捕！然而，恶有恶报，虐害天下的伯颜，后来还是被顺帝黜出京城，死于途中的驿舍。而曹明善不仅又能返京，还成了公然挑战恶势的“俊流”。明人贾仲明就是这么称赞的：“神京独赋《长门柳》，士林中逞俊流，万人内占了鳌头。”(［北双调·凌波仙］《挽曹明善》)

细析此案，曹明善虽是借用隐喻手法，但是放到特定的环境中，其讽谕之意是明显的，矛头也是明确的，何况他还“大书揭于五门之上”，其影响之大不难想象。而伯颜的打压，也只是个人专权自恣、仗势作恶之一例，并不能代表朝廷的政治风向、文化趋势，这一点从“伯颜事败”，明善安然入京，即可证之。所以它和出于最高统治者对思想、文化实行专制的需要，以捕风捉影、胡编乱造、穿凿附会等手法，去达到政治迫害的目的而制造的“文字狱”，还是有区别的。

第二节　无文化隔膜者不揽“闲事”

“文网”的出现虽然源于权势者的政治独裁与文化专制，以及他们脆弱的神经，过敏的心理。但是，往往也少不了“文化人”的参与，而且出于某种目的和需要，其生拉巧解，无中觅有，不择手段，借势制人的本领绝不可小觑，有时甚至超过权势者，这就如王业霖先生说的："狗总是跑在前面的。主子虽然这么说了，但它们总要再往前猛冲一阵，狂吠一通，灵鼻不停搐动，总要嗅出个异常来才甘心。"[①]是的。穿凿附会，罗织诬陷苏轼诗文的不就是权监察御史里行（权，代理；里行，见习）何正臣、舒亶以及国子博士（教育管理机构和最高学府的官员）李宜、权御史中丞（御史台代理长官）李定等人吗？他们先后四次上章弹劾，不就是暴露了必欲置苏轼于死地的决心吗？所以那元代统治者由于文化的生疏、隔膜而"不晓的"，也只是问题的一个方面，因为朝野上下"文化人"还是不少的，汉族且不去说，陈垣先生《元西域人华化考》一书，就考证了127位色目人具有汉学造诣。萧启庆先生《元代蒙古人的汉学》考述了蒙古儒者、诗人、曲家及书画家117位。造诣高超者亦大有人在[②]。再说元代中后期重开科举，学习和通晓汉文化的各族人士，自是大有增加。他们中为什么没有人去"嗅"一"嗅"，"狂吠一通"，以示忠心，邀功请赏呢？这其中恐怕也不无原因。比如说：

元王朝统治内部的纷争、杀戮、黑暗、腐朽，稍有良知的官吏不仅深知深感，且时时如履薄冰。不忽木就是一位颇有代表性的人物，他曾师事王恂，就学许衡，通晓汉文化，是世祖、成宗两朝重臣，深受赏识。他在套数［仙吕·点绛唇］《辞朝》中，虽然说了"感谢君恩厚"的话，但更多的还是"臣怕饮的是黄封御酒"的情绪，"臣向山林得自由"的渴望，"宁可身卧糟丘，赛强如命悬君手"的忧恐，鉴于此他才有了这样的向往："山间深住，林下隐居，清泉濯足，强如闲事萦心。淡生涯一味谁参透？草衣木食，胜如肥马轻裘。"不忽木，康里部人，其父燕真，从元世祖征战有功，他的身世、地位与汉族文人迥异，然因其对人生、世事、仕途的参破，同样唱着与汉族文人声息相通的调子，而且有的话几乎无须"上纲上线""引申挖掘"，也可以说是离心离德，心怀怨恨，含沙射影，"妄撰词曲"。还有蒙古族的孛罗御史也唱着："懒簪獬豸冠，不入麒麟

① 王业霖：《中国文字狱》，花城出版社2007年版，第196页。

② 萧启庆：《内北国而外中国：蒙元史研究》（上册），中华书局2007年版，第49页。

画。……卖了青骢马，换耕牛度岁华。利名场再不行踏，风波海其实怕他。”（［南吕・一枝花］套《辞官》）还有我们前文提到的畏吾（今维吾尔族）人贯云石，号酸斋，“仁宗时为翰林学士，宴赐甚厚。乃称疾还江南，结庐龙华山，往来卖药钱塘市”（李开先《词谑・词套》）。因为在他看来，这才是“避风波走入安乐窝，就里乾坤大”（［双调・清江引］）。

我们再看看阿鲁威，这位蒙古的达官贵族，英宗至治年间（1321—1323）任泉州路总管，泰定帝泰定年间（1324—1328）任翰林侍讲学士、经筵等职，可是随后即挂冠南游，闲居杭州。他具有深厚的汉文化修养，这与许多蒙古权贵们大不相同，明代徐一夔说：“阿鲁威公元室文献之老……其家多藏书，可资记览。”（《始丰稿・卷十二》）阿鲁威还曾译《资治通鉴》，为泰定帝讲说。他存留的散曲虽不算多，但写得弘阔雄健，深沉直率，而又文采斐然，朱权《太和正音谱》评其曲“如鹤唳青霄”。阿鲁威还曾称颂过有作为的历史人物，颇有经纶天下之宏愿。请看：

问人间谁是英雄？有酾酒临江，横槊曹公。紫盖黄旗，多应借得，赤壁东风。更惊起南阳卧龙，便成名八阵图中。鼎足三分，一分西蜀，一分江东。

——［双调・蟾宫曲］

史上的英雄，心中的激情，昂扬于字里行间。这与“三国鼎分牛继马。兴，休羡他；亡，休羡他”[①]。“糟腌两个功名字，醅渰千古兴亡事，曲埋万丈虹霓志。”[②]都大相径庭。是的，专制腐败的元王朝也同样令阿鲁威失望了，“渺渺予愁，自古佳人，不遇灵修。”[③]于是空怀壮志，报国无门的痛苦时时涌现。下面我们来看看他的两首［双调・蟾宫曲］：

动高吟楚客秋风。故国山河，水落江空。断送离愁，江南烟雨，

① 陈草庵：［中吕・山坡羊］。
② 白朴：［仙吕・寄生草］《饮》。
③ 阿鲁威：［双调・蟾宫曲］《遣怀》。

杳杳孤鸿。依旧向邯郸道中，问居胥今有谁封？何日论文，渭北春天，日暮江东。

理征衣鞍马匆匆。又在关山，鹧鸪声中。三叠阳关，一杯鲁酒，逆旅新丰。看五陵无树起风，笑长安却误英雄。云树蒙蒙，春水东流，有似愁浓。

情与景、古与今，相融互发，将生不逢时，“英雄”无用，壮志难酬之痛，风尘劳碌，寂寞无诉之苦，写得酣畅淋漓而又意蕴深沉。愁似流水流不尽，愤如潮涌潮难平，他终于唱出了“烂羊头谁羡封侯？斗酒篇诗，也自风流”（［双调·蟾宫曲］）。公元二十三年淮阳王刘玄称帝，年号更始。“其所授官爵者，皆群小贾竖，或有膳夫庖人……长安为之语曰：灶下养，中郎将；烂羊胃，骑都尉；烂羊头，关内侯。”（《后汉书》）以古喻今，直斥元代官场中不学无术、无才无德、奸佞贪婪之徒窃踞高位。“邦无道，富且贵焉，耻也。”（《论语·泰伯》）如此腐败、浮滥的功名爵禄，避之犹恐不及，谁去羡慕！尽泄不平之愤的阿鲁威也“参破”了官场污浊、尘世浮华。他在另两首［双调·蟾宫曲］中说：

鸱夷后那个清闲？谁爱雨笠烟蓑，七里严湍？除却巢由，更无人到，颍水箕山。叹落日孤鸿往还，笑桃源洞口谁关。试问刘郎：“几度花开，几度花残”？

……过隙光阴，尘埃野马，不障闲鸥。离汗漫飘蓬九有，向壶山小隐三秋。归赋《登楼》，白发萧萧，老我南州。

“千年调，一旦空”，了如春梦。短暂的人生，何必苦求什么身外之功名，应如悠闲自在的白鸥，随心飞翔。他想起了泛游五湖的范蠡，垂钓七里滩的严子陵，山居的巢父，颍水之阳、箕山之下的许由……，他也真效仿着走上了退隐之路。了解这位从特权阶层内部走出来的阿鲁威，也自有一层特殊的意义。因为他的声音，还再一次证明了元代文人对现实批判的可信性，他的人生之路，也说明元代隐逸之风并非全是出自于“酸葡萄”

的心理，更多的还应该视为与阿鲁威相似的表现，那就是隐退，乃是一种“被动中的主动”，“无奈中的智慧”。正如叔本华说的：“在这个世界上，真正有价值的人得不到应有的尊重，而那些无足轻重的人却备受赏识。于是，隐退立刻成为一个人具有高尚的品质的证明和结果，并且，还将是那些自身具有某种价值的人所表现出来的真正的智慧。”①话说回来，怀有如此观念、感受、心绪和选择的人，大概是不会充当“跑在前面的狗”，去狂吠乱咬，去罗织文网，祸害声息相通、同感同行的人。

至于汉族官员即使没有耻仕新朝之自疚，在民族歧视、文化歧视以及专制政权内部相互倾轧的官场中，稍有清醒、正直、自尊的人，总难免压抑与郁闷，也难免仕途险恶的不安与自警，而且面对苍生之苦，黎民之艰，也痛感无能为力，这些都会自觉不自觉地流露于笔下，就像姚燧那样一代文章巨公，官场贵卿，心中也藏着一层宦海沉浮、吉凶莫测的阴影，而时时提醒着自己。我们来看他的两首小令：

荣枯枕上三更，傀儡场头四并。人生幻化如泡影，那个临危自省。

——［中吕·醉高歌］

笔头风月时时过，眼底儿曹渐渐多。有人问我事如何，人海阔，无日不风波！

——［中吕·阳春曲］

也许正是这种清醒与谨慎使得他一生坦顺的吧，但他也有过“西风吹起鲈鱼兴”②的念头，也有对宁静闲适生活的向往：“帆收钓浦，烟笼浅沙，水满平湖。晚来尽滩头聚，笑语相呼。鱼有剩和烟煮，酒无多带月须沽，盘中物，山肴野蔌，且尽葫芦。”③

① 叔本华：《叔本华人生哲学》，李成铭等译，九州出版社2003年版，第131页。

② 姚燧：［中吕·醉高歌］《感怀》。

③ 姚燧：［中吕·满庭芳］。

再比如卢挚，“年及弱冠，疵贱姓名，已登仕版”[1]。二十岁左右进入官场，经世祖、成宗、仁宗三代，历任江东道提刑按察副使、陕西提刑按察使、河南府路总管、集贤学士、翰林学士等职，可以说仕途坦顺，官居高位，文负盛名。然而，就是这样一生为官的重臣，内心也难免矛盾、挣扎与忧惧，请看他的［商调·梧叶儿］：

邯郸道，不再游，豪气傲王侯。琴三弄，酒数瓯。醉时休，缄口抽头袖手。

身穿官袍，心想“邯郸道，不再游”，“缄口抽头袖手”，这无疑是痛苦的煎熬。而能缓解这种心绪的，则是他心中所憧憬的、想象的另一个天地，另一种生活，那就是他在［双调·沉醉东风］《闲居》中描写的：

雨过分畦种瓜，旱时引水浇麻。共几个田舍翁，说几句庄家话。瓦盆边浊酒生涯，醉里乾坤大，任他高柳清风睡煞。

学邵平坡前种瓜，学渊明篱下栽花。旋凿开菡萏池，高竖起荼蘼架。闷来时石鼎烹茶，无是无非快活煞，锁住了心猿意马。

身在府衙，向往“种瓜”；忙着官务，却想“袖手”；一肚皮不满，只能“缄口”。现实生活与内心世界为什么会有如此反差呢？这其中当然深含着他对人生、世事的诸多体验与感悟。对于这一点陈草庵说得就比较爽快了，他自己说：“不佞起寒微，叨仕中外。”[2]历任监察御史，河东、山东、陕西、河北廉访使，潭州府尹，云南诸路行中书省左丞等职，也同样想着归隐的安逸。请看陈草庵的小令［中吕·山坡羊］：

尘心撇下，虚名不挂，种园桑枣团茅厦。笑喧哗，醉麻查。闷来闲访渔樵话，高卧绿荫清味雅。栽，三径花；看，一段瓜。

① 卢挚：《移岭北湖南道肃政廉访司乞致仕牒》。

② 张养浩：《析津陈氏先茔碑铭》，《归田类稿·卷十二》。

这不是和那些在野的文人唱着相似的调子吗？为什么会这样呢？因为“今日世途非向日。贤，谁问你？愚，谁问你?”还不仅仅如此，你看：

伏低伏弱，装呆装落，是非犹自来着莫。任从他，待如何。天公尚有妨农过，蚕怕雨寒苗怕火。阴，也是错；晴，也是错。

贤愚不分，是非缠身，不要自尊，也无法消停，“天公”尚有过，你能没错？说你错你就错，欲加之罪，何患无辞。其实也可以这么说：欲加之罪，何须有辞！请看：商挺（1209—1288），字孟卿。忽必烈在潜邸，闻其名，遣使征召，“入对称旨，字而不名”，很是欣赏。而后也是言听计从，多次称赞，比如：“爱民如此，忍不卿从”；“卿言正契吾心”；“无一人为我言此，非商孟卿几败大计”；“商孟卿，古之良将也”（《元史》）。世祖即位后，官至参知政事、安西王相等职。可是宦海风云，变幻莫测，在另一伙官僚纷争、杀戮的案件中，“初无一毫及挺”，只因一个女奴“临刑，望以求生，始有暧昧语连挺及其子璛。帝怒”。龙颜震怒，已经足够，还要什么“辞”吗？于是商挺及其子立即下狱。“十六年（1279）春，有旨：挺不可全以无罪释之，籍其家。（当然还是‘有罪’，‘罪’在哪里？依旧无‘辞’。皇上不言，谁敢去问，照办而已）冬，始释挺及璛。”至元二十年（1283）又复任枢密副使；二十一年又被系狱，关了一百多天又放出来。商挺，一位文经武略被赞不绝口的大臣，就这样罢官复官、复官罢官，入狱出狱、出狱入狱，不明不白、反复折磨，全为权势者所欲，又何患什么有辞、无辞，伪辞、诡辞！所以鲁迅先生在《寸铁》中说“造谣说谎诬陷中伤也都是中国的大宗国粹，这一类事实，古来很多”，更何况出自为所欲为的最高统治者呢？那么，“何须自苦风波际”，“身心常在他人彀”，实不如弃官归隐，“高卧清荫”，“栽花”，“看瓜”。是无奈，是参破，但也有怨愤与不满——“从今莫讲贤愚话，得道多助失道寡。贤，也在他；愚，也在他。”（以上引文均见陈草庵［中吕·山坡羊］）再说，元代不失良知的为官者种种难言、难堪的复杂心境，即便身处其外的人也有所感："衣紫袍，居黄阁，九鼎沉如许由瓢。调羹无味教人笑。弃了官，辞了朝，归去好。"①这就是一首不曾为官者的作品，意思是说即使爬到三公高位，你也办不好政事，还不如"归去好"，真是说到底了！为什么呢？虽未直言，亦可意会，无非还是那个制度文化的问题。

就以上所述，已经可以看出这个"问题"的影响所及，不只是汉族文人，也包括各族文人，也不论是在朝，还是在野。为了更充分地说明这一点，我们不妨再举一例：阿里西瑛，"字西瑛、西域人，其躯干魁伟，故人咸曰长西瑛"（《南村辍耕录》）。久居吴城（苏州），长音律，善吹筚篥，超然脱俗，喜结文友，曲风诙谐洒脱，朱权《太和正音谱》将其列于"词林之英杰"。其小令[商调·凉亭乐]《叹世》云：

> 金乌玉兔走如梭，看看的老了人呵。有那等不识事的痴呆待怎么？急回头迟了些儿个。你试看凌烟阁上，功名不在我。则不如对酒当歌，对酒当歌且快活。无忧愁，安乐窝。

光唱唱"安乐窝"似乎还不足意，于是索性把自己居室命名为"懒云窝"，并以此为题作小令三首，述其志，为了节省篇幅，仅录其中第二首：

> 懒云窝，醒时诗酒醉时歌。瑶琴不理抛书卧，尽自磨陀。想人生待则么，富贵比花开落，日月似撺梭过。呵呵笑我，我笑呵呵！
>
> ——［双调·殿前欢］《懒云窝》

组曲问世，文人雅士如贯云石、乔吉、吴西逸、卫立中，竞相和之，各唱心声：

> 懒云窝，阳台谁与送巫娥？蟾光一任来穿破，遁迹由他。蔽一天星斗，分半榻蒲团坐，尽万里鹏程挫。向烟霞笑傲，任世事蹉跎。
>
> ——贯云石［双调·殿前欢］《和阿里西瑛懒云窝》

① 曾瑞：［南吕·四块玉］《述怀》。

懒云窝，静看松影挂长萝。半间僧舍平分破，尘虑消磨。听不厌隐士歌，梦不喜高轩过，聘不起东山卧，疏慵在我，奔竞从他。

——乔吉［双调·殿前欢］《里西瑛号懒云窝自叙有作奉和》

懒云窝，懒云堆里即无何。半间茅屋容高卧，往事南柯。红尘自网罗，白日闲酬和，青眼偏空阔。风波远我，我远风波。

——吴西逸［双调·殿前欢］

懒云窝，懒云窝里客来多。客来时伴我闲些个，酒灶茶锅。且停杯听我歌，醒时节披衣坐，醉后也和衣卧。兴来时玉箫绿绮，问甚么天籁云和。

——卫立中［双调·殿前欢］

还有杨朝英［双调·殿前欢］《和阿里西瑛韵》五首，真可谓“同声相应，同气相求”。民族不同，身世各异，然而基调相似，彼此呼应，共同唱出了一个文化危机、政治污浊的时代中，文人的心态与生态。

总之，从朝政状况、官员心态来看，密织文网的勾当，在元代官僚队伍中是缺乏现实与思想基础的，更别说那些身处“懒云窝”的文人了。试想人人都觉得“命悬君手”，吉凶难测，而又满怀愤世之情，远离风波之心，哪还有揽“闲事萦心”的兴致，更别说去告密，去充当跑在前面的“狗”，又何况“夫子之言，于我心有戚戚焉”的同感共鸣呢！

第三节 “以力伏人”者重在“禁”人之“武”

元代统治者的铁骑横扫欧亚，入据中原，建立大元朝，皆以兵戎相见，武力制胜，这种“以力伏人”的经历与荣耀，牢牢地铸造成一种重武轻文的信念。这种信念既导致他们自己无意学习文化，也导致他们对文治的轻视与冷漠，当然也就不在意几句诗文，几出杂剧，能够威胁、动摇大元江山。对此，我们不妨举一个案例来看看。据说宋末一位士人叫梁栋，有一天登上大茅峰，诗兴大发，在石壁上题了一首诗："大君上天宝剑化，小龙入海明珠沉。安得长松撑日月，华阳世界收层阴。"有一个道士一向对梁栋不快，就借此把他告到句容县，说这是"谤讪朝廷，有思宋之心"。这当然是个政治大案，于是"县上于郡，郡达于行省"，一面逐级上报，一面把他关进大牢。但是梁栋不伏，坚称"自赋诗耳，非谤讪"。久拖不决，只好报到礼部。礼部审查结论是："诗人吟咏情性，不可诬以谤讪。倘使是谤讪，亦非堂堂天朝所不能容者。"[①]前两句可以说是对案件的定性，实事求是，已经足够了。可是后面又加两句，那自信，那气度确是非同凡响！

如果说上述事件折射了元代统治者对待"文"的心理，那么，他们对待"武"的畏惧与警控的心理就大不一样了！例如对于民间的刀枪棍棒之类的东西，他们十分警惕，《元史·卷一百五志第五十三·刑法四·禁令》规定："诸神庙仪仗，止以土木纸彩代之，用真兵器者禁。……诸民间有藏铁尺、铁骨朵及含刀铁柱杖者禁之。"甚至铁质农具也在禁用之列。"禁"之多，"禁"之细，令人啼笑皆非，不可思议，然其意之所在，心之所惧则十分清楚，那就是"武力"二字。却未曾想到来一场空前的"禁书""焚书"，禁用笔墨纸砚，岂不知拿起笔，不也是可以"作刀枪"，而且"笔比剑更有威力"（拿破仑语）。可见批判的"武器"，精神的"武器"，在他们的心中是远不及刀枪棍棒的"威力"。再比如，他们对百姓"起集买卖""祈赛神社"等，都害怕"生事不便"，严加禁止。而对聚集众多文人、艺人的大都"玉京书会""元贞书会"，杭州"武林书会""古杭书会"，却未加禁止、取缔。所以元代统治者的"轻文"，应该说也带来了另一面，那就是客观上对于意识形态的控制较为宽松，如果像对待"铁柱杖""铁禾叉""起集买卖""祈赛神社"那样，这也禁，那也禁，是不会出现"书会"这种戏曲作者、艺人广泛而活跃的组织，也很难有元代文人率性而独立的精神文化，也很难有绝少避忌的元曲的生存与繁荣。

① 孔齐：《静斋至正直记·卷二·梁栋题峰》。

第四节　上下皆知——何谈“妄撰”

“焉有君子而可以货取乎？”（《孟子·公孙丑章句下》）“不听窕言，不受窕货。”（《韩非子·难二》）诸子学说不同，然在人格正直清廉上的观点却是异乎寻常的一致。这表明“临官莫如平，临财莫如廉”（刘向《说苑·政理》，“好官必不爱钱”（吴汝纶《与儿书》），能成为中国封建社会公认的价值取向并不是偶然的，而是有着很深厚的文化根源。但是，“考事则受赂，临民则采渔，处右则弄权，幸上则卖将”（王充《论衡》）的贪官，也是代不绝种的。不过迫于纲纪和通常的道德观、价值观，在手法上还是趋于隐秘的。例如《后汉书·杨震传》就记载了这样一件事：“荆州茂才王密为昌邑令，谒见，至夜怀金十斤以遗震。震曰：‘故人知君，君不知故人，何也？’密曰：‘暮夜无知者。’震曰：‘天知，神知，我知，子知。何谓无知！’密愧而出。”王密的言行显然要把此事做得绝密，暴露了彼此都将身败名裂，没想到杨震一气说出了那么多“知”字，好在“愧而出”，羞耻之心犹未泯灭。

如果说王密想用的是官场中心照不宣的隐性的“潜规则”，那么，元代这一套已经成了公开的人人皆知的“游戏规则”。贪官污吏，“问人讨钱，各有名目：所属始参曰拜见钱，无事白要曰撒花钱，逢节曰追节钱，生辰曰生日钱，管事而索曰常例钱，送迎曰人情钱，勾追曰赍发钱，论诉曰公事钱，觅得钱多曰得手……”[①]这里有两点值得注意：其一，“名目”之繁多，正表明贪赃纳贿之泛滥，也意味着无钱一概免谈，有权，则财源滚滚，官吏之腐败可见一斑；其二，“各有名目”，还意味这不是凭空“白讨”，而是你有求我给予的“公平交易”，“暗娼”成为“明妓”，贿赂成为约定俗成的“规矩”，贪腐成了“习以为常”的思维方式。这就使原本见不得阳光的勾当，涂上了一层“合情合理”的油彩，也就大可不必“夜怀”金钱，偷偷摸摸了。世道怎么会变得这样呢？叶子奇说那是因为“蒙

① 叶子奇：《草木子·杂俎篇》。

古、色目人惘然不知廉耻之为何物”。这固然有道理，但是也还可以再追问下去，为什么会“不知廉耻为何物”呢？那恐怕还是观念意识与文化传统的差异。比如《论语》里说过：“政者，正也”，“不义而富且贵，于我如浮云”，“君子喻于义，小人喻于利”等，当这一思想成为主流意识和价值取向时，也不等于社会上没有“小人”，没有“伪君子”，但是“喻于利”的言行，在一般情况下还不至于那么赤裸裸的（当然也不排除事有例外）。可是骑马打天下的元代统治者，不是从这种文化传统里走出来的，而是被另一套理念支持的。《史集》中就有这样一段记载：一次，成吉思汗问他的近臣，男子最大的乐趣是什么？臣属们都回答说：“男子之乐，莫过于乘健马，架名鹰，射猎禽兽。”成吉思汗听了说：“你们说得不好。镇压叛乱者，战胜敌人，将他们连根铲除，夺取他们所有的一切，使他们的已婚妇女号哭、流泪；骑乘他们的后背平滑的骏马，将他们美貌后妃的腹部当作睡衣和垫子，注视着她们的玫瑰色的面颊并亲吻着，吮她们的乳头色的甜蜜的嘴唇，这才是男子汉［最大］的乐趣。”[①]这就是说人生的乐趣在征服，而征服者的乐趣与荣耀就在于掠夺更多的财物与美女，像成吉思汗就有妻妾近五百，大多数是在征服各国、各部时俘虏而占有的。不过，世事总在变化，现在是行“汉法”的大元朝，是身着官服的“为政”者，对这一套虽然未必习惯，但基本上已经放弃了往日的传统——将被征服者连根铲除，夺取他们的一切，而仅仅是用一些“名目”“问人讨钱”。这已经够“文明”了，还有什么“不知廉耻”！是不是这个道理？逝者（元代贪官）不可言，试以今日贪官证之。某市有一位主任，下属人员的岗位调整、提拔任用、就业安置提供帮助都是他“发财”的途径，其他如银行、信用社、证券公司等等只要与他打交道都得“孝敬”。总之，“各有名目”。这是受贿吗？是“不知廉耻”吗？该主任可不是这么认为。他认为：“我给他办事，他就应该给我钱。”所以该主任收钱“理直气壮”，若有不懂“规矩”，则“大为光火”，立马报复，何须遮遮掩掩！这就是观念不同，认知各异。

① 转引周良霄、顾菊英：《元史》，上海人民出版社2003年版，第133页。

诚所谓“有天下之是非，有人人之是非”（刘禹锡《何卜赋》）。当然，如今更多的还是台上唱高调，台下收钞票，这也算是一种“与时俱进”吧。其实这种高举“清廉”幌子招摇过市者更具欺骗性。请看，海南省××市有位书记，他走马上任便告诫属下：“不要经济搞上去，干部倒下去”。至于自己，他宣称：“我来××没有带一个人，也没有一个亲人在××做事，没有谋一点私利”；“在今后的工作中，我还是坚持我原来做人的原则，良心第一，没有良心的人是做不成事情的”。多么动听，多么感人！谁料到在这些闪亮的言辞背后，他卖官鬻爵，排除异己，权钱交易，权色交易，样样都干，用他自己的话说：“到××后，我大权独揽……工作之余，思想大多进入了敛收钱财的喜悦海洋。一个一个地收，一万一万地攒……”。这语言也是有特色、有感情的！攒了多少呢？19个密码箱里装满了人民币、美元、港币、新元，还有首饰等物①。双重人格，两面表演，精彩绝伦，效果亦佳。不信？请听颂歌阵阵：“中国出了个毛泽东，××来了个×××”，“百年一遇好书记”，还有不少当地流行一时赞美他的诗歌，恕不再举，这其中当然有人是出于拍马逢迎，但他的包装、造势、表演的伎俩确也是很能蒙人的。被蒙骗的也不仅仅是“下面”，也包括“上面”，否则怎么解释那些一边干坏事，一边戴红花、受表彰、步步高升的贪官呢？当然，物以类聚，同气相求，上下勾结，结党营私，又当别论。明代李贽早指出世有“口谈道德而心存高官，志在巨富”，“口谈道德而志在穿窬”（《焚书·又与焦弱侯》）。岂料四百年之后“外红内黑”的书记对此又做了一次绝妙的“外圣内盗”的表演。

看来贪官虽有共性，亦不失其个性，并不简单。而要深入研究贪腐文化，还须结合客观的诸多因素，加以分析、研究。这里仅举一例，请看：

> “程某出事在所难免”，曾对程某寄予厚望的郭某说，“有一次，他跟我说，什么时候没有腐败，你们那时候没有腐败吗？我听了很生气，我们那时候连饭都吃不上，怎么可能腐败？他还说，靠工资谁够

①《贪财好色“海南第一贪”被判死缓》，《现代快报》2008年8月26日。

了啊？他这是从思想上就觉得‘腐败有理’，这样的领导能不出事吗？”（《现代快报》2008年12月9日）

为什么要“腐败”？程某说：“靠工资谁够了啊？”这句话很实在，但嫌笼统，是指书记“靠工资”养不活一家老小吗？恐怕不尽然，如果是这样，低于他的千万个干部怎么活呢？又怎么理解成千上万的人去报考公务员呢？那么究竟指什么呢？程某没有说。“疑今者察之古”，所以也不妨透过古人之言探知一二。明代崇祯皇帝即位，年轻气傲，欲有所为，便用“文官不爱钱”激励群臣，开创新局。这时有一位户部给事中韩一良，官小气壮，上疏说：

陛下平台召对，有“文官不爱钱”语，而今何处非用钱之地？何官非爱钱之人？向以钱进，安得不以钱偿。以官言之，则县官为行贿之首，给事为纳贿之尤。今言者惧咎守令不廉，然守令亦安得廉？俸薪几何，上司督取，过客有书仪，考满、朝觐之费，无虑数千金。此金非从天降，非从地出，而欲守令之廉，得乎？……。（《明史·卷二百五十八·毛羽健列传附韩一良》）

韩一良针对皇帝的号召，连问两句：如今哪里不用钱？哪位官员不爱钱？接着摆出事实——买官的钱要偿还，上司要孝敬，送往迎来要花钱，考核晋级、上京朝觐更须花大钱。这么一算，靠“薪俸”确实不够！而钱呢？天上掉不下，地里出不来，不贪行吗？程某的“靠工资谁够了啊？”真正的潜台词大概也不外类似韩一良的这番话。当然，时代不同，内容也许更丰富。韩一良敢于敞开畅言，是由于他不是贪官，而程某不敢细说，是由于他本身就是贪官，而且尚在书记的位子上，岂敢自掀“红盖头”，自揭其丑，引火烧身。所以程某含糊其辞，也是可以理解的。不过，由此可知，官之所以贪，除了为官者自身的理念、品德之外，还须结合政治生态、权力格局、利益分配、社会风尚等加以分析、考察。

回到原来的话题，贪官污吏怙势贪虐，肆无忌惮，弄得内外骚然，元代统治者为了平衡统治集团内部矛盾，为了缓和民怨，以维护自身的统治，有时候也不得不对其做出一些察之、纠之的姿态。我们还是以开创大元朝的世祖忽必烈为例，此人也是一位“为利所汩”的帝王，阿合马以敛财征利得到忽必烈的重用，阿合马则挟忽必烈的赏识，独揽大权，打击异己，滥用亲从，“廷中相视，无敢论列”。结果被有侠士之风的益都千户王著等人设计，以铜锤击毙。消息传开，无不欢欣，大都的“贫人亦莫不典衣，歌饮相庆，燕市酒三日俱空”（郑思肖《心史·大义略叙》）。后来王著虽然也被忽必烈处死，但是鉴于群情激愤，人心所向，以及阿合马大量恶行的揭发，忽必烈又不得不做出另一副姿态：“大怒曰‘王著杀之，诚是也’。乃命发墓剖棺，戮尸于通玄门外，纵犬啖其肉。百官士庶，聚观称快。”[①]王著临刑时曾凛然不屈，并大呼：“王著为天下除害，今死矣，异日必有为我书其事者！”果然这个“异日”很快就到了，而且还是忽必烈亲自宣布王著的行为“诚是也”，阿合马埋了也要挖出来去喂狗。忽必烈“变脸”之快，不过是为了平息怨气，收买人心而已。不信请看“有桑歌者，荐（卢）世荣有才术，谓能救钞法，增课额，上可裕国，下不损民”（《元史》）。忽必烈对如此“奇才”又大为赞赏，任为右丞，专委治财。其实此人早就是个不正之徒。他在阿合马专权时通过贿赂“由白身擢江西榷茶转运使”。如今小人得志，更是恶性膨胀，“恃委任之专，肆无忌惮”，网罗阿合马旧部，滥杀不合己意之人，由“朝中凛凛”，终于爆发了朝中愤愤，群起痛劾其“苛刻诛求，为国敛怨，将见民间凋耗，天下空虚”，专横残暴，结党营私，“考其行事，不副所言”等，其结局又是“有旨诛世荣，刲其肉以食禽獭”。卢世荣死后，忽必烈不仅不追究桑哥的荐举之罪，恰恰相反，又是这个“好言财利事”的桑哥，投合了忽必烈贪财之需，得以重用。桑哥专姿跋扈，竟“以刑爵为货而贩之”，弄得“纲纪大坏，人心骇愕”，连一些蒙古权贵也按捺不住向忽必烈告发，于是忽必烈再做一次平衡，他“责御史台曰：‘桑哥为恶，始终四年，其奸赃暴著非一，汝台臣难云不知’……”。这才又有了至元二十八年（1291）七月

①《元史·卷二百五列传第九十二·奸臣》。

桑哥伏法的一幕[1]。早年也曾“思大有为于天下”的忽必烈，即位之后“知人善任使”，专挑这些狡黠邀利、恣行贿赂、诛求百姓之人，去“理财助国”，搜刮天下之财，倒一个，再来一个，再倒，再来，可见忽必烈敛财之心何其急切，何其顽固！这些史实本身就极具典型性和戏剧性。“上有好者，下必有甚焉者矣。”但是，下若太甚，上亦不能全然不问，再比如至元十九年（1282）元世祖敕令：“中外官吏赃罪，轻者杖决，重者处死。言官缄默，与受赃者一体论罪。”（《元史》）这既是维系统治的需要，有时候也是一种必要的“表演”，角色不同，情节各异，各有所用，反复上演，意图总在维护特权专制的统治。所以那些揭露、讥刺贪官昏官卖官鬻爵、敛财掠物、草菅人命的杂剧，以及散曲、诗文，元代统治者不加禁止、追究，也可以从这个角度去理解。因为他们心中对这些也都清清楚楚，忽必烈就承认“滥官污吏，夤缘侵渔；科敛则务求羡余，输纳则暗加折耗，以致淫刑虐政，暴敛急征，使农夫不得安于田里”[2]。现实本就如此，而且是上下都看到的事，就算“讥议”一下，也说不上什么“妄撰词曲”，何况那还是艺术地再现，与某人某事总有着这样那样的“距离”呢！再说，既然可以“杀”，可以“纵犬啖其肉”，嘲弄、“讥议”又算得了什么呢？或许正可以利用一下以警戒那些脏官污吏。事物是复杂的，统治者的心态也是复杂的，用贪官是需要，杀贪官也是需要；政治中的“艺术”，艺术中的“政治”，既是各有所用，也是完全可以相互默契的。不过需要指出的是，不管是统治者的“变脸”，还是词曲中的“讥议”、舞台上的“笑骂”，也都改变不了元代腐败的蔓延。直到元末，顺帝自己也不得不感叹：“系狱之囚，冤抑莫释；在位之士，奸恶犹存。”[3]知之而不可治之，奈何，奈何，“门掩黄昏，无计留春住！”

还有必要指出的是：“讥议”“笑骂”固然不能铲除“奸恶”，带来一个朗朗乾坤，但犹不失其应有的历史与艺术的价值。其一，元曲在“嬉笑

①《元史·卷二百五列传第九十二·奸臣》。

②《元典章·圣政卷二典章三·均赋役》。

③《宪台通纪续集》《作新风宪制》见《永乐大典》卷2609。

怒骂”之中创造了一片新颖的审美天地，这足以使世人开阔视野，了解现实，丰富精神生活，升华爱憎之情。其二，古人有云：“上下交征利而国危矣。”（《孟子·梁惠王章句上》）“众之所助，虽弱必强；众之所去，虽大必亡。”（《文子·上义》）那些表达许许多多“黎民怨”，揭露“贼做官官做贼”的散曲、杂剧，不正预示着这个失去了起码的公平与道义的大元朝“虽大必亡”的命运吗？亚里斯多德在《诗学》中曾指出：“诗人的职责不在于描述已发生的事，而在于描述可能发生的事，即按照可然律或必然律可能发生的事。”①那么，睿智而敏感的元代文人，也正是以那些揭示社会黑暗与罪恶的作品，描述了那个社会的危机，及其“可能发生的事”，从而出色地完成一个时代赋予自己的“职责”！

第五节　得人心——有市场

任何一种文学艺术，背离生活，无视现实，远离百姓，不论出于什么动机，不论怎样煞费苦心去造势、去包装、终究是过眼烟云缥缈无影，就如闻一多先生在《诗与批评》中说的：“诗是社会的产物，若不是于社会有用的工具，社会是不要它的。”那么，元代的社会现实如何呢？回答这个问题的论著很多，不过要说得简明一点，倒可以引用马可·波罗说的一段话：“所有的中国人都厌恶大可汗的政体，因为他所派的地方政府首长多为鞑靼人，尚有更多的色目人，他们视中国人如奴隶，使他们无法容忍。”②这，就是“现实”和“感受”：民族特权统治—奴役百姓—人民“无法容忍”，这位外来的旁观者说得何其简明而透彻，而且也很能反映“官法滥刑法重黎民怨”的心声。所以说：“中国历史上的政治黑暗，宜莫过于元代。”③人的精神、心理总要趋于平衡才是，“无法容忍”，必要宣泄。文学艺术的创作、欣赏，其中的爱恨情仇，惩恶扬善，悲欢离合，无

① 转引自伍蠡甫主编：《西方文论选》（上卷），上海译文出版社1987年版，第64页。
② 转引自黄仁宇：《中国大历史》，生活·读书·新知三联书店2004年版，第165页。
③ 钱穆：《国史新论·中国传统政治》，生活·读书·新知三联书店2011年版，第77页。

疑就是一种很好的情绪宣泄，元杂剧与散曲以其深邃的思想，精彩的情节，生动的形象，犀利的语言，丰富的艺术手法，说古论今，亦庄亦谐，嬉笑怒骂，张扬正义，嘲弄愚昧，抨击腐败，尊重生命与情感，抒发愿望与理想，给予了人民大众在现实生活中得不到的欣慰与快乐，满足了百姓的精神需求，简言之得人心。创作者的激情与欣赏者的愉悦，相辅相成，既推动了创作，也活跃了演艺，还开拓了市场。夏庭芝《青楼集志》说："我朝混一区宇，殆将百年，天下歌舞之妓，何啻亿万！"这数字未必精确，但伎艺伶人之多则是可信的。又说："内而京师，外而郡邑，皆有所谓勾阑者，辟优萃而隶乐，观者挥金与之。"市场之大，也是可信的。是的，就是庄家也忍不住要掏腰包进勾阑一睹为快，杜仁杰的套曲《庄家不识构阑》就是这么写的：

[耍孩儿]……当村许下还心愿，来到城中买些纸火。正打街头过，见吊过花碌碌纸榜，不似那答儿闹穰穰人多。

[六煞]见一个人撑着椽做的门，高声的叫："请请"，道"迟来的满了无处停坐"。说道："前截儿院本《调风月》，背后么末敷演《刘耍和》"。高声叫："赶散易得，难得的妆哈。"

这位庄家在大街上边走边看，花花绿绿的海报，熙熙攘攘的人群，热情的吆喝中介绍了引人的剧目，不凡的演出，此中也就透露了市场的竞争。宣传、鼓动终于见效了，他拿"二百钱"进了剧场，"入得门上个木坡，见层层叠叠团圞坐。抬头觑是个钟楼模样，往下觑却是人旋窝……"。那场内、场外气氛之热烈，至今读之犹是历历在目，也正是在这样的社会氛围中才迎来元杂剧的黄金时代。而要究其之所以受到观众的喜爱，其根本原因，还是因为它是"于社会有用的工具"。

当然，说到"市场"，还有不可忽视的，那就是皇廷、官府和贵族私邸，举凡国事活动、盛典喜庆、饮宴享乐，也少不了供奉演出。杨维桢的《宫词》说："开国遗音乐府传，白翎飞上十三弦。大金优谏关卿在，伊尹扶汤进剧编。”朱有燉的《元宫词》也说：“初调音律是关卿，伊尹扶汤杂剧呈。传入禁垣宫里悦，一时咸听唱新声。”《马可·波罗游记》中也有内廷饮宴之后，有乐师和梨园子弟演出的记述。艺术的内涵和艺术的审美是多元的，它的受众也是多元的，元代统治者对杂剧的观赏也在情理之中，不足为怪。世祖忽必烈在至元二十二年（1285）曾“徙江南乐工八百家于京师”（《元史》）。可见，元杂剧之兴盛亦可以说是多元因素的结合。至于散曲，王国维曾说过：“小令套数之佳，亦不让于其杂剧。……可知元人之于曲，天实纵之，非后世所能望其项背也。”杂剧文本离不开曲词，杂剧的兴盛又必然会影响到散曲的创作，而散曲繁荣与成熟，也会提升杂剧的文采和人物的刻画，两者之间的影响可以说是双向互补的。所以在元代不少作家是将杂剧与散曲的创作集于一身的，只是成就各有不同而已。

余　论

刘勰说："歌谣文理，与世推移。"（《文心雕龙·时序》）鲁迅先生说得更明确："各种文学，都是应环境而产生的。"是的，但就元代而言，我们还想做一点小小的补充，那就是：元代杂剧、散曲，不仅是"与世推移""应环境而产生的"，更是因那个特定环境的诸多因素，使这种对现实极具批判深度的文学得以生存，得以成为蔚为大观的一代文学，得以生动而形象地展示了一代文人的精神文化。

当我们用回顾的眼光，去寻找、去思索"东，也在我；西，也在我"。这种腔调、作风和"谁"有点相似的时候，自然想到"我与我周旋久，宁作我"（《世说新语·品藻》）；"情之所钟，正在我辈"（《世说新语·伤逝》）；"礼岂为我辈设也"（《世说新语·任诞》）；"楂、梨、橘、柚，各有其美"（《世说新语·品藻》）的"魏晋风度"。或者说元代文人的情性、作为，正是对魏晋时代个体觉醒，文学自觉，个性张扬，审美多元的一种继承与发展。关于这个问题的论述，还可参看拙作《"寻求发展的灵感"——论元代文人的"渊明情结"》和《张养浩的学、"也不学"》（见本书"续编"）。由此可知，任何一种文化一经形成，自有其外在于人的相对的独立性，而成为一种客观存在，因而它的影响也必然随之而至。试看元代制度文化对中国历史文化的影响，就是中外史家、学者长期以来议论、研究的课题。比如"吴晗、牟复礼、陶晋生等先生皆认为明初君主绝对专制的建立，尤其是政治高度残暴化，是受元政治文化的影响。”[①]当然还有其他各种观点与论述。同样道理，元代文人的精神文化也会有着不可避免的社会与历史的影响，我们不妨大略地看一看，比如明代中后期那种既不遵循儒家伦理以“谐世”，又不从老、庄的虚无以“出世”，而是立足现实，反思传统，以抗世、愤世之激情与哲理，去冲击对人性的桎梏，争取人的生存“自适”，心灵“自舒”，以张扬主体意识的思潮，与元代文人直面人生，参透世事，彰显个性，回归本体的精神，不也有几分相似吗？是不是这样，不妨稍作比较。明代“心学激进派”的王艮（1483—1541）说：“安身者，立天下之大本也。……身也者，天地万物之本也；天地万物，末也。”（《语录》）王畿（1497—1582）说：“见性之人，真性流行，随处平满，天机常活，无有剩欠，自无安排，方为自信也。”（《龙南会语》）又说：“夫狂者志存尚友，广节而疏目，旨高而韵远，不屑弥缝格套以求容于世。”（《与阳和张子问答》）李贽（1527—1602）说：“穿衣吃饭，即是人伦物理”（《答邓石阳》）。“士贵为己，务自适。如不自适而适人之适，虽伯夷、叔齐同为淫僻；不知为己，惟务为人，虽尧、舜同为尘垢糠秕。”（《答周二鲁》）从这些言论中可以概括出他们的观点：人的生存是“天下之大本”。生存是现实的，离不开基本的物质需求，所以“穿衣吃饭”是天经地义的，自然合理的。生存也是自我的，还需要精神、人格的“自适”，自由与独立。这就意味着“天理”不可束，“人欲”不可灭，一切虚伪、做作的“安排”“格套”都是“适人”之举，有碍于“真性流行”，皆不屑为之。

下面我们再回过头看看元代散曲：

> 世情推物，人生贵适意……算到天明走到黑，赤紧的是衣食……车尘马足中，蚁穴蜂衙内，寻取个稳便处闲坐地。
>
> ——关汉卿［双调·乔牌儿］

> 生涯虽旧，衣食足够，区区自要寻生受。一身忧，一心愁。身心

① 萧启庆：《蒙元支配对中国历史文化的影响》，《内北国而外中国：蒙元代史研究》（上册），中华书局2007年版，第41页。

常在他人彀，天道若能随分守。身，也自由；心，也身由。

——陈草庵［中吕·山坡羊］

梨花树底三杯酒，杨柳阴中一片席，倒大来无拘系。先生家淡粥，措大家黄虀。

——马致远［般涉调·哨遍］（半世逢场作戏）

元代文人强调的、追求的不就是“适意”“衣食”“自由”和“无拘系”的生活与做人的准则吗？至于“不屑弥逢格套以求容于世”的“狂者”，更是常见的。比如：

不因酒困因诗困，常被吟魂恼醉魂。四时风月一闲身。无用人，诗酒乐天真。

——白朴［中吕·阳春曲］《知己》

懒云窝，懒云窝里避风波。无荣无辱无灾祸，尽我婆娑。闲讴乐道歌。打会清闲坐，放浪形骸卧。人多笑我，我笑人多。

——乔吉［双调·殿前欢］《西里瑛号懒云窝自叙有作奉和》

还有“功名戏我，我戏功名”（贯云石［双调·殿前欢］）；“人笑我，类狂夫；我笑渠，似囚拘”（张养浩［双调·胡十八］）；“笑我痴，强似你”（曾瑞［南吕·四块玉］）；“宠辱从渠，去就从予。醉赋高阳，梦到华胥”（汪元亨［双调·折桂令］《归隐》），不胜枚举。如果说类似这种洒脱，放旷，一切在我的“狂”还带有一点“雅”的色彩，那么，还有一些“狂”就显得恣意粗俗了。请看：

我是个普天下郎君领袖，盖世界浪子班头。……则除是阎王亲自唤，神鬼自来勾。三魂归地府，七魄丧冥幽。天哪，那其间才不向烟花路儿上走。

——关汉卿［南吕·一枝花］《不伏老》

争奈灰容土貌，缺齿重颏；更兼着细眼单眉，人中短，髭鬓稀稀。……自知，就里，清晨倦把青鸾对，恨杀爷娘不争气。有一日黄榜招收丑陋的，准拟夺魁。

——钟嗣成［南吕·一枝花］《自序丑斋》

钟嗣成未必是天下第一“丑”，关汉卿也不是“一世里眠花卧柳”。但是偏要极画自丑，极夸风流，而置世俗之美丑、毁誉、是非于不顾。这，不就是“自适”而不“适人”的生动写照吗？是的，不论是雅狂，还是俗狂，都可以说是李贽所鼓吹的“士贵为己，务自适”的“先行者”。同时在他们的身上，在他们心中，还都展现出愤世嫉俗、真性流行、才气横溢、自信本心的精神。这一切不就是明代那些思想家所倡导的吗？不同的只是元人写在曲词中，诉诸具体形象而已。

心灵的活泼、自由，个性的独立、自适，必然影响到审美观念与文学艺术的创作，而“先行者”的作为，又必将影响后来的同道者。试看元代文人那些“一空倚傍，自铸伟词”，嬉笑怒骂，曲尽人情的创作，与“狂悖乖谬，非圣无法”的李贽所主张的“以自然之为美耳，又非于情性之外复有所谓自然而然也”（《读律肤说》）；与“眼空千古，独立一时”的徐渭所说的“古之诗本乎情，非设以为之者也”（《肖甫诗序》）；与“一世不可余，余亦不可一世”的汤显祖所指出的“世总为情，情生诗歌而行于神”（《耳佰麻姑游诗序》）；与要“去官”“去名”“彻底快活”的袁宏道提倡的“独抒性灵，不拘格套”（《序小修诗》；不也有意味相通、神韵相连之处吗？所以袁宏道在论述人生“真乐有五，不可不知”时，也没有忘了“梨园领袖”关汉卿。他说：“箧中藏万卷书，书皆珍异；宅畔置一馆，馆中约真正同心友十余人，人中立一识见极高如司马迁、罗贯中、关汉卿者为主；分曹部署，各成一书，远文唐宋酸儒之陋，近完一代未竟之篇，三快活也。”（《与龚惟长先生》）那不就是因为“识见极高”的关汉卿，早已有了“本色独造”“真写性情”的传世之作，令他倾倒，使他感受着异代同心的“快活”吗？

“文化因人而异，因时而异，但人在创造文化的同时，人也创造了自己。”是的，在元代文化冲突、变异的年代，借用人本心理学家马斯洛需要层次论的观点来看，不妨说元代文人为了生理需要、安全需要、归属需要、爱的需要、尊重的需要以及自我实现的需要[①]，以其才智与潜能，既“创造”了一代文人的精神文化，也“创造了自己”，那就是属于“自己”的生活方式、行为准则、道德理念、价值评判、审美意识、文学艺术，从而形成了一代文人特有的心理、气质与风采。法国文艺理论家、史学家泰纳曾经说过：“如果一部文学作品内容丰富，并且人们知道如何去解释它，那么我们在这作品所找到的，会是一种人的心理，时常也就是一个时代的心理，有时更是一个种族的心理。从这方面看来，一首伟大的诗、一部优美的小说、一个高尚人物的忏悔录，要比许多历史学家和他们的历史著作对我们更有教益。”[②]这，也是我们之所以藉元曲为媒介，透视元代文人精神文化的原因。不过，“一个时代的心理”，一个民族的文化，又有其历史积淀的一面，所以“创造”也必将融入过往的某些文化基因，而新的文化风尚一旦出现，又必然影响当代与后世。所以“积淀”，并不是凝固和封闭，文化还有其延展与流动的一面。因此，元代文人的精神文化，也应视作中国古代人学、文学与美学承传中重要的一环，其中诸多问题还盼有识之士深入探讨、研究。于史管见，于曲浅尝，所言粗陋不当，在所难免，以之问世，旨在“引玉”而已！

① 转引自弗兰克·艾布尔：《第三部曲：马斯洛心理学》，吕明、陈红雯译，上海译文出版社1987年版，第41—45页。

② 泰纳：《英国文学史·序言》，载伍蠡甫主编：《西方文论选》（下卷），上海译文出版社1987年版，第241页。

续编

进退出处　谁识其心

——试谈张养浩其人、其曲

近读《全元散曲·广选·新注·集评》(辽宁人民出版社2000年版),书中关于张养浩的散曲,多处辑录了郑振铎先生的评论。这倒引发了我进一步阅读张氏著作的想法,一读之后,也想说点看法。

振铎先生的评语有:

> 当时一般老官僚们所作的散曲,大都是这一类的不痛不痒的自夸恬退的东西。张云庄(名养浩)的《云庄张文忠公休居自适小乐府》全部都是如此。“紫罗襕未必胜渔蓑,休只管恋他,急回头好景已无多”([梅花酒兼七弟兄]),从这样浅薄的情绪里出发的歌曲自然不会是很高明的。
>
> ——郑振铎《中国文学史·散曲作家们》

> 我们可以张养浩为代表。……所谓“古和今都是一南柯”,所谓“任金乌搬废兴,我只推不知道”,便完全是一个出世的无容心的极端的个人主义者了。这是要不得的态度,却出之于一个休职闲居的大官吏的笔下,不能不说是一种传染病了。有意的在以此鸣高。
>
> ——郑振铎《中国俗文学史·元代的散曲》

此外还有“无病的呻吟,做作的清高,虚伪的呼吁”等。这些批评正确吗,公允吗?暂且不论。先不妨了解一下张养浩的大致的经历。张养浩(1270—1329),济南人。二十岁由山东按察使焦遂荐为东平学正;二十三岁为平章不忽木赏识，荐为礼部令史，后又为御史台掾、丞相掾；三十六岁选授堂邑县令，为政三年，政绩昭著；三十九岁擢监察御史；四十一岁上《时政书》，为当国者忌，除翰林待制，寻罢，恐祸及，乃变姓名遁去；四十三岁，尚书省罢，又召为右司都事，迁翰林直学士，礼部尚书；五十二岁参议中书省事，上《谏灯山疏》，随即以父老归养为由，居家八年，七召不起；六十岁，因关中大旱，特拜陕西行台中丞。“既闻命，即散其家之所有与乡里贫乏者，登车就道，遇饿者则赈之，死者则葬之。……到官四月，未尝家居，止宿公署，夜则祷于天，昼则出赈饥民，终日无少怠。每一念至，即抚膺痛哭，遂得疾不起，卒年六十。”（《元史》）

张养浩踏上仕途之后历经元世祖、成宗、武宗、仁宗、英宗、泰定等朝，这种频繁的更迭透露了朝廷争斗不宁、日趋败落。这是张养浩政治生活的大环境，也是他之所以累次上书和归隐的背景。而就其个人而言，进入仕途，以及后来的调任、升迁还算是顺畅的，其挫折来自于他的经历，他的敢言。四十岁之前他既做过地方官，也在中央机构任过职，较全面的经历使他对上层腐败、社会弊端、民间疾苦都有着直接了解，而一路顺畅的仕途又使他对统治者的昏聩、专制还缺乏切身感受，所以他的《时政书》可谓内容广泛，直指要害，锋芒毕露。他说：“今姑举其害政太甚者一十事，试为陛下言之。”那就是——赏赐太侈，刑禁太重，名爵太轻，台纲太弱，土木太盛，号令太浮，倖门太多，风俗太靡，异端太横，取相之术太宽。对于每一个问题都提出应该持有的原则，接着就直揭现实中背离这一原则的种种表现，以及由此产生的弊端，再结合历史上的经验教训论证其危害，最后提出改正的办法，洋洋洒洒，淋漓尽致，反映了他对这些问题是深思熟虑、久郁于心的。就其所言之弊端来看，可以说从政治、经济、法律、吏制、民生、风气等方面，为我们展现了他那个时代专制、糜烂的全景。上至帝王、亲贵、权要，下至淫僧、贪官、无赖，都没有逃脱其锋芒所指。

他之所以如此直言不避，“具白当世之务”，其目的就是“上为列圣惜，下为天下百姓忧”。前一句表现他效忠朝廷的职责。后一句说出了仁政爱民之心，这不是“空话”“招牌”，而是有感之言，早在《牧民忠告》中他就提出为官最重要的是诚爱之心，“心诚爱民，智无不及”。“诚生爱，爱生智，惟其诚故爱无不周，惟其爱故智无不及。”爱民就不要扰民，“常见世之劝农者，先期以告，鸠酒食，候郊原，将迎奔走，络绎无宁……名为劝之，其实扰之。”正是这种诚爱务实的结果吧，使得堂邑县的百姓在他“去官十年，犹为立碑颂德”。后来在《庙堂忠告》中又特地写了“重民”一节，而且指出治国之君也应如此：“大抵下之所为，惟上是视，在上者诚有重民之心，而天下不治者，古今无有也。”这些思想归之为一句，就是《时政书》中说的“为国以养民为本”。也正是基于这种治国理念，他又向英宗上《谏灯山疏》，请求以“崇俭虑远为法”。“寝其灯宴，止其所为山”，因为“节用斯爱人，伤财斯厉民”。

张养浩为官的严肃、认真与才干，还表现在对为官、为人、为业的思考与探索上，任县令时著《牧民忠告》，为御史时著《风宪忠告》，入相时著《庙堂忠告》，对于各种职守的性质、职责，以及“修身之则，行事之实，事君之忠，爱民之仁，与夫裁制应变之理，曲折去取之宜，靡不旁搜古今，穷究同异”（李骥《三事忠告后序》）。可以说《三事忠告》是张养浩根据现实状况，结合自己实践和历史经验，不断地总结出既有概括性，又具操作性的一整套的吏治论著。他之所以这样做显然不全是为了自励、自制，而是更有望于吏治的清严，有望于对他人有所启示。事实上也确有不负其苦心的事例。元代至正十五年（1355）林泉生在《风宪忠告序》中说：“曩闻崇安令邹从吉甫问所治何先，即出书一卷曰：某不敏，粗效一官者，此书之力也。予阅其书，则滨国张文忠公为县令时所著……名之曰《牧民忠告》。……则叹曰：文忠真仁人也，仁者耻独善于己。己为令长，得牧民之道，欲使天下牧民之吏，人人尽其道；己为宪臣，能振纲纪，慎举刺，言人所难言，欲使天下为宪臣者，人人皆然。公其心于天下，而不私其身……”所以明代郑瑛赞曰：“其为国为民，忧勤惕励之心，蔼然溢于文章政事之间。”（《跋三事忠告后》）。

如果因为张养浩其人为官三十年，而称之为“老官僚”亦未尝不可。但具体而言，他不是无所用心、无所作为的庸官，也不是阴险狡诈、两面三刀的奸臣，更不是两眼向钱、一心攫财的污吏。恰恰相反，他倒是一位勤于职守、有所建树、清正爱民的“好官人”。

至于这位“道德政事名于天下”的张养浩，其散曲创作又是如何呢？是不是像郑振铎先生所批评的那样呢？这，当然也只能从作品的实际出发去寻求答案。张养浩曾说过：“人之处世，其去就无越山林、朝市二途，出乎彼，入乎此。其出也，非苟利己；其处也，非苟洁身，要之各适于义为无歉。”（《翠阴亭记》）这话与孔子的“君子之于天下也，无适也，无莫也，义之与比”，倒颇为相似。仕与不仕，都要“以义为上”，仁义、道义、正义，乃是为人之根本。如果前面所述，重在说明张养浩“其出也，苟非利己”，那么下面仅就张养浩的散曲也可以窥见“其处也，非苟洁身”的又一面。请先看一首［中吕·朝天曲］：

自刎，退归，用不着风云气。疏狂迂阔拙又痴。今日才回味。玩水游山，身无拘系，这的是三十年落的。翠微，更奇，知道我闲居意。

张养浩在《处士庵记》中说自己是“性迂才拙，自幼知其不能谐俗，加以内无城府，枢机不密，谓人之心一皆己若”。这首曲子的坦率亦颇符合他的性格。“退归”，原是自己察势辞官，而不是心追逸乐，自寻高洁，之所以落得游水玩山，那是三十年来的“疏狂迂阔拙又痴”的结果，是“内无城府”，“不能谐俗”的结果。究竟是“俗”是己非，还是己是“俗”非呢？这苦闷，这滋味，谁能体会？也只有青山可知了。那内心的孤寂、无诉，实无异于“相看两不厌，只有敬亭山”。

可见张养浩人虽“闲”，心未“闲”，是非忧愤激荡于胸，也流于笔端，除了诗文之外，也见于散曲。隋树森《全元散曲》收张养浩小令161首，套数两套， 一部分以世事、历史为题材，一部分以闲居、隐逸为题材，此外还有少数写景、咏物的曲子。这只是就其主要倾向来说，题材内容交叉自是难免的，比如写隐逸有时会用到史事，但情感的结穴仍在隐逸。我们这里要谈的是前两部分的散曲。

张养浩有［中吕·山坡羊］《述怀》十首。首曲一开篇就提出："人生于世，休行非义。"以此为准，综观人世，评判言行。符合这一准则的有诚信、清正、和顺及与人方便、扶贫济困等，背离这准则的有谄佞、奔竞、图官、贪财、谎言无信、趋富欺贫等。这种对人、对事、对金钱、对名利的种种世态的描绘与评判，不是有感于现实，不是有望于社会、人生、道德、风气能够去邪就正，日趋完美吗？"一个出世的无容心的极端的个人主义者"，是大可不必过问过些"闲事"，更不会如此直言评说。

"怀古"，也是张养浩散曲的一个重要的题材。他面对兴亡成败，终归于"土"，也不免感慨欷歔，但是并未由此走进历史的虚无。"汉唐碑，半成灰，荆榛长满繁华地，尧舜土阶君莫鄙。生，人赞美；亡，人赞美。"（《骊山怀古》）巍峨的宫殿，坚固的石碑，都难免化为灰烬，夷为平地，而只有"土阶"的尧舜，生前身后都为人赞美，因为他们是"圣贤之君"。张养浩一再上书言事，不也含有着"致君尧舜上"的政治抱负吗？这抱负出于仁政爱民，也由此又引发了他对历史的深沉思索——封建帝王虽有土崩瓦解、亡国丧身之日，却也有过琼楼玉宇、挥金如土的奢靡，而百姓呢？永远只有一个"苦"字属于他们——"兴，百姓苦；亡，百姓苦"（《潼关怀古》），漫长复杂、变幻万千、眼花缭乱的兴亡史，被张养浩以其独特的思考和眼光锁定在这八个字之中，一言透亮，令人震撼，不能不佩服他为怀古诗创造出前所未有的深度和力度；还应指出这又不仅仅在说古论史，只要看看《时政书》中"十室九空，民之扶老携幼累累焉，鹄形菜色，就食他所者络绎于道"的描绘；看看"哀哉流民！死者已满路，生者与鬼邻"（《哀流民操》）的景象，再听听他"路逢饿殍须亲问，道遇流民必细询"的关切。百姓之"苦"，不就在眼前，就在身边，就在堂堂大元的现实之中吗？那么，他的感慨之所在，言辞之所向，也就无须多说了。

张养浩为官多年，官场、世态所见甚多，所以他的一些“警世”之作，也写得颇为生动形象，而又意味深长。这里且举［中吕·朱履曲］《警世》中的两首：

那的是为官荣贵，止不过多吃些筵席，更不呵安插些旧相知。家庭中添些盖作，囊箧里攒些东西，教好人每看做甚的？

才上马齐声儿喝道，只这的便是送了人的根苗，直引到深坑里恰心焦。祸来也何处躲？天怒也怎生饶？把旧来时威风不见了。

时代跨入21世纪，距张养浩的年代已经六、七百年了，但人们读着这些曲子毫无遥远感、陌生感，而且还会不自觉地点头称是，会心一笑，这原因也无须多言，要说的只是希望那些得志猖狂、得权谋私者，读此有所感悟，有所警戒。艺术来源于生活，其生命力、感染力则在于对生活中美与丑真实地展示。

下面再来谈谈张养浩散曲中的闲居、乐隐之作。毋庸讳言，这类题材写得着实不少。撇开元散曲写隐逸为一时风气的原因之外，我们这里着重从张养浩的个人身上做些分析，张养浩的思想观点该是积极用世的，希望有所作为的。“博施兼善，士君子通愿也。”（《庙堂忠告》）他为此也做过努力，但事与愿违，武宗时上《时政书》，英宗时又上《谏灯山疏》。武宗的昏聩使他不能不弃官而去，英宗的刚愎自用，朝廷朋党倾轧，也使他深知“博施兼善”实不可能，只能是“道不合，即去”。《郊居许敬臣廉使见过》一诗道出了他的苦衷：“自言微亲老，亦欲谢纷纠。从仕非不佳，其奈多掣肘。”后来，泰定帝即位，召回一些仁宗、英宗二朝被排挤的大臣，“气候”似有好转，张养浩也应召赴京，到了通州方知朝政依旧，本来第二天即可进京，却毅然返航，匆匆归去。“才到燕京，便要回程，你好自在老先生。”（［越调·寨儿令］）这小小的插曲，再一次说明了他确有“兼济”之心，但也坚持“无道则隐”。还说明了这“隐”是痛苦的，又是心有期待的，而决非忘怀人世的“终隐”。“种放非樵客，焦先岂野人。”（《我爱云庄好》）“耿耿怜身世，茫茫慨古今。东阡与西陌，谁识暮年心。”（《晨起二首》）世事茫茫，人生短暂，热切而无奈的痛苦，溢于言表。

至于朝廷呢？似乎只接受了他一时的请归，而并非“认同”了、“恩准”了他就此不出，所以有了“八年七召”。人未忘世，世未忘己，张养浩对此又怎能无动于衷呢？“累次召书至，教人去往难。”（［南吕·西番经］）。正是——征召又燃济世心，“无道”亦坚拒召情，召召拒拒年复年，欲静此心惟歌“隐”。这，大概就是张养浩反反复复写了那么多闲居、乐隐散曲的原因。他要不断地说服自己，又要使人生的缺失在心理上得到平衡，用通俗的话说，他要年年不断地做自己的“思想工作”。所以张养浩这类散曲不单是数量多，其内容与表述也颇丰富，因为他要通过各种途径，多侧面地来证明自己抉择是明智的，如此方可消释苦闷、安于闲居。这里试举几类略加分析，比如：

海来阔风波内，山般高尘土中，整做了三十年梦。被黄花数丛，白云几峰，惊觉周公梦。辞却凤凰池，跳出醯鸡瓮。

——［双调·庆东原］

此外，还有“三十年一梦惊，财与气消磨尽。把当年花月心，都变做了今日山林兴……”（［双调·雁儿落兼得胜令］）。“一场恶梦风吹觉，依旧壶天日月高，白云深处结团茅。山更好，岚翠滴林梢。”（［中吕·喜春来·隐逸］）等等，姑不再举。这类曲子由反思过去，而走向现实。回顾当初那效法先贤、辅国安邦的宏图大愿，原是一厢情愿的“梦”，三十年奔波辛劳，冒死进谏，聪明才智，大好时光，都为一场梦而付诸东流，结果只能是事业无成空归去。好在“而今，识破东华梦”，眼前的白云青山、岚翠露滴，不是比“恶梦”更美吗？再比如：

往常时为功名惹是非，如今对山水忘名利。往常时趁鸡声赴早朝，如今近晌午犹然睡。往常时秉笏立丹墀，如今把菊向东篱。往常时俯仰承权贵，如今逍遥谒故知。往常时狂痴，险犯着笞杖徒流罪。如今便宜，课会风花雪月题。

——［双调·雁儿落兼得胜令］

“为官”时不仅仅要赴早朝、立丹墀、承权贵、折腰迎拜，而且由于自己直犯龙颜的“狂痴”，还险些获罪。那么，跳出“火坑”，就不单是“其乐无涯”，更是“倒大来心头不惊，每日家，直睡到天明”。一种轻松感、安全感，跃然纸上。要指出的是，这种对比既有其经历、遭遇为依据，那么，诸如“黄金带缠着忧患，紫罗襕裹着祸端”，等等，也就有着痛苦的内涵，和切身的体验，自然也就蕴含了他内心的不满和愤慨，而决不是什么无病呻吟，自命清高。

如果说上述的反思、对比是偏于自身的经历、体验，虽然真切，但其范围与深度还毕竟有限。那么以史为鉴来思考人生的进退，就大为开阔了。比如：

万言策长沙不还，六韬书云梦空叹。只为他进身的疾，收心的晚，终不免有许多忧患。见了些无下梢从前玉笋班，因此上功名意懒。

——［双调·沉醉东风］

“收心的晚，终不免有许多忧患。”这类史事张养浩还写过“许多”，如“功名百尺竿头，自古及今，有几个干休？一个悬首城门，一个和衣东市”（［双调·折挂令］）。他在上《谏灯山疏》之后，即托辞归乡，显然是从“许多”残酷的悲剧中吸取了教训。那么，见机而退，“收心的早”，就不失为一种明智之举了。这是他的思考之一。

思考之二，便是“忠”不可“愚”。“臣事君以忠”，是从孔夫子一直唱下来的古训。不管那“君”是昏、是庸，还是无赖、白痴，为臣者都得事之以“忠”。比干进谏，除了让纣王剖其腹，看看他是不是“心有七窍”之外，对纣王的无道、残暴、覆灭是丝毫无补的。但在强化封建专制、愚弄臣民的思想体系中，却是“楷模”“忠良”，“国乱时危道不行，忠贤谏死胜谋生”（汪遵《比干墓》）。元代重武轻文，文人的地位空前失落，现实生活迫使他们不得不重新审视历史，固有的观念，神圣的经典，在他们逆反的心态中动摇了，崩溃了，取而代之的是面对现实，肯定自我，珍视生命。这对生死由“圣上”，是非皆不论，还得说一句：“谢主隆恩！”无疑是更趋于理性，更具有人性。基于此，那些曾被颂扬的“死谏”“忠良”，在元代曲家的笔下能得到的只有嘲讽和揶揄。张养浩当然也会受到这种思潮的影响，却又有自己的感受、评判和选择，这是值得称道的。比如：

楚《离骚》，谁能解？就中之意，日月明白，恨尚存，人何在？空快活了湘江鱼虾蟹，这先生畅好是胡来。怎如向青山影里，狂歌痛饮，其乐无涯。

——［中吕·普天乐］

《离骚》之意，屈原之恨，“日月明白”，人间永存，给予了高度的肯定与赞扬。张养浩之所以有如此评价与感受，不就是因他也有过“岂余身之惮殃兮，恐皇舆之败绩”吗，也有过“哀民生之多艰”的呼吁吗？屈原自沉，自有其震撼人心的力量。但若换一个视角来看，死，既无补于楚国的覆灭，也无动于所抗争的对象。这一点唐代诗人也早看到了：“满朝皆醉不容醒，众浊如何拟独清。江上流人真浪死，谁知浸润误深诚。”（周昙《屈原》）张养浩与屈原可谓异代知音，千年同恨，但他却不取这种“胡来”“浪死”，而是走向珍惜生命，热爱生活，守志待时的另一条人生之路。这其中既有时代思潮的烙印，更有着他个人的感悟、选择与追求。

思考之三，珍视生命，为的是要赋予生命应有的价值，所以“功成身退”才是理想之路。因此，范蠡、张良就成了他颂扬、思慕的对象，比如：

山隔红尘断，云随白鸟飞，只这的便是老夫心事。休夸子房并范蠢，肯回头古人也容易。

——［双调·落梅引］

还有“仔细寻思，都不如一叶扁舟”（［双调·折桂令］功名百尺竿头）等等。不过，在张养浩自己看来，他是功未成，身已退。他的上书，他的治世之才，远未付诸实施，人生的缺憾是显而易见的。“不信忠良信诡随，于兹可灼乱亡机。”（《读史有感》）这种愤愤之情不仅于他的诗文中可见，就是散曲中那些一再写到的忠而见弃的悲剧，实际上也都隐含了对现实的批判，和他心中的悲恨。这样也就可以理解为什么“说著功名事，满怀都是愁”（［南吕·西番经·乐隐］）。也就可透过现象去发掘问题的本质——“因知高蹈丘园者，不是区区爱翠微”（《读史有感》）；“说与春风亦绝倒，论人不在去留间”（《中都雷家站枕上》）。在什么呢？要在人格的执着，人生的追求。张养浩追求什么呢？若是为官、为禄，何至于“七召不起”呢？一闻关中大旱，慨然登车，又为什么呢？“无多惭，此心非为官。”（［南吕·西番经·乐隐］）不为官，说得够明白了，没有说出来而可以意会的，那就是为了挣扎在死亡线上的百姓。“民陷水火，如己陷水火，凡民疾苦，皆如己疾苦也。”（《牧民忠告》）此去关中，只不过把他这种早已有之的思想，再一次付诸实践。但也并不想借此腾达官场，此行，“略别华鹊山”；事毕，“行当还绰然”，此亦可谓“功成身退”。为了“功成”，他在赈灾中，日夜辛劳，自舍资财，为民呼号，为民祈雨，为民除恶，与民同乐……，这些都十分真切而感人地再现在他的散曲中，如［双调·得胜令］《四月一日喜雨》，［中吕·喜春来］《赠廉能》，［南吕·一枝花］《咏喜雨》。仅此也不能说他的散曲全部都是“不痛不痒的自夸恬退的东西”！遗憾的是，张养浩未有如愿地再归华鹊山。然而，“献身的人是伟大的”，百姓的心是公正的，“满城都道好官人”，“关中之人，哀之如失父母”（《元史》）。这赞扬与悲哀，终于为他的“道之所在，死生以之”（《风宪忠告》）的人格、信念，画上了一个圆满的句号。

综上所述，不难看出张养浩对于进退，可算是一位极具个性的人，他认为人生在世，要“不荡于富贵，不蹙于贫贱，不摇于威武”（《风宪忠告》）。“无官何患？无钱何惮？”“莫亏心，莫贪名”。所以他能恪尽职守，敢于直言，却无唯上之“愚”，“道合则服从，不可则去”（《庙堂忠告》）。又能做到隐不忘世，居不失义，“与人方便，救人危患”，急人所急。这一切既源于他“所行所做依仁义”的准则，也源于他“人情识破”，“烛几先见”的智慧。如此方可做到“行，也在我，藏，也在我”（［中吕·山坡羊］）。行藏不同，仁义则一。“用则经纶天下不以为夸，否则著述山林不以为歉，经纶所以行道，著述所以传道，其升沉显晦虽若不同，揆诸事业则埒也。”（《送元复初序》）事实正是如此，我们且撇开他的那些“忠厚悱恻，蔼乎仁人之言”和“未尝不卓然而传矣”（《四库全书提要》）的诗作和文章，仅就散曲而言，其中虽然也偶有“古和今都是梦”，“千古转头归灭亡”的消沉和感伤，也有“尽是簪缨，充塞门庭”，自赏自夸的俗气，但从总体看来，他写仕隐，写社会，写古今，写百姓，写悲欢……，或直或曲，或显或隐，无不凝聚了他的是非爱憎，他的苦闷与向往，让我们听到了那个时代的一位有个性、有思想的仁义之士的心声；让我们看到了一个为直言而归，为赈灾而死的，超越时代，穿过岁月，而不减其光辉的形象。

鲁迅先生曾说过：“批评一个人的言行实在难。”因为起码要了解时代，了解作者，了解全部作品，并把它们加以综合、融会，分析作者的心理构成，探讨文本的底蕴，“才是较为确凿”。那种片面地、孤立地就某些词语的表象去批评、议论，就难免如鲁迅先生指出的：“是很容易近乎说梦的。”张养浩自己也深有感慨，对后世而言也可以说是预感：“人生果在官有无？可与智言难众告。”（《赠刘仲宪》）那么，究竟如何认识、解读张养浩其仕、其隐、其人、其曲，还有望于“智”者、专家。笔者浅陋，只能“试谈”而已。

2012年9月

读曲断想

——由元曲“隐逸的泛化”想开去

元代散曲中有关隐逸的内容，几乎随处可见。就时间上看，从元初直唱到元末；就作者看，有在野的、有为官的；从创作的感发上看，似乎不论何时、何地，也不论因景、因物，还是读书、饮酒、居家、羁旅、怀古，都可以成为“隐”的触媒，或者本来就是为“隐”而发的心曲。时间之长，作者之众，数量之多，使得“隐逸”这一诗歌中古老的主题，在元代得到了空前绝后的“泛化”。本篇“断想”，围绕着“泛化”而生，不过只是片断的随想杂录而已。

一、儒隐、道隐各有其说

追溯有关“隐”的文化传统，有一段文字值得一读，那就是《论语·微子》中的一节。写的是长沮、桀溺并肩耕作，子路向他们询问过河的渡口。当桀溺知道他们一伙是孔丘及其门徒时，便说：“滔滔者天下皆是也，而谁以易之？且而与其从辟人之士也，岂若从辟世之士哉？”子路回来将此话告之孔子，孔子如何反应呢？“夫子怃然曰：‘鸟兽不可与同群，吾非斯人之徒与而谁与？天下有道，丘不与易也’。”从这里可以看到“隐”，原是有“辟（避）人”和“辟（避）世”的区别。

“辟世”，即避开尘世，不问世事。“就薮泽，处闲旷，钓鱼闲处，无为而已矣。此江海之士，避世之人，闲暇者所好也。”（《庄子·刻意》）这种超尘越世，逍遥无为，是无须去区别什么治世、乱世的。如此人生追求，源于“绝圣弃智”“绝仁去义”“绝巧弃利”的理念。不过这种理念、行为，也是无改于现实的，所以桀溺感叹：“滔滔者天下皆是也，而谁以易之！”一部老庄否定文化，复归原始的悲观哲学，不就深含了这种无奈吗？然而，值得指出的是，所谓仁义圣智也不是抽象的，凌驾于一切之上的，在封建专制的社会里，它是为权势者所造，为权势者所用的。因此，老庄哲学的另一方面，又是有助于揭示儒家道德学说的虚伪性，及其为权势者服务的本质，有助于人性与个性的张扬，这就为后世的叛逆者提供了一种理论。

至于儒学，则强调人类的群体性、社会性。就如孔子所言：“我们总不可与鸟兽一起生活吧，我不是人类的一分子又是什么呢？”而且每一个人都得充当一定的社会角色，“君君，臣臣，父父，子子”。完成这种“角色”，在于人格的“礼”化，而不是个性化，所谓“克己复礼”。按照这种社会定位，读书人本是没有资格谈什么“隐”的，“不仕无义。……君臣之义，如之何其废之，欲洁其身，而乱大伦”（《论语·微子》）。但是，孔子也是一位深知权变的人，如果遇到昏君、乱世，则可以“藏”，可以“退”，可以“隐”，这就是“危邦不入，乱邦不居。天下有道则见，无道则隐”（《论语·泰伯》）。如果不得“不居”，怎么办呢？“可卷（收）而怀（藏）之”（《论语·卫灵公》），可“危（正）行言孙（逊）”（《论语·宪问》）。那意思是说，邦无道，不可同流合污，但须藏起你的看法，谨言慎行，以免下狱、杀头。所以孔子对“邦有道则知（智），邦无道则愚”的宁武子大加称赞，还把自己的侄女嫁给“邦有道不废，邦无道免于刑戮”的南容（见《论语·公冶长》）。据此，对儒之“隐”可以得出这么几点：第一，“隐”只是“避人”（“无道之人”），或曰“避政”(无道之政)；第二，不一定非要身隐，藏智慎言的“心隐”也可以；第三，“隐”是为了不受其害，以退为进，入世，事君终是理想的追求，所谓“隐居以求其志，行义以达其道”（《论语·季氏》）。此与道之“辟世”“无为”大相径庭。

二、儒之“引力”大于道

儒学的出发点和归宿，在于维护宗法社会的社会秩序。这对封建统治者来讲，是至关重要的现实问题。因此，在漫长的中国封建社会中，朝代可以更替，你方唱罢我登场，但孔孟之道都是看家的法宝，高悬的理论。而且这“理论”既不空谈，也不玄妙。我们仅以与文人较密切的教育观来看看，儒家重视教育，教育的一大特点就是把人与社会、与国家相关联。你看：“身修而后家齐，家齐而后国治……”（《礼记·大学》）。极其简明地把“做人”的终极意义，由近而远，由小而大，由下而上地步步提升，直到关乎治国平天下的高度。而“国”与“君”实际上又是一体两面的，“溥天之下，莫非王土。率土之滨，莫非王臣”（《诗经·北山》）。那么，“臣事君以忠”也就是势在必行了。这种教育使得封建文人，自幼思想深处就与封建政治结下了难解之缘，入世报效，建功立业，成了他们人格的基点。其影响之著，在历代文上身上都能看到：“建大功于天下者，必先修于闺门之内”（陆贾《新语·慎微》）；“赤心事上，忧国如家”（韩愈《上李尚书书》）；“臣心一片磁针石，不指南方不肯休”（文天祥《扬子江》）。这些例子，不胜枚举。

如何“修身”“做人”，那是与学习分不开的。“好仁不好学，其蔽也愚；好知不好学，其蔽也荡；好信不好学，其蔽也贼；好直不好学，其蔽也绞；好勇不好学，其蔽也乱；好刚不好学，其蔽也狂。”（《论语·阳货》）有了好的品德，仍须加强学习，运用适度，否则还会由此得其反。李泽厚先生对此评曰：“诚经验之谈，非常实用，是现实地处理人际关系和培育人性状态的实用教导。这才是儒学精神。”孔子不仅提倡“好学”，且要“博学”。学，也不是为学而学，“知而后能行”，能付诸实践。“仕而优则学，学而优则仕。”（《论语·子张》）人们较熟悉的是后一句，其实前一句讲即使官做得很好也要学习，不也是很实在的、很重要的吗？这种仕与学、学与仕的关系，又直接地导致了教育与行政、文人与政治的结合。这，当然也是封建统治者所需要的。不过还须指出，儒学对知识的肯定和面向社会的品格，又决定它必须与现实相关联，与人类文化的存在、发展相关联。这，又为读书人所认同，并深深吸引着他们投身于无垠的知识海洋。因为杰出的思想、文化、文学、艺术一经创立，自有其无穷的魅力。“屈平词赋悬日月，楚王台榭空山丘”；“窃攀屈宋宜方驾，恐与齐梁作后尘”。李白、杜甫歌颂屈原，后人又称颂李、杜。丰厚的中华文化就是这样一代代继承、积累和创造的，这是人类文明前进的必由之路，历代文人也正是沿此前进的。

至于道家的否定文化，一切终归虚无的观点，对于揭示文化的异化，防止文化的僵化，启迪人们改造、发展文化倒也不无其深刻的意义。但是，连同人类文化发展的常态，人的作为，一并否定，则又坠入了误区，事实上老、庄自己也是做不到的，就如辛弃疾说的：“案上数编书，非庄即老。会说忘言始知道，万言千句，不自能忘堪笑。”（《感皇恩·读〈庄子〉，闻朱晦庵即世》）口说“忘言始知道”，手下却写出垂后世而不朽的“万言千句”，这不也是一种人的作为，一种理论和文化吗？“不自能忘堪笑”，人类不可能“无为”地生存，也无法否定文化的存在与发展。那么，相比之下，儒学以其社会的现实性、实用性，对历代文人更具“引力”就不足为怪了，而像“学而优则仕”，“学也，禄在其中矣”，这些关乎个体价值和人生追求的思想，显然又有着更直接、更巨大的“引力”。

三、儒风凋丧士歌“隐”

九曲黄河奔到海，文化的轨迹也不是笔直的。比如科举考试，就使“学而优则仕”从制度上得以体现，这种层层筛选，择优选仕，不论从吏制史，还是从文化史来看，都是一种历史的进步。从隋唐开始至南宋灭亡六七百年间，其间有安史之乱，朝代更替，五代纷争，宋室南迁，还有辽金政权崛起，但科举选仕相沿而下，从未中断。可是到了元代却大为衰落，先是久废科举，后是时行时止。这里不妨仅以进士一科录取的人数做一比较。

唐代（618—907）——6 847 名

五代（907—960）——652 名

北宋（960—1127）——18 701 名

南宋（1127—1279）——17 327 名

——以上据《文献通考》统计

元代（1271—1368）——1 135 名

——据《钦定续文献通考》统计

在元代的这个数字中，就算汉人、南人占一半，也不及短暂的五代。我们还可以看看元代科考中的一些规定：蒙古、色目人一个考场，试题难度较小，仅考两场；汉人、南人一个考场，试题较难，要考三场；御试考策问一道，蒙古，色目人仅限五百字以上，汉人、南人须千字以上；发榜时前者登右榜（蒙古人以右为上），后者登左榜。至于授官厚此薄彼，更不待言。种种压制、歧视，一目了然。究其原因，不外两点：特权专制，文化差异与歧视。元代各级重要官职均须蒙古、色目的上层分子出任。那些身居要职，却"目不识丁，书押文卷，但攒三指，染墨印纸上"（朱国祯《涌幢小品·卷十四》）的人，也不可能在短期内超越固有文化、习俗的局限，对于另一个民族长期历史形成的、人数众多的特殊阶层——士，及其影响和作用能有真正理解。朝廷虽然也提"汉法"，也征用一些儒士，但这既改变不了整个士阶层的命运，更改变不了元代的国策——民族压迫与歧视。即或开科取士，也不过是出于对某些意见、某种情况的应付，而绝不可能成为治国方略的组成部分，选拔官员的主要渠道。"视学校为不急，谓诗书为无用"的观念，对大多数元代统治者来讲终是难以转变的。

历史的反差，还得到历史中寻求。宋代崇尚文治，广开科举之门，冗官冗员之弊，与此不无关系，但是宋代文人在各方面受到的优厚，可以说是前所未有的。到了元代，说“七匠八娼九儒十丐”也罢，说“七猎八民九儒十丐”也罢，反正是穷困潦倒离“丐”不远。因此，由宋而元，对于士人来讲，就不像由唐而宋的招牌翻新、境遇尤佳的改朝换代，而是走过黄金时代之后，突然掉进了绝望的冰窟。时代巨变，不仅带来亡国之痛，更有传统断裂，价值颠倒，困顿失落，去路茫然之悲。悲哀震颤之余，想到的自然还是如何生存，如何面对现实？答案自然也是要到传统的、熟悉的思想武库中去寻找——“得志，与民由之；不得志，独行其道。富贵不能淫，贫贱不能移，威武不能屈，此之谓大丈夫也。”（《孟子·滕文公章句下》）志不获展，只能“独行其道”。就个人的思想、才情、趣味而言，是可以各具个性，若就社会角色来讲，封建文人能够扮演的基本上只有两类——仕与隐，这是时代的制约。因此，元代文人绝大多数只能是：“不得志，皆归于隐。”也还有一些文人先仕而后隐，或者身在官场心向隐，这都由于“堂堂大元，奸佞专权”，在专制、歧视的氛围中，虽仕不能济世，虽官身心不宁。身在隐，心向隐，境遇不尽相同，但“隐”却成了人们心灵的共振，时代的思潮。这“共振”与“思潮”的载体，反映在元散曲中就是隐逸的“泛化”。从元好问、杜仁杰首开风气，直到元末汪元亨小令百首“集前辈作家所有叹世归隐作品之大成”，其间从未间断。如果说这是一条直线的延伸，那么再从横向考察，就会发现“隐”还是一个辐射的中心，它直接、间接影响着元散曲中的其他题材。比如一些散曲中的景物描写，无疑是为“隐”寻境，为“隐”造境，因为只有溪山佳处，云来云去，半江明月，茅檐低凹的宁静自然之美，才能心随境化，忘却烦忧，“高枕上梦随蝶去了”，获得生命的乐趣、人格的自由。再比如元曲中一些怀古、咏史之作，言千古是非，道秦宫隋苑，以独具的视角，做独特的阐释，其蕴意亦无非为“隐”造理，使“急流勇退是豪杰”的人生之路，更具哲理与智慧的色彩。说它是消极、胆怯、退缩，不免表象了。它是从大量史事中透视出历代封建专制的虚伪与残酷，并且不是一朝一代，大元朝自然也在其中。这种大悲大彻中所透露出来的理性的深度、叛逆的精神，与封建统治者决裂的态度，应该说大有过于前代文人。流连山水，凭吊古迹，“造境”“造理”，在一些作品中往往是交融互织的，相互感发的，这里就不细说了。

造境、造理，说到底又是为了“造情”，使失衡的心态趋于平衡，好有一个安于隐、乐于隐的心情。然而，平衡是暂时的，“七件儿全无”的生活，“九儒十丐”的地位则是无法摆脱的。被压抑、被扭曲的心灵，总是按捺不住地要寻找宣泄的对象和自由释放的空间。贪官酷吏，谄佞竞奔，欺世盗名……，一切人间的丑恶，便成了他们嬉笑怒骂的对象，于是乎许多叹世、讥时之作纷纷问世。而混迹市井，醉歌烟花，在另一种生活空间里去寻得自由和愉悦，可以说是“隐”的又一种形态，由清高儒雅而浪子风流，变态之中自有一股叛逆道统的精神。至于那些闺怨、恋情、相思之作，又体现他们对人间真情、真爱的向往与陶醉，同时被扭曲、被伤害的心灵在那些极具情味的歌唱中，也可以获得抚慰和舒展。创作源于生活。散曲的各类题材受“隐”的生活、“隐”的思想的辐射是完全可以理解的。而题材的丰富性又反映了元代文人对历史、现实、人生的反思、感悟、爱憎和寻觅。他们否定了权势、高贵和礼教的尊严，却不忘对真情、诚信，自由的渴望；他们虽然说“无是无非”，“醉了由他”，却不忘记对“贼做官官做贼混贤愚”的抨击，也没有忘记“生民涂炭”的悲哀。可见，他们的“隐”既没有“言逊”藏智，也没有“无为而已矣”。这种似儒似道，实质上又是非儒非道的“隐逸”及其创作，才是那个特定的政治、文化背景下的产物，才是元代文人在特殊时代，以特殊方式表达了他们不甘屈服的生命的存在与抗争，从中也折射出作为中华文化的体现者，对文化价值的执着，对时代的责任。也正由于这些原因才使得元散曲蕴涵了独具的审美个性，得以和唐诗、宋词并称。

历史总难免带着它的局限与遗憾前进的。元代统一结束了晚唐以来四百多年的分裂割据的局面，理应为文化、教育带来更好的机遇，然而统治者推行民族歧视、钳制士人的政策，其用意无非在于巩固特权统治，然其结果使得大批儒士人归隐逸，心向隐逸，笔写隐逸，隐逸的泛化，恰恰是离心力的扩大与增强。元代统治者虽然也忙于劫掠财货，掳掠人口与工匠去创造财富，虽然也出现了繁荣的都市，但整个政权，整个社会，终究缺少知识与公平的支撑，缺少竞争的活力。它抛弃唐宋以来科举选仕为主要途径的选官制度，代之以特权（各级地方官中以达鲁花赤地位最高）加保举和卖官鬻爵，这种官吏制度的逆转，必然导致官吏素质的整体滑落，官场腐败，官商合流，搜括无度，最终使得这个以强悍、威猛之势建立的王朝，只存活了短短的九十七年。"秦、元之亡，非亡于刘、朱势盛之时，而亡于屈子行吟、关马诸君悲歌之际矣。"（刘永济《元人散曲选序论》）无数的"悲歌"正唱出了人心的向背，刘先生的看法是极有见地的。也许有人担心谈论这些不利于"各民族的团结合作"，这是不必要的。君不见"悲歌"者中也不乏蒙古族及其他民族的作家，而汉族曲家的"悲歌"所向，又何止一朝一代呢？追求公正、文明、善良，鄙弃贪残、黑暗、污浊，毕竟是各民族的共性。再说，千秋功过，后人评说，对任何民族同样需要，同样适用。因为这是历史留给各民族共同的启迪，共同的财富。李大钊在《研究历史的任务》中指出："历史是有生命的，僵死陈腐的记录不能表现那活泼泼的生命，全靠我们后人有新的历史观念，去整理他，认识他。"今天来"认识"元代这一段历史、文化、文学的状况，也会引发我们诸多的思考和启示，择其要者而言：有助于我们对发展先进文化，"为我国经济发展和社会进步提供精神动力和智力支持"的战略意义，进一步加深理解。也有助于我们决心"坚持公开、平等、竞争、择优的原则"，更好地建立一个清正严明的、开放的、充满活力的"吏制"——干部的选拔任用监督考核的制度，为新世纪人才辈出、长治久安开创崭新的局面，也为"文官制度的创始者"——中国，在政治学上，在政治文明上，再一次为人类世界创造出新的贡献，新的辉煌！

2003年8月

“权利”与“文明”

——从元代“刀笔得官者多”想开去

元代是我国历史上第一个少数民族统一全国的王朝。诞生这个王朝的前提，是蒙古统治者的战马劲弓，攻城杀掠。当他们入主中原，不仅面临社会制度、生产方式、文化背景、治国理念等差异，还有被征服者家破人亡、山河易主的悲和愤。那么，如何对这个幅员辽阔、民族各异的国家进行治理呢？马克思在1853年说过：“野蛮的征服者总是被那些他们所征服的民族的较高文明所征服，这是一条永恒的历史规律。”这虽不是针对元蒙贵族入主中原而言的，但也有助于我们考察、分析“征服者”与“被征服者”由“文明”的差异所带来的融合和碰撞。

一

事实上，从元代立国前后都可以看到两者的互引、互动。比如元初一些儒生通过历代兴亡的反思，本着以天下为己任、救苍生于水火的责任感，采取了与新王朝合作的态度。郝经就提出，“今日能用士而能行中国之道，则中国之主”①，而不在于是什么种族。许衡也曾对忽必烈面奏：“必若今日形势，非用汉法不可也。陆行资车，水行资舟，反之则必不能行。……必有变异。以是论之，国家当行汉法无疑也。”②这些话不仅为元蒙统治的合法性提供了理论依据，也指明必须放弃远在漠北的“一套”，

①《陵川集·卷三七·与宋两淮制置使书》。

②《鲁斋遗书·卷七·时务五事》。

以适应情况的变化。当然，所谓“中国之道”“汉法”，也无非是儒家的治国之道，既不新鲜，也不会超越旧的封建制度，但他们在具体阐述时却有着现实的针对性。例如许衡说：“元者善之长也，先儒训为大，徐思之意味深长。……所以善大，则天下一家，一视同仁，无所往而不为善也。”[①]苦心训释，意在说明既然立国为“元”，就该不分胡越，“天下一家”。他还在《时务五事》中，提出为君须修德修身，宽仁养民，重农桑学校等。这些都是当时元蒙统治者，在观念和行为上急需转变和解决的问题，其导向也应该说是趋于“文明”的。因为它比舍弃中原长期积累的封建政治、经济、文化，回到奴隶制；毁掉农田，退到生放游牧；把相对自由的封建农民驱掠为奴，总是更有利于民族融合、社会发展的。

再从另一方面看，统一了全国并确立大元国号的世祖忽必烈，也意识到蒙古统治者“武功迭兴、文治多缺”的不足，当然，也感受到封建社会形态的顽固性，联合汉族地主阶级的重要性。所以在即汗位之前，就已经接受了一些儒学观点，任用各族儒生，立国之后，便“变易旧章”，立朝仪，制典章，建立国家机构，并采取一系列恢复农业生产的措施，为保存和延续中原文化，为元代社会制度的封建化提供了物质基础。忽必烈的杰出之处就在于使建立在草原上的大蒙古国通过行汉法，而转变成一个多民族组合的统一的元王朝。史书也是这么肯定的：“信用儒术，用能以更变夷，立经陈纪，所以为一代之制者。”[②]到元代中期，也出现过“崇文右儒”的仁宗，之后的英宗、文宗也颇具汉文化的素养，汉化趋势亦较明显，元代后期国势衰败，社会矛盾激化，但是顺帝即位，废除伯颜旧政，实行“更化”，企图恢复汉法以挽救颓势，怎奈积重难返，无力回天。可见从元初到元末，元代统治者总有一些人在汉法中寻求治国之道，换句话说，也就是让“被征服”者的“较高文明”所“征服”，体现了“一条永恒的历史规律”。郝经、许衡等儒生当然不懂得这一“规律”，但其见解、谋划却是符合这一“规律”的；忽必烈自然也不懂得这一“规律”，但在

---

①《鲁斋遗书·卷二·语录下》。

②《元史·卷十七本纪第十七·世祖十四》

一定的程度上也顺应了这一“规律”。这恰恰反映了人类对“较高文明”，都有一种自觉、不自觉的共同的认可与追求，人类文明的不断发展、提升也正有赖于此吧。

但是，事物是复杂的，历史是曲折的。“永恒的历史规律”不等于平坦的笔直的大道。行汉法、反汉法、废汉法，一直是元朝高层反复斗争的一个焦点。当然主张行汉法也是有限度的，比如：“天下一家，一视同仁”的民族平等的观念，就没有被任何一个元代帝王接受过，相反，人分四等（蒙古、色目、汉人、南人），并以法律公之于世，歧视、压迫涉及社会生活的各个方面。元代行政设置虽效法汉制，然而各级军政大权都集中在蒙古人、色目人手中；同时仍保留蒙古帝国的一些旧制。那么，所谓“行汉法”，或者说“较高文明”的“征服”，对蒙古统治者而言，又只能说是表层的、掺杂的、实用主义的。不仅如此，在有的方面，例如吏制，还是弃“文明”而逆转的。这，是本文要着重叙述的。

二

选官制度是吏制中最基本的、最重要的一环。对这个问题在中国历史上，经历了漫长的探索。远的不说，且说第一个统一的秦王朝采取的是军功爵禄制，这在秦的统一战争起了一定的作用，但立国之后又以此选任各级官吏，势必造成武夫当权的局面。那么，出现排斥治国安邦的人才，禁止私人讲学，乃至“焚书坑儒”等等仁义不施的暴政，也就不是偶然的了。然而，“坑灰未冷山东乱”，二世则亡。这不能说与其选官制度毫无关系吧。而后有汉代的察举制，说是察举贤能，授以官职，结果是“举秀才不知书，察孝廉父别居”。魏晋南北朝选仕的基本制度为“九品中正制”，州、郡、县设“中正”官，把被荐举的人分为九个等级，其依据是“品”（门第）和“状”（德才），可在实施中只问“品”，不问“状”，结果是“上品无寒门，下品无势族……实为乱源，损政之道一也”[①]，那么，回过

① 《晋书·卷四十五列传第十五·刘毅》。

头去把孔子“学而优则仕”的话，放到特定的历史范畴去看，倒是极具挑战性和前瞻性的，只是怎样算“优”，怎样选“优”，还要等到科举制的出台，才有现实的可能。

科举制开创于隋，但因隋代短暂，其发展与完善则有待于唐。唐代科举根据需要设立科目，愿应试者皆可参加（此与被动地受荐举有着根本的区别）。应试者在规定的时间内集中、统一，举行多级考试，公开竞争，层层筛选，从中择优选仕，既有计划性，也有开放性；既有集权性，也有客观性。这对于选官制度的变革，以及文官政治架构的确立，都有着划时代的意义。人类文化是相互渗透的，就如孙中山先生在《广东省教育会的演说》中说的：“现在各国的考试制度，差不多都是学英国的。穷流溯源，英国的考试制度，原来还是从我们中国学过去的。”也由此对西方的选官制度、教育制度以极大的影响。曾任美国国家人事总署署长的艾伦·坎贝尔，1982年在北京大学演讲时说：“在我们的西方国家的所有政治学教科书中，当谈到文官制度的时候，都把文官制度的创始者归于中国。”如果说中国是考试制度的故乡，是文官政治的发源地。那么，长期的、完整的、严肃的开科考试，择优取仕，又是施行于唐代。

唐以后的科举情况呢？“五代五十二年，其间惟梁与晋各停贡举者二年，则降敕以举子学业未精之故。至于朝代更易，干戈攘抢之岁，贡举未尝废也。”①与北宋、南宋年代相当的北方政权有辽和金，同样也能“用唐人进士法取人”。这一点《元史·选举志》也说过：“辽金居北方，俗尚弓马。辽景宗、道宗亦行贡试，金太宗、世宗屡辟科场，亦粗称得士。”至于宋代，那更是一个极崇文治、科考鼎盛的时代。

科举考试，就封建统治者而言，自是“志在牢笼英彦”，以巩固统治。但其客观的社会影响又非仅于此。比如：第一，它层层选拔，激励竞争的结果，确实得到一批又一批人才，唐宋的名臣良吏，学者诗人，“率多科第人也”。第二，为中小地主，乃至出身寒微的知识分子开拓了仕途。如唐宪宗元和十一年，“李凉公下三十三人，皆取寒素”（《唐摭言·

① 马端临：《文献通考·举士》。

好放孤寒》）。宋太祖赵匡胤也曾说："向者登科名级，多为势家所取，塞孤贫之路，今朕躬亲临试，以可否进退，尽革前弊矣。"（《续资治通鉴》）科举对门阀观念的冲击是显而易见的。第三，不论应考何种科目，都需要文化知识，这势必促进了教育的发展，和人们求知的欲望。当然读书人并非人人能考中，考中的人亦非人人做了官。但是，过程的意义远大于目的，人们在读书、受教育的过程中获得了知识，开阔了视野，增长了智慧，也由此显示出教育的重要，"致天下之治在人才，成天下之才在教化，教化之所本者学校"①。所有这些对全民族文化素养的提高都有着深远的影响。第四，科举也改变了人们的价值取向，激发了个体的潜能。就如《唐摭言》所言："进士科始于隋大业中，盛于贞观、永徽之际。缙绅虽位极人臣，不由进士者，终不为美，以至岁贡常不减八九百人。"由传统的羡慕门第，转而重知识，重竞争，尊重个人的才情、学识。随着这种观念、世风的变化，建功立业的人生追求，也就成为知识分子的群体意识。其影响之大，即或像李白那样傲岸一世的人，虽不屑走科举之路，却也有着"奋其智能，愿为辅弼"的抱负。两宋虽有迂腐不实的文人，但情系社稷苍生者亦大有人在。

"朝有幸进之臣，野有抑郁之士。"唐宋也不例外，这不是科举制能改变的，而是封建专制的必然产物。何况科举制也不可避免地有着时代和历史的局限，尤其到了明清两代，其考试的文体、内容、方式已渐渐蜕变到禁锢人们思想，阻碍社会前进的地步，这是封建社会走向没落的必然。但绝不是公开竞争、衡量高下的过错，"物竞天择"，人类社会不能没有竞争，考试作为一种选优、择优的方式，其生命力就在它体现了公平竞争的精神。时至今日，我们所采取的"凡进必考"，不也是作为"坚持公开、平等、竞争、择优的原则"的一种手段吗？需要完善的在于严肃考风考

① 胡瑗：《松滋县学记》。

纪，制止考场腐败①。总之，“中国的考试制度，就是世界中最古最好的制度”。还由于它与选官制度相关，其影响更是不可忽视的。

科举考试、择优选仕，不论从吏制史、政治史、文化史哪一个层面上看，在那个时代都是一个进步，一种“较高文明”，且从隋唐到两宋六七百年间未曾中断。但是，到了元代则久废不举，大为衰落。忽必烈虽有“文治多缺”的意识，对科举却是拒绝的。至元二十一年（1284）中书省臣向忽必烈提出“天下习儒者少，而由刀笔得官者多”。忽必烈说：“将若之何？”对曰：“惟贡举取士为便。”②结果还是不了了之。直到仁宗延祐二年（1315）才始行科举。所以元代总共开科16次，中进士者1 135名（据《钦定续文献通考》），就算汉人、南人占一半，比短暂的、幅员不可相比的五代录取的652名进士（据《文献通考》）还要少。我们还可以看看元代科考中的一些规定：蒙古、色目人一个考场，试题较易，仅考两场；汉人、南人一个考场，试题较难，要考三场；御试考策问，蒙古、色目人限五百字以上，汉人、南人须千字以上；发榜时前者登右榜（蒙古人以右为上），后者登左榜。至于授官厚此薄彼，也十分明显。

三

那么，元代的官员从哪儿来呢？一是“惟论根脚”，讲社会出身，怯薛是皇帝的禁卫军，怯薛出身就是“大根脚”，掌管要职，构成元代官僚阶层的核心。二是“由吏入官”，占官员百分之八九十。因而吏员选用与吏员出职，就成了元代吏制的主要内容，一大特色。三是由儒入仕，约占文官总数百分之四。此外还有承荫制度，还有皇帝特旨委任的官员。但入

① 此事说来容易，做来也难。我曾写过一篇短文——《为杜绝高考舞弊进一言》（载1987年6月18日《人民日报》，署名向新）。时过十几年，高考舞弊依然累见，受惩处者有之，因作弊得逞混过关者亦有之。而且舞弊之风更向各类考试蔓延，其手段技术化，组织团伙化，或明或暗，破坏公平，无视法治。此风不煞，遗患无穷，祸害深远。深望各方重视，再重视；用力，再用力！恕我借此多言。

②《元史·卷八十一志第三十一·选举一·科目》。

仕的主渠道显然由科举而改为“吏进”，官由吏得。人数之多，权力膨胀，便造成“以吏治国”的局面。

再说“吏”又是怎么来的呢？主要靠推举。推举说有标准，可是说长论短，爱恶进退，因人而异，其弊端早见于汉魏南北朝，时隔七八百年又回老路，岂不是逆转、倒退！结果呢？元朝官方也承认：“路、府、州、县司吏，即筱土豪之家买嘱承充。”[①]这些人入吏之后，为了进而为官，只有两眼向上，巴结讨好，至于孝敬上司的钱财，当然要向下搜刮。这种吏制所造成的最明显后果：一是买官卖官，贿赂公行；二是官吏素质大大滑落，“江淮行省事至重，而省臣无一人通文墨者”[②]。州县吏员更是“字不辨王张”。上下勾结，贪赃枉法，政务壅滞，草菅人命等恶德恶行，相互习染，比比皆是。三是教育衰败。吏途大开，科举实废，“不读书有权，不识字有钱。”读书何用？“弟子上者华而鲜实，下者习字画以资刀笔。官司应酬廪粟之外无他用心。”[③]当然，更主要的是元代统治者视学校为不急，谓诗书为无用，“贪酷暴横，学校大废”[④]。总而言之，重才学，重竞争，有着“较高文明”的选官制度，不仅没有“征服”元代统治者，而是恰恰相反，使之逆转。那么，是不是可以说“永恒的历史规律”，在这里遇到一次例外却并非偶然的抗拒呢？如果是的话，探讨一下为什么会造成这一历史现象，也不是没有意义的。“人的意识不仅反映客观世界，并且创造客观世界。”作为“征服者”的元代贵族，其统治意识自然更有着巨大的能量和威力去“创造客观世界”。那么，他们的统治意识是什么呢？早在成吉思汗从大漠向四外扩张的时候，就与“哥哥弟兄每商量定，取天下了呵，各分地土，共享富贵”[⑤]。立国之后，当然就要永远“共享”下去，而要达此目的，一要维护其特权利益，所以要民分“四等”，所以钳制儒士入官……；二要竭力“丰财”，所以网罗、重用善于聚敛搜刮之徒

①《元典章・吏部卷六典章十二・吏制》。

②《元史・卷一百七十三列传第六十・崔斌》。

③ 刘基：《诚意伯文集・沙班子中兴义塾诗序》。

④《元史・卷一百七十三列传第六十・崔彧》。

⑤《元典章・吏部卷三典章九・官制三》。

就是当务之急，于是阿合马、卢世荣、桑哥、伯颜等嗜利奸臣，以及难以计数的“交接权豪，侵蠹民产”的刀笔小吏，便应运而生。简单地说，掌天下之权，享天下之利，就是蒙古贵族统治意识的核心，并以此“创造”了“官由吏得”“以吏治国”的“客观世界”。当然，权利的贪欲对历代封建统治者而言，是有着同一性的，只不过元代“创造”的吏制，使它变得更具特色，那就是更赤裸，更不择手段。除了赋税“十倍”“二十倍”的不断攀升之外，除了“钞买钞”之外，平日里也是处处言钱。“问人讨钱，各有名目。所属始参曰拜见钱，无事白要曰撒花钱，逢节曰追节钱，生辰曰生日钱，管事而索曰常例钱，送迎曰人情钱，勾追曰赍发钱，论诉曰公事钱，觅得钱多曰得手，除得州美曰好地分，补得职近曰好窠窟。”[①]写到这里不禁想起今日一些贪官，逢年过节，婚丧喜事，生病住院，调动升迁……也都是收礼受贿的好时光，更别说卖官、“办事”，那更是“按质论价”毫不含糊。时代不同，“利之所在，忘其丑也”，何其相似！话扯远了，回到正题。“堂堂大元，奸佞专权。开河变钞祸根源，惹红巾万千。”[②]到了至正二十八年（1368）七月二十八日，顺帝妥欢贴睦尔率后妃太子夜半打开健德门仓皇北逃。堂堂大元，黯然落幕。

对此，曾有人这样总结：“不用真儒以治天下，八十余年，一旦祸起，皆由小吏用事。自京师至于遐方，大而省、院、台、部，小而路、府、州、县，以及百司，莫不皆然。……故吾谓坏天下国家者，吏人之罪也。”[③]罪“不容于诛”。元代吏制的腐败，官吏的“为害百端”实是空前的，激化了社会矛盾，也是事实，对其愤恨、谴责也是应该的。不过对这段话要做两点补充：一方面，“科举”与元代的“推举”相比，应该说是一种“较高文明”，但也不能说科举择仕，“真儒治天下”，就可以让哪一个封建王朝国运长祚，免于覆灭。覆灭是封建专制自身的逻辑演变，元代也不能例外。另一方面，它也没有揭示元代的吏制，是元代统治为维护其

① 叶子奇：《草木子·卷四·杂俎篇》。
② 无名氏：[正官·醉太平]。
③ 孔行素：《静斋至正直记·卷三·世祖一统》。

特权利益而“创造”出来的这一本质，所以要说“坏天下国家者”，那根子还是在上面。

结　语

“历史是什么？历史是把古人的事情告诉现在的人。”把元代选官一事“告诉现在的人”，有什么意义，有什么启示呢？我们想起码有两点。首先，它让人们看到“权利”与“文明”的关系——元代统治者为巩固自身的权利，可以接受“文明”（有限度的），为维护自身的权利也可以拒绝“文明”。由此可知为政者的“权利意识”，对于“创造客观世界”，如政治、经济、文化、世风等有着多么巨大的影响。明乎此，就可以深刻理解，我们为什么要不断地、反复地强调“执政为民”，“权为民所用，利为民所谋，情为民所系”。因为只有这样的“权利观”，这样的执政意识，才能发扬社会的文明，诸如为官者的公正、平等、亲和、廉洁，而无任何窃位营私的特权。一切以权谋私者，且不问是一己之私，还是一伙之私，都只能导向文明的反面，如果这种人也侈谈什么“文明”，那只能是美丽的谎言，其欺骗与危害尤为可怕，远不如成吉思汗的“各分地土，共享富贵”来得直白、爽快。

其次，与上述相关的，还能让人们看到物质生产与社会文明的关系。元代地域辽阔，民族交往增多，农业、手工业、水陆交通，内外贸易，都有所发展，这些在古今史书中都有叙述。但我们要指出的是，这一切均控制在朝廷、贵族、官僚以及与其相勾通的巨贾富商的手中，目的只在于对财富不尽的贪得，和无度的享用，只要看看元代朝廷在赏赐、佛事、营造中的那种不顾财力、民力的大肆挥霍，就可以明白那一切的“发展”，只不过为了达到其占有享用，而“一定要做的事情”，别无其他。这里仅举一例，元代棉纺技术的改进，大大推动了生产力和社会经济的发展，然其结果无非是为朝廷增添了税收，为百姓增添了更多的辛苦和悲惨：“蓬头赤脚新乡媪，青裙百结村中老。日间炊黍饷夫耕，夜纺棉花到天晓。棉花织布供军钱，借人辗谷输公田。县里公人要供给，布衫剥去遭笞鞭……”[①]既没有“给人民群众带来自由，也不会根本改善他们的社会状况，因为这两者都不仅仅决定于生产力的发展，而且还决定于生产力是否归人民所有”。是的，元代的物质生产，经济发展，与百姓生存状况、社会文明的改善，是了不相干的。社会文明的终极内涵，不是产量、高楼、财富，而是要看那个社会、那个国家能造就出怎样的“人”。“奸佞专权”的元代“造就”的是为数更多的被钱财吞噬了良知的贪官酷吏，“造就”的是创造财富，却又要卖儿卖女的各族（包括蒙古族在内）劳动者，还“造就”出一批批报效无门、失落怨愤的儒生。“往古者，所以知今也。”这种权利极度不公、价值颠倒的畸形社会，再一次从反面“告诉现在的人”，使人们重新明白：“以人为本”，创造一个公正、公平、平等、和谐的“客观世界”，尊重人的个性、尊严和权利，朝着人的全面而自由发展的方向不断努力，才是人类社会文明最根本的也是最高的追求。一切理论的价值，社会的利弊，治政的得失，文明的进退，终将在这一点上得以检验、评判，并定位于历史。因为“人是万物的尺度，是存在的事物存在的尺度，也是不存在的事物不存在的尺度”。

2008年8月

① 迺贤：《新乡媪》。

传统官文化中的一个亮点

——谈张养浩对权力的思考与运用

任何一个政权都要行使它的管理。孙中山先生曾说过："管理众人的事便是政治。"又说："最大权力者，无如政治。政治之势力，可为大善，亦能为大恶。"因此，建立什么样的政治制度，选任什么样的官吏，行使什么样的权力，又如何从权力的得失兴亡中总结经验教训，就成了历代政治家、思想家以至官员、文人、学者，不断谈论、探讨的话题。其内容之丰，不胜枚举。

元代的张养浩就是其中的一位。他在地方任过县尹，在朝廷的政务、监察等机构多年为吏、为官，丰富的仕途经历，深厚的文化素养、加上"致君泽民"的理想，忠于职守、勤于总结的行事作风，以及善于探索、敢于直言的精神，使他有可能对各种职责、权力做出切实思考。因而他的论述也颇具特色，既不是缺乏体验的高谈阔论，也不局限于一事一面，它不仅较为全面，而且有理有据，更有着面对最高当权者的直接性，面对现实的针对性。当然，这一切对于元代统治者来讲，都是枉费心机的无用功。然而，换一个角度去审视，张养浩对权力的思考和运用，又不能不说是中国传统官文化中的一个亮点。试略述如下。

一、权力的思考

张养浩"为县著《牧民忠告》，为台著《风宪忠告》，既而入相又著

《庙堂忠告》”①。可见他对各类职责、权力都有所思考，限于篇幅，且不细说。这里要着重介绍的是张养浩对帝王权力所做的几点思考。因为这是封建社会权力的最高体现，自然也是至关重要的。

（一）权力须“至公无私”

“天之道即君道也。天道无私，人君亦无私……公者以天下为心，一己之奉不计也；私者以一身之乐，一时之适为心，天下皆失其所，不恤也。”②这就是说一个君王不可只图自身的快意，一时的心血来潮，为所欲为，而不问天下苍生的死活。须知历史之无情，就在于它终究是公正的。请看：“尧舜禹汤动相规诫，不自暇逸，其始也若自苦，由今观之，乃大安也，大荣也，大乐也。桀纣幽厉，穷奢极欲，人莫敢言，其始也若自得，由今观之，大危也，大辱也，大戚也。”③

不仅如此。为“私”用权，还是为“公”用权，也是权力自身的安危所系。“盖尧之所以能则天而为君者，其道无他，至公无私而已矣。夫名爵赏罚天下之公器……初非为人主喜怒之资而设也……夫赏无所私，虽至旧至亲者不敢妄有所祈；罪无所私，虽至爱至狎者，不容有所贷。三代有国家所以享祚绵远，垂拱无为，而天下乂安者，其道由此。”④

（二）权力须“集众人之议”

历史上那种“宠一人使千万人受害，徇一己好恶，废天下后世议论之公”的事例实不少见，“试举其尤者一二以著监戒焉，唐明皇之于李林甫，德宗之于卢杞，天下人皆以为奸邪不可相，而二君独任之不疑，疵恶排贤，卒致播越之祸”⑤。怎样改变这种“弗谋于下惟己是任”的独裁呢？那就要“集众人之议”，就要“群臣会议，惟人是论，毋以己所好

① 郑瑛：《跋三事忠告后》。《三事忠告》，即《牧民忠告》《风宪忠告》《庙堂忠告》的合称。
② 张养浩：《经筵余旨·进表》，《归田类稿·卷一》。
③ 张养浩：《经筵余旨·进表》，《归田类稿·卷一》。
④ 张养浩：《西台上王者无私疏》，《归田类稿·卷一》。
⑤ 张养浩：《时政书》，《归田类稿·卷二》。

恶，上所憎爱者，以私去取焉……公道开而人君之能事毕矣”[①]。之所以要这么做，那是因为“任天下之责”，“不得不与天下共选”[②]。简单明了，而又颇有深度。这在当时着实是一种异类的观念。

（三）权力须广开言路

言关“君威”。“时日曷丧，予及汝皆亡。”[③]痛恨之情溢于言表，可见拥有至高的权力，不等于拥有天下归心的声威、君威。所以张养浩说：“盛饰仪卫非君威也，专于诛杀非君威也，峻其宫阙城廓非君威也。然而威者何？不杀谏臣以作台谏敢言之气，天子之威也。”[④]反之，“过而不听于忠臣，而独行其意，则灭高名，为人笑之始也”[⑤]。还有什么“君威”可言呢？

言关兴亡。“下不钳口，上不塞耳，则可有闻矣。”[⑥]“不塞耳”，非有听进不同声音的修养、德性和思想境界不可。“苟以一言不中，径加诛戮，则天下将钳口结舌，无复告以善道者矣，上不闻善，则何弊不生。”[⑦]当然，“顺心之言多喜，逆心之言多怒者，亦人之常情。”[⑧]但是对于大权在握的人，就需要用责任与理性去超越世俗的“常情”，人性的弱点。试想：“为人君而使天下以言为戒，则何弊不生，何奸不起，何乱不作？”[⑨]“昔唐太宗尝曰：自古帝王有兴有衰，犹朝之有暮，皆为蔽其耳目，不知时政得失以至灭亡。”[⑩]

① 张养浩：《时政书》，《归田类稿·卷二》。
② 张养浩：《时政书》，《归田类稿·卷二》。
③ 《尚书·汤誓》。
④ 张养浩：《经筵余旨·进表》，《归田类稿·卷一》。
⑤ 《韩非子·十过》
⑥ 荀悦：《申鉴·杂言上》
⑦ 张养浩：《时政书》，《归田类稿·卷二》。
⑧ 张养浩：《经筵余旨·进表》，《归田类稿·卷一》。
⑨ 张养浩：《经筵余旨·进表》，《归田类稿·卷一》。
⑩ 张养浩：《时政书》，《归田类稿·卷二》。

(四)权力须重视“得人”

“夫人君致治之要有三：一曰宰相得人，二曰台谏得人，三曰左右侍从得人。”而且特别指出：“于斯三者而左右所系为尤重。”因为“宰相台谏进见有时，左右之臣则朝夕所亲炙”。如果左右尽是诡随容悦之徒，“则虽宰相台谏之职亦将有所不能行矣”[①]。

当然，“得人”的问题远不止于此。如果说“国以养民为本”，还得选任、造就一大批勤廉、正直的官吏。张养浩有一个形象的比喻：“医之弗良犹可他求，牧者非人，民将焉适?”[②]意思是说张医生治不好，可另求王医生；此地医疗水平有限，可去别处求医。而要是管辖自己的官吏贪赃枉法、草菅人命，百姓只得听其践踏，还有什么活路可逃呢?所以对于官吏只能慎选、慎用，而绝不可“泛焉而选，懵焉而授”，更别说买官卖官，而这，恰恰就是当时普遍存在的问题。

(五)权力须重视监察

在元代的中央机构中，总理政务的为中书省，掌官监察、黜陟的为御史台。张养浩明确指出：“就二者言之，台为尤重。”因为“省有宰执为朝廷股肱，台有言官为朝廷耳目，夫人必先聪耳明目，然后乃能运用股肱，若耳目有所蒙蔽，股肱虽能运动，讵得如意哉……臣尝观史籍所载，自古奸臣欲固结恩宠，移夺威福者，必先使台谏默然，乃行其志”[③]。那么，监察机构的官吏怎么才能担起如此重任呢?张养浩在《风宪忠告》中说得详尽，择其要言之，首先要自律，“盖执法之臣，将以纠奸绳恶，以肃中外，以正纪纲，自律不严，何以服众”。其次要悉心询访，了解情况，做到“一心正两眼明”，切不可“是非颠倒，以佞为忠，以贪为廉，以无能为有能”。再次，必须具备“不荡于富贵，不蹙于贫贱，不摇于威武，道

① 张养浩：《经筵余旨 · 进表》，《钦定四库全书 · 归田类稿 · 卷一》。

② 张养浩：《棣州重修夫子庙》，《归田类稿 · 卷四》。

③ 张养浩：《时政书》，《归田类稿 · 卷二》。

之所在，死生以之”的气节。

二、权力的运用

上述议论大多是张养浩为行使其职责而上书皇上的，我们把它称之为“思考”，只是因为它偏于对最高权力的希望与期求，或者说带有“以正治国”的理想色彩。这一节讲权力的运用，当然也离不开他的为政理念，只不过更侧重于具体行事中的权力实践。张养浩为官三十多年，这里只能略举几点。

张养浩二十三岁入京为吏，到三十六岁授堂邑县尹，熬了十几年，终于出职为官，虽不无欣喜，然并不得意忘形。他说：“一县安危任不轻，初闻恩命喜愁并。徒劳人尔岂吾意，何以报之惟此诚。”[①]“诚”看似寻常，须知在张养浩的为官理念中却是第一要义。为官者能力有大小，但是“诚有子民之心，则不患其才智之不及矣”，因为“诚生爱，爱生智”[②]。反之，若无诚爱之心，即有才智也难保不将权力引向害民之邪道。那么，张养浩在县尹和其他职务上，运用手中之权做了些什么呢？

毁淫祠，正风俗。武宗至大三年（1310），张养浩任监察御史上《时政书》，直言时政十大弊端，其中第九条就是：“异端太横……今年造某殿，明年构某宫……国家经费三分为率，僧居二焉。”而百姓则是日羸月瘠，衣食无着。因此，望皇上“谕旨省臣，凡天下有夫有室僧尼道士女冠之流，移文括会，并勒为民”。武宗拒谏，但是早在五年之前，张养浩则毫不犹豫，他到了堂邑，便“首毁淫祠三十余所”。这不仅减轻了财政支出和百姓负担，且有益于改变社会风气。因为“人见其不蚕不稼，不赋不征，声色自如，而又为世所钦，为国家所重，则莫不望风奔效，髡首从游，所以奸民日繁，实本于此”[③]。

① 张养浩：《初拜堂邑县尹》，《归田类稿·卷十九》。

② 张养浩：《牧民忠告》。

③ 张养浩：《时政书》，《归田类稿·卷二》。

平民冤，正视听。原先堂邑狱中关押了一些饥民，张养浩到任后不仅放了他们，且公开声言："彼皆良民，饥寒所迫，不得已而为盗耳，既加之刑，犹以盗目之，是绝其自新之路也。"同时又取消以往出狱者，每月初一、十五到县衙听训的旧规。官虽不大，胆识不凡，敢以手中之权，还人间以公道，受之者无不感泣，相互戒勉："毋负张公。"

除暴戾，张正义。堂邑县有个叫李虎的，"尝杀人，其党暴戾为害，民不堪命，旧尹莫敢诘问。养浩至，尽置诸法，民甚快之"。"旧尹"也是大印在手，为何"莫敢诘问?"张养浩曾说过："夫豪强之所以敢横者，由牧民者有以纵之也。何也？与其交私故也。"[①]"交私"者，沆瀣一气，相互勾结也。看来那"莫敢诘问"，十有八九还是回护之辞。"苟绝其私，不动声色，而使其胆落。语曰：其身正不令而行。"[②]是的，张养浩在堂邑，"三年之间，田者赢，工贩者足，老幼服于礼节，强者不得病夫弱细者矣，智者，谲者，饕餮顽暴者，戢而不得肆矣，得尽其才，得尽其力，庶几以道养民也"[③]。

天历二年（1329），张养浩去陕西赈灾，为了打击奸商、猾吏坑害百姓，采取了种种切实有力的措施，使得"吏弊不敢行"。可见抚弱抑强，遏制邪恶，是他用权的一贯准则。

尽职守，敢直言。御史台的设置，就吏制、理论而言确有其合理性、重要性，但在皇权至上、人治为本的封建社会，实际上多为摆设。不过张养浩倒是一个极为理性的人物，他认为身为监察御史，理应"入焉与天子争是非，出焉与大臣辨可否"[④]。所以不仅那些"大违时相意"的话直言不避，而且至大三年（1310），还把"章成复毁者至再三"的《时政书》，终于呈给了皇上，那内容是：赏赐太侈，刑禁太疏，名爵太轻，台刚太弱，土木太盛，号令太浮，幸门太多，风俗太靡，异端太横，取相之

① 张养浩：《牧民忠告》。

② 张养浩：《牧民忠告》。

③ 元明善：《县尹张养浩去思碑》。

④ 张养浩：《风宪忠告》。

术太宽。十个问题，直指政治、经济、吏制、官场、刑禁、风俗种种弊端；锋芒所向，上自皇亲国戚、官僚权贵，下至淫僧邪巫、簧鼓流俗、亡命无赖之徒。事多面广，洋洋洒洒，说到最后，归为两点："一则左右之臣只知逢迎，而不知尽言竭力以效忠；二则陛下惟知责治臣僚，而不知改奢从俭以端本。"其实那"一则"不也是"陛下"的好恶、爱憎所致吗?总之，一切问题根在"陛下"。如此傥言，令人肃然。他不仅指出弊端，也逐一开出治理的"药方"，可谓尽职尽责，忠实地履行了"陛下"所授予的监察之权，然而得到的则是"言皆切直，当国者不能容"。罢了官，加了罪，还险些送了性命。

不过，张养浩毕竟是一个极具个性的人。英宗至治元年（1321），他任参议中书省事，得知英宗正月十五日夜，"欲于宫中结绮为山，树灯其上，盛陈诸戏以为乐"①。别人不敢扫皇上的兴致，他却上书阻止这种"浮华无益之事"，望"以崇俭虑远为法，以喜奢乐近为戒"。英宗先是大怒，随之转怒为喜，说"非张希孟不敢言"。张养浩依旧是十多年前的张养浩。

"敢言"，不是头脑简单，一时冲动。他在《时政书》中说："臣所以不避一身之祸，上为列圣惜，下为天下百姓忧"。在《谏灯山疏》中说"昧死"上疏，只在让"平昔报国之心少白今日矣"。可见"敢言"的目的是明确的，代价是不辞的。之所以如此，还是听听他自己说的："士之处世，苟有心于泽民利物，则当竭其职分，而不容毫发之遗，若傯傯焉无意为之，则当振衣山林，亦不失高尚之士，畏首畏尾，岂士君子之所贵哉。"②这是二十七岁时写的，而他一生的进退出处，也确实证明了此言不虚。

不争名，不夺利。张养浩为官也想创造政绩，得到社会的认可。但绝不贪功争名、掩人之善，更不去嫉贤妒能、设陷害人，而是不畏其难、踏实行事。这就是他在《堂邑远心亭归饮》中说的："弄苍始见春风巧，作

① 张养浩：《谏灯山疏》，《归田类稿·卷一》。

② 张养浩：《上董中丞书》，《归田类稿·卷二》。

牧方知政事难。吉网罗钳非我志，尧年舜日民尽欢。他时考绩甘书下，自有知音后世看。”好坏得失，让时间和历史去评判。是的，张养浩离开堂邑十年之后，百姓还要为他立碑颂德。

武宗至大年间，他与郭干卿同任监察御史，彼此取长补短，相处融洽。“其章则余二人必共议合署联其衔以上，未来之祸所甘心焉……君谋画深远，常欲的而后发，而余也第知职所当尔，成败或不暇计。以余之疏，济君之密，所以不至颠覆者，亦未必不由乎此也。”[①]他与王克诚共事，同样称赞“其议论起余甚多”[②]。不掩他人之善，即使对下属也是如此。他在堂邑劝农至会通镇，有长老向他反映夜间盗贼出没，“弗惩将炽”，后来他采纳捕盗官建更楼的意见，楼成作《警宵楼记》，肯定了“捕盗官史周二君”的这种加强防范、为民远罪的举措，并由此感慨：“天下之善不必己出，故余赞其成。”实事求是，不以职位贪功掠名。

二十三岁的张养浩，“游京师，献书于平章不忽木，大奇之”，荐为御史台掾。后来有一天，张养浩因病未去台衙，不忽木亲至其家探视，只见空无长物，“四顾壁立”，为之慨叹：“此真台掾也！”

张养浩出职堂邑县尹，官虽不大，然亦不失为一个敛财贪物的位子，何况那还是个贪官遍地的时代。但是，张养浩很明确，须竭诚政事，清廉为官，特将县署内堂命名为“四知堂”[③]，并题诗自警：“邑壮怜才弱，官微虑患深。韦弦千古意，冰蘗一生心。袖有归来赋，囊无暮夜金。二年何所得，憔悴玉盈簪。”[④]张养浩认为清廉节俭，不是做给别人看的，而应是为官者必具的品德、心态和追求。反之，那种“衣焉必华，食焉必珍，居焉必闳丽，位焉必高崇，其为心如是，而曰我能为善，吾不信也！”[⑤]

延祐二年（1315），元朝终于要开科取士，张养浩以礼部侍郎主持了

① 张养浩：《送郭干卿序》，《归田类稿·卷三》。

② 张养浩：《送王克诚序》，《归田类稿·卷三》。

③ “四知”：东汉杨震为东莱太守，道经昌邑，县令王密夜怀十金赠杨，说“暮夜无知者”。杨说：“天知、神知、我知、子知，何谓无知？”密愧而出。事见《后汉书·杨震传》。

④ 张养浩：《公退书四知堂壁》，《归田类稿·卷十八》。

⑤ 张养浩：《送王克诚序》，《归田类稿·卷三》。

两次科考。“新进士衔刺来谒，辄拒不为礼，书方寸之纸，令阍人谕之曰：但思报国，无以私谢也。”[①]“报国莫如荐贤”[②]，以公天下之心，举天下之贤，是主考者报国的职责，考中者要想、要做的也该是如何报国，前者不得借此谋私，后者无须因此“私谢”。仅此一点，亦足见其“质厚刚毅，正大明白”[③]的品格。

张养浩早就不赞成“贻货利以愚子孙”[④]。当他以六十高龄离开山东去陕西赈灾，就“散其家之所有与乡里贫乏者”。赈灾之中官帑不继，出私钱以济之，倾其所有，直至献出自己的生命。这比那些在大灾之年，趁人之危，巧夺人财，掳人妻女的官吏，相去何啻天壤。无怪在他死后，“关中之人哀之如失父母”。

善诸己，淑诸人。《三事忠告》是张养浩以自己实践为基础，结合历代吏治得失，和元代现实状况，而写成的为官之道。也可以说是他自己对权力思考和运用的分类论述。所以我们借此略作提示。《三事忠告》每一种都写得条目清晰，言辞精当而简明。其内容涉及中央和地方政务和监察各种职责、权力，行事方法、态度和原则，以及官员的品德与素养，理论与实践并具，实可视为各级、各类官员的“必读课本”。所以有人说：“使凡仕者，得以观感兴起……推而用之，无往不达矣。”[⑤]元代就有一位县令对人说过：“某不敏、粗效一官者，此书（即《牧民忠告》）之力也。”[⑥]明代靳颢也曾称赞：“公之用心仁矣哉，不惟有以善诸己，又欲有以淑诸人……事君之要，为政之方，具在此书。”[⑦]其影响可见一斑。

其实，《三事忠告》中的诸多内容，比如：心诚爱民智无不及；凡民疾苦，皆如己疾苦也；戒贪，禁家人侵渔；别强弱，戢强；公天下之心，举天下之贤；尽己之职，为国为民而得罪，君子不以为辱，而以为荣，虽

① 黄溍：《滨国公张文忠祠堂碑》。

② 张养浩：《风宪忠告》。

③ 吴师道：《归田类稿·原序》。

④ 张养浩：《归田类稿·自序》。

⑤ 李骥：《三事忠告·后序》。

⑥ 林泉生：《风宪忠告·序》。

⑦ 靳颢：《庙堂忠告·序》。

缧绁之，椎楚之，斧钺之，庸何愧哉；自古居相位者，未闻死于冻饿，而死于财、于酒、于色、于逸乐者，无代无之；大抵天下之所为，惟上是视，在上者诚有重民之心，而天下不治者，古今无有也；等等，今天读来，不还是犹觉一股正气、英气逼面而来吗！

《三事忠告》不仅体现了张养浩在权力思考和运用中的良知与智慧，也表现了他有望于元代官场腐败有所改变，官吏素质有所提高。“己为令长，得牧民之道，欲天下牧民之吏人人尽其道；己为宪臣能振纪刚，慎举刺，言人所难言，欲天下为宪臣者人人皆然，公其心于天下，而不私其身。”[①] 遗憾的是，张养浩并不理解问题的根本所在，那就是有什么样的社会制度，就有什么样的吏制、官吏和权力。而是在不触及这个“根本”的前提下，寄望于“出污泥而不染”的个体，这种与政治生态、吏治氛围相矛盾、相抗争的自我完善，虽说可贵，却只能是凤毛麟角，即或偶一有之，也无改于现实。张养浩本人就是一个实例，尽管他竭诚思虑，傥言直行，散尽家财，为苍生而尽瘁。然而，言者谆谆，听者藐藐；行者切切，效者寥寥。尽管有这么一位满城称道的“好官人”[②]，又怎能改变元代社会上下周身的腐败，挽大厦之将倾。这种“遗憾”是时代使然，是他无法跨越的局限，无可奈何。但是，历史不会窒息一切，后人也不会忘却和抛弃一切。

“一个人若是没有执过政，立过法，没有受过这种考验，我们就无法知道他的品德、魄力和智慧。”张养浩在长期为政的“考验”中，在他对权力思考和运用中，所表现的批判精神，思想观念，以及“品德、魄力和智慧”，无疑是传统官文化中，一份历经岁月风雨而犹有其光的遗产。以史为鉴，分析它，研究它，照照它，对于我们人格与官格的塑造，对于我们不断改进、完善各种权力的制约机制，以达到“可为大善”的目的，都是不无启迪、不无裨益的！

2006年8月

---

① 林泉生：《风宪忠告·序》。

② 张养浩：［中吕·喜春来］（路有饿殍……）。

失之东隅　收之桑榆

——谈元代文人“心理防卫”的因由、表现与效应

唐诗、宋词、元曲，各展其美。不同的“美”，源于不同的时代，所谓“文变染乎世情，兴废系于时序”[①]。不同的“美”，也折射出不同时代文人的意识倾向和心理需求，因为“诗之基，其人之胸襟是也”[②]。据此，下面试以唐宋文人作参照，以元散曲为依据，来比较、探寻元代文人所面对的“世情”，所独具的“胸襟”。

一、唐宋文人的政治情结

唐代，尤其是盛唐，可算是中国封建社会的鼎盛时期，国力强盛，政治较为开明，科举选士成了长期、稳定的制度，所以文人大都重视事功，“盛时思报国，拔剑起蒿莱”[③]，富有昂扬的进取意识。

宋代，情况较为复杂。一方面开国之初便伴随着内忧外患，加上治国方针多有不当，一步步走进了冗官、冗兵、冗费的泥潭，不可自拔。另一方面城市经济繁荣，物质财富丰厚，文化学术高涨，而且由于注重文治，文人成了政权的主要支柱，文人的政治地位、物质生活也达到前所未有的境地。不过，敏感的宋代文人并没有沉醉于优裕之中，“兵威不振，国用转急”的阴影，时时萦绕心头，即使在酒筵歌席之中，也难免会冒出“满目山河空念远，落花风雨更伤春。不如怜取眼前人”（晏殊《浣溪沙》）

① 刘勰：《文心雕龙·时序》。

② 叶燮：《原诗·内篇上》。

③ 陈子昂：《感遇诗三十八首》（其三十五）。

之类的情怀。这，就是弥漫在宋代文人心中的忧生忧世的忧患意识。

唐人的进取，宋人的忧患，自是不同，然其导向却又有着一致性，那就是对政治的参与。请看：李白狂傲不羁，却有着“奋其智能，愿为辅弼，使寰区大定，海县清一”的理想。安史之乱爆发，永王李璘以平乱为号召，由江陵率师东下，李白应邀入其幕府，他高唱“但用东山谢安石，为君谈笑静胡沙”[①]。后人对此虽有“大言”“自负”之讥，然其热情毋庸置疑。直到六十一岁，还要请缨杀敌，虽是因病未果，却也悲恨难已：“天夺壮士心，长吁别吴京（金陵）!”[②]

杜甫同样有着“致君尧舜上，再使风俗淳”[③]的政治抱负。安史之乱他曾被困长安，一旦逃出便奔向凤翔，“麻鞋见天子，衣袖露两肘”（《述怀》）。不论穷达，在思想、行动和创作上，总有一股永不衰退的政治热情。

白居易也曾有“丈夫贵兼济，岂独善一身”（《新制布裘》），“勿轻直折剑，犹胜曲全钩”（《折剑头》）的精神。他的讽谕诗就集中体现了“美刺”现实，兼济天下的政治抱负。

刘禹锡、柳宗元参加了王叔文的政治革新，失败被贬，心志不改。

面对晚唐国势日衰的局面，杜牧在读书中关注的是“治乱兴亡之迹，财赋甲兵之事，地形之险易远近，古人之长短得失”（《上李仲丞书》）。在政治上欲有所为之心历历可见。

李商隐坎坷一生，潦倒而死。但对改变晚唐国运亦是早怀抱负：“贾生年少虚垂涕，王粲春来更远游。永忆江湖归白发，欲回无地入扁舟。”（《安定城楼》）

北宋时期，为了改变宋王朝积贫积弱的局面，先有范仲淹、欧阳修等人的“庆历新政”，后有王安石的新法，以及由此引发的庆历党争、元祐

① 李白：《永王东巡歌十一首》（其二）。

② 李白：《闻李太尉大举秦兵百万，出征东南，懦夫请缨，冀申一割之用，半道病还，留别金陵崔侍御十九韵》。

③ 杜甫：《奏赠韦左丞丈二十二》。

党争，不管史学家如何评论他们的政见和成败得失，但是参与政事、关注国运兴衰总是不可否认的。

南宋已是山河破碎的局面，谋求统一，渴望报效，始终是南宋文人的心声与追求。八十二岁的陆游还唱出了“一闻战鼓意气生，犹能为国平燕赵”（《老马行》）。辛弃疾能文能武，有勇有谋，年轻时就参加北方人民的抗金斗争，南渡之后累遭排斥，然而“整顿乾坤”的豪情不减，壮志难酬的悲愤终是难平。

从以上对一些唐宋文人的极简略的概述中，不难发现他们的进取、忧患、参与、挫折、苦闷各不相同，但又都带有浓厚的政治色彩。之所以如此，一方面封建统治者出于自身的需要，为他们提供了入仕的途径和展示的舞台，当然路有艰难性，舞台也有局限性，但毕竟有，这一点不可忽视。另一方面，“治国平天下”的观念早已成了儒士们的一种集体无意识的历史积淀，而时代又赋予唐宋文人一定的机遇，所以欲有所为，建功立业，自然成了他们的人生追求，也由此而形成了与政治难分难解的情结。

二、元代文人的政治背逆

改朝换代的“戏”在中国历史上并不少见，元朝的出现不过是其中的一出而已。但它给社会带来的震动却不一般，除了固有的集权专制、封建压迫之外，更增添了毫不掩饰的民族歧视，其影响涉及政治、军事、经济、法律、吏制等方面。对于元代文人来说，除此之外还要面对令其丧气的文化歧视，“儒有何用”？科举久废，官由吏得，儒门冷落，随之便是士人的物质、精神、归属等危机接踵而至，这与唐宋文人相比不啻天渊之别。面对这种传统观念、价值被颠覆的现实，既无力去改变，而又要活下去的元代文人，只有从思想和行动上来一个自我“颠覆”，以求得另一种生存途径，就如薛昂夫在［中吕·朝天子］一曲中说的：

卞和抱璞，只合荆山坐。三朝不遇待如何，两足先遭祸。传国争符，伤身行货，谁教献与他！切磋，琢磨，何似偷敲破。

“凿石索玉，剖蚌求珠”，早已喻作对人才的探求。薛昂夫的喻意则是人若有才千万不要去“献”，去“货”，这样做的结果不是“伤身”，也只能助长统治者的争权夺利，弄得国无宁日。可选择的路只有两条——要么不露，要么“敲破”。这就从观念到行动彻底地颠覆了“学成文武艺，货与帝王家”的人生模式和价值追求。这种以颠覆对颠覆，正是元代文人与政治背逆的意识表现。

即或有少数文人出于某种原因做了官，也要受到歧视防范，直言难容，安危不测，比如陈草庵官至宣抚、左丞，对于自己生存的境况也不无感慨：“伏低伏弱，装呆装落，是非犹自来着莫。……阴，也是错；晴，也是错。”[①]而像张养浩那样深怀“兼济”之心，“上为列圣惜，下为天下百姓忧”[②]的官，只要直言进谏，指斥时弊，就难逃“一身之祸”。最后还是“辞却凤凰池，跳出醯鸡瓮”[③]，回归于背逆之途。而且有如此经历的人，对于“伤身行货”尤有体会：“从前的试观，那一个不遇灾难。”[④]

可见不是元代文人突然无端地丢掉了儒学传统，丧失了政治热情，也不完全是因为皇帝宝座上坐的是蒙古人。郝经早就指出：“今日能用士而能行中国之道，则中国之主。”[⑤]这话说得够清楚，“中国之主”不在于是汉人还是蒙古人，关键是行什么“道”。遗憾的是蒙古统治者为了维护其特权利益，行的是民族歧视、文化歧视之“道”。这不仅使元代文人失去了进取的道路、参与的舞台，而且硬是被边缘化了、被矮化了。那么元代文人怎么可能认同、心服这种政治，更别说什么难解难分的情结了。恰恰相反，对它的背逆——疏远、淡漠、嘲讽、否定，倒是可以理解的必然结果。

① 陈草庵：[中吕·山坡羊]。

② 张养浩：《时政书》，《归田类稿·卷二》。

③ 张养浩：[双调·庆东原]。

④ 张养浩：[双调·沽美酒兼平令]。

⑤《陵川集·卷三七·与宋两淮制置使书》。

三、背逆与心理防卫

背逆，对于同样受过儒学熏陶的元代文人来说，应该是痛苦的、不得已的，但却不能简单地视为消极、逃避。因为他们并没有真地“长醉不醒”忘忧闷，“无是无非”闲快活，而是在茫然中觅路，在失落中鸣不平，并以他们的才智证明了被边缘化、矮化了的元代文人，恰是一种不可忽视的存在，而且还创造出“虽鬼而不鬼”的不朽，元曲（杂剧、散曲）的灿烂绚丽不就是他们存在与能量的见证吗？

但是，话说回来，从失衡到“平衡”，把挫折人生变成有为人生，也并非轻而易举、一蹴而就，它得要理性、智慧和行动的支持，而要调动这一切，则又离不开各种心理防卫机制的调节。弗洛伊德就曾说过：“生活正如我们所发现的那样，对于我们来说太艰难了，它带给我们那么多痛苦、失望和难以完成的工作。为了忍受生活，我们不能没有缓冲的措施，……这类措施也许有三个：强而有力的转移，它使我们无视我们的痛苦；代替的满足，它减轻我们的痛苦；陶醉的方法，它使我们对我们的痛苦迟钝、麻木。这类措施是必不可少的。”①所谓“缓冲的措施”，也就是通过某种心理防卫机制的作用，以防止或消除不良情绪对人的困扰和伤害。那么，元代文人运用了哪些“措施”，其表现与效应又是如何呢？下面我们仅就元散曲创作中所反映的情况，对此略加叙述。

（一）“合理”作用

人们只有认为自己的思考、行为是合理的，才能排除心理上的困扰，心情才能愉快，行动才能坚定而有成效。所以元代文人首先要找到、要确认“背逆”的合理性。元前期的关汉卿是一位卓有成就，也颇有影响的人物，我们看他在套曲［双调·乔牌儿］中怎么说的：“想人间造物搬兴废，吉藏凶凶暗吉”，“富贵那能长富贵，日盈昃月满亏蚀”。事物本来就

①《弗洛伊德论美文选》，张唤民等译，知识出版社1987年版，第170页。

是变化的、转化的。人也不例外，由生而死，“到头这一身，难逃那一日”，而且这过程并不长，“百岁光阴，七十者稀。急急流年，滔滔逝水”。短暂的一生中，什么最重要呢？“世情推物理，人生贵适意。”怎么“适意”呢？一要生存，“算到天明走到黑，赤紧的是衣食”；二要安全，“蚁穴蜂衙内，寻取个稳便处闲坐地”。这与后来人本心理学家马斯洛“需要层次”论中的生理需要、安全需要，恰是不谋而合。当然，关汉卿这里说的“适意”，还不是马斯洛的高层次需要，但是，关汉卿也并没有止于“衣食”“闲坐”和“幸有几杯，且不如花前醉”。他的那些流传于世的不朽之作，不也是“适意”而为的吗？这，在事实上也就体现了自我实现的最高层次的本质的需要——发挥了人的潜力和创造力。总之，关汉卿的这种以“适意”为中心的主体意识，很显然颠覆了“克己复礼”“君君臣臣”“不仕无义”的传统观念，也一反唐宋文人进取、忧患和参与的意识。

如果说关汉卿“世情推物理”的一套说辞，对背逆的“合理”还偏于理性的思考，那么，不少元代文人还做了许许多多具体地对比和描述。比如：

为官者礼繁身劳——“俺也曾子细评跋，譬似去丹墀内穿靴着袍。怎如俺草庵中丫髻环绦。标写在凌烟阁，便做到太师太傅太保，难免折腰劳”。（王仲元［中吕·粉蝶儿］《道情》）

为官者任人摆布——“穿袖衫调傀儡，搭套项推沉磨。”（乔吉［南吕·玉交枝］《失题》）

为官者安危莫测——“競功名有如车下坡，惊险谁参破。昨日玉堂臣，今日遭残祸，争如我避风波走在安乐窝。”（贯云石［双调·清江引］）

看看过去——“功名百尺竿头”难有好下场：“一个悬首城门，一个和衣东市，一个抱恨湘流。一个十大功亲戚不留，一个万言策贬窜忠州。一个无罪监收，一个自抹咽喉。仔细寻思，都不如一叶扁舟。”（张养浩［双调·折桂令］）

再看看现实——“铺眉苫眼早三公，裸袖揎拳享万钟。胡言乱语成时用，大纲来都是哄。……。”（张鸣善［双调·水仙子］《讥时》）

这种奸佞专权、贤愚颠倒的官场，你还能往里面挤吗?

20世纪50年代艾利斯在美国创立合理情绪疗法，又称认知行为疗法。艾利斯认为“人的情绪不是由某一诱发事件的本身所引起，而是由经历了这一事件的人对这一事件的解释和评价所引起的”[①]。根据这一观点，就不难理解上述散曲的创作。比如科举久废、仕进无门这一“事件”，对于一心竞奔官场的士人无疑是极其痛苦的。然而不少元代文人通过世情、物理、历史、现实，以及为官、官场的“解释和评价”，却得出一个相反的结论——人生不仕，才是适意的选择。那么，仕进无门又有何失落、挫折可言呢?是的，元代文人在“九儒十丐”的落差下，在“七件儿（指柴米油盐酱醋茶）全无”的困境中，既不是悽悽戚戚，也没去悬梁投河，反倒成了一个“饥寒交迫，而犹能歌声出金石”的群体，应该说这种逻辑思维所得出的“合理性”，在精神、心理、行为乃至创作上所起的作用，实不可低估!

（二）“转移”作用

一个人在某种场合遇到不快，由于种种原因不便表露，事后去找朋友倾诉一番，或是回到家里对妻儿大呼小叫，甩东掼西，环境、对象、方式各不相同，但都可以起到缓解压抑和不快的情绪，这就是“转移”的作用。不过我们要讲的不是个人，而是元代文人这一群体的社会情绪转移的问题。

“世态多般，祸福无端。落得身闲，做甚高官。”[②]人是离不开社会的，“身闲”，也要有一个可以“身闲”的去处，就如陈草庵说的：“尘心撇下，虚名不挂，种园桑枣团茅厦。”[③]当然也不尽在田园山野，也可以走向市井、勾栏、瓦舍、酒肆……这都意味着对传统的读书、科举、入仕的环境、道路和追求的放弃。放弃不免痛苦，而“转移”则是一种心理防

① 转引自易法建等编著：《心理医生》，重庆大学出版社2005年版，第121页。

② 汪元亨：［双调·折桂令］《归隐》。

③ 陈草庵：［中吕·山坡羊］。

卫。首先，可以眼不见心不烦。“离京邑，出凤城。山林中隐名埋姓。乱纷纷世事不欲听，倒大来耳根清净。”①其次，既可怡情逸性，又可增加安全感。“远城市人稠物穰，近村居水色山光。熏陶成野叟情，铲削去时官样，演习会牧歌樵唱。老瓦盆边醉几场，不撞入天罗地网。”②再次，还可在另一种环境中得到知音，找到友情。“旧酒投，新醅泼，老瓦盆边笑呵呵，共山僧野叟闲吟和。他出一对鸡，我出一个鹅，闲快活。”③还有像“玉京书会”一类的创作杂剧、唱本的团体，也聚集了大批文人，不论和渔樵村夫欢聚，还是与作家、艺人为友，在相近的命运、思想和志趣的交流中，自可寻得亲切感、归属感。

情绪是伴随人们的思维而产生的，思维又是借助语言而进行的。因此艾利斯认为：“那些我们持续不断地对自己所说的话经常就是，或者就变成了我们的思想和情绪。”④据此我们又可以明白，为什么元散曲中那样不厌其烦，几乎人人都在唱着乐山乐水乐隐的曲儿，其中还不无着意地渲染，渲染不可尽视为真实，但他们要营造一个幽美、自在、亲和的“港湾”，让伤痛的心灵得以平衡、舒畅乃至陶醉，则是可以理解的，也因此他们得要“持续不断地”用那种意愿化的语言，去创造理想的“港湾”，也是可以理解的。

（三）“补偿”作用

如果一个人有闲，也有较平静的心态，但终日游手好闲，无所事事，恐怕用不了多久，就会感到空虚、无聊和厌倦，造成另一种心理障碍。好在元代文人并非如此，试看下面两首小令：

> 叹光阴，如流水。区区终日，枉用心机。辞是非，绝名利，笔砚

①李爱山：［双调·寿阳春］《厌纷》。

②汪元亨：［双调·沉醉东风］《归田》。

③关汉卿：［南吕·四块玉］《闲适》。

④转引自易法建等编著：《心理医生》，重庆大学出版社2005年版，第121页。

诗书为活计。乐齑盐稚子山妻，茅舍数间，田园二顷，归去来兮。

——滕斌［中吕·普天乐］《气》

不因酒困因诗困，常被吟魂恼醉魂，四时风月一闲身。无用人，诗酒乐天真。

——白朴［中吕·阳春曲］《知几》

还有像张养浩的："自高悬神武冠，身无事心无患。对风花雪月吟，有笔砚琴书为伴。"①还有薛昂夫的"休忘本，樽有酒且论文"②等。还有"书会"中的那些文人，自然更是以"笔砚诗书为活计"，致力于创作。可见元代文人所谓的"身闲"，主要是对奔于仕途、忙于官场而言，并非真是无所作为、虚度时光的"一闲身"。而要在谈诗论文、读书写作中有所创获，不受干扰的闲暇就是至关重要的条件，因为只有自主的闲暇，才能提供足够的时间和精力去思考、去创作。所以叔本华说："内心拥有真实财富的人，才真正知道欢度闲暇。"是的，我们在散曲中也能见到这种"欢度"的身影：

笑频因酒醉，烛换为诗留。……乐桑榆酬诗共酒。酒侣诗俦，诗潦倒酒风流。

——王德信［商调·集贤宾］《退隐》

诗书丛里且淹留，闲袖手，贫煞也风流。

——白朴［中吕·阳春曲］《知几》

自酌，自歌，自把新诗和。

——张养浩［中吕·朝天子］《咏四景·夏》

酒也罢，闲也罢，"欢度"总有"诗书"在。因为只有这种"知性的快乐"，才是生动、丰富而永无穷尽的。不仅如此，还能开阔胸襟，振奋

① 张养浩：［双调·雁儿落兼得胜令］。

② 薛昂夫：［中吕·阳春曲］。

精神。你看：

住一间蔽风霜茅草丘，穿一领卧苔莎粗布裘。捏几首写怀抱歪诗句，吃几杯放心胸村醪酒，这潇洒傲王侯。

——王德信［商调·集贤宾］《退隐》

华阳巾鹤氅蹁跹，铁笛吹云，竹杖撑天。伴柳怪花妖，麟祥凤瑞，酒圣诗禅。不应举江湖状元。不思凡风月神仙。断简残篇，翰墨云烟，香满山川。

——乔吉［双调·折桂令］《自述》

“诗情放，剑气豪，英雄不把穷通较。”[①]被边缘化和矮化了的元代文人，既不销声，也未匿迹，而是以不屈的精神，巧智的才华，展纸挥毫写怀抱，悲欢爱憎唱真情。这种“补偿”应该说是重要的聪明的选择，它不仅使心理得到充实与平衡，而且那挫折的人生，底层的生活，人世的美丑，都化作了鲜活的艺术营养。这就是黄仁宇先生讲的仕途无门，郁郁不得志的元代文人，“将才能向其他方面发展，写刻本即是其中之一，从此元曲既包含着优雅的文句，又带有日用俗语，更添上戏台上技术名词，使中国文学另开别径，这也使中国之舞台进入一段黄金时代”[②]。当然，前人如李开先、王国维也有类似的论述。这，真可谓“失之东隅，收之桑榆”。

但是，“收”，不是自然而来，必然而致。除了他们的才情、智慧、勤奋之外，还应该说与他们心理防卫、调适的能力分不开。如果说“合理”体现了他们背逆传统、改变人生轨迹的理性思考，那么“转移”则在于寻得合适的生存环境、生存方式，以缓解伤痛、平衡心态、愉悦精神；而“补偿”又使得心有所指，情有所向，才有所用，从而创作出“中国最自然之文学”——元曲，同时也使自身的思想、人格、审美得以升华。倘若

① 张可久：［双调·庆东原］《次马致远先辈韵九篇》。

② 黄仁宇：《中国大历史》，生活·读书·新知三联书店2006年版，第175页。

没有这些心理防卫机制的作用，是很难想象承受着巨大的反差的元代文人，能有此番成就。

下面还须指出两点：其一，以上合理、转移、补偿分条叙述，只是出于表述的方便，实际上它们往往是相互渗透的，这种现象即或在一首曲子中也可以见到，如以上列举的一些作品。其二，限于篇幅我们仅谈了合理、转移和补偿，事实上元代文人心理防卫的措施并不止于此，比如元人的幽默俳谐之作大有过于前代文人，这是人所共知的。元杂剧中的喜剧就是一座丰富瑰丽的艺术宝库，“美善刺恶”的精神，在机智幽默、调笑讽谕的艺术中，表现得淋漓尽致。而诙谐滑稽又“是散曲的主导风范，没有哪一个朝代，哪一种体式的诗歌像散曲这样将诙谐滑稽之风张扬到极致，不妨说，没有滑稽诙谐，散曲便失去了其特有的趣味和风采”[①]。为什么会这样呢？是元代文人性格、才智的特异所致吗？答曰：是，也不是。说是，因为在这里确实可以看到幽默佻达的性格，和令人惊叹而快意的智慧。说不是，因为更主要的还是源于心理防卫的需要。作为心理防卫的幽默，它采用另一种视角、思维，对不良情绪做出“逆反应”，如此既可调适心态，又可在别人的笑声中增强亲和力，减少孤独感。而在另一些情况下它又是聪明的自我保护。弗洛伊德说过：“在历史的每一个时代中，那些有话要说，但说了又要担风险的人都急于戴上一顶‘傻瓜’的帽子。”[②]由此也就不难明白元代文人为什么要“装呆装落”“长醉不醒”，又为什么常常在“呆言醉语”的幽默中，巧藏着“违言禁论”？当听者哈哈大笑之时，言者亦不无欣欣然而自喜。这种诉诸审美的幽默，不仅给人们带来心理上的快乐和舒畅，也是一种精神的超越，智慧的闪光，价值的评判。元代文人之所以极诙谐幽默之能事，恐怕也得以从他们因生活、处境而产生的心理需求去探索。

① 李昌集：《中国古代散曲史》，华东师范大学出版社1991年版，第282页。

② 转引自陈孝英等编：《幽默理论在当代世界》，新疆人民出版社1987年版，第140页。

结　语

本篇原想探讨元代文人思想意识、创作个性、艺术成就与“心理防卫”之间的关系和影响，然在写作中却生发联想，那就是古往今来，挫折与苦涩，矛盾与无奈，人所难免，又何止于元代文人，所谓“不如意事十八九”。对于那些“不如意事”人们可以直接应对处理，但也可以采取“缓冲的措施”减少压抑和焦虑，甚至还可以在“缓冲”中别开生面，“柳暗花明”，“收之桑榆”。所以尽管时代与生活不同，事业与追求各异，适当的成熟的心理防卫，对于现代人也仍然是需要的[①]。因为正确地了解自己，全面地评析现实，放开视野，调整心态，消除不良情绪，增强承受能力、适应能力，做到能退能进，善退善进，对于身心健康和自我实现，总是十分有益的。须知生活中不少苦恼、失败和悲剧的产生，不是由于一个人少了才华和机遇，倒是因为缺失了健康成熟的心理。总之，天地是辽阔的，生活是多彩的，道路不是单一的，提高自我调适、平衡、开拓心灵世界的能力，才是至关重要的！记住吧，“心灵的快乐主要又在依赖我们心灵的能力”。

2007年2月

① 任何事物都有一个“度”，不当的不成熟的心理防卫自不可取，又当别论。

论张养浩的自我意识

有人说过，当官与保持自我独立一直以来就成为中国读书人难以解开的结。这话是有道理的。不过，我这里节外生枝，另提两点：其一，对于那些“谋食不谋道”，心中只有爵禄名利，没有灵魂，没有“自我”的“读书人”，该是没有这种“结”的，因为他们走的是一条惟势惟利而不顾“品”的实用主义的路。这大概是没有争议的吧。其二，有没有人当官也罢，不当官也罢，都能保持一种相对的“自我独立”呢？我想一般之外，总有特殊。比如元代的张养浩就是这“特殊”中的一例。那“行，也在我；藏，也在我”[①]，不就颇有一点“自我独立”的色彩吗？

当然，具体问题只能放到具体历史条件下去讨论。张养浩的言行不可避免地要受到他那个时代政治制度、意识形态的制约，但是换一个角度来看，他能在强大的“制约”中，表现出一定的独立的自我意识，不也是难能可贵的吗？

张养浩，山东历城（今济南市）人，出生于元世祖至元七年(1270)。此时南宋政权虽然还存在于临安，但已摇摇欲坠，而北方已是相对稳定、恢复、发展的时期。他的家庭虽不富有，但靠父亲张郁经商亦可维持生计，这些都为他少年时代提供了安定的学习环境。而他自己呢，“年方十岁，读书不辍，父母忧其过勤而止之，养浩昼则默诵，夜则闭户，张灯窃读”。刻苦攻读，打下了良好的基础，十九岁写的《白云楼赋》，不仅展示了不凡的文采，也流露了渴望有为的豪情，一时传遍济

① 张养浩：[中吕 · 山坡羊]。

南。第二年“学业未竟”，便被山东按察使荐为东平学正，二十三岁赴京，献书平章政事不忽木，“大奇之”，先后荐为礼部令史、御史台掾史，而后出职为县尹、监察御史、参知政事等。可见张养浩虽未经传统的科举考试（当时科举被废止），但走的也可以说是“读书人”的老路——“学而优则仕”。但在仕途上、在人生道路上却走出了自己的个性，这不能不归之于他的明确而坚定的自我意识，诸如立身处世、人生意义、价值观念等。

一、仕的自我意识

“当官不为财，请我也不来。”古今多少头戴乌纱，身着官袍，口唱仁义，千姿百态，走进官场的人物，其内心世界也不过就是那十个字，结果便是“三年清知府，十万雪花银”。“上任八个月，就敛财五百万。”这种角儿在“贼做官官做贼”的元代，更是多多。

但是，张养浩对于如何为官，有自己一套明确的原则，见于《牧民忠告》《风宪忠告》《庙堂忠告》等著作，这里略举几点：

官须报国——当了官就有了权，用权干什么呢？“假其威权，惟济己私，靡思报国，……如公道何，如百姓何！”[1]

官须爱民——“诚生爱，爱生智，惟其诚故爱无不周，惟其爱故智无不及，吏之于民，与是奚异哉。”[2]

官须富民——“养民之道无他，不夺其时而已矣，时不夺则民力足，民力足则生理饶。”[3]一切生事扰民，繁文缛节，统统省去，而要营造一种勤劳致富的环境和气氛，仓廪实，衣食足，民自安。

官须戒贪——当官“不能守公廉之心，是不自爱也，宁不为世所消耶……与其戚于已败，曷若严于未然，嗟尔有官，所宜深戒”[4]。不仅自

① 张养浩：《牧民忠告》。

② 张养浩：《牧民忠告》。

③ 张养浩：《时政书》，《归田类稿·卷二》）。

④ 张养浩：《牧民忠告》。

己清廉身正，还要“禁家人侵渔”，“居官所以不能清白者，率由家人喜奢好侈使然也”①。这一点倒也是古今相似的。

官须勤政——“今之为政者，身享其安，而贻百姓以劳，己劳则民逸，己逸则民劳，此必然之理也。”②

官须节义——“不荡于富贵，不蹙于贫贱，不摇于威武，道之所在，死生以之。彼依阿澳涊，枉已徇人者……获荣宠于一时，迨夫势移事易，其前日之荣，电灭风休，漠无踪迹，其昭在人耳目者，奸佞之名，千古犹一日，其为辱也，庸有既乎。”③

“君子耻其言而过其行。”（《论语·宪问》）可贵的是张养浩在三十多年的仕宦生涯中，以其德行、辛劳、才智、胆识，乃至自己的身家性命，实践了他的为官原则，从而在元代官场中独树一格，那就是遍地贪官他清廉，更“出私钱”以济困，庸官比比他有为，众皆缄口他敢言。无怪乎在他活着的时候，堂邑县为他立碑颂德，在他死后，“关中之人，哀之如失父母”④。故《四库提要》称“养浩为元代名臣”，实为有据之言，而非溢美之词。

二、隐的自我意识

就仕与隐而言，张养浩的人生追求应该说首先在仕，因为他说过：“士未尝不志乎天下也”⑤，“利人泽物士君子通愿也”⑥。但是，世界上的事情并不完全取决于主观愿望。对此，张养浩也是清醒的，“有志无才不能，有才无位不能，有位不见知不能，见知而小人间之不能”⑦。“不能”，也可以苟禄，也可以同流……。然而张养浩办不到，这是他为官理

① 张养浩：《牧民忠告》。
② 张养浩：《牧民忠告》。
③ 张养浩：《风宪忠告》。
④《元史·卷一百七十五列传第六十二·张养浩》。
⑤ 张养浩：《送王克诚序》，《归田类稿·卷三》。
⑥ 张养浩：《归信县尹史君去思碑》，《归田类稿·卷九》。
⑦ 张养浩：《庙堂忠告》。

念所决定的——“君臣以义合者也，其所以合者，非华其爵也，非利其禄也，不过欲行其道而已矣，道行则从而留，不行则从而去。”[①]就张养浩的政治思想来看，“道”的内涵简单地讲，就是“致君泽民”“利人泽物”，达不到这一点大可归去。可见张养浩既有出仕行道的热情，也有归隐田园的心理准备。所以丢官、辞官对他来讲，既无惶惶不安的焦躁，也无失意落魄的哀怨，更无攀附权门以图再起的企望。他鄙视那些“惟狃于进，退则愍然无所猷为，甚而茹愧怀惭，蹙缩不敢一出户”[②]的人。那么，他自己究竟是如何“隐”的呢？张养浩归隐的时间比较集中的是从英宗至治元年（1321）至泰定五年（1328）。他说：

> 也不学严子陵七里滩，也不学姜太公磻溪岸，也不学贺知章乞鉴湖，也不学柳子厚游南涧。 俺住云水屋三间，风月竹千竿。一任傀儡棚中闹，且向昆仑顶上看。身安，倒大来无忧患；游观，壶中天地宽。
>
> ——［双调·雁儿落兼德胜令］

这首曲似是一篇“隐”的告白：俺的“隐”不为藏声独善，不求终南捷径，不是学道养年，也不是祸至而贬，借山水以泄愤，而是身安田园，走进自然，站到更高的境界，以更自由的心态，更开阔的眼界，去审视那“乱哄哄你方唱罢我登场”的闹剧。至于他是如何审视与感悟人间世事的，可以见之于他退隐之后的著作。这一点对于他来讲，应该说也是一种自我意识的追求与体现，所谓“用则经纶天下不以为夸，否则著述山林不以为歉。盖经纶所以行道，著述所以传道。其升沉显晦虽若不同，揆诸事业则埒也”[③]。因此读书、写作就成了退隐之后的一个重要的生活内容。

如果说张养浩早年诗文抒写了勤政为民、渴望建树的抱负，那么归隐之后则多了对历史、现实的感怀，尤为值得注意的是，在形式上更增添了

① 张养浩：《庙堂忠告》。
② 张养浩：《牧民忠告》。
③ 张养浩：《送元复初序》，《归田类稿·卷三》。

过去未曾涉足的散曲，其怀古、咏史、警世之作，言辞犀利，思想深邃，反映了他对腐朽黑暗的批判，对百姓的同情，对道义的追求。比如“兴，百姓苦；亡，百姓苦”（《潼关怀古》）。八个字便彻底扫去了对封建统治者的一切幻想，高屋建瓴，干净利落，前无古人。当然山水自然、隐逸生活的表现也多了。比如：“云霞，我爱山无价，看时行踏，云山也爱咱。”① “溪为我歌，山为我舞。冥然会心，此适谁语。瞻彼白云，使我怀古。”② “最怜两稚松，贞操每起余。”③从这类作品中不难看出自然山水为心灵提供了栖息、慰藉与机趣，而心灵也为山水自然注入了神韵与情味，心灵与自然的契合相融，而感沧桑，而悟人生，是景亦是情。这不是说张养浩没有思想局限和平庸之作，但就其意识与作品的总体倾向而言该是如此。

此外，整理旧作，自编《归田类稿》，也是退闲之后的一项工作。他在《归田类稿自序》中说了两个问题：其一是为什么要写作？“文章天下难事”，自己之所以动笔，“第因事寓怀及应酬征索而已，初非有心班古人甲当世，以图不朽之传也”。写作是“因事寓怀”，有感而发，这使我们理解了他为什么反对“不欢而强歌，无病而呻吟”④的诗歌。其二是为什么要整理文稿？“历年既久所述浸多，顷退休家野，出而录之，……名曰《归田类稿》，柜而藏之，用示张氏子孙，使知吾家亦有嗜学勤文墨如仆者，庶因而有所观感兴起增光其前，讵不愈于贻货利以愚子孙者乎？”其文其人，仁厚可见。

“人生果在官有无，可与智言难众告。”⑤归隐后的张养浩淡泊名利，而未淡忘现实，身无公职，亦不虚度。可谓时闲时不闲，世事在心间，“昆仑”望更远，放笔话真言。之所以如此，也正是对“隐”的独特理念的追求。那就是“其出也，苟非利己；其处也，非苟洁身；要之各适于义

① 张养浩：［双调·雁儿落兼得胜令］（云来山更佳）。

② 张养浩：《濯足于溪遂山中之乐也》，《归田类稿·卷十四》。

③ 张养浩：《记绰然亭前花木》，《归田类稿·卷十六》。

④ 张养浩：《和陶诗序》，《归田类稿·卷三》。

⑤ 张养浩：《赠刘仲宪》，《归田类稿·卷十七》。

为无歉。”[1]

三、仕与隐抉择的自我意识

张养浩说：“行，也在我；藏，也在我。”其原则当然是前面所讲的能否“行道”。但如果说到具体行动，还应该有一个抉择和把握时机的问题。对此他认为该是“烛几先见，退身于未辱之前，庶几君臣之间两无所慊”[2]。而要做到这一点，仅有正直之品是不够的，还需要有对客观形势的洞察，不恋荣宠的坚定，机智果断的应对。元武宗至大三年（1310），张养浩上《时政书》指斥时政十大弊端，“言皆切直，当国者不能容”。面对险恶不测的来势，“乃变姓名遁去”。英宗至治元年（1321），上《谏灯山疏》，英宗闻之“大怒”，既览而喜，罢了元夕“灯山”，并给予赏赐，“以旌其直”，周围的人也为之称服。但是张养浩觉得对这位“好以刚锐神武御下，群臣一忤旨祸且弗测”的英宗还是远离为好，否则难免有一天又“将有撄龙鳞以犯人主之怒”[3]。所以不久便“以父老，弃官归养”。而后英宗、泰定两朝，八年七召，坚卧不起。那原因便是眼见朝政日昏，争斗不宁，自己实在是“无技可呈于治世”，便不顾冒犯圣恩，一次次婉辞谢召，甚至泰定元年（1324），应召行至通州，忽又称病返回。“才到燕京，便要回程，你好自在也！”是感疾，是托辞？仅从这轻快、幽默的言辞中，似也透露了一点消息。

可是，到了天历二年（1329），“关中大旱，饥民相食，特拜陕西行台中丞。既闻命，即散其家之所有与乡里贫乏者，登车就道”。这又是为什么？“无多惭，此心非为官”[4]。不错，京官、高官可以不去做，“民陷水火，如己陷水火，凡民疾苦，皆如己疾苦也，虽欲因仍可得乎？”[5]是的，

① 张养浩：《翠阴亭记》，《归田类稿·卷六》。

② 张养浩：《庙堂忠告》。

③ 李士瞻：《题滨国张文忠公云庄卷后》，《经济文集·卷四》。

④ 张养浩：［南吕·西番经］。

⑤ 张养浩：《牧民忠告》。

救人水火，岂可迟疑，岂可冷漠！同时，他也想到赈灾结束，“行当还绰然”。只是此愿终成空，人间多一恨。说到这里便可以看出“行，也在我；藏，也在我”。不是狂傲任性，不是自诩标榜，而是有思想、有追求、有胆识、有智慧的处世原则的体现，也可以说是一种独立人格的体现。

如果还想进一步解读张养浩，那就知道这原则和人格的形成亦非偶然，而是与他对人生诸多问题的观念密切相关的。比如：

荣辱观——“其所以从仕者，宜假此以行道也。道不行而富贵利达者，古人以为耻，而不以为荣。”①

贵贱观——“士之贵贱顾其行之若何，爵之有无不列也。”②“无官何患，无钱何惮，休教无德人轻慢。”③

祸福观——“由道得祸君子不以为辱，而以为福，枉道得福君子不以为荣，而以为祸。”④

成败观——“人不历成败，资分虽高，其谋猷终不能底夫深远。且天将玉人于成，其颇颔顿挫有所不能免。”⑤

生死观——“常思前辈心，要皆怖身死。身死人之常，纵怖能免彼。”⑥“行不愧心，顺守其正，年虽不遐，其流声于人则无穷也。”⑦“其形虽不寿于山，而令闻长世，亦足与山无穷矣，又何感慨之有哉。”⑧“寿不必遐，视其所遗。”⑨

综上可知，张养浩认为生的意义在德行功业，死的不朽在“令闻长

① 张养浩：《牧民忠告》。

②张养浩：《送蔡天祥之般阳路儒学正序》，《归田类稿·卷三》。

③ 张养浩：[中吕·山坡羊]。

④ 张养浩：《送郭幹卿序》，《归田类稿·卷三》。

⑤ 张养浩：《送元复初序》《归田类稿·卷三》。

⑥ 张养浩：《有示》，《归田类稿·卷十六》。

⑦ 张养浩：《祭李宣使文》，《归田类稿·卷七》。

⑧ 张养浩：《重修会波楼记》，《归田类稿·卷五》。

⑨ 张养浩：《故翰林学士资善大夫知制诰同修国史赠某官谥文敏元公神道碑铭》，《归田类稿·卷十》。

世”，也就是“得过美名儿留在世间”。如果谄佞奔竞，无德无信，纵然高官厚禄、富贵荣华、行有车马、住有豪宅，也必然是“神恶鬼嫌人又憎”。至于人生的境遇难免有顺有逆，有成有败，“志与才两有，其所以不获施者，时不与焉耳。”[①]这个“时”，就不完全是由个人所能左右的。但自己的价值追求，则不可因此而动摇，“道业学术，在我而不可不求也。”[②]这就是张养浩的“以义处命，而不倚命以害义”[③]的人生宗旨。正是这种自主自律的自我意识，才使得他既无“唯命是听”的盲从，“诡随容悦”的奴气，也无“穷达知命”的无奈。他继承了儒学的民本思想，和“不义而富且贵于我如浮云”（《论语·述而》）的观点，却不拘泥“克己复礼”（《论语·颜渊》）、“毋意，毋必，毋固，毋我”（《论语·子罕》）的处世原则。从而走出一条属于他自己的人生之路——可进可退，是非分明；忠而不愚，敢谏敢言；仕能尽责，隐亦有守；无名禄之心，七召不起；有爱民之情，一召登程；死于赈灾，为民尽瘁，终将一生定格在为之追求的那个“义”字上。在这个超越世俗之见，突破传统的束缚，既不丧失自我，又情系百姓，有兼济之心，无苟禄之求，惟道义直性而行的形象中，是不难觉察到将个体与社会相关联，并作用于社会的主体意识的萌动与觉醒。它的可贵不仅在元代是稀罕的，且对后世亦不无影响，试看李贽的“不必矫情，不必违性，不必昧心，不必抑志，直心而动，是为真佛”（《失言三首》）。这不就是在强调自我的主体意识吗？还有“夫社者，所以安民也；稷者，所以养民也。民得安养而后君臣之责始塞”（《藏书·卷六》）。这与“为国以养民为本”[④]；“养民无术，则病饥者多。为守与牧，而使其至此，独归咎于民，难矣哉。”[⑤]不也是有着相似的理念吗?

历史是前进的，然而“不薄今人爱古人”这句话，我想还是可以借用

---

① 张养浩:《送王克诚序》,《归田类稿·卷三》。

② 张养浩:《牧民忠告》。

③ 张养浩:《牧民忠告》。

④ 张养浩:《时政书》,《归田类稿·卷二》。

⑤ 张养浩:《牧民忠告》。

的。“不薄今人”，是因为“今人”大有超越“古人”之处，应该充分肯定；“爱古人”，是由于在“古人”的身上，可以寻得对“今人”有益的东西，所以也不应弃之不顾。比如张养浩在他的人生宗旨、出处大节、批判精神、价值追求中所表现的特立独行的自我意识，对于今天的“读书人”，就是不无启迪的。而对于一些良知失落，斯文扫地，不仅丧失其学术立场，而且背弃公众立场，投怀于权势，献媚于金钱的“读书人”，也不失为良药一剂。

当然，随着时代的进步，国家定会为人的自由发展，提供更大的空间和更宽松的环境。而人的思想、才智、个性的自由发展，也一定会给权力和政治增添勃勃生机。一个充满活力的社会要有健全人格的人才去创造，只有没落的权力、昏庸的政治，才需要那种“语焉而随声，行焉而承意，探其将喜而先之以笑，逆其将怒而激之以言”①，委曲承迎，人格残缺的奴才，而容不得半点不同的声音，就如元代统治者之于张养浩。张养浩的《时政书》虽然直言时弊，然其本意还是希望统治者能够“鸿福永年”。只不过比歌功颂德之音，更真实一点而已，但对听惯假话、听惯顺心之言的人来讲则是大逆不道，所以要“复构以罪罢之，戒省台勿复用”②。但是，“贪愎喜利，则灭国杀身之本也”（《韩非子·十过》），元代统治者最终也只能沿此滑落下去。

结　语

历史一页一页地翻过去，留下来的该是垂示后人的教训。那就是远离奴才，尊重人才，尊重人的自由发展；鄙弃谀辞媚言，尊重不同的声音，“广直言之路，启进善之门”。如此便可大大减少那本不应有的“难以解开的结”。这，不论对何种权力与政治都是有益的。而任何时代的“读书人”，不论是为官为民，是专家是学者，都应该确立“道业学术，在我而

① 张养浩：《时政书》，《归田类稿·卷二》。

②《元史·卷一百七十五列传第六十二·张养浩》。

不可不求”的自励自律，求进于己的自我意识，去发展自我，实现自我的人格追求和价值目标。不过，生活在当今的“读书人”则更须时时记住：“抗拒诱惑，你才有更多的机会做出高尚的行为来。”[①]因为在这个转型的社会中，形形色色的“诱惑”更多更多，而且已经使一些“读书人”走向了庸俗与堕落，能不自警自勉！至于“自暴者，不可与有言也；自弃者，不可与有为也。”那是又当别论了。

2008年2月

① 车尔尼雪夫斯基：《怎么办》，蒋路译，人民文学出版社1982年版，第252页。

张养浩的学、“也不学”

元代名臣张养浩辞官归隐之后，写了不少散曲，其中有这样一首：

也不学严子陵七里滩，也不学姜太公磻溪岸。也不学贺知章乞鉴湖，也不学柳子厚游南涧。 俺住云水屋三间，风月竹千竿。一任傀儡棚中闹，且向昆仑顶上看。身安，倒大来无忧患；游观，壶中天地宽。

——［双调·雁儿落兼得胜令］

开门见山，一气道出了四个“也不学”，原因是什么？一字也不说，而径直转到自己隐居生活与心情的描述。但我们还是可以依据曲中提到的人物，做点分析。

严光，字子陵，生性旷达，无意仕途。他与当年一同游学的刘秀关系密切，刘秀即位为光武帝，他随后隐匿，刘秀派人寻觅，再三邀请，授谏议大夫，他还是要回来垂钓富春江。那真是“万事无心一钓竿，三公不换此江山”（戴复古《钓台》）。姜子牙垂钓磻溪，直到垂垂老矣才与周文王遇合，后又辅佐武王灭商建立周朝，看来他的垂钓意在等待机遇。所以郑思肖说：“八十翁翁心尚孩，渭滨痴坐弄徘徊。当初若是逃名者，谁要文王上钩来。”（《吕望垂钓》）张养浩，心存济世，年青入仕，为吏为官，五十二岁辞归，非无济世之愿，亦非等待机遇，显然不同于严、姜二人。

贺知章，官至太子宾客，秘书监，“醉中八仙”之一，工书法，尤善草书。诗文风流，名满长安。玄宗天宝三年（744）请度为道士告老还乡，又向朝廷求周宫湖为放生池。这就是杜甫说的：“上疏乞骸骨，黄冠归故乡。”（《遣兴》）不过，陆游对他的求湖放生则不以为然：“鉴湖原自属闲人，又何必官家赐与。”（［鹊桥仙］）柳宗元因参加王叔文革新，失败后贬为永州（今湖南零陵）司马，身不自由，心也郁郁，就如欧阳修说的：“山穷与水险，上下极沿洄。故其于文章，出语多崔嵬。”（《题万石亭》）张养浩辞官，说是以父老归养，实因上《谏灯山疏》恐后有不测（当然也参透了元代官场），所以他既不是贺知章的荣归，也不是柳宗元的远谪。

总之，思想、经历、境遇、心情各不相同，所以四个“也不学”，倒也是可以理解的。但我也由此想到了另一面——张养浩有没有向谁“学”呢？或者说他有没有崇敬与仿效的对象呢？曲中也没有说，不过从张养浩其他作品的字里行间却透露了不少信息（有关词语下的点皆系笔者标出的）。试看：

> 在官时只说闲，得闲也又思官，直到教人做样看。从前的试观，那一个不遇灾难。楚大夫行吟泽畔，伍将军血污衣冠，乌江岸消磨了好汉，咸阳市干休了丞相，这几个百般，要安，不安，怎如俺五柳庄逍遥散诞。
>
> ——［双调·沽美酒兼太平令］《叹世》

> 折腰惭，迎尘拜。……万古东篱天留在，做高人轮到吾侪。……
>
> ——［中吕·普天乐］《隐居谩兴》

> 抖擞了元亮尘，分付了苏卿印。……乞得自由身，且作太平民。酒吸华峰月，诗吟泺水春。而今，识破东华梦；红裙，休歌南浦云。
>
> ——［双调·雁儿落兼得胜令］《知机》

> 会寻思，过中年便赋去来词……。
>
> ——［双调·殿前欢］《村居》

从上面的曲子中可以看出：是仕？是隐？也曾是一个令张养浩纠结的问题。但是认真地想想，仕的结局并不美妙，这是诸多事实一再证明了的。而且为官还少不了迎拜长官权贵，即使熬下去，济世之愿也无非是一厢情愿的美梦而已。经过反复思考、权衡之后，终于做出了选择，那就像陶渊明一样断然归去："功名事一笔勾……勇退中流。柴门外春风五柳，竹篱边野水孤舟。"（［双调・折桂令］）而这也是一种人生价值的选择："翻腾祸患千钟禄，搬载忧愁四马车，浮名浮利待如何？枉干受苦，都不如三径菊四围书！"（［中吕・喜春来］《警世》）"正黄花三径齐开。家山在眼，田园称意，其乐无涯。"（［中吕・普天乐］《隐居漫兴》）请看：从仕之矛盾、苦闷，到退隐的抉择，乃至辞归之后的快乐，无不渗透了陶渊明的精神元素，折射出陶渊明的身影！如果说这一切都可以作为张养浩心仪渊明、效仿渊明的证据，那么，我们还可以进一步探讨他之所以效仿陶渊明的原因。比如：

第一，性格爱好。陶渊明说："少无适俗韵，性本爱丘山。"（《归园田居》）"性刚才拙，与物多忤。自量为己，必贻俗患。"（《与子俨等疏》）张养浩说："平生原自喜山林，一自归来直到今。"（［双调・水仙子］《隐逸》）"性迂才拙，自幼知不能谐其俗，加以内无城府，枢机不密，谓人之心一皆己若。"（《处士庵记》）又说："自劾，退归，用不着风云气。疏狂迂阔拙又痴，今日才回味。"（［中吕・朝天曲］《退隐》）何其相似！

第二，入仕原因。陶渊明固然有"大济于苍生"之志，却也由于"亲老家贫""自余为人，逢运之贫；箪瓢屡罄，絺绤冬陈。"（《自祭文》）张养浩说："士未尝不志乎天下也。"（《送王克诚序》）但也有家庭的原因："迫于养亲，奉檄如燕。"（《萱草花赋》）"伊余践仕，实以亲故。由吏而官，黾勉朝暮。"（《悼亡》）二者颇有契合之处。

第三，仕途心态。陶渊明说："伊余何为者，勉励从兹役。一形似有制，素襟不可易。"（《乙巳岁三月为建威参军使都经钱溪》）又说："既自以心为形役，奚惆怅而独悲。"（《归去来兮辞》）张养浩则是："野性峣峣不耐官，强颜尘土步邯郸。”（《客中除夕》）“秉笏立丹墀”，“俯仰承权贵”（［双调·雁儿落兼得胜令］），同样有着“心为形役”之感。

第四，政治感悟。陶渊明的《桃花源诗并记》论者颇多，就其创作意图而言，简言之就是鲍敬言“无君论”的“艺术版”。“自云先世避秦时乱……乃不知有汉，无论魏晋。”在连连的战乱之中，一部分人终于寻到了“桃花源”。这里之所以宁静、自在，就因为“有父子无君臣”（王安石《桃源行》）。“君臣”，只顾争权夺利，而不恤百姓生死，乃祸乱之根，苦难之源！

张养浩仕宦生涯几十年，一再昧死上书，显然诚望为君圣明，利国利民。然而这丝毫无改于现实，还要遭贬斥，恐不测，黑暗的现实，数十年的切身体验，迫使他不得不从“致君尧舜”的观念中跳出来，重新审视历史——“伤心秦汉经行处，宫阙万间都做了土。兴，百姓苦；亡，百姓苦。”（［中吕·山坡羊］《潼关怀古》）这，应该说是张养浩晚年思想的一次飞跃。跃出了传统的，也是他自己曾经为之尽力与期待的“主圣臣贤”的政治理想，从而产生了与陶渊明一样的对君主专制的绝望与否定。理想破灭是痛苦的、悲哀的，哀莫大于心死，但心死之后也可以使人变得清醒，这就是张养浩说的：“海来阔风波内，山般高尘土中，整做了三个十年梦。被黄花数丛，白云几峰，惊觉周公梦。辞却凤凰池，跳出醯鸡瓮。”（［双调·庆东原］）陶与张归隐之后，再召不起，殆源于此。

张养浩与陶渊明时代、身世各异，然性格、爱好、经历与思想，却有着诸多的相似之处。所以说张养浩崇敬、效仿陶渊明，绝不是偶然的、一时的兴之所至，也不是我们无端的臆测。

当然，张养浩与陶渊明也有不同之处。比如陶渊明归隐不免饥馁之苦，“饥来驱我去，不知竟何之”（《乞食》），还要“晨兴理荒秽，带月荷锄归”（《归园田居》）。张养浩则无须戳力躬耕，而是“守着良田数顷，看一会雨种烟耕”（［中吕·十二月兼尧民歌］《归田乐》）。“看”人耕与亲自耕，显然大不相同。生活上更是“有花有酒有行窝”。张养浩对此也毫不掩饰，他说“每日家笑呵呵，陶渊明不似我”（［双调·新水令]《辞官》)。此亦可见张、陶的为人又一个相似之处，那就是“真”，不掩饰，不造作。不过要指出的是，张养浩并不因其生活上的安逸而不理解陶渊明，倒是由此更生敬佩之情——“陶元亮自耕耘”，“不是等闲人”([越调·寨儿令]《春》)。可见两人日子过得虽然不同，但又丝毫不影响张对陶的理解与景仰，此亦难能可贵!

说过这些之后，我又想到另一个问题，那就是文化传承中的自主意识与面向现实。先说前者，韩愈说“人不通古今，马牛而襟裾”(《符读书城南》)，言之深刻而惊警。不知过去，无法理解现在；不识当下，也无法了解过去。二者相辅相成，所以“通古今”是人类文明健康发展的必由之路。也就是说，文化的传承是重要的、不可或缺的。但是也不可盲从，不可跟风，否则就难免“狂者东走，逐者亦东走。其东走则同，其所以东走之则异”(《韩非子·说林上》引惠子语)。这，看来可笑，然在生活中并不罕见。试看：说“批孔”，一呼百应，批倒批臭，使之万劫不复；说“尊孔”，一唱百和，吹吹打打，捧之上云端；说“四旧”，扫之毁之，势不可挡；说“申遗”(申请物质和非物质文化遗产)，你上我上到处上，争先恐后，唯恐不及。类似种种，恕不赘述。要改变这种失去自我、失去方向的跟风现象，每个人不论对待传统文化，还是流行文化，都要有一个理性的评判，自主的选择。同时也要有一个开放的、包容的心态。文化是多元的，你“不学”的不等于都是没有意义的，要彻底“打倒”的；你“选择”的只不过是为了找到更适合、更有益于自己的而已，张养浩的“不学”与“学”就是一个生动而全面的例证。但是，要做到这一点并不容易，它需要提高自身的素养。因为“各人所听见的只是他所懂得的”，“你所不理解的东西是无法占有的”，这也就是韩愈所说的“通”，如果不“懂得”、“不理解”，自然谈不上“通”，更谈不上什么借鉴、“占有”!是的，如果对古人的行为不能“辨其是非，研其成败，法是与成者，而戒其非与败者”，那么，历史、古人、传统文化对我们又有何益呢?

再说说面向现实的问题。“人们老是谈要学习古人，但是这没有什么别的意思，只是说，要面向现实世界，设法把它表达出来，因为古人也正是写他们在其中生活的那个世界”。说的是文艺创作，但做人又何尝不是一样呢？张养浩归隐之后，八年七召，婉辞不起。天历二年（1329）正月，朝廷再次征召张养浩赴陕西赈灾。他年已六十，且有老母奉养，还是毅然散尽家财奉召上路，为什么？因为他认为“民苦饥馑，而吾宁忍之不为之起乎”（危素《说学斋稿·卷二·张文忠公年谱序》）。到任之后，一面赈灾，一面惩治贪官猾吏、奸商地痞，“乡村良善全生命，廛市凶顽破胆心”（［中吕·喜春来］）。日夜辛劳，不遑寝处，数月之后溘然病逝，“关中之人，哀之如失父母”（《元史》）。他对这次受命赈灾也明确地表示：“无多惭，此心非为官。”（［南吕·西番经］《乐隐》）事毕，“行当还绰然”。出不为官，隐不忘世，只以百姓为重，这也突破了惯见的仕为名禄、隐为全身的一己之念。“夸父诞宏志，乃与日竞走……余迹寄邓林，功竟在身后”；“精卫衔微木，将以填沧海。刑天舞干戚，猛志固常在。同物既无虑，化去不复悔”（《读山海经十三首》）。如果说这是陶渊明对勇于献身、敢于抗争、无惧无悔的精神的敬佩与礼赞，那么，张养浩在生命最后的日子里，就是继承了、发扬了这种精神，去“面向现实世界”，尽其才智、勇气与全力，在赈灾的实践中“设法把它表达出来”了，从而为他的生命画上一个令人肃然起敬的句号！这也正是张养浩自己说过的：“万古东篱天留在，做高人轮到吾侪。”唯其如此，文化传承，“学习古人”，才有益于“现实世界”，才能焕发出传统文化不朽的生命力！

2012年2月

“寻求发展的灵感”

——论元代文人的“渊明情结”

如果翻阅《陶渊明资料汇编》（上册）[①]，从“目次”中，会看到编者收集了历代对陶渊明有所评论的文人——南北朝至唐代有24位（包括“佚名”者）；宋代有85位（包括“佚名”者）；金元有16位；明代有50位；清代有84位。也因此吧，编者在卷首的《历代陶渊明研究情况简介》中，有了这样的看法：“元代研究陶渊明的人很少。”

可是，当我们再看钟优民的《陶渊明研究资料新编》[②]，在“辽金元”这段历史时期就收集了127位，另外还有“无名氏”若干人。这变化从何而来呢？《陶渊明资料汇编》中《后记》的一段话做了回答：“本资料新编在体例上一仍其旧，所收条目为前书所未收录者。……还侧重关注历代文学家的创作。”正是这个“侧重”才将元代在诗、词、曲、戏剧创作中，涉及陶渊明及其作品的文人加以“收编”，从而扩大了“队伍”。是的，粗略地看一看，仅触及陶渊明及其作品的散曲约有一百四十多首，占整个元代散曲百分之三点几，唐诗、宋词中写到陶渊明的当然也不少，但这样的比例是远远达不到的。此外还有王子一、范康等人的杂剧[③]，可见我们不能因为那个“很少”，就误认元代文人对陶渊明疏远了、淡漠了，恰恰相反，只是表现的形式不同而已。

形式不同，也是有原因的。由于社会环境和生活境遇的剧变，元代文

---

① 北京大学、北京师范大学两校中文系师生编：《陶渊明资料汇编》，中华书局2004年版。

② 钟优民：《陶渊明研究资料新编》，吉林教育出版社2000年版。

③ 如王子一《刘晨阮肇误入桃源》，范康《陈季卿误上竹叶舟》。

人“很少”能安坐书斋去做细评、细点的“研究”，而更多的是一往情深地“歌唱”着陶渊明，从关汉卿的“归，学取渊明醉”[①]，到汪元亨的“今古陶潜是一绝”[②]，其间大大小小的散曲家无不“唱”着陶渊明。“歌唱”，不仅要熟悉、要理解对象，更是情的共鸣，心的呼唤，“君子作歌，维以告哀”（《小雅·四月》）。应该说元代文人的“渊明情结”不仅更深，而且独具特色，又非一般“研究”可以比拟的。众多的“歌唱”既反映了一代文人在文化碰撞、变异中的抗争、无奈与悲情，更是在为自己的人生选择、自我实现，确定方向，注入活力。

至于元代文人为什么如此钟情陶渊明，当然也不是无缘无故的。下面试从以下四点探讨其原因：

一、时运的相似性

陶渊明生活在晋、宋之交，战乱杀戮，黑暗恐怖，官场腐败，世风堕落，“真风告逝，大伪斯兴”[③]。鲁迅先生说：“晋朝已经是大重门第，重到过度了；华胄世业，子弟便易于得官；即使是一个酒囊饭袋，也还是不失为清品。……庶民中纵有俊才，也不能和大姓比并。”（《论“他妈的！”》）陶渊明也被这种腐朽的特权政治排挤、压抑，“虽怀琼而握兰，徒芳洁而谁亮”[④]。志不获展，生计窘迫。同时，那又是一个儒学失去独尊光环，各家学说竞相纷呈，思想活跃，个体觉醒，“文学的自觉时代”，也就是精神文化同样处于碰撞变异之中。这一切不都是与元代文人的境遇颇为相似吗？那么，异代同感也就自然而然了。是所谓“同声则异而相应，意合则未见而相亲”（《大戴礼记·保傅》）。

① 关汉卿：[双调·碧玉箫]。

② 汪元亨：[双调·沉醉东风]《归田》。

③ 陶渊明：《感士不遇赋》。

④ 陶渊明：《感士不遇赋》。

二、经历的参照性

“畴昔苦长饥，投耒去学仕。”[①]陶渊明二十九岁解褐入仕为江州祭酒，此后断断续续任过镇军参军、建威参军，降志辱身，济世无望，心为形役，身为人羁，最后做了八十几天的彭泽令断然归去，时年四十一岁。往后虽有征召、劝仕，皆辞绝不就。这种经历与心路对于元代各类文人——终身不仕者，身仕心隐者，先仕后隐者，欲仕欲隐者——皆有参照性，或从中找到自己的身影，或从中觅得心灵的启迪，自有一种异代同心、同行之感。

三、思想的启示性

对于陶渊明的思想这里只略述一点，那就是对封建君主专制的批判与否定。“奇文共欣赏，疑义相与析。”《桃花源诗并序》流传千古，议论千古，是幻、是实；是空想，是复古；还是别有寄托。所托是不是“晋衰裕横之日，借往事以抒新恨”[②]等，姑不一一评说。我们想从另一个角度来看看，先于陶渊明的阮籍、嵇康皆有“无君论”的言论，而鲍敬言的“无君论”则更为彻底、尖锐与明晰。他首先指出儒学的君主起源论：“天生烝民，而树之君”是不可信的——“岂其皇天谆谆言？亦将欲之者为辞哉。”难道老天真嘱咐过叫谁去为君、为帝，这都是想为君者的欺人之谈（当然，还有吹喇叭、抬轿子的拥君者的鼓噪）。进而指出“古者无君，胜于今世”。“胜”在“身无在公之役，家无输调之费，安土乐业，顺天分地”。“内足衣食之用，外无势利之争。”而“今世”祸乱、灾难之源，就在于“君臣既立，众慝日滋”。“有司设则百姓困，奉上厚则下民贫。”“獭多则鱼扰，鹰众则鸟乱。”因此，顺便说一句，有时候“论敌”也还是有

① 陶渊明：《饮酒二十首》。

② 黄文焕：《陶诗析义·卷四》。

"贡献"的，否则哪能见到鲍敬言的"高论"！

如果说鲍敬言以其雄辩的、政论式的语言阐述他的"无君论"，那么，陶渊明则是以诗人的才华、想象和优美的语言，创作了一个艺术版的"无君论"。那就是美丽神秘，自在温情，而又生意盎然，其乐融融的"桃花源"，有人读之"欣然规往"，有人谓之"荒唐"。我则以为这都不是陶渊明的创作意图，你看他虽然曲曲道来，细致生动，但终究是迷离渺茫，"寻向所致，遂迷不复得路……后遂无问津者"。显然他并不要求人们去寻其所在，信以为"真"。鲁迅先生在《中国小说史略》中说："幻设为文，晋世固已盛，如……陶潜之《桃花源记》……皆是矣，然咸以寓言为本，文词为末……"那么，这个"寓言"的寓意又究竟何在呢？明代钟伯敬曾对诗中"秋熟靡王税"一句，作了这样的点评："五字写出异境。"[①]"异"在何处？没有明说，抑或不便明说。其实勇于变革的王安石毕竟不凡，他早就揭示了"异"之所在。"儿孙生长与世隔，虽有父子无君臣。"[②]如此破译，作意骤然显豁，原来"桃花源"之美、之乐，就来自于"有父子无君臣"。那么，"有君"之害，读者诸君自可细细体味，而且这"害"并不仅仅在晋宋之交，而是"嬴氏乱天纪，贤者避其世"，"乃不知有汉，无论魏晋"。"有君"就有"害"，不在一朝一代。这，不就是陶渊明对古往今来，只为争权夺位而置百姓于水火的封建统治者及其制度的批判与否定吗？这种理念与情感对于生活在元代政治环境中的文人自然感受更为深切，所以在元曲中就可以看到："三国鼎分中继马。兴，也任他；亡，也任他。"[③]"古今尽成闲是非，翻覆兴和废。"[④]"兴，百姓苦；亡，百姓苦。"[⑤]"贼做官官做贼混愚贤。"[⑥]如果要说有什么不同的话，那就是少了鲍敬言思辨推理的色彩，少了《桃花源诗》的以"乐"示悲的曲笔，

① 钟伯敬、谭元春评选：《古诗归·卷九》。

② 王安石：《王临川集·卷四·桃源行》。

③ 陈草庵：[中吕·山坡羊]。

④ 钟嗣成：[双调·清江引]。

⑤ 张养浩：[中吕·山坡羊]《潼关怀古》。

⑥ 无名氏：[正宫·醉太平]。

而变得嬉笑怒骂，冷嘲热讽，直白透底。

至于“桃源”这个“异境”的构建，显然汲取了儒学中的“天下为公”（《礼记·礼运》），“老者安之，朋友信之，少者怀之”（《论语·公冶长》），“五亩之宅，树之以桑，五十者可以衣帛矣。鸡豚狗彘之畜，无失其时，七十者可以食肉矣”（《孟子·梁惠王章句上》）。但却扬弃了“选贤与能”，“君君臣臣”，以及“无君子，莫治野人；无野人，莫养君子”等思想理论。再说，“异境”中也“小国寡民……甘其食、美其服、安其居、乐其俗”（《老子》）的景象，却不是“绝仁弃义”，“无为无欲”，而是“相命肆农耕，日入从所憩”，“童孺纵行歌，斑白欢游诣”，“便要还家，设酒，杀鸡作食”，种种情事都反映出彼此照应，欢乐相从，热情好客，而不是“民至老死，不相往来”。当然，这一切又“不足为外人道也”，对外的“封闭”是因为“淳薄异源”，也就是不想让“有君”的世俗文化，毁掉这个“无君”的桃源文化，指责其“复古”“空想”，都有说词。不过本着理解、宽容的心态，也可以说两句：陶渊明不可能描绘出什么科学的、新颖的社会蓝图，是时代的局限；但对于君主专制的批判与否定，对美好生活的向往，还是可以激发人们变革黑暗现实的追求与热情，这显然也是推动社会前进的一种精神与思想。比起言不及义、安于现状、同流合污、歌功颂德、孰优孰劣，不言自明。还要指出的是陶渊明的这种亦儒亦道、非儒非道，要自由地抒发爱憎之情，构建自己的思想理念，对于元代文人同样有着深刻的启示与影响！事实上这也正是元代文人构建自己精神文化的一种思维模式。

四、心性的趋同性

鲁迅先生说：“这‘猛志固常在’和‘悠然见南山’的是一个人，倘有取舍，即非全人，再加抑扬，更离真实。”如果说上述陶渊明思想的批判性与人格的独立性，是“猛志固常在”的精神基础，那么，“悠然见南山”的“静穆”“飘飘然”，又源于什么呢？我们还是先读陶渊明的一首诗：

结庐在人境，而无车马喧。问君何能尔？心远地自偏。采菊东篱下，悠然见南山。山气日夕佳，飞鸟相与还。此中有真意，欲辨已忘言。（《饮酒二十首》）

“心远”者，心之虚静也。“人心只有保持虚静的状态，才能观照宇宙万物的变化及其本原”[①]，才能“不受这种有限的物象的局限，而是要伸向无限的宇宙、历史、人生”，而这种“感受和领悟，往往是不能用概念来表达的。例如陶渊明的诗句：‘采菊东篱下……欲辨已忘言。’”[②]言之精当。然而问题还不止于理论层面的剖析，因为人不是神。人心之所以能虚静，乃在于对那些人生绕不过的问题，有一个“合理”（合乎自己认可的理）的评判与选择，“合理”了，也就从矛盾中、纠结中解脱了，放下了，放下则心定，心定而后静。对此，我们仍以陶渊明为例来说三个问题。

（一）生与死

陶渊明也曾感叹“从古皆有没，念之心中焦”[③]。然而焦虑并不能改变“人生似幻化，终当归空无”[④]。但是认识了这一规律，并不是要在焦虑和无奈中等待死亡，而应该是“及时当勉励，岁月不待人”[⑤]，“脂我名车，策我名骥。千里虽遥，孰敢不至”[⑥]。只要在有生之年，珍惜光阴，进德修业，也就可以心地坦然——“有生必有死，早终非命促。”[⑦]“纵浪大化中，不喜亦不惧。应尽便须尽，无复独多虑。”[⑧]这，就是对生死参透

① 叶朗：《中国美学史大纲》，上海人民出版社1999年版，第39页。
② 叶朗：《中国美学史大纲》，上海人民出版社1999年版，第192页。
③ 陶渊明：《己酉岁九月九日》。
④ 陶渊明：《归田园居六首》。
⑤ 陶渊明：《杂诗八首》。
⑥ 陶渊明：《荣木》。
⑦ 陶渊明：《挽歌诗三首》。
⑧ 陶渊明：《形影神三首》。

之后的心安神定，而又积极有为。正因为如此，他才能在生命危殆之时从容镇定地写出像《挽歌》那样达观、诙谐的诗。

（二）贫与富

朱熹说："晋、宋人物，虽曰尚清高，然个个要官职，这边一面清谈，那边一面招权纳货。陶渊明真个能不要，此所以高于晋、宋人物。""真个能不要"，就意味着选择了一条艰辛，贫困的道路，这一点他很清楚："量力故守辙，岂不寒与饥。"[①]但是，"人生归有道，衣食固其端。孰是都不营，而以求自安。"[②]"纡辔诚可学，违己讵非迷。"[③]"贫富常交战，道胜无戚颜。"[④]为了生存，为了人格独立和仁义之道，必须选择躬耕自营也"自安"的道路。"富贵非吾愿，帝乡不可期。"[⑤]"嗟我独迈，曾是异兹。宠非己荣，涅岂吾缁，……余今斯化，可以无恨。"[⑥]无怨无恨，直至生命的终点。这，也是由"合理"的认知而达到情感的从容淡定。

（三）得与失

"忆我少壮时，无乐自欣豫。猛志逸四海，骞翮思远翥。"[⑦]但是刚到中年便辞归田园，不无失落之感。不过也因此免去了"一心处两端"的矛盾与苦闷，而且在那个黑暗、滥杀的年代，更是一种安全、理智的选择，"觉悟当念还，鸟尽废良弓"[⑧]。有了这些"合理"的认知之后，那"久在樊笼里，复得返自然"[⑨]愉快也就难以掩抑了。是的，他回到了一个清

① 陶渊明：《咏贫士七首》。
② 陶渊明：《庚戌岁九月中于西田获早稻》。
③ 陶渊明：《饮酒二十首》。
④ 陶渊明：《咏贫士七首》。
⑤ 陶渊明：《归去来兮辞》。
⑥ 陶渊明：《自祭文》。
⑦ 陶渊明：《杂诗八首》。
⑧ 陶渊明：《饮酒二十首》。
⑨ 陶渊明：《归园田居六首》。

新、自然、淳朴的天地——"僮仆欢迎，稚子候门"[①]，"东园之树，枝条载荣，竞用新好，以招余情"[②]，"时复墟曲中，披草共来往；相见无杂言，但道桑麻长。"[③]田园、耕作、友邻和亲情，都可以给他在"樊笼"中得不到的愉悦。不仅如此，"诗书敦素好，园林无世情"[④]，"既耕亦已种，时还读我书"[⑤]。读书，不仅有一种适性的快乐，更可以开阔视野，"历览千载书，时时见遗烈。高操非所攀，谬得固穷节"[⑥]。既获得了精神的支撑，也引导他藉文字以抒发情怀的创作道路，"仲蔚爱穷居，绕宅生蒿蓬，翳然绝交游，赋诗颇能工……人事固以拙，聊得长相从"[⑦]，"寓形百年，而瞬息已尽；立行之难，而一城莫赏；此古人所以染翰慷慨，屡伸而不能已者也。夫导达意气，其惟文乎！"[⑧]心中的爱恨，人生的缺失，世事的感悟，前人能写，自己又何尝不能呢？这就是"环堵萧然，不蔽风日，短褐穿结，箪瓢屡空，晏如也。常著文章自娱，颇示己志。忘怀得失，以此自终"[⑨]。此亦可谓："他吸取了前人的精华，就是这种精华培育出他的伟大。"可见陶渊明失去的是他不可能实现的济世之愿，而得到的是"啸傲东轩下，聊复得此生"[⑩]。回归自我，展示自我，还有流传千古的诗文，这就是清代诗人舒位说的"英雄末路以诗传"（《陶渊明》），补偿了人生的缺失，实现了另一种人生价值。从失落到平衡，从苦闷到愉悦，乃在于"以退为进"的智慧，和理性的思考与选择。

总之，陶渊明正视生死，珍惜寸阴，把握现实，"千载非所知，聊以

① 陶渊明：《归去来兮辞》。
② 陶渊明：《停云》。
③ 陶渊明：《归园田居六首》。
④ 陶渊明：《辛丑岁七月赴假还江陵夜行涂口》。
⑤ 陶渊明：《读〈山海经〉十三首》。
⑥ 陶渊明：《癸卯岁十二月中作与从弟敬远》。
⑦ 陶渊明：《咏贫士七首》。
⑧ 陶渊明：《感士不遇赋》。
⑨ 陶渊明：《五柳先生传》。
⑩ 陶渊明：《饮酒二十首》。

永（咏）今朝”[1]，而不惴惴于生命的“幻化”，也不期望彼岸的“帝乡”；他执着于心性的适意，精神的张扬，而不屑于屈己委人，富贵显达；“质性自然非矫厉所得；饥冻虽切，违己交病。”[2]他坚持人格之真，创作之真，而不在乎世俗风尚；他断然归隐，但“于世事也并没有遗忘和冷淡”；了悟人生，参透世事，坦荡率性，愤可“金刚怒目”；乐则“衔觞赋诗，以乐其志。无怀氏之民欤？葛天氏之民欤”[3]？情乐则忘忧，“心远地自偏”，这就是“猛志固常在”的陶渊明，有时候也能于“静穆”中“悠然见南山”，“飘飘然”进入“欲辨已忘言”的“超物之境”。

陶渊明的这种自主、自尊、独立、通脱、叛逆的心性、修养和生存法则，自然给予了超脱与现实、玩世与真情、参破与执着、诙谐与严肃集于一身的元代文人以莫大的兴趣和趋附的热情。

结　语

陶渊明在“最混乱”“最痛苦”的时代，来到这个世界，也在“最混乱”“最痛苦”的时代“永归本宅”，来去所见“并没有两样”。黑暗与邪恶没有压倒他、扭曲他，而作为批判的对象、生存的背景，反而使他的人品与作品显得更为光彩夺目，“万古流传”，影响着后人，特别是元代文人，其明显的表现——仅在散曲的歌唱中，我们就可以听到——

他们心羡渊明：

羡柴桑处士高哉，绿柳新栽，黄菊初开。稚子牵衣，山妻举案，喜劝蒿莱。审容膝清幽故宅，倍怡颜潇洒书斋。隔断尘埃，五斗微官，一笑归来。

——鲜于必仁［双调·折桂令］《晋处士》

去来去来归去来，菊老青松在。生前一杯酒，死后名千载。淮阴

① 陶渊明：《已酉岁九月九日》。

② 陶渊明：《归去来兮辞》并序。

③ 陶渊明：《五柳先生传》。

侯不如彭泽宰。

——张可久［双调·殿前欢］《张子坚运判席上》

他们敬仰渊明：

……春水孤舟，秋风三径，也强如暮登台朝入省。三槐堂政声，五柳庄暮景，有识见彭泽令。

——无名氏［中吕·快活三过朝天子］《知机》

达时务呼为俊杰，弃功名岂是痴呆，……今古陶潜是一绝，为五斗米腰肢倦折。

——汪元亨［双调·沉醉东风］《归田》

他们仿效渊明：

今我如何？对镜嗟吁。……南山敝庐，收拾园圃，安排隐居，效靖节先生归去。

——秦竹村［双调·行香子］套《知足》

……自在如彭泽县。苍天负我，我负苍天。

——乔吉［双调·殿前欢］《里西瑛号懒去窝自叙有作奉和》

……愿学陶渊明，卸印归三径。

——无名氏［中吕·齐天乐过红衫儿］《幽居》

可以说元代文人的价值评判，人生选择，批判精神，审美观念，文艺创作，无不受着陶渊明灵魂的熏陶与启迪。这是陶渊明想象不到的，古人不知后人，后人与古人倒可以迹不同心相通。基辛格在《论中国》中说：“没有任何一个国家像中国一样拥有悠久而复杂的历史，一名中国精英可以从几千年的文明中寻求发展的灵感。”是的，此话有理。不过，也还有另一种现象，那就是一个时代的群体性的“寻求”。比如元代文人的“渊明情结”，就不是“一名”、两名、三五名，而是一代文人在“寻求”生存与发展之中，不约而同地从千年之前的“文明”中选择了陶渊明。陶渊明的思想、情感、气节、智慧和作品，也确实给予他们以“灵感”，从而成了他心中的典范与导师。这，应该说是元代文化歧视与变异时代的一种独特的文化现象，对于它的产生、形成、内涵、特点和意义，不也是一个值得注意与研究的问题吗？

2012年6月

有关“反智”问题的随想

在中国传统文化中，“反智”现象，既存在于“民间”，亦存在于“官方”（皇权控制下的朝廷）。不过，二者的内涵、性质、影响，都不可同日而语。比如在民间的一些民谣、故事、传说、戏曲中，往往见到秀才无知、书生无能、胆小怯懦、弄巧成拙，而无文化的贫贱的人则能言善辩、遇事机警、巧于应对，双方常常在互动、对比之中彰显出高下智愚。其用意在于表现民间意识对精英文化的挑战和抗衡。值得注意的是，故事中的一些谐谑调侃、讽刺嘲弄，也并非纯粹的恶意，有的对于拓宽、活跃人们的心智、思维还有一定的启示。

至于“官方”的“反智”，则是出于统治者的需要，对知识及拥有知识的文人排斥、压制。“皇权”至高无上，“反智”也就没有底线，“反”之不及，则“灭”之。所以就中国的皇权统治而言，“反智”“灭智”是并存的。当然，不同时期、不同朝代也有不同的情况与表现。下面将就此试做一点论述。

一、秦代“灭智”的“开创性”

大家都知道秦代是个短命的王朝，可奇怪的是往后的帝王们并不因其短命“敬而远之”，倒是变花样、换旗号，什么“阳儒阴法”“外儒内法”“以儒术缘饰吏制”等，去追随，去超越。这就是刘绪贻老先生指出的：“说自西汉武帝以来儒学统治中国两千余年，乃是一种表面看法。实际上，这两千多年来统治中国的不是儒学，而是‘外儒内法’。目前，这种看法已成为学术界的共同看法。”[1]而运用法家思想、理念治国的引领者便是秦，便是商鞅。其实，这一点苏轼也早已指出：“商鞅用于秦，变法定令……自汉以来，学者耻言商鞅、（桑）弘羊，而世主独甘心焉，皆阳讳其名，而阴用其实，甚者则名实皆宗之，庶几其成功。”[2]

那么，商鞅“变法定令”的魅力究竟何在呢？简言之就在于它的内涵与外延都展示了一种极权文化的特质。这既适应专制的需要，又满足了帝王对权力的欲望。请听力助秦孝公变法的商鞅是怎么说的：“权者，君之所以独制也。人主失守则危。……权制独断于君则威。”（《商君书·修权》）足见法家治国思想就是赤裸裸地主张君主专制的。不过，这一点倒很令“人主”动心。“所谓贤主者专以天下适己而已，此世主所以人人甘心而不悟也。”[3]像商鞅这样无忌无讳，亮出观点，倒也很能体现那个不主一尊，百家争鸣的世风。怎样才能“独制”“独断”呢？除了严刑峻法，还需愚民政策。因为“愚农不知，不好学问，则务疾农”（《商君书·垦令》）。“归心于农则民朴而可正也，纯纯则易使也，信可以守战也。”（《商君书·农战》）总之，百姓愚昧无知就安心于农战，就易于役使，易于统治，易于君权“独断”。而要使百姓愚昧，就要贬抑学问，封杀文化，否定智慧、知识——“《诗》、《书》、礼、乐、善、修、仁、廉、辩、慧，国有十者，上无使守战。国以十者治，敌至必削，不至必贫。国去此十者，敌不敢至。虽至，必却；兴兵而伐，必取；按兵不伐，必富。”（《商君书·农战》）可见君主专制势必需要极权文化，极权文化必以遏抑民智维护君权为其使命。

后来居上。深知“帝王之术”的李斯就比商鞅更为出色，他直截了当地对秦始皇说：“今陛下并有天下，别黑白而定一尊。”[4]你皇帝老子得了

① 刘绪贻：《补上“批法”这一课》，《南方周末·副刊》2012年12月27日。

② 苏轼：《论商鞅》。

③ 苏轼：《论商鞅》。

④ 司马迁：《史记·李斯列传》，《史记·秦始皇本纪》中也有此言。

天下，就该成为天下之至尊，是“黑”，是“白”；是“鹿”，是“马”；一切的一切都得你说了算。这，很对秦始皇的胃口，也是历代帝王梦寐以求的境界。

但是，人人有思想，个个有爱憎。所以“别黑白”而又要人人举手称是，也并不容易！不过李斯认为此事不难。他因袭了商鞅的理念，而在行动上做得更绝。他对秦始皇说：“臣请史官非《秦纪》皆烧之。非博士官所职，天下敢有藏《诗》《书》百家语者，悉诣守、尉杂烧之。有敢偶语《诗》《书》者弃市，以古非今者族。吏见知不举者与同罪。令下三十日不烧，黥为城旦。所不去者，医药卜筮种树之书，若欲有学法令，以吏为师。”[①]待到秦始皇一声“可”！“焚书”的火光就冲天而起，还要说三道四吗？那就请君入“坑”。史载：“四百六十余人，皆坑之咸阳，使天下知之，以惩后。”[②]说来残暴，但对秦始皇而言则是简单快捷，干净利落。这就是苏轼在《论商鞅》中讲的：“乐其言之美便，而忘其祸之惨烈也。”一无诗、书，二无杂音，舆论统一，心无烦忧，“二世三世至于万世，传之无穷”。这话出自秦始皇之口，多了嘲弄与讽刺，但后之帝王又何尝不是这么想，这么做的呢？焚书、删书、文案、诗案，收监坐牢，杀头腰斩，上吊投湖，株连无辜，百代而下，屡见不鲜。把这种愚昧百姓，禁锢思想，钳制言论，摧毁文化，残害生命的行为，叫做“灭智”，恐不为言过吧。

秦始皇是一个开创性的人物，他第一个称皇帝，第一个在中国历史上建立了专制主义中央集权的王朝，他的“焚书”“坑儒”也开启了“灭智”的先河。而且要“灭”的也不仅仅是“敢语诗书”“以古非今”的儒生，只要有“需要”，皆在所不惜。比如为秦始皇修建陵墓的“三千名工匠当然包括设计师、工程师以及技术工人，而且大约都是全国最高级的。前面提到的种种令人叹服的精巧匠心体现了多少智慧、知识和经验”！最后又把他们统统活埋在陵墓里，虽说惨无人道，却对后代帝王颇多启示，

① 司马迁：《史记·秦始皇本纪》。
② 司马迁：《史记·秦始皇本纪》。

并热衷于效仿。那么，“只要看一看这延绵几千年的墓葬传统及其所体现的统治思想：生前以天下奉一人，死后在地下继续享用；这还不够，还要保证这一切连同其创造者都只为一人服务，以千万生命殉这‘最高机密’，难道还指望知识能积累、传播，科技能向前发展吗?”把这些“开创”结合起来，又可以给人们一个深刻的启示，那就是皇权专制与愚民、反智、灭智，一开始就是相伴而生，结伴而行的。“在针对人类各种暴政中，最可怕的是迫害思想的暴政”（德莱顿《牝鹿与豹》）。因为“最可怕”，所以不得人心，“言之则汙口舌，书之则汙简牍。”（苏轼《论商鞅》）所以后世君王在行施“秦政法”的同时，往往也不得不披上“儒”的外衣，用“儒术”加以“缘饰”。认不清这一点，乃是许许多多悲剧的根源。

二、元代“反智”的“特异性”

“千里不同风，百里不同雷。”世事也很难一概而论，比如元代也建立了专制王朝，当然也要“定一尊”，也想“传之无穷”。再从异族入主，文化差异来看，似乎更有理由去上演“焚书”“坑儒”的悲剧，然而没有。而是通过歧视与限制的政策，实行一种颇为特异的“反智”。下面将就其产生、特点与影响做点分析。

蒙古人远居漠北，当初挥戈南下也只是为了掠夺财物，扩充兵源，对中原文化知之甚少，也不感兴趣。待到稍事安定，又欲久立不去，面对中原众多儒生，完全无视，也不现实，加之深知儒术又非汉族的耶律楚材、高智耀的言论、实践与政绩，曾经得到蒙古最高统治者的欣赏，无疑也影响到他们及其继位者的观念。至于对儒学究竟如何认知和定位，当然还需要了解与斟酌。请看一段文字：“立怯里马赤，盖译史也，以通华夷言语文字。昔世祖尝问孔子何如人？或应之曰：是天的怯里马赤。世祖深善之。盖由其所晓以通之，深得纳约自牖之义。”[①]孔子其人、其学，答者能

①叶子奇：《草木子·杂俎篇》。

否正确阐述是一个方面，更重要的即使讲了，世祖也未必能解，能感兴趣。而说孔子是“天的怯里马赤”，就立即与其固有的“告天祝寿”的宗教意识、习惯相吻合，而豁然贯通，欣然称许，所以叶子奇十分赞赏这个“聪明”的回答。儒学是一种哲学体系，不是宗教。但这个似是而非的回答，对儒学、儒士来讲却是很重要的，因为是“儒教”，那就取得了与僧、道相当的、合法的地位，并由此设置儒户，优免赋役。不管怎样，有了这样的定位，起码不会再有“焚书”“坑儒”的厄运了。

忽必烈于中统元年（1260）建立元朝，在《中统建元诏》中说：“稽列圣之洪规，讲前代之定制。”这后一句就表示“大元”是对中国历代王朝的延续，这样当然可以增强其正统性、合法性。不过，既如此标榜，就得有所表示，于是有了立朝仪，修孔庙，办学校等措施。甚至儒学也列入对他们后代的教育之中，陶宗仪《南村辍耕录·卷之二》中就有一段记载：“忽一日，帝师来启太子母后曰：‘向者太子学佛法，顿觉开悟。今乃受孔子之教，恐损太子真性。’后曰：‘我虽居于深宫，不知道德。尝闻自古及今，治天下者，须用孔子之道。舍此他求，即为异端。佛法虽好，乃余事耳，不可以治天下。安可使太子不读书？’帝师赧服而退。”当然，真“用孔子之道”治天下，对于元代来说既不现实，也不可能，但可以取其所需，所以那“外儒”的影响与表现还是显而易见的。

其实忽必烈在对漠南汉地的治理、帝位的争夺之中，也确实招引了、得到了不少儒士的出谋划策。立国之后，疆域辽阔，政务纷繁，而蒙古人数少，文化又低，以游牧之道管理农耕社会也不可行。因此，“不可以马上治天下”，已经不单是一个治国理念问题，更是摆在眼前的实际问题。往日的经历，现实的需要，都决定了必须利用一部分有文化、熟悉情况，能处理事务的儒士。

以上从元代对儒学的定位，国策的确立，以及对儒士的利用等方面，来分析之所以没有采取“灭智”（如焚书、坑儒）的原因。但不等于不“反智”，比如元代把人分四等，就包涵了对汉人、南人中儒士的歧视、防范和限制；再比如忽必烈建朝之后五六十年不行科举，后来虽开科取士，但录选极少，也不公平。官员授予唯论“根脚”，即家庭背景，就如叶子奇所言：“仕途自木华黎王等四怯薛大根脚出身份任省台外，其余多是吏员，至于科举取士，止是万分之一耳，殆不过粉饰太平之具，世犹曰无益，直可废也。”[①]儒士的出路主要是胥吏与教职，品秩低，升迁难，“吏员困于路、县，终老无受敕之期”（郑介夫（《太平策》）。根本谈不上什么“治国平天下”，而这又恰恰是千百年来文人最理想的价值追求。“淡文章不到紫薇郎，小跟脚难登白玉堂”[②]，包含了多少人生的失落，无奈的沮丧。

然而，又必须指出元代所限制的只是汉族文人的仕途（说白了就是不让你进入权力高位、要害部门），而不是文人的观念、文化，蒙古人、色目人学习、精通汉文化的也不少，就是有力的证据。正是如此，所以元代没有封杀诗、书，禁言“百家语”，也没有规定文人的出处，就像汉武帝那样：“有才而不肯尽用，与无才同，不杀何施”；像朱元璋那样“不为君用，罪该抄杀”。因此，元代文人只要参破仕途，不图功名，舍弃名缰利锁，那就“行，也在我；藏，也在我”[③]，“身，也自由；心，也自由。”[④]去寻找自己的生存空间，选择自己的生存方式，用自己的智慧实现自我价值。这正如钱穆先生讲的：

> 当时儒生被看成与丐为伍，最宽大是把他们当和尚道士看待，躲在社会一角落，预闻不到政治，占不到社会中心领导的地位。那时的知识分子，在此形势下，却获得意外发展。诗文、戏曲、小说、艺术、字画、园林堆造、医药、算数、历法、工程、水利、机械制造，多方面地分途迈进。有些走进衙门做书记文案，有些从事田亩商贩，改营生产。元代的中国社会实在走上了一变型[⑤]。

① 叶子奇：《草木子·杂俎篇》。

② 张可久：［双调·水仙子］《归兴》。

③ 乔吉：［中吕·山坡羊］《失题》。

④ 陈草庵：［中吕·山坡羊］。

⑤ 钱穆：《中国知识分子》，《国史新论》，生活·读书·新知三联书店2011年版，第146页。

这种“分途迈进”，对文人而言是因为仕途不畅，对上而言，意味着朝廷不想从文人中选拔什么治国之英才，也就是歧视与限制。所以那“意外发展”，实在是一种不得已的“多样化”，由此更引发了思想意识、价值观念的重大变化。那就是地位失落，价值颠倒，使得元代文人再也没有“处江湖之远，则忧其君”的情怀，而有的则是“兴，也任他；亡，也任他”的漠然，“苍天负我，我负苍天”的悲愤与抗争。至于元代的歧视与限制，只是在仕途，而不涉及思想、文化和出处，也没有规定作家、艺术家一定要歌颂什么，批判什么。所以你只要翻开元散曲，便可以感受到爱恨情仇、世事人生，随性而发，少有忌讳。试举点滴：作家可以牢骚不平——“冠世才，安邦策，无用空怀土中埋”[①]；可以看空一切——“古今荣辱转头空，都是相般弄”[②]；乐其所爱——“辞是非，绝名利，笔砚诗书为活计”[③]；可以傲世狂放——“红尘千丈，岂羡功名纸半张，渔樵闲访，先生豪放。诗狂酒狂，志不在凌烟上”[④]；嬉笑怒骂——“堂堂大元，奸佞专权。”[⑤]；也可以“伏低伏弱，装呆装落”[⑥]等等，恕不再举。

至于元代杂剧，“上则朝廷君臣政治之得失，下则闾里市井父子兄弟夫妇朋友之厚薄，以至医药卜筮释道商贾之人情物性，殊方异域风俗语言之不同，无一物不得其情，不穷其态”[⑦]。题材广泛，异彩纷呈，名家辈出，而震撼人心的更在于一些优秀作品中的惩恶扬善，伸张正义，表现被压迫者的智慧与勇气，爱憎与理想。“这不仅是世界戏剧文化史上的空前壮观，也是整个人类文化发展史上的罕见奇迹。”[⑧]

要说元曲之所以兴旺灿烂，论者无数，原因种种，这里只想就本文所述指出一点，那就是一个“变型”的社会，和一种特异的“反智”，造就

① 曾瑞：[南吕·四块玉]《述怀》。

② 盍西村：[越调·小桃红]《杂咏》。

③ 滕斌：[中吕·普天乐]。

④ 马谦斋：[中吕·快活三过朝天子四边静]。

⑤ 无名氏：[正宫·醉太平]。

⑥ 陈草庵：[中吕·山坡羊]。

⑦ 胡祗遹：《紫山大全集·赠宋氏序》。

⑧ 奚海：《元杂剧论·绪论》，河北教育出版社2001年版，第5页。

了一个特殊环境中的一个特殊群体——元代文人。他们仕途逼仄，“归去”开阔；公平没有，放诞“自由”；身隐山野，情系人间；境遇落魄，恣意挥毫。正是这些客观与主观的种种状况，带来了前所未有的矛盾与碰撞，才形成了他们独有的精神风貌与审美观念，才使他们拥有丰富的人生感受与创作题材，才激发了不吐不快的冲动，创作了文字和寓意极具张力的一代文学——元曲。这，也可以说是元代特异的“反智”，使中国文学史获得了一次“意外”的“发展”。有人说：中国政治上的反智传统是一个复杂的历史现象。不错，元代“反智”的内涵和影响，大概可以算是“复杂”中的一个特例吧？

三、“反智”“灭智”的“同质性”

“反智”与“灭智”只是方式、表现与力度上的不同，而无“质”的差异。“灭智”的前因是“反智”，“反智”的最终结果必然是“灭智”。即使像元代这种很特殊的“反智”也不能例外，比如元代也办学，儒户还有义务送一个子弟入学。但是，学问和仕途无关，这在那个时代也就失去了学习的兴趣，“苟业儒而无用，则人皆厌弃，虽免役已不是以励之也”（郑介夫《太平策》）。不妨再读一首张鸣善的[中吕·普天乐]：

> 讲诗书，习功课。爷娘行孝顺，兄弟行谦和。为臣要尽忠，与朋友休言过。养性终朝端然坐，免教人笑俺风魔。先生道“学生琢磨”，学生道“先生絮聒”，馆东道“不识字由他”。

先生要求学生好好琢磨授课的内容，学生恐怕早已不耐烦了，再听到这句话，也就顾不得什么“言不可不慎也”，干脆回了一句别再啰唆了。那先生定是带着一肚子屈辱和怨气禀告东家，谁知东家听后说了一句“不识字由他”。这惊人的轻松、豁达定使得先生顿时像泄了气的皮球一样，无劲可使，无言以对。能请得起塾师的东家起码也是个不大不小的乡绅、财主吧，他们对世事的了解看来是远胜过那位守旧迂腐的先生，现如今时代变了，“不读书有权，不识字有钱”。东家的话也自有他的道理，只是这“道理”先生尚未领悟。不过，就任教职的并不都像那位“先生”，“担任儒学教官虽为儒人最近本业的出路，但是品秩既低，前程有限。难怪当时又多目为‘去闲凉不远’，以致‘勇于有为者，弃而不受’”。

“不读书最高，不识字最好，不晓事倒有人夸俏。老天不肯辨清浊，好和歹没条道。善的人欺，贫的人笑，读书人都累倒。立身则《小学》，修身则《大学》，智和能都不及鸦青钞。”[①]世风败坏，清浊不分，道德沦丧，价值颠倒，知识无用，金钱至上，所以弟子厌学，先生无法教也不安于教，家长无所谓，如此人情世态，虽不见“焚书”之火，不亦大有“灭智”之势吗？也可以说是“灭智”的另一种方式。只不过事物也还有难测的、复杂的另一面。比如：第一，元代政权不到百年即寿终正寝了；第二，处于“九儒十丐”地位的元代文人，虽然心羡“不识字烟波钓叟”，“不识字”的渔夫、樵夫，但是已经“识字”了，既无法“回头”（归于文盲），又没有奔头，还只好读读写写，参古酌今，抒怀咏志……，这也是一种历史形成的集体记忆吧，它也体现了文化特有的韧性。所幸的是，由于文化的隔膜等原因，元代统治者对此倒也不太介意，这就有了“我大元乐府”，“字句皆无忌惮”。因此，就某种意义而言，非但没有“灭智”，反而刺激了文化的传承与发展。所以钱穆先生曾经说：“元代以蒙古异族入主，政统易于上，而道统则仍存于下。”这，不也有其“意外”与“特异”吗？

① 无名氏：［中吕·朝天子］《志感》。

四、“反智”“灭智”的“垄断性”

元代限制文人仕途出于对民族特权专制的垄断，这很清楚，元代也不避讳。至于通过思想、文化，意识形态的掌控、垄断以巩固皇权，由于文化的差异，元代似乎还不甚了然，也不在意，抑或无能为力，而在中原本土的政治智慧中则早已有了惊人的表现。比如力主“焚书”，不许别人藏书、读书的李斯，自己则是恰恰相反，“偏是铭山文字好，不知平日读何书？”（证山《李斯》）李斯有《峄山》《泰山》等六篇刻石铭文，文章、书法都很著名，显然他是读过不少书的，也不会只读“医药卜筮种树之书”的，那么，“不知平日读何书”就意不在求答，而在反讽了！还有，别人“偶语诗书”“以古非今”，要杀头弃市。可是李斯自己呢？只要看看他的《谏逐客书》，不正是列举了大量的史实和事实，“以古非今”（力谏秦始皇的逐客令），层层渲染，透辟有力，因而打动了秦始皇，成为千古名文，且由此获得了宠幸吗？只许我有，不许你藏；只许我读，不许你看；只许我言，不许你说；这不是十足的垄断，十足的文化霸权吗？当然，他敢于这样做，且能行得通，是因为“方向”对头，所谓“妙在不为客谋，而通体专为秦谋”。也就是迎合了秦始皇的君主专制、政治霸权的需要。

我们还可以再回过头去看看他的前辈商鞅的表现。商鞅说：“民不贵学则愚，愚则无外交。无外交，则国安而不殆。”又说：“国之大臣诸大夫，博闻、辩慧、游居之事，皆无得为。”（《商君书·垦令）》）而他自己呢？本是战国卫人，却去做了魏相公叔痤家臣。痤死，又跑到秦国，对秦孝公侃侃而谈：“治世不一道，便国不必法古。汤，武之王也，不循古而兴；殷、夏之灭也，不易礼而亡。然则反古者未必可非，循礼者未足多是也。君无疑矣。”（《商君书·更法》）口若悬河，极尽辩士之能，既做了官，又得了封邑。总之，“贵学”“外交”“博闻、辩慧、游居"，别人"皆无得为"，而他都可以"为"。此亦可见"专制者本人也不否认自由是美好的，只不过唯独他才配享有自由"[①]。这，就是他的也是"独制"者的逻辑。

君主专制为什么需要"反智""灭智"，实行思想垄断，文化霸权呢？司马迁毕竟是伟大的，他早就看穿并明白地指出："收去诗、书百家之语以愚百姓。"（《史记·李斯列传》）贾谊也认同这一观点："废先王之道，焚百家之言以愚黔首。"（《过秦论》）这是因"民愚则易治也"。百姓愚昧无知，权势者自然变得"聪明"，权力最大的皇帝就是最"聪明"的，圣旨一出，人人只会欢呼：吾皇英明，伟哉伟哉！此情此景，实在令圣上陶醉！百代君王同此梦，一晌贪欢终是空。"谤声易弥怨难除，秦法虽严亦甚疏。夜半桥边呼孺子，人间犹有未烧书。"[②]让人闭口容易，要人不怨很难，何况书烧不完，人也坑不尽。反秦的张良不就从一位老者那里得到《太公兵法》，辅佐刘邦，在倒秦中做出了杰出贡献吗？要知道思想是"烧"不掉，也"坑"不了的！"黔首不愚尔益愚，千里函关囚独夫。"[③]百姓并没有因"焚书""坑儒"而变得愚昧，倒是自己愈发残暴愚蠢，众叛亲离，走向末日。就如杜牧说的："使天下之人，不敢言而敢怒；独夫之心，日益骄固。戍卒叫，函谷举，楚人一炬，可怜焦土。"（《阿房宫赋》）当然，躺在"三泉下""金棺"里的秦始皇是肯定"烧"不到的，在不在做"万世"梦就不得而知了。不过，这样的梦后代帝王还是会接着做下去的，这一点也是可以肯定的。

余　论

既然，后之"世主"对于"商、李之术"，或"阴用其实"，或"名实皆宗"。"人人甘心而不悟"。那么，类似于秦的"戏"也就不得不反复

① 托克维尔：《旧制度与大革命》，冯棠译，商务印书馆2012年版，第37页。
② 陈恭尹：《读秦纪》。
③ 杜牧：《过骊山作》。

地演下去了，情节可以五花八门，时间有长有短，却难逃相似的结局。这一点与李斯同出一个门下的韩非早就说过：“与死人同病者，不可生也；与亡国同事者，不可存也。”（《孤愤》）所以杜牧在《阿房宫赋》的结尾禁不住为之深叹：“秦人不暇自哀，而后人哀之；后人哀之而不鉴之，亦使后人而复哀后人也。”瞻前顾后，句句言“哀”，“哀”之无尽。“文章至此，心枯血竭矣。”（金圣叹评语）不过在今天看来也还觉得有点遗憾，那就是文章的着眼点只在“人”（“秦人”“后人”，这里主要指统治者），对于这些“人”，杜牧也开了一个救治的“药方”——“使六国各爱其人（避唐太宗李世民的讳，以“人”代“民”），则足以拒秦。秦复爱六国之人（民），则递三世，可致万世而为君，谁得而族灭也？”想法是有道理的，言辞也是恳切的，可是“秦人”“后人”“后人之后人”，谁也没有真真切切地用了这个“药方”，去“爱”了人民，救了自己，得以“万世而为君！”恐怕问题的症结还并不仅仅在“人”，请看百代君王，不也是各有各的身世、年代、经历、思想、性格、爱好和智商吗？但不管原来如何，差别多大，是雄才，还是无赖，只要坐上龙椅，便是“定一尊”，说了算，一个又一个穿新鞋、走老路，沿着“秦人”之路走下去，此乃“制度”的必然。而且不仅仅是帝王，就是那些为专制奔走呼号的人也必然做如此选择，这种“路径依赖”，大概不是帝王们从娘胎里带来的爱好，也不是天生的愚蠢。还是以李斯为例吧，“爱民而安，好士而荣，两者无一焉而亡”。这，是他的老师荀子在《君道》《强国》两篇文章中一再强调的观点，他能不知道吗？然而当他看准时机，告别老师，投奔秦国，为秦始皇实现极权专制扫清障碍，哪还顾得上什么“爱民”、什么“好士”，而只能凶相毕露，焚诗书，禁私学，杀气腾腾。专制必愚民，愚民必反智，必灭智，这也是百代不易的法则。然而如此愚蠢而又自以为是的恶行，既丧失人心，也违背了、践踏了人类文化、知识、智慧，创造、积累、承传和发展的规律，以此治国岂能不亡！总之，问题的症结更在“制度”。但是，这对杜牧来说已经是一个远远超越了时代的问题，不可强求。因为“任何领域的发展不可能不否定自己从前的存在形式”[①]。“否定”皇权专制，去另寻什么“发展”，那是千年以后的事情，在他那个时代是不可想象的。不过，才气俊爽，思致活泼，而又关注“治乱兴亡”“长短得失”的杜牧，倘能再世于今日，《阿房宫赋》恐不会止于“后人而复哀后人也”的茫然无望的叹息之中，而定会有另一番气派，另一种神韵！

2013年5月

① 马克思：《道德化的批判和批判化的道德》，载马克思、恩格斯：《马克思恩格斯选集》（第一卷），人民出版社1973年版，第169页。

官德 官识 官品

——读张养浩的《三事忠告》

特立独行的丹羽宇一郎，曾被人称为“走路逛街的董事长”，不知是“祸”是“福”，2010年来了一个“转身”，由民而官，成了驻中国大使。不过，也还有着自己的特色。他说：“民也好，官也好，追究这些无助于外交。现在日本国难当前，却没有危机感，这个职务是要为国献身的工作。”大家知道，由于种种原因，他的“工作”并不轻松，也不遂心如愿。但那“献身”的情怀，倒是和“竭忠殉国”、为民赈灾而“献身”的张养浩有着相通之处。是生拉硬扯吗？不！因为他曾投书日本《周刊文春》说：“日本官僚一流，经济二流，政治三流。”而要使经济、政治也成为一流，他建议从首相以降的所有日本政治人物，都应该去读中国元朝张养浩所写的《三事忠告》。这，就是笔者联想的触媒，也由此想对《三事忠告》做点评述。

《四库全书总目·三事忠告提要》说：“养浩为县令时，著《牧民忠告》二卷，凡七纲，七十二子目。为御史时，著《风宪忠告》一卷，凡十篇。入中书时，著《庙堂忠告》一卷，凡十篇。”日本安冈正笃译本称《为政三部书》。文字虽不算多，但内容相当全面，这大概也是丹羽建议日本所有政治人物都应该去读的原因之一。

不过，由于涉及的面十分广，也就给评述带来一些困难，我们这里只想从《三事忠告》中概括出一些基本的共同点来谈，比如官德、官识、官品。这是关乎各级、各类官员怎样为官用权的问题。对此，来看看张养浩的观点。

一、官　德

"理国要道，在于公平正直"（吴兢《贞观政要·公平》）。威廉·葛德文也说过，"在一切正义的原则中，对于人类道德上的公正是最带有实质性的。"中外一理，对行施公权力的为官者，一个核心的价值评判，道德标杆，就是一个"公"字，出以公心，追求公平公正。与此相反，以公权为自已，为小集团而经营、打算就是"私"，所谓"自环者为之私，背私为之公"（《韩非子·五蠹》）。那么，张养浩有何见解呢？请看：

苟要其廪禄，假其威权，惟济己私，縻思报国，天监伊迩，将不汝容。

君子之从政也，宁公而贫，不私而富；宁让而损己，不竞而损人。

——《牧民忠告》

夫士有公天下之心，然后能举天下之贤……于此有人焉，廉而且干，虽有不共戴天之仇，公论之下，亦不得而掩焉。苟非其人，虽骨肉之亲，公论之下亦不得而私焉……诚如是，则为相为风宪者，安有临事乏才之叹！

夫台宪之职，无内外远迩之分，凡有所知，皆得尽言以闻于上……大率惟务尽公无私，斯得之矣。

——《风宪忠告》

前辈谓仕宦而至将相，为人情之所荣。是不知荣也者，辱之基也。惟善自修者，则能保其荣；不善自修者，适足速其辱……所谓不善自修者何？徇私忘公，贪无纪极，不戒覆车，靡思报国，如是则恶名随焉，众毁归焉，鬼神祸焉，虽欲避其辱，亦不可得也。

刑罚不患于用直，患乎用之不公……诸葛孔明废廖立，而立闻亮死，辄泣下；为宰相诚能公其心如是，则天下蔑有不服者矣。

——《庙堂忠告》

张养浩在地方上做过县令，在朝廷任过监察御史、礼部尚书、参议中书省事等。职务变化，工作不同，“举所阅历者著之”，才有了内容不同的《三事忠告》。然而，《三事忠告》中又可以清楚地看到一以贯之的信念，绝不因地位、职务的变化而变化，“公”，就是其中之一。这，也是张养浩之所以成为一代名臣的道德根基，也可以说是“忠告”中的一个最最重要的“忠告”。为官用权要“公其心”，要“宁公而贫”，切不可“假其权威，惟济己私”，“徇私忘公，贪无纪极”。不仅自己要“戒贪”，而且还要“禁家人侵渔——夫居官所以不能清白者，大率皆由家人喜奢好侈，中既不给，其势必巧于求人，纵其所亲，或营利以侵民，或因讼而纳贿，或名假贷，或托姻属，宴馈徵逐，通室无禁，以致动相掣肘，威无所施，己虽日昌，民则日瘁。比年以来，坐是败辱者，骈首骊踵”（《牧民忠告》）。此等文字，今人读来亦毫无隔膜。可见只要事物相似，表现它的语言，就不会因岁月流逝，而失去其睿智与鲜活的生命。

二、官　识

“才者，德之资也。德者，才之帅也。”（《资治通鉴·周纪》）官德固然极其重要。然而无才无识，也不可能有什么卓越的建树。识者，学识、见识、胆识也，这都是为官者必备的。

第一，学识。张养浩说：“凡学仕者经史之余，若国朝以来典章文物，亦须备考详观，一旦入官，庶不为俗吏所迂也。”（《牧民忠告》）话虽简短，然其内涵却广博而渊深。相反若是对历史、文化、典章、法律等一无所知的昏官，他能干什么呢？要么想当然地蛮干，要么跟风瞎干，要么混日子啥都不干。所以说：“爱民治国，能无知乎。”（《老子》）当然，没有知识，缺乏智慧的昏官、庸官历代并不少见，元代则是更多，于此亦可见《三事忠告》既有其历史的承传与深刻，更有其现实的针对性。

第二，见识。“见不尽者，天下之事。”至于一个人能“见”到多少，如何认知与理解，则与其阅历、学养、思想、观念等密不可分，见识有别，行为与追求自然也就各异其趣了。人贵有自知之明，首先得认知自己。所以在《牧民忠告》开篇第一条就是“省己”：“命下之日，则拊心自省？有何勋阀、行能膺兹异数？”接到任命不是喜形于色，而是扪心自问，凭什么获此待遇？给自己一个清醒的定位，掂量自己是“几斤几两”，说来容易，做到也难。一是“命下之日”，乐不可支，难得清醒；二是周围也不乏阿谀逢迎之人。因此，官场常见的是愈高升愈得意，愈得意愈膨胀，只嫌官小，决不惧位高，总觉得自己无所不能。这种现象的一种变态的延续，不就是今日官场中的只能上不能下吗？

人无完人，除了给自己一个准确“定位”之外，还要清醒地看到自己习性、个性中的不足之处，并加以纠正。张养浩为此特地写了一节“克性之偏”。他说：“苟即其所短而痛自克治，则官无难为，事无不集者矣。弛缓克之以敏，浮薄克之以庄，率略克之以详，烦苛克之以大体。苟不度所任，一循已之偏而处之，鲜有不败者矣。”（《牧民忠告》）

如果说以上所述是对自我的所见所识，那么还必须对客观现实诸如世态人情、社会状况与变化趋势等都应调查研究，了然于心。因为“不先审天下之势而欲应天下之务，难矣”（苏洵《审势》）。所以张养浩认为当你走马上任，“比次其境，则路访途询民瘼轻重、吏弊深浅、前官良否、强宗有无、控诉之人多与寡。至则远居数舍，召掌之者语其详，疏其概，先得其情”（《牧民忠告》）。了解情况，也不仅为了决策当下之务，更可以因应于未来。“天下之事，知其已然，不知其将然者，众人也。因其已然，而将然未然逆而知之，非深识远虑者不能。……惟君子为能见微知著，思患而预防之。”（《庙堂忠告》）又说：“今为政者往往以先入之言为主，非彼狃徇一偏，盖由不通上下之情故也。”（《风宪忠告》）总之，不论在地方，在朝廷，也不论搞行政，管监察，都要心正眼明，而不能盲人骑瞎马，也不能偏听偏信。这，也是《三事忠告》一以贯之的“忠告”。

第三，胆识。清楚了职责之下需要治理的问题，接下来该是实施了。不过，有些事能不能切实地付诸行动，还要看主政者的胆识。有没有胆识，一要看自身是正是邪。张养浩说："或谓民有豪强，则不能致治，是殆为贪邪之吏而发也。夫豪强之所以敢横者，由牧民者有以纵之也。何也？与之交私故也。苟绝其私，可不动声色而使其胆落。"（《牧民忠告》）二要看对待荣辱得失，乃至生死成败的信念和态度，这更是关乎有无胆识，能否付诸行动的关键，所以张养浩对此也反复地加以论述：

凡在官者，当知荣与辱相倚伏，得与失相胜负，成与败相循环。古今未有荣而无辱，得而无失，成而无败之理也。虽天地之运，阴阳之化，物理人事，莫不皆然。处之不以道，则纤毫之宠必摇，而一唾之辱必挫矣。故君子于外物重轻皆所不恤，顾其在我者何如尔。使其有可辱，虽不加谴，而君子恒以为不足。使其无可辱，虽置之死地，而君子恒以为有余。历观自昔大圣大贤，不幸横罹祸患，恬然不易其素者，灼乎此而已矣。苟惟能处荣而不能处辱，惟能安顺境而逆境则不能一朝居，欲望其临政有余，为难矣。呜呼！善观人者，其于此焉察之。

——《牧民忠告·处患难》

中外之官，莫难于风宪，莫危于风宪。……然君子居其官，则思尽其职。所谓危且难者，固有所不避焉。竭忠吐诚，置死生祸福于度外，庶上不负国，下不负所学。

——《风宪忠告·奏对》

把上述内容简括一下，就是为官者的胆识要在守正为心，处之以道，不因荣辱、得失、死生而易其心，改其道，变其行，这是张养浩为官的原则，也是他对为官者的"忠告"。

三、官　品

这里讲的“官品”不是官吏的阶位等级，而是指官员的胸襟、节操、气度、言行等所展示出来的品格和精神风貌。官品，当然根基于人品，但由于身份与职守的原因，官品自有着与此相关的内涵与表现。比如：

第一，责任感与忧患意识。“士之仕也，有其任斯有其责，有其责斯有其忧。任一县之责则忧一县，任一州之责则忧一州，任一路之责者则忧一路，任天下之责者以天下为忧。盖任重则责重，责重则忧深。”（《牧民忠告》）责重忧深，忠于职守，这是以天下为己任的胸怀。与此相反，则是“以位为乐”“苟于其职”，这便是另一种精神境界了。

第二，遇事不推，勇于担当。“教民不至，则犯禁者多；养民无术，则疾饥者众。为守与牧，而使其至此，独归咎于民，难矣。”（《牧民忠告》）即使不“归咎于民”，还可以归咎于“天”，归咎于“地”，归咎于什么“特殊情况”，有权者皆可以办到，就如莎士比亚在《一报还一报》中说的：“当权的人虽然也像平常人一样有错误，可是他却可以凭借着他的权利，把自己的过失轻轻忽略过去。”是自觉担当，还是推诿、逃避、隐瞒、封锁，便见出截然不同的官品。这种担当也会表现在同僚之中。《庙堂忠告》中说：“使其为一己之私，自贻伊戚，固无足恤。其或知无不言，言无不尽，公家之务一以大公至正处之，彼非为己为家而得罪，则凡同官者安得不挺身而前，与之共难也哉？……使分谤引咎之事，为宰相者诚能力行于今，将见士大夫之名节愈厉，民间之薄俗可敦，而国家他日亦不患其无仗义死节之士矣。”总而言之，张养浩认为“凡居官，必先敢于负荷，而后可以有为”（《牧民忠告》）。

第三，位无高下要在“爱民”。前面说的责重忧深，勇于担当，其实都是根于“爱民”“重民”的本意。张养浩说：“国之所以昌，四夷之所以靖，朝廷之所以隆，宗庙社稷所以血食悠久者，微民不能尔也。”（《庙堂忠告》）在这一点上应该是不分职位高下，凡为政者都应有此品格，郑燮有一首题画诗："衙斋卧听萧萧竹，疑是民间疾苦声。些小吾曹州县吏，一枝一叶总关情。"（《潍县署中画竹呈年伯包大中丞括》）郑板桥的意思是我这个小小县令心中想的都是民间疾苦，像您（包括）这样山东布政使大员也该去听听、看看、有点作为吧！画意诗情，巧妙地表现了一个芝麻官的爱民情怀和一片苦心。巧的是，在他之前，山东堂邑县（今并入聊城），也有一位爱民的县官张养浩，他的"一枝一叶总关情"的襟怀，不仅落实到政务中，还明确地写入《牧民忠告》。请看：

心诚爱民，智无不及——赤子之生，无有知识，然母之者常先意得其所欲。厥理无他，诚焉而已矣。盖诚生爱，爱生智。惟其诚故爱无不周；惟其爱，故智无不及。吏之于民，与是奚异？诚有子民之心，则不患其才智之不及矣。

浅显的比喻，把深奥的道理，说得言简意赅。可注意的是张养浩首先强调一个"诚"字，因为为官者很少直言自已不为民、不爱民，而更多的是心无百姓，却能巧舌如簧，口惠实不至。不过，"行不信者名必耗"，要久了，必露出真相，丧失人心。只有真诚地爱民，才能以百姓之心为心，才能了解、体贴百姓冷暖疾苦，才能知"其所欲"，也由此才能找到解其困的办法，所谓"虑于民也深，则谋其始也精，故能用力少，而为功多"（欧阳修《偃虹堤记》）。这，就是"诚生爱，爱生智"的逻辑关系。"诚心者，天下之结也。"（《管子·枢言》）诚信是根本，是关键。对那些无诚爱之心的官员，大谈什么提高执政能力，那是本末倒置，无的放矢，请看那些巧于两面，买官卖官，财色兼贪者哪一个是弱智，只能说"太聪明"了。不过，也难免有人"机关算尽太聪明，反算了卿卿性命"！还是古人说的有道理："巧诈不如拙诚。"（《韩非子·说林书》）

"拙诚"二字，耐人寻味。比如说："心诚爱民"之"诚"，并不在言辞动听，形式豪华，声势浩大，而是单纯质朴，在人之心、人之身。请看张养浩的"忠告"：

民病如己病——民之有讼，如己有讼；民之流亡，如己流亡；民在缧绁，如己在缧绁；民陷水火，如己陷水火。一切疾苦，皆如己身当之，虽欲因仍，不可得矣。

先劳——今之为政者，身享其安而贻百姓以劳。盖己逸则民劳，己劳则民逸，此必然之理也。惮一己之劳，而使阖境之民不靖，仁人君子其忍尔乎？昔子路问政，而圣人告以“先之，劳之，勿倦”。呜呼！此真万世为政之格言也欤！

——《牧民忠告》

爱民如身，感同身受；先劳不怠，己劳民逸。这些皆在于“心诚”，皆在于一心勤政，持之以恒，而不追求什么形式和花腔，因此说它有点“拙”也未必不可以。不过，应该说百姓之心还是向着这种“敬事而信，节用而爱人”的“拙”。

第四，不贪财，不邀名。张养浩在《牧民忠告》中说：

不可自鬻——代之未至也，风民立石以颂德，结绮门以祖行，鸠钱帛以佐路费，建生祠以图不朽之名，皆非士君子之事也。盖为善不求人知者为上；知而不自有其善者次之；呶呶焉自谋自鬻，为崇虚誉者，斯在下矣。

有的官员在离任之前，用各种方式去暗示、提醒、劝告百姓集资集物，为自己立碑，建生祠，聚敛钱财，既要留下“不朽之名”，还要满载钱帛而去。用现在的话说，就是趁着调动再狠狠地捞一把，张养浩认为这都不是君子应该做的事。因为“好官必不爱钱”（吴汝纶《与儿书》），反之，就不用说了。至于“名”，我们得多讲几句。孔老夫子说：“君子疾没世而名不称焉。”（《论语·卫灵公》）所以在传统文化中读书人还是很在意“名”的。但是，如何获得“名”，也有一个不可颠覆的原则，那就是切忌自夸。《老子·二十四章》中说：“自伐者无功，自矜者不长。”孔子的弟子颜渊说自己的志向是“愿不伐善，无施劳”（《论语·公冶长》），希望不自夸长处，不表白劳绩。总之，“君子不自大其事”，是儒、道两家皆认可的人格修养。违此者，即“钓名之人，无贤士焉”（《管子·法法》）。这其中除了高尚鄙俗之分，还有一个真假虚实的问题。老子说：“自伐者无功。”明代朱伯庐的话也极为深刻，“善欲人见，不是真善；恶恐人知，便是大恶”（《治家格言》）。虚伪的东西总是令人厌恶的，所以张养浩说：“惟崇虚誉者，斯为下矣。”随着时代变化，今天的那些“崇虚誉者”，既有喋喋不休的“自谋自鬻”；也有歪曲事实，立碑立传，自吹自擂；还可以打通媒体做“政绩广告”，自卖自夸；形式可以不断翻新，然其实质只能是一个——“爱名尚利，小人哉!”（王通《文中子·问易》）“劝君不用镌顽石，路上行人口似碑。”（《五灯会元·卷十七》）“名”，来自于人心所向的社会舆论，这是砸不烂的“口碑”。那种刻石自颂既不会长久，还有高声叫卖、推销劣货的嫌疑，无人相信，“虚名是一个下贱的奴隶，在每一座墓碑上说着谀媚的诳话，倒是在默默无言的一抔荒土之下，往往埋葬着忠臣义士的骸骨”（莎士比亚《终成眷属》）。那么，“不可自鬻”是张养浩又一个重要的“忠告”，也是检验一切人品、官品高下优劣的试金石。

第五，不“恋栈”，不干政。古代官员也会因年老、疾病、昏庸、失职等原因，离开职位，比较正常的、带有制度性的就是年迈致仕，告老还乡。中国有：“岁老岂能冲上驷，力微当自慎前程”（韩愈《入关咏马》）；“老而谢事，古之礼也”（苏辙《文彦博乞致仕不许不允批答二首》）。外国有：“让老马在适当的时候退役，免得它在赛场上出丑，被观众们耻笑”（贺拉斯《书信集》）。中外相通，这，不仅有益于政事，也是对生命规律的尊重，对个体的关爱，当然也体现了制度的文明与进步。但是，人各有异，有人会觉得一旦退归，如愿以偿，如释重负；也有人会顿感失落，依依不舍，所谓“驽马恋栈”。这种“恋栈”情结，大概也可以分为两类：一方面，官员有官员的生活程式，手中有着大小不等的权力，生活程式可以变成习惯，权用久了，也会形成嗜好，也会“上瘾”。培根说过：“既成的习惯，即使并不优良，也会因习惯而使人适应。”所以有的官员一旦失位无权，“惯性”不再，便无所适从，难以“适应”，怀旧之情便油然而生。如果仅止于此，那只是个人生活、情趣、心理如何调适的问题，与他人和政事无多关涉。另一方面，权与利相关，在位时不仅有俸禄，还有门庭若市带来的说不清道不明的“好处”。一旦无权，不仅待遇缩水，门前冷落车马稀，“好处”难再觅。如果执着于这一点，那就不是一般的“习惯”问题，而是别有所求。所谓“驽马恋栈豆”，“恋”的是“豆”、是“禄”、是“利”。得不到满足的心灵是无法平静的，贪欲也会使人失去理智，由“恋栈”“恋豆”而“干政”，就是一种典型的官场病态。张养浩在《牧民忠告》中曾指出：

> 尝见仕而休居者，往往不喜，或命子侄，或托朋友，市奸构讼，靡政不及。小有所违，则曰：“去官同见任。”使新上者法格令驰，拒纳维谷，甚而挠沮排觝，为状百端。细民无知，亦从而靡。设使己政之初，人以是荐扰，当若何？推心体之，必自知其可恶矣。

试想遇到如此“去官”，那“见（现）任”还能干什么呢？这种不在其位，尤干其政的言行，全然打破了后浪推前浪，一棒接一棒的权力运行的规律和法则，而“当两种权利彼此对峙的时候，混乱就会乘机而起”。这种置政事、规律、制度、脸面皆不顾的“去官”，与“进则安居以行其志，退则安居以修其所未能，是进亦有为而退亦有为也”（《牧民忠告》）的官员，其官品与境界显然有着天壤之别。

以上就《三事忠告》中有关官德、官识、官品，分别做了一点评述，那只是由于行文的方便，其实三者是统一的、相辅相成的，有其德，方有其识、其品；而有其识、有其品，才能在职务的实践中不断地丰富提升、展示其德，才能赋予“爱民”“重民”以有情有义的、实实在在的内涵，而不是贴在墙上、挂在嘴上的空话。

四、余　论

下面我们还想谈两点，即言与行，文与用，也可以说是《三事忠告》的特点、影响与价值的问题。

第一，言与行。对于这问题孔老夫子也曾有过自我修正、提升的认识过程。他说："始吾于人也，听其言而信其行；今吾于人也，听其言而观其行。于予与改是。"（《论语·公冶长》）又说："君子耻其言而过其行。"（《论语·宪问》）可见孔子的观点是：一是听其言观其行，二是言不能过其行，说假话、大话、华而不实的话是可耻的。那么，据此也可以检验一下《三事忠告》之言，与张养浩之"行"。当然，张养浩一生行事在这里不可能一一叙述，只能略举一二以示全貌。

张养浩二十五岁时，任御史台掾史，一日病，平章政事不忽木"亲至其家问疾，四顾壁立，叹曰'此真台掾也'"（《元史》）。四十六岁任礼部侍郎，与元明善一起主持元代第一次进士考试，"进士诣谒，皆不纳，但使人戒之曰"诸君子但思报效，奚劳谢为"（《元史》）！前者是"小吏"（须知元代"吏"是个极"不干净"的群体），后者已是"大员重臣"，然而"自严""自律"，清廉正直，不殖己私，则是始终如一。诚可谓"君子之仕，不以高下易其心"（苏辙《张世丞通判定州》）。

张养浩四十一岁时，任太子文学、监察御史，上《时政书》指斥时政的十大弊端，对每一个问题都指出其表现、原因、危害，以及纠正的思路与办法，矛头不避大臣、权贵、亲王，直至"陛下"（武宗），"陛下惟知责治臣僚，而不知改奢从俭以端本"，意在"病根"皆因"陛下"。"言皆切直，当国者不能容。遂除翰林待制，复构以罪罢之。戒省台勿复用。"（《元史》）。五十二岁时任参议中书省事，昧死上《谏灯山疏》。而"英皇好以刚锐神武御下，群臣一忤旨，祸且弗测，在朝无大小，皆侧足度日。适有建造灯山事者，其势方峻，先生独不避鼎镬，抗章极谏，宰臣大人皆以为危，先生则处之裕如也。"（李士瞻《题济国张文忠公云庄卷后》）这一切不仅展示了他对政事极有识见，而且也一再地表现出“君子居其官，则思尽其职。所谓危且难者，固有所不避焉”（《风宪忠告》）的勇气与胆识。

张养浩三十六岁时，选授堂邑县令，这是他有吏而官的转身。到任后，“首毁淫祠三十余所，罢旧盗之朔望参者，曰：‘彼皆良民，饥寒所迫，不得已而为盗耳；既加之以刑，犹以盗目之，是绝其自新之路也。’众盗感泣，互相戒曰：‘毋负张公’。有李虎者，尝杀人，其党暴戾为害，民不堪命，旧尹莫敢诘问。养浩至，尽置诸法，民甚快之。去官十年，犹为立碑颂德。”（《元史》）五十二岁以养亲为由辞官还济南，此后八年七召皆婉辞谢绝。可是，“天历二年，关中大旱，饥民相食，特拜陕西行台中丞。既闻命，即散其家之所有与乡里贫乏者，登车就道，遇饿者则赈之，死者则葬之”（《元史》）。为什么？显然不是为了做官，而是“民苦饥馑，而吾宁忍不为之起乎”（危素《张文忠公年谱序》）！到官四月，赈济灾民，打击豪商猾吏，日夜劳累，一病不起，卒于任上，享年六十。从堂邑为官，到赈灾献身，始终以其实践兑现了“民陷水火，如己陷水火”（《牧民忠告》）；“闻其害而除之，睹其利则举之”（《庙堂忠告》）的“重民”之心、之言。所以说：“考其为人，能竭忠殉国，正大光明，无一行不践其言。”（《四库全书总目·三事忠告提要》引明代张纶语）正是这种“无一行不践其言”，才能赢得百姓之心。而失去了他，“关中之人，哀之如失父母”。此话亦见于《元史·卷一百七十五列传第六十二·张养浩》。这，也再一次地证实了鲁迅先生的话：“我们自古以来，就有埋头苦干的人，有拼命硬干的人，有为民请命的人，有舍身求法的人，……虽是等于为帝王将相作家谱的所谓‘正史’，也往往掩不住他们的光耀，这就是中国的脊梁。”

第二，文与用。“上医医国，其次疾人。”（《国语·晋语八》）所以古代绝大多数文人总想把“上医”作为人生的追求，这也是中国传统文化的一大特点。文人为此奋其智能，不畏险阻，甚至不惜生命，“岂余身之惮殃兮，恐皇舆之败绩”。遗憾的是，才智、激情与生命，都不能改变

“皇舆之败绩”。不过，越是兴亡转烛，越是激发读书人去探索、研究治国平天下的理论、方略，这也是传统文化的一大特点。到了元代，各家之言，见于经史子集浩如烟海，令人不堪足读，莫衷一是，也难挈其要。同时，也还难免有些“儒者之病，多空文而少实用”（苏轼《答王庠书》）的缺憾。而张养浩的《三事忠告》不是泛泛言之，他只集中于一点，那就是“官”——选官与为官。先说“选官”，常言道“官清民自安”，所以说：“构大厦者先择匠而后简（通‘柬’，选择）材，治国家者先择佐而后定民。”反之，“国家之败，由官邪也”（张九龄《奏对寺中不可赏功》）。那么，选任官员应该是治国的一大关键，因为再好的治国方略，再美的政治理想，都要各级各类官员去实施，不得其人，不是落空，也会走样、变味，甚至变得不可收拾。因此在《三事忠告》中，张养浩反复强调选任官员的重要性。他说：

> 今选官者，大率重内而轻外。殊不知汉宣帝所以富民，唐太宗所以家给人足者，皆重牧民之长故也。夫外官得人，内虽失治，不害其为安；外官非其人，内虽云治，而郡邑无不乱之理。呜呼！牧守之所系者若此，泛焉而选，懵焉而授者，奚为不是虑也哉！
>
> ——《牧民忠告·民职不宜泛授》

> 大抵宪长得人，则司官不敢恣；司官得人，则书吏不敢恣。
>
> ——《风宪忠告·按行》

> 天子之职，莫重择相；宰相之职，莫重用贤。……为国家而不众贤之集，相臣虽才，国不能治矣。
>
> ——《庙堂忠告·用贤》

至于如何选任，养浩认为首先得“有公天下之心，然后能举天下之贤”（《风宪忠告》）；其次就是多方考察，“询诸人则知之，察其行则知之”（《庙堂忠告》）。对于已经任职的官员还要加以监察，了解其优劣，

“小而一县一州，大而一郡一国，吏孰贪邪？官孰廉正？何事病众？何政利民？豪横有无，风俗厚薄，既得其凡，他日详加综核，复验以事，其孰得而隐哉？苟廉矣，即优之，礼貌之，荐举之，则为善者劝矣。苟贪矣，虽极品之贵，即蔑之，威拒之，纠劾之，则为恶者惩矣”（《风宪忠告》）。

至于“为官”，养浩也不务空谈，不求高论，而是根据自己的经历、认知、体会，以及对官场的观察、了解，分别写出地方、中央、行政、监察各类官员的不同职责、任务，而且从拜命上任，到休官致政，其间应该怎样，不应该怎样，正反兼及，一一道来，文字不多，但却相当完整、细致，真可称之“各类官员手册”，或“各类官员教材”。所以说：“其言皆切实近理，而不涉于迂阔。盖养浩留心实政，举所阅历者著之，非讲学家务为高论，可坐言不可起行者也。”（《四库全书总目·三事忠告提要》）

《三事忠告》的问世，无疑是划破元代“贼做官，官做贼，混愚贤”的黑暗现实的一道耀眼的亮光，也可以套用鲁迅先生的话：“正是一塌糊涂的泥塘里的光彩和锋芒。”这，自然会引起社会的关注，也是善良百姓的渴望。“呜呼！数年以来，州郡多故，黎民疮痍，每思一贤守令以安靖吾民而不可得，乃知《忠告》之有补于世教也深矣。使天下之为守令者，家藏一书。遵而行之，虽单父、武城之化不外是矣，奚汉循吏之足论哉!”（贡师泰《牧民忠告·序》）事实上，也确有“遵而行之”的例证。林泉生在《风宪忠告·序》中就曾说到：“曩闻崇安令邹从吉甫能以忠信使民，民亦乐其治。予过崇安，会从吉，问所治何先。即出书一卷，曰：‘某不敏，粗效一官者，此书之力也。’予阅其书，则相国张文忠公为县令时所著也。今年余谒闽海，监宪庄公出《风宪忠告》，将锓梓以广其传，俾余序之……”类似这种心服于、得益于《三事忠告》，而后又“不私诸己，命工锓梓，以广其传”（陈涟《为政忠告序》），在元、明、清反复出现，恕不赘述。“不惟有以善诸己，又欲有以淑诸人。”（靳颢《庙堂忠告·序》）这，原本也应该就是养浩写《三事忠告》的心愿与目的。

当然，《三事忠告》不可能扭转元代吏治的腐败，这是另一个问题。

但不论就当时而言，还是今天来看，它毕竟有着诸多合理的、积极的内涵。而且张养浩言行一致，爱民献身的一生，自有着为人景仰的人格魅力与道德感召力。“历史给我们的最好的东西就是它所激起的热情。”而人们为了社会的发展与自身的完善，也会从人类过往的历史、文化、思想中去寻觅、选择、汲取营养和能量。这，在一般的情况下，不存在诸如国家、民族等界限与障碍，是所谓正常的、健康的文化交流与互相学习。就比如日本著名的企业家北尾吉孝所说的：“和众多接触并学习中国古籍的日本先人们一样，中国古籍也陶冶了我的人格情操，使我的人生更加有意义。我坚信，学习中国古籍对我今后学习新的知识也将起到积极的作用。可以说，中国古籍是所有日本人的教养之源。”这“中国古籍”里就包含了张养浩的《三事忠告》。例如对战后日本企业崛起与管理教育有着深刻影响的安冈正笃，不仅翻译了《三事忠告》，还将其引入管理领域加以研究、推崇，列为企业管理人员阅读的典籍之一，那是由于《三事忠告》中德、识、品所表现的素质修养、伦理价值，以及言与行、文与用的切实近理，“简而易行，约而易守”的实践性的品格，是为官，也是为商，做企业都必须具备的。就比如“德”吧，北尾吉孝就说过：“企业也不能仅以盈利为目的，任何一项事业如果没有‘德’来作依托，其结果都不会成功，企业最终也会倒闭。”其他如智慧、见识、人品等，当然也是至关重要的。于此，也可以看出日本人善于学习、运用的特点。丹羽宇一郎之所以有那样的建议，大概是作为企业高管的他早就熟读了《三事忠告》。

“一支小小的蜡烛，它的光照耀得多么远。”是的，文字简约的《三事忠告》，超越了时空，影响到日本政、商与学术思想的各个层面，说它“照耀得多么远”，也不算虚誉吧！遗憾的是，《三事忠告》在它的故土，似乎未见此等火热。而要改变这种“照远”不“照近”的现象，当然不是“蜡烛”本身的问题，而在于发现“烛光”的眼睛。也就是睿智的眼光，开阔的思维，正确的价值理念，以及善于学习的态度。“它山之石，可以攻玉。”别人对待文化遗产的态度，以及如何学习、运用，对我们也应有所启发。所以这里也想借用迟惠生先生的话结束此文，那就是：看看别人

“是如何对待我们中国的传统文化或者所谓国学的，得天独厚的我们难道不该扪心自问，从而——借用一位伟人文章的标题——改造我们的学习吧?!”

2013年6月

“需要心理”与“发愤著书”

——有感于《草木子》的写作

叶子奇，浙江龙泉人，元末明初学者，其造诣与“浙东四先生”（刘基、宋濂、章溢、叶琛）不相上下。朱元璋攻下金华，“四先生”皆受聘，明初已是高官显宦。叶子奇直到洪武八年（1375）才做了岳州巴陵县（今湖南岳阳）主簿，而更不幸的是洪武十一年被关进了大牢。身在狱中，心却未闲，他开始写作《草木子》。为什么会有此举？为什么能成就此举？如果从“需要心理”这个角度分析一下，不仅有助于了解叶子奇，也有助于理解“发愤著书”这一源远流长的文化现象。

一、“改变自己”才会有“此举”

孟子说：“无是非之心，非人也；是非之心，智之端也。”（《孟子·公孙丑上》）又说：“是非之心，人皆有之；……是非之心，智也。”（《孟子·告子上》）反复论述，要在强调辨别“是非”，是心智的起码表现，是人性的标志。否则，那就很难说是一个正常的“人”。因此，叶子奇入狱之后，首先要思索的当然是：自己究竟有罪，还是无罪？判决是对，还是错？所以他在《草木子·自序》中一开头就叙述事情的经过：洪武十一年二月十五日，祭祀城隍神，仪式尚未开始，一伙小吏躲在角落里偷饮猪脑酒。倒霉的他不期而遇，见到这一幕，也许是书生习性，缺少“特殊”的联想。可是县学生员中倒有巧于联想的“高手”，将此事告发了。“吏惧，浼众为之言。别生复言于分臬。”（《草木子·自序》）从一方恐惧、求情，一方不依不饶、继续上告来看，可以感到那状告的内容似乎已不是什么贪杯嗜饮、行不检点的小节。究竟是什么？叶子奇在《自序》中也没有说。不过，在文网密布、多疑滥杀的当时，可以推测最令人恐惧的告发，大概就是以“猪”，谐音“朱”，“饮猪脑酒”，即“饮朱脑酒”，而当时最大的“猪”（朱），不用说就是皇上朱元璋！而且还恰恰发生在祭祀之日，祈祷乎？诅咒乎？抑或兼而有之，用心何其“恶毒”！因此叶子奇在《自序》中也只能隐而不语，不便重复，难以明言。世事总是变化的。这种话到了明武宗朱厚照的时候，就无须躲躲闪闪了。武宗认为自己姓朱，又属猪，所以到正德十四年（1519）下旨，明令禁止民间养猪，因为猪养大了难免挨一刀，实属不吉不敬。几年之后，猪就断种绝迹，可没想到祭祀献牲无猪，对神灵、祖宗又无法交代，只得取消禁令，再养再杀。这个“插曲”，也表明上述“推测”也并非毫无道理。再回到原来的话题，倘若告发的内容如上所述，受理者也真把它定性为严重的“政治事件”。那么，作为县主簿的叶子奇即使没有策划、参与，但见而不报，也该惩办。不过问题是这种“告发”本身就是荒谬绝伦的“上纲上线”，所以那“株连”更是无稽之谈。没有是非，就没有公正，没有公正怎能让人心服！

叶子奇在《草木子·自序》的开篇用言简意赅、引而不发的笔墨，将这个荒唐年代的荒唐事，告白于天下，正表现出不甘冤屈，追求是非、公正的精神与心智。我们再看司马迁的《报任安书》，他以大量篇幅反复诉说“信而见疑，忠而被谤”“大谬不然”的冤情之由来，到书信的结尾，犹忍不住地呼喊：“要之，死日然后是非乃定。”读之“如见其慷慨激烈，须眉欲动”（林云铭《古文析义·卷八》）。还有，两千年后的胡风在狱中愤而吟诗：“竟在囚房度岁时，奇冤如梦命如丝……廿年点滴成灰烬，俯首无言见黑衣。”[①]如果说“是非之心”，是人性的、心智的起码表现。那么，与其相连的“公正”，则“是人类的一种与进化心理有关的‘基本需

① 胡风：《一九五五年旧历除夕》，《胡风全集》（第一卷），湖北人民出版社1999年版，第466页。

要'，就像吃饭和繁殖后代的需要一样自然"[①]。

不过，生活是严峻的，有时还是残酷无情的，对于弱者而言，这种"基本需要"未必能得到。比如叶子奇不甘冤屈，也只能屈辱于囹圄；告白天下，也无改于现实。怎么办？要生存下去，还有一条出路可供选择，那就是："你改变不了环境，但是你可以改变自己。"就如胡风所言："牢狱囚得住人的身体，牢狱囚不住人的心灵。"白居易也早说过："宽窄在心中。"（《小宅》）不错，狭窄的牢房从来也锁不住遨游天地、上下求索的人心。这，对于文人来说最常见的表现方式就是写作，就是"发愤著书"，"患难著书"。叶子奇写作《草木子》也正是这种精神文化的承传。他说："因思虞卿以穷愁而著书，左丘以失明，厥有《国语》，马迁以腐刑，厥有《史记》，是皆因愤难以摅其思志，庶几托空言存名于天地之间也。"（《草木子·自序》）"著书"可以谈古论今，宣泄忧愤；可以转移思绪，平衡心态，拓宽心境；同时，还可以展现才智、表达识见、树德建言，"存名天地之间"。此亦可谓"穷则变，变则通，通则久"（《周易》）。

二、执着"需要"才能成就"此举"

鲁迅先生曾说过："古人所谓'穷愁著书'的话，是不大可靠的，穷到透顶，愁得要死的，哪里还有许多闲情逸致来著书。"这话不无道理，但不能"说死"，因为世事是复杂的，人是多样的，苦难可以毁灭一个人，也可以磨练一个人，生活是辩证的。当然，鲁迅先生是严谨的，他只说："不大可靠"，而非"绝不可靠""绝无此事"。同时，他也说过司马迁作《史记》，就是"发愤著书，意旨自激"（《汉文学史纲要》）。不过，还是应该指出在困境、逆境、险境中"著书"，毕竟不同寻常，更不是出于"闲情逸致"，它之所以能成为现实，而且还是"愈穷则愈工"，这除了必具的知识、意志、才情之外，人的"需要心理"也是绝对不可忽视的因

① 徐贲：《弱者没有要求公平的权利?》，《南方周末》2013年6月21日。

素，“需要”是指向，也是动力。对此，我们试从以下几个方面作点分析。

第一，“尽其所能”的“需要”。叶子奇在“文武军民打一网”的年代，投入大牢，生死难卜，可他想到的却是：“恐一旦身先朝露，与草木同腐，实切悲之。因思虞卿以穷愁而著书……”（《草木子·自序》）。他想如果就这么坐等，哪一天推出斩首，与那些枯死腐烂、无踪无影、悄无声息的山野草木有何不同呢！若不如此，就得动脑筋，抢时间，效法先贤，“穷愁而著书”，才有望“不与草木同腐”。歌德有几行诗倒也与此相似：

> 人活着，总不能像个野菌，从土里生长，又在生长出它的老地方迅速腐烂，一点不留下他的生前活动的痕迹[①]。

叶子奇的“著书”，歌德的“痕迹”，都是对生命意义与价值的追求，用人本心理学家马斯洛的话说：“一位音乐家必须作曲，一位画家必须绘画，一位诗人必须写诗，否则他就无法安静，人们都必须尽其所能，这一需要就称为‘自我实现需要’。”有所不同的是叶子奇的“著书”“立言”，还多了一股“发愤”的内驱力。

第二，“更大价值”的“需要”。马斯洛认为人有生理需要、安全需要、爱和归属需要、尊重和自我实现需要，从低级到高级层次递进。社会上不乏各种低级需要获得满足的人，去发挥潜能完成自我实现。但是，“也可能有这样的情况，高级需要偶尔并不是在低级需要满足后出现，而是在强行或者有意剥夺、放弃以及压抑低级需要及其满足后出现”[②]。那么，为什么会遭遇“这样的情况”，却阻挡不了人们对目标的追求呢？那是因为“人们通常认为高级需要比低级需要具有更大的价值。他们愿为高级需要的满足牺牲更多的东西，而且更容易忍受低级需要满足的丧失”[③]。

---

① 《歌德叙事诗集》，钱春绮译，人民文学出版社1983年版，第31页。

② 马斯洛：《自我实现的人》，许金声、刘锋等译，生活·读书·新知三联书店1987年版，第152页。

③ 马斯洛：《自我实现的人》，许金声、刘锋等译，生活·读书·新知三联书店1987年版，第163页。

比如叶子奇在狱中想到效法前辈“穷愁而著书”，不用说此时的他什么生理、安全、归属、尊重等需要，早因“剥夺”而“丧失”，就连纸和墨都没有，怎么办？“见有旧签簿烂碎，遂以瓦研墨，遇有所得，即书之。”（《草木子·自序》）这种绝境中的机智，倒也再一次证实了“常善救物，故无弃物”（《老子》），“避其所短，则世无弃材”（《抱朴子》）的哲理。再看，胡风在狱中纸、笔倒是有的，不过那是用于写“思想汇报”和“交代材料”的，写诗、著书则要受到监视、搜检。怎么办？也有办法，“物穷则变生，事急则计易”（《后汉书·申屠刚传》）。诗兴来时，自吟自听，反反复复，默记默诵，二十余年，今天《胡风全集》中的大量诗歌，就是这样吟于狱，藏于心，保存下来的。之所以能“忍受低级需要满足的丧失”，乃是为了具有更大价值的“高级需要”——刻苦尽力，调动才智，发挥创造力，奔向自我实现的方向。这样的人“对待个人的不幸就不像一般人那样反应强烈。甚至在不庄重的环境与情景中，他们似乎也能保持尊严”[①]。司马迁有一段充满感情的表白：“亦欲以究天人之际，通古今之变，成一家之言。草创未就，适会此祸，惜其不成，是以就极刑而无愠色。”（《报任安书》）不惧横祸，坚持自我，相信未来，令人肃然起敬。所以王世贞评曰：“词意虽谦，然其气概昂激，若高渐离击筑燕市中，慷慨高歌，旁若无人。”[②]这，就是出于自尊的“需要”，自我实现的“需要”。

第三，“人生使命”的“需要”。马斯洛说：“自我实现者通常有一些人生的使命，一些有待完成的任务，一些需要付出大量精力的他们身外的问题。……一般来说，这些任务是非个人的，不自私的，更确切地说，它们与人类的利益或家庭的少数几个人有关。”[③]这一点，在那些“发愤著书”者的身上也同样体现得很明显。比如太史公司马谈临终时握着司马迁

① 马斯洛：《自我实现的人》，许金声、刘锋等译，生活·读书·新知三联书店1987年版，第23页。

② 朱子蕃：《百大家评注史记·卷十》。

③ 马斯洛：《自我实现的人》，许金声、刘锋等译，生活·读书·新知三联书店1987年版，第21页。

的手，遗恨的泪水溢满眼眶，对儿子说：“予死，尔必为太史；为太史，毋忘吾所欲论著矣……”。“迁俯首流涕曰：‘小子不敏，请悉论先人所赐旧闻，不敢阙’。”[①]司马迁三十八岁嗣父职，为太史令，便投入准备工作，四十二岁开始撰写《史记》，四十六岁因为对于李陵之事说出自己的看法，“欲以广主上之意，塞睚眦之辞”，不料反而触怒了武帝，获罪下狱，受宫刑。五十岁被赦，任中书令，武帝时此职以宦者为之，所以司马迁说：“身直为闺阁之臣”，“每念斯耻，汗未尝不发背沾衣”。然而这一切都没有使他中断《史记》的写作，约在五十五岁全书结稿。隐忍苟活，百折不挠，“成一家之言”，不仅实现了对父亲的承诺，而那“高词振幽光，直笔诛隐恶”（秦观《司马迁》）的风格，也充分地展示出一位史学家的责任、使命与爱憎情怀。也正是如此，《史记》才能成为“史家之绝唱，无韵之《离骚》”，才能“至今青简上，文采炳金膢”（秦观《司马迁》）。

叶子奇的《草木子》囊括天文地理、医卜农圃、世事人生、社会矛盾、时政得失、元之兴亡等，“尤其是关于元朝的掌故和农民起义的史迹，有很多是他书所没有述及的”。同样关乎“人类的利益”，家国的命运，其著作亦常为后世史家、学者所征引，“是书终不磨灭，则其遇既与左迁后先一辙，而《草木子》亦与史、国今古流传，安知非造物以不朽之名厚报之也哉”[②]！诚可谓“草木其人，不草木其言”[③]。

三、“有点事干”才能找到“乐趣”

马斯洛说：“自我实现并不一定指做大事情，但它或许意味着经历一个艰苦、勤奋的准备过程，以便实现自己的潜力。……自我实现并不是某一伟大时刻的问题，并不是在某日某时，号角一吹，一个人就永远、完全

① 北京大学中国文学史教研室选注：《两汉文学史参考资料》，中华书局1986年版，第398页。

② 潘绍诒：《同治重刻本序》，载叶子奇：《草木子》，中华书局2006年版，第99页。

③ 闵景贤：《快书刻节本草木子题词》，载叶子奇：《草木子》，中华书局2006年版，第100页。

地步入了万神殿。自我实现是一个程度的问题，它是一点一滴微小进展的积累。”[①]是的，比如《草木子》和《史记》的写作，显然是在困苦、屈辱中一点一滴积累而成的，其艰辛是难以想象的。《草木子》完书于作者出狱之后的洪武十一年（1378）十一月，直到正德十一年（1516），叶子奇的裔孙叶溥为其刊行，沉寂了138年。《史记》完稿对司马迁是一生大事，而在当时其人、其书皆无足轻重。其人，“后来怎样，竟没有确切的事迹可资佐证，所以他的卒年，到今天为止还没有人考定它”[②]。至于其书呢？“记言、记事虽古史职，然汉时太史令但掌天时星历，不掌记载。故史公所撰书仍私史也。况成书之时，又在官中书令以后，其为私家著述甚明。故此书在公生前未必进御。”又据《汉书》记载：“宣帝时，迁外孙平通侯杨恽述其书，遂宣播焉”，是亦有赖于后人。

但是，也还要看到、想到事物的另一面，那就是无论身处常境之人，还是身处逆境之人，心灵空虚，精神贫乏，终日无所事事，皆无乐趣可言。久之，还会对自己的生存感到厌倦，滋生心理危机，因为“人们无事可干的时候难以保持平静”。所以马云龙在《狱中杂记》里说：“那时觉得每一天都是无边无际的漫长，看着日影在地上一寸寸地移动，就像看到自己的生命在无聊中一点点流逝，那种感觉真是一种刻骨铭心的惨痛。一个人要活下去总要有点事干，甚至还要找到点乐趣。”说得很真切，也颇有深意。“乐趣”，不会自来，也无上帝的恩赐，而是自己去“找”。要“找”就得调动聪明才智、知识、毅力，并付诸行动，迎接挑战，越过障碍，其过程与结果都会使人忘却烦恼与忧愁，而带来意想不到的乐趣。其实叔本华早就说过：“为克服困难、阻碍而努力和奋斗是人的一种需要，……排除障碍和困难可以让人享受到充分的乐趣。”[③]当叶子奇惊喜地发现废弃的笺纸，想到“以瓦研墨”，写出来虽然“字画模糊”，但看到“日积月累，忽然满卷”，自有一份外人难以体会的欣幸。当司马迁看着历

① 马斯洛：《自我实现的人》，许金声、刘锋等译，三联书店1987年版，第120、124页。

② 王伯祥选注：《史记选·序例》，人民文学出版社1957年版。

③ 叔本华：《人生的智慧》，韦启昌译，上海人民出版社2010年版，第160页。

经十多年艰难岁月，终于完成一百三十篇，五十几万字的著作，在信中对任安说：“仆偿前辱之责（通债），虽万被戳，岂有悔哉！”字里行间，不无如释重负、如愿以偿的自豪与欣慰。当然，也不一定非得鸿篇巨制，几首小诗也可以带来咀嚼不尽的乐趣。马云龙说：“我从他（李贺）的诗集中取材编的几首《集句》居然生动地描画了我的生存状态和现实感受，这是我最自鸣得意的作品。……以古人之酒，浇心中之块垒，居然丝丝入扣。”（《狱中杂记》）总之，世事沧桑，人生感悟，爱恨情仇，才华心智，可以融入巨著，也可见于短诗。心理有需求，创作有所得，生活自有乐趣，“没有知性的渴求，不会得到知性的快乐，也惟有知性的快乐不会产生厌倦”[①]。至于有没有“知性的渴求”，则在于一个人的内心世界所拥有的观念、境界与能力。这就是说：“人的意识构成是首要关键。……一切美妙有趣的事物，经由一个愚人呆滞的意识反应，都会变得枯燥乏味。相比之下，塞万提斯却在一个简陋牢房里写作了他的《堂吉诃德》。”[②]

人们都希望自己也祝愿他人“一帆风顺”，但这丝毫不影响人们对“逆水行舟”的钦佩。这“钦佩”也是一种需要心理，需要用那些面对逆境所表现出来的坚韧与智慧，给自己以启示与勇气。所以培根说：“最美好的刺绣，是以暗淡的背景衬托明丽的图案，而绝不是以暗淡的花朵镶嵌于明丽的背景上。让我们从这种美景中去汲取启示吧。”[③]

2014年4月

① 叔本华：《叔本华人生哲学》，李成铭等译，九州出版社2003年版，第30页。

② 叔本华：《人生的智慧》，韦启昌译，上海人民出版社2010年版，第5页。

③ 培根：《培根论人生》，何新译，天津人民出版社2007年版，第21页。

心梦 追梦 筑梦 梦断

——试谈耶律楚材的成败及其历史启示

契丹人耶律楚材作为蒙古入主中原初期的思想家、政治家，无论生前还是死后，乃至今日，对其人、其绩的肯定与赞扬，虽有角度、深度、高度的不同，却少有异议。这，在历史人物的评价中亦属难得。

人生如戏，矛盾、冲突、曲折、起伏、悲欢、成败、高潮、落幕，总是免不了的，楚材也不例外。这里暂把楚材的“戏”简化为四段——心梦、追梦、筑梦、梦断——来略作评述。

一、心　梦

耶律楚材的心中之梦，或者说他的理想与信念，是什么呢？用他自己的话来回答，就是“致君泽民元素志”[①]。如何“致君泽民”呢？那就是“国维张礼义，民生重食货”[②]。以儒家的“礼义”之道，匡时济民，治国安邦。至于这种文化信念、政治主张的孕育与形成，原因则是多方面的，比如：

第一，祖先的影响。耶律楚材的祖先虽是契丹游牧民族，但对汉文化却很崇敬。辽太祖耶律阿保机曾向众臣发问：“受命之君，当事天敬神。有大功德者，朕欲祀之，何先？”众人皆以佛对，唯独其长子耶律倍说：“孔子大圣，万世所尊，宜先。”阿保机对这个回答颇为赞赏[③]。生于三百

① 耶律楚材：《感事四首》，《湛然居士文集·卷五》。

② 耶律楚材：《和平阳张彦升见寄》，《湛然居士文集·卷九》。

③ 耶律楚材：《辽史·卷七二·义宗倍传》。

年之后的耶律楚材对于祖先这种文化倾向深以为荣，并给予热情地歌颂："辽家遵汉制，孔教祖宣尼。焕若文章备，康哉政事熙"[①]；"赫赫东丹王，让位如伯夷。藏书万卷堂，丹青成画癖"[②]。丹东王，即楚材的八世祖耶律倍。

第二，环境与教养。从楚材的七世祖娄国作为辽朝南京（即今天的北京）留守起，虽历经家族、时代的变故，然其子孙均繁衍在这个汉文化浓厚的环境中。金灭辽之后，其祖父德元即归附金朝，并成了金朝统治集团中的一员。金朝为了维护其统治也实行汉化，办学校，兴科举。其父耶律履就"通六经百家之书"，对金朝的文治颇多贡献，金章宗时官至参知政事、尚书右丞。楚材出世第二年其父去世，但是随着年龄、知识的增长，对父亲的了解与崇敬也逐渐加深，仅在诗作中就多次称道他的父亲，姑举一例：

先考文献公，弱冠已卓立。
学业饱典坟，创作乙未历。
入仕三十年，庙堂为柱石。
重义而疎财，后世遗清白。[③]

母亲杨氏亦通晓诗书，对于丧父的楚材"诲育备至，稍长，知力学。书无所不读，为文有作者气"[④]。所以在往后的岁月中，母爱、母教也常常牵动楚材的思念：

老母琴书老自娱，吾山侧近结蘧庐。
鬓边尚结辟兵发，（昔予从征，太夫人以发少许赐予云："俗传父母之发，戴之可辟五兵。"今尚存焉。）箧内犹存教子书。
幼稚已能学土梗，老兄犹未忆鲈鱼。

① 耶律楚材：《怀古一百韵寄张敏之》，《湛然居士文集·卷十二》。
② 耶律楚材：《为子铸作诗三十韵》，《湛然居士文集·卷十二》。
③ 耶律楚材：《为子铸作诗三十韵》，《湛然居士文集·卷十二》。
④ 宋子贞：《中书令耶律公神道碑》。

谁知万里思归梦，夜夜随风到故居。[①]

天涯惟仗梦魂归，破梦春风透客帏。

灯下几时哦丽句（太夫人昔有诗云："挑灯教子哦新句，冷淡生涯乐有余。"），筵前何日舞斑衣。

垂垂塞北行人老，得得江南远信稀。

回首故园千万里，倚楼空望白云飞。[②]

"昔年不肯卧茅庐"，一心"追梦"。光阴荏苒，母子遥望，归期茫茫，彼此思念与日俱增，"欲附一书无处寄，愁边空咏满囊诗"。无限牵挂，溢于言表。

仅就以上所述，这个家族早已远离了游牧环境，从社会到家庭，从生活习俗到子女教养，从文化信念到血脉亲情，早与中原文化深深地融合了、汉化了。

第三，兴衰与忧患。1206年，铁木真在征战中统一了蒙古各部，被推举为大汗，称成吉思汗。几年后便挥师伐金，势不可挡。1214年，金宣宗南迁汴梁，耶律楚材作为左右司员外郎留守中都，第二年中都陷落。楚材脱下官服，拜万松老人为师苦参禅法，然而并没有真遁入空门忘世事，面对遍地饿殍、战乱不宁的现实，想到惯于游牧、征战而不了解农耕社会的蒙古大军，将不可避免地给中原经济、文化、生产、生活带来巨大冲击和破坏。儒学的"致主泽民"，佛法的拯救众生，便激荡在心中。请看看他当时写的《贫乐庵记》中的一段话："夫君子之学道也，非为己也。吾君尧舜之君，吾民尧舜之民，此其志也。使一夫一妇不被尧舜之泽者，君子耻诸。……嗟流俗之未化，悲圣道之将颓，举世寥寥无知我者，此其忧也！"

如果说上述一、二两点孕育了、培养了他"昔年学道宗夫子……泽民

① 耶律楚材：《思亲二首》，《湛然居士文集·卷六》。

② 耶律楚材：《思亲用旧韵二首》，《湛然居士文集·卷六》。

致主本予志"[①]。那么，第三点，即时局大变则增加了"斯文将丧"、文化被毁的忧患。不过，忧患并没有使他动摇、使他绝望，素志犹存，心梦犹在。这，应该就是他往后追梦的动力，人生的根基。

二、追　梦

1218年，二十九岁的耶律楚材接受成吉思汗的征召，从燕京出发，跋涉三个月奔到漠北大汗的行宫，这是他一生重大的转折。"转折"亦非偶然。

从楚材这边看，他之所以应召，其一，是出于对形势的判断与选择。他来到这个世上，金朝已是江河日下；他步入仕途，金朝更是内忧外患，日渐溃败。他在诗中说："边军骄懦望风溃，燕南赵北飞兵埃。民财已竭转输困，元元思治如望梅。"[②]"大厦将倾，非一木所能支。"何况现在南逃的金王朝偷安于汴京，落幕已是指日可待，显然不可能给自己提供什么济世泽民的舞台。"肘腋独夫难，丘墟七庙隳。北朝天辅佑，南国俗疮痍。"[③]一边是政治腐败，民不聊生，气数已尽；一边是得天之助，"马首所向，蔑有能国"。环顾当世，"一统要荒"的力量，也只有所向披靡的蒙古大军。出身于契丹族的耶律楚材，自然也知道这支大军对中原文化是极其陌生的，"斯文将丧是吾忧"，减少破坏，缓解冲突，使之适应中原环境，并建立利国利民的秩序，该是自己"学道"的责任，"用道"的时机。

其二，对文化超越的信念。"殷绝仁犹在，周倾道不亡。"[④]耶律楚材认为朝代有更替，政权有兴亡，但"仁"与"道"是不会随之消亡的，任何一个王朝要治理好也少不了仁爱与道义。这种观念与信念，在他的心中是超越族群与王朝的，这一点也得到后人的认可，比如日本学者稻畑耕一郎在陈舜臣的《大元王朝与耶律楚材》一书的序言中，就曾指出："作品

① 耶律楚材：《用前韵感事二首》，《湛然居士文集·卷二》。
② 耶律楚材：《用张道亨韵》，《湛然居士文集·卷十一》。
③ 耶律楚材：《怀古一百韵寄张敏之》，《湛然居士文集·卷十二》。
④ 耶律楚材：《和张敏之诗七十韵三首》，《湛然居士文集·卷九》。

中的楚材生活在宋、金、元等各王朝混战的动荡时代，他的一生都在呕心沥血地考虑着一件事，即什么样的政治才能超越民族之间的差异，使不得不遭遇乱世的天下民众得以更安心地生活。楚材，是这样的一位人物”。不论是女真族，还是蒙古族，“用我必行周孔教，舍予不负万松轩。”[①]是的，他过去不曾是辽国的“复仇王子”，现在也无金朝的遗民情结，他也没有华夷之分、华夷之防，他最大的希望就是华夷一统，四海一家，“以儒治国”的理想与才智得以展示。

基于上述的判断与信念，且不问成吉思汗的召见是何用意，在楚材的心中则是“追梦”而去。这，在他应召西行《过闾居河四首》诗中也可以看到：“乍远南州如梦蝶，暂游北海若飞鹏”；“安得冲天畅予志，云舆六驭信风乘”；“尧舜徽猷无阙失，良平妙算足依凭。华夷混一非多日，浮海长桴未可乘”。人生巨变，虽有“如梦”之感，然心中之兴奋，未来之憧憬，还是难以掩饰的。

下面再从成吉思汗这一边来看，说他“只识弯弓射大雕”，那是诗的语言，不可拘泥。其实，他之“识”绝非“只”于此。别的且不说，仅举一点，那就是他还“识”人，在长期开疆辟土的征战中从不忘记延揽人才，征召耶律楚材便是其中之一例。成吉思汗认为金灭辽，心怀亡国之痛的契丹人自然是他争取、网罗的对象，楚材虽然年轻，也无百般武艺，但他早有“（金）章宗特赐就试，则中甲科”之名传之于世，加之其父辈的地位与声望，所以发现、征召楚材也不是没有原因的。

有人认为成吉思汗征召耶律楚材，是出于占卜的需要，这话也有道理，楚材自己就有这个看法，他说：“自天明下诏，知我素通蓍。”[②]不过，我觉得对这个问题仍须作点具体分析。《黑鞑事略》记载，古代信仰萨满教的蒙古人“其占筮，则灼羊之枚子骨，验其纹理之逆顺，而辨其吉凶。天弃人予，一决于此，信之甚笃，谓之‘烧琵琶’。事无纤粟，必占，占不再四，而已”。因而成吉思汗对精通占卜的楚材很感兴趣也不足

① 耶律楚材：《寄用之侍郎》，《湛然居士文集·卷六》。

② 耶律楚材：《怀古一百韵寄张敏之》，《湛然居士文集·卷十二》。

怪，而且多一种占卜来比较、验证，还可以增加一些安全系数，多一点神秘感。所以后来成吉思汗“每将出征，必令公预卜吉凶，上亦烧羊髀骨以符之”[①]。可见占卜之事早已有之，现在也并非全赖楚材之占卜。

其次，人的认识总是不断深入的、发展的，即使当初的征召有占卜因素，等到楚材来到身边，朝夕相处，自有更直接、更全面的了解、认识，就比如这两个人的首次相见根本就没有提到“占卜”一事，但其情景也很不一般，颇能展示各自的个性。

成吉思汗大概还是出于固有的思维定势，见面就说：“辽与金为世仇，吾与汝报之矣。”说过之后，似乎在等待耶律楚材的感激，可听到的是：“臣父祖以来,皆尝北面事之，既为臣子，岂敢复怀贰心，仇君父耶！”[②]我一家三代事金，作为臣子，岂敢怀有“贰心”，仇恨君父！成吉思汗原是放下身段，你、我相称，以情切入，一片热忱。却不料被这年纪轻轻的虏臣一番侃侃而谈挡了回来，这位叱咤风云的大汗怎么办呢？岂料成吉思汗闻之“雅重其言”。为什么？是雅量，更是性格、智慧所致。其一，成吉思汗向来对于叛主之人深恶痛绝。耶律楚材在这种情况下，面对如此威风八面的人物，据实以对，那忠主重义、坦诚直率的品德实不一般，但这也正合成吉思汗之所好，那就是对于忠主之人极为赏识。比如《元史·塔塔统阿传》一段记载也可以印证：“塔塔统阿，畏兀人也。性聪慧，善言论，深通本国文字。乃蛮大扬可汗尊之为傅，掌其金印及钱谷。太祖西征，乃蛮国亡，塔塔统阿怀印逃去，俄就擒。帝诘之曰:‘大扬人民疆土，悉归于我矣，汝负印何之?’对曰:‘臣职也，将以死守，欲求故主授之耳。安敢有他！’帝曰：‘忠孝人也！’问是印何用，对曰：‘出纳钱谷，委任人材，一切事皆用之，以为信验耳。’帝善之，命居左右。是后凡有制旨，始用印章，仍命掌之。”其二，中都陷落，南逃者有之，殉难者有之，而楚材是参禅学佛，成吉思汗也未必知道万松老人那一套禅理佛法，但对佛教还是尊重的。更重要的是，如今一闻征召不畏艰辛即来漠

① 宋子贞:《中书令耶律公神道碑》。

② 宋子贞:《中书令耶律公神道碑》。

北，这种行为本身不就表明了他的态度，他的心之所向吗？所以聪明的成吉思汗立即爽快地宣布："处之左右，以备咨访。"且不称其名，亲切地直呼"吾图撒合里"——"长胡子"。

耶律楚材既不能冲锋陷阵，也没有指挥过千军万马，却得到大汗如此看重和礼遇，这在崇尚征战、武力的群体中，自然有人不解，有人嫉妒。请看一段记载：

> 夏人常八斤者，以治弓见知，乃诧于公曰："本朝尚武，而明公欲以文进，不已左乎？"公曰："且治弓尚须弓匠，岂治天下不用治天下匠耶？"上闻之喜甚，自是用公日密[①]。

常八斤恐怕想不到他的不满、责问，非但没使楚材难堪，反而使他借机把问题引到另一个更大的、更复杂的领域——"治天下"，而这对于不断上演着"征战—掠夺—再战—再掠夺"的蒙古贵族确实还是一个新的课题。成吉思汗"闻之甚喜"。大概是既感新鲜，也颇有感悟吧，所以"自是用公日密"，这显然不是由于"占卜"，而是对楚材治世观点的赞赏与认可。同时，这段记载也再一次证明了楚材应召西域是为了"追梦"而来，那"梦"的内涵就是"文进"，就是"文治"，就是"以儒治天下"。

历经数年西征的成吉思汗，1222年准备东归蒙古，这次他没有让"处之左右"的楚材一道东归，而是留下耶律楚材去塔剌思城处理屯田事务[②]。此亦可证成吉思汗对楚材治理能力已经有所了解与信任。当然，这其中也夹杂一些成吉思汗自己的认知方式，例如耶律楚材对"月食"的推算，比回鹘人精准，成吉思汗大为惊异，并说："汝于天上事尚无不知，况人间事乎！"这种思维逻辑并不一定科学，但是敬佩之情确是溢于言表。所以才会有："太祖晚年，屡嘱于上曰：'此人天赐我家，汝他日国政

① 宋子贞：《中书令耶律公神道碑》。

② 耶律楚材：《西游录》卷下："昔徙河中之豪民子弟四百余人屯田于塔剌思城，奉朝命委予权统之。"

当悉委之'。"[1]请注意：是"国政"，而不仅仅是"占卜"。可见成吉思汗对楚材的认识、信赖已经有了深刻地变化，其深远的意义就在于给耶律楚材定下了未来的政治舞台。这也就是耶律楚材在西域多年，虽因没有充分施展才能而有过苦恼与彷徨："寂寞河中府，遐荒僻一隅……西行万余里，谁谓乃良图"；"寂寞河中府，颓垣绕故城……为人但知足，何处不安生"[2]。"生遇干戈我不辰，十年甘分作俘臣。施仁发政非无据，论道经邦自有人。"（《和移剌子春见寄五首》）但终究没有离去，这不仅仅是因为成吉思汗对他的了解、赞扬与期许，也还有他对成吉思汗的敬仰与对未来的憧憬："天兵饮马西河上，欲使西戎献驯象。旌旗蔽空尘涨天，壮士如虹气千丈。秦王汉武称兵穷，拍手一笑儿戏同。"[3]"金鼓銮舆出陇秦，驱驰八骏又西巡。千年际会风云异，一代规模宇宙新。"[4]更有对"心梦"的执着："渐惊白发宁辞老，未济苍生曷敢归。"（《和移剌继先韵二首》）从两人相见相知，到互信互敬，将近十年，1227年7月，六十一岁的大汗病逝，结束了他非凡的一生。此时耶律楚材38岁，已是两鬓斑白，"去国十年"也还是有所得的，他不仅开阔了视野，留下了大量有关西域山川景色、人文风情的诗文，更重要的是深入地熟悉了蒙古政权中诸多的人和事，他也成了这个权力中心里一个特殊且有一定分量的角色。可以说没有这十年的"追梦"，也就没有往后的"筑梦"。至于能否"筑梦"——担当起"治天下"的"国政"，那就要看他有没有"筑梦"的才情与智慧了。

三、筑　梦

"太祖之世，岁有事西域，未暇经理中原。"[5]"经理中原"的局面出现在窝阔台时期，而具体的策划、实施就是耶律楚材。这就是说耶律楚材

① 宋子贞：《中书令耶律公神道碑》。
② 耶律楚材：《西域河中十咏》，《湛然居士文集·卷六》。
③ 耶律楚材：《再用前韵》，《湛然居士文集·卷二》。
④ 耶律楚材：《河中游西园四首》，《湛然居士文集·卷五》。
⑤ 耶律楚材：《元史·卷一百四十六列传第三十三·耶律楚材》。

真正的“筑梦”——“以儒治国”，也就是在窝阔台时期。他之所以能肩此重任，开一代新局，究其原因，殆有以下几点。

（一）把握时机，见势而行

成吉思汗西征之前，就在四个儿子中间确定三子窝阔台为继承人。这是因为次子察合台为了这个问题，当着成吉思汗的面对大哥术赤的继位问题，发表过激烈的反对意见。成吉思汗才选择了“有宽弘之量，忠恕之心”的窝阔台。但是，现在要真地继位照例还得召集诸王、大臣集会加以推举、确认。1229年8月参加集会的人陆续到达，耶律楚材经过占卜得出大汗登基的日子为8月24日，可到了8月22日仍无头绪。其中原因是复杂的，皇后脱列哥那欲亲生子贵由继位，并多方活动，也试探过耶律楚材。楚材说：“此非外姓臣所敢知，自有太宗遗诏在，遵而行之社稷幸甚。”（《中书令耶律公神道碑》）这话虽婉转，意思还是明白的，皇后听之当然不快。另一方面，此时监国的幼子拖雷所掌控的军事实力，远超过了窝阔台，其麾下的将领也不乐意拖雷拱手交权，拖雷当然也有意于汗位，所以窝阔台见此形势，只好主动推让。那么，此刻的关键人物还是握有实权的拖雷，楚材对拖雷说：“此宗社大计，宜早定。”拖雷说：“事犹未集，别择日可乎？”楚材回答得很干脆：“过是无吉日矣。”楚材的话可谓言简意深，拖雷也深领其催促、暗示、警示之意，不再犹豫、拖延，便按乃父的遗愿去办。那么，窝阔台也就可以如期登位。于是，耶律楚材便立即着手策划登基大典，“定册立仪礼，皇族尊长皆令就班列拜”①。这是中原帝王登基的传统礼仪，蒙古本无这一套，如何顺利实行呢？窝阔台的大哥术赤此时已经去世了，如有阻力最有可能的就在二哥察合台，而且此人个性刚直，所以楚材想到先要做好他的工作。楚材对察合台说：“王虽兄，位则臣也，礼当拜。王拜，则莫敢不拜。”察合台觉得此言有理，“及即位，王率皇族及臣僚拜帐下”。正是这场庄严隆重且从未有过的仪礼，使得察合台深有感触，他在仪礼结束之后，亲切地拍着耶律楚材的肩背激动地

① 宋子贞：《中书令耶律公神道碑》。

说："真社稷臣也！"

"人不能创造时机，但是他可以抓住那些已经出现的时机。"[①]耶律楚材在权力交替的时刻，在若隐若现的矛盾和难以预测的变故中，利用他"外来者"的特殊身份，以其真诚与智慧，推动了权力的平稳交接。这，既利于国、利于民，同时也以其定位之功，确立了他在窝阔台心中"自己人"的地位。这，对于意欲"筑梦"的耶律楚材而言，其重要性当然是不言而喻的。

"明者因时而变，知者随事而制。"耶律楚材还利用登基大典，移风易俗，以中原礼仪一改往日蒙古无君臣上下之分的旧习，展现一代新风，这不是简单的行为模式，须知"进退无仪，则政令不行"[②]。其目的显然是在树立新朝的威严，大汗至高无上的权威。对此史书评曰："国朝尊属有拜礼自此始。"[③]这一"始"，也意味着耶律楚材成功地编导并公演了"筑梦"的序幕，且取得极佳的效果，赢得了好评！

(二)找准支点，打开局面

良好的开端，令耶律楚材颇为欣慰，也很兴奋。他曾在诗中说：

> 自愧才术草芥微，偶然千载遇明时。
> 惟希一统皇家义，何暇重思晁氏危。
> 仁义且图扶孔孟，纵横安肯効秦仪。
> 行看尧舜泽天下，万国咸宁庶绩熙。[④]

不无谦虚，但也信心满满，"以儒治国"，匡时济世，致主泽民，正在此时，应全力以赴，个人安危，大可不计。事实也是如此，窝阔台即位之后，楚材在如何宽政恤民、整治乱政提出诸多建议，如《便宜一十八事》

① 雪莱：《雪莱政治论文选》，杨熙龄译，商务印书馆1982年版，第46页。

② 《管子·形势解》。

③ 《元史》卷一百四十六列传第三十三·耶律楚材》。

④ 耶律楚材：《和杨居敬韵二首》，《湛然居士文集·卷二》。

等。但影响最大的，能成为“筑梦”支点的还应该是“十路课税所”的建立。为什么这么说，不妨先看看它的背景：

自太祖西征之后，仓廪府库无斗粟尺帛[①]。

太祖之世,岁有事西域，未暇经理中原,官吏多聚敛自私,赀至钜万,而官无储偫[②]。

可见，财政吃紧，是窝阔台首先面临的燃眉之急。如何破解这一难题？“近臣别迭等言：‘汉人无补于国，可悉空其人以为牧地’。”请注意那个“等”字，就知道这不是“别迭”一个人的意见。同时，这意见也不是荒诞无稽的笑话，而是完全可以办到的，“例如，蒙古人把俄罗斯弄成一片荒凉，这样做是适合于他们的生产、畜牧的，大片无人居住的地带是畜牧的主要条件”。

耶律楚材当然知道这是蒙古人惯用的老办法，但为了“致主泽民”，还是提出了自己的设想，他说：“陛下将南伐，军需宜有所资，诚均定中原地税、商税、盐、酒、铁冶、山泽之利，岁可得银五十万两、帛八万匹、粟四十余万石，足以供给，何谓无补哉？”[③]征收赋税，在中原而言也是老办法。但对蒙古人来说，这种不用掠夺就能取得财物，则是从未见过的新鲜事，无异于天外奇谈。不过为了解决燃眉之急，满足对财富的渴求，窝阔台还是将信将疑地同意了楚材的设想，他说：“诚如卿所言，则国用有余矣。卿试为之。”[④]据此耶律楚材于太宗二年（1230）冬，在今北京、河北、山西、山东、内蒙古等地成立了十路课税所，每所“设使副二员，皆以儒者为之”。下面，我们将对其绩效与影响做点叙述。

太宗三年（1231）秋八月，“上至云中，诸路所贡课额银币及仓廪米谷簿籍具陈于前，悉符元奏之数。上笑曰：‘卿不离朕左右，何以能使钱

① 宋子贞：《中书令耶律公神道碑》。

② 《元史·卷一百四十六列传第三十三·耶律楚材》。

③ 《元史·卷一百四十六列传第三十三·耶律楚材》。

④ 宋子贞：《中书令耶律公神道碑》。

谷流入如此？不审南国复有卿比者否？’公曰：‘贤于臣者甚多，以臣不才，故留于燕。’上亲酌大觞以赐之。即日授中书省印，俾领其事，事无巨细，一以委之。”[①]这个愉悦欢快的场面，可以让人们读出以下几点：

“钱谷流入”，自然可解当下的财政危机，以及“南征”的军需，而“钱谷”所以能“流入”，就意味着社会趋于安定，生产得以恢复。这关系到权力的生存、稳固与壮大，刚刚登基的窝阔台不能不心生喜悦与感激！其次，原本将信将疑，现在“钱谷”就在眼前，虽犹不解其中之道，但事实已让他大开眼界，窝阔台也不得不思索、不得不认可：“天下虽得之马上，不可以马上治”的道理。课税所用的是文人，通过税则使“钱谷流入”，这就是“文治”。其深刻的意义，也反映了在文化冲突中落后、野蛮，让位于文明的一个可贵的起步。再次，基于上述原因，曾经有过定位之功的耶律楚材自然得到更大的信任、更多的职权，窝阔台甚至明言，“今后凡事先白中书，然后闻奏”[②]。如此高看、高待，楚材禁不住诗情涌流：

当年西域未知名，四海无人识晋卿。
扈从銮舆三万里，谟谋凤阙九重城。
衣冠异域真余志，礼乐中原乃我荣。
何日功成归旧隐，五湖烟浪乐余生。
误忝纶恩斗印悬，乏才羞到玉墀前。
劾奸封事梦犹诤，许国忠诚老益坚。
仁政发从天北畔，捷音来自海西边。
从今率土沾王化，礼乐车书共一天。[③]

窝阔台还曾当着西域诸国和宋、高丽来使的面，指着耶律楚材说：“汝国有如此人乎？”皆谢曰：“无有。殆神人也。”窝阔台得意地说：“汝

① 宋子贞：《中书令耶律公神道碑》。
② 宋子贞：《中书令耶律公神道碑》。
③ 耶律楚材：《和武川严亚之见寄五首》，《湛然居士文集·卷四》。

等唯此言不妄，朕亦度必无此人。”（《元史》）欣赏、炫耀之情毫不掩饰，蒙人的质朴与实在亦于此可见。“三万里”追梦，十多年期盼，终得“纶恩斗印悬”，“余志”不展待何年。而这一切来得如此之快，皆在于“课税所”的设置与令人眼亮的绩效，所以我们把它称作耶律楚材能够立足朝廷，打开局面，开启“筑梦”的“支点”。至于他在窝阔台时期（1229—1241）按照“礼乐中原”“致君泽民”的理想，做了什么？“功成”如何？已往的史书，当今的学界，论述颇多，恕不赘言。这里只想用一个极简便的方法窥见其大概，那就是列举一下窝阔台对耶律楚材的设想、建议、变革的历次表态——“太宗从之”，“帝悉从之”，“卿试为朕行之”，“帝可其奏”，“帝然其计”，“又从之”，“悉施行之”等（以上均见《元史》）。这些所“从”、所“然”，涉及财税制度、行政管理、惩治污吏、尊孔重教、选拔儒士、宽政爱民、保护农耕、禁止屠城等，在政治、经济、文化、教育各个领域，为元代行汉法和文治开了先河。这，就是耶律楚材“以儒治国”的“筑梦”工程，它缓和了社会矛盾，减少了文化冲突，增强了中央集权，加速了统一全国的步伐，也为后来的忽必烈建立元朝在思想、制度、人才等方向奠定了基础。这就如屠寄所说的：“蒙兀初起，专尚武功，无意置相，固游牧人种性也，斡歌歹汗之世，始有官制，别军民，籍户口，定税课，设科举，译经籍，缤缤向文治，思与诸夏同风，实开至元诸政之先路。此谁之功与？孔子曰：‘微管仲，吾其被发左衽矣。’吾与耶律楚材亦云。”（《蒙兀儿史记》）

四、梦　断

我们在上一节谈的只是“顺畅”的一面，没有这一面也就不可能有什么“筑梦”工程。但是也必须指出同时还有另一面——矛盾、冲突、挫折、让步、屈从，总之一句话，阻力是时时可见的，因此那“工程”亦非完全按照耶律楚材的构想，而是“见于设施者十不能二三”[①]。这，也就

① 宋子贞：《中书令耶律公神道碑》。

为最后的结局——“梦断”——埋下了伏笔。“梦断”亦非偶然。那么，阻力是如何形成的呢？

第一，阻力与“惯性”相关。“惯性”，就是旧习、旧例所养成的惯性思维、惯性生活，“人之性情，莫不由习”（张九龄《论教皇太子状》）。蒙田说：“习惯蒙住我们判断的眼睛。”因此，培根就曾说过：“如果说个人的习惯只是把一个人变成了机械，使他的生活仿佛由习惯所驱动，那么社会的习惯，却具有一种可怕的力量。”究竟是如何“可怕”呢？试看：窝阔台即位的第二年（1230），耶律楚材上《便宜一十八事》，“其略言：郡县长吏牧民，设万户总军，使势均力敌，以遏骄横。中原之地，财用所出，宜存恤其民，州县非奉上命，敢擅行科差者罪之……贡献礼物，为害非轻，深宜禁断”[①]。窝阔台的态度是：“唯贡献一事不允，曰：‘彼自愿馈献者，宜听之。’”这里面就有“惯性”作用，因为下对上的进奉、进贡，上对下的赏赐，是当时蒙古国的惯例，是构成上下关系的重要纽带，而“量”与“质”则是远近亲疏的标志。再说，下不“贡”上，上拿什么“赐”下呢？所以那“禁断”，不仅有损窝阔台自己对财富渴求，也关系到他拿什么去笼络臣属，树立声望与权威！即位不久的窝阔台甚至以商讨的口吻说：“凡卿所奏，无不从者，卿不能从朕一事耶？”以退为进，不改“贡献”。耶律楚材只得无奈地说：“蠹害之端，必由于此。”其实这也是一种“反对”、一种“警示”。因为谁都知道那所谓“自愿馈献”的背后实在有着太多的、说不尽的内涵，这一点，即使生活在今天的人也不难理解。后来张养浩在上元武宗《时政书》中说：“今姑举其害政太甚者一十事，试为陛下言之”，那里面首举的便是“赏赐太侈”。试想哪有那么多珍宝财物去“赏赐”，不就是因为下面“馈献”太多，而其来源当然是搜刮无度了！这种置国家兴衰安危、黎民生死疾苦于不顾的“习惯”，着实是具有着“可怕的力量”！终元之世，此风愈演愈烈，证明了耶律楚材的远见。耶律楚材说：“蠹害之端，必由于此”的“远见”，亦不止于元代。试看明、清两代官场的“陋规”，与窝阔台的“彼自愿馈献者，宜听之”，不就

①《元史·卷一百四十六列传第三十三·耶律楚材》。

是与时俱进的“变种”吗？洪振快先生《亚财政》一书，对明、清“陋规”——“规礼”“规费”的庞杂内容、恶劣后果，均做了详实地展示与剖析。送给上级官员的名“规礼”，塞给办事吏员的叫“规费”，名虽有异，花银子通路子则是相通的。“陋规”者，“潜规则”也。代代相传，处处依“规”，也就成了“习惯”。无怪三百多年前法国思想家孟德斯鸠在《论法的精神》中说：“专制国家里有一个习惯，就是无论对哪一位上级者都不能不送礼……”当然，生活也绝不是一个色调、一个声音。明、清时代也不乏少数官员、社会人士对“陋规”的牢骚、谴责，但丝毫无改于现实。他们哪知道“陋规”“习惯”，是源于“专制”，仗于权势、系于利益，绝不可能因为有人说它丑陋，骂它卑劣，就可以爽快地扔掉。这，又为美国哲学家桑塔亚那的“习惯比理性更强有力”的论点提供了一个“有力”的例证。

第二，阻力与利益相关。窝阔台对《便宜一十八事》前面的内容很爽快地皆“从之”，是因为那些“汉化”的措施有助于加强中央集权，于自己有益。但这样做的结果必然损害了地方权贵们的利益，所以就引来1231年的报复：“权贵不能平，咸得卜激怒皇叔（斡辰大王），俾专使来奏，谓公悉用南朝旧人，且渠亲属在彼，恐有异志，不宜重用；且以朝廷所忌，诬构百端，必欲置之死地。”①好在此时的窝阔台还较为清醒，而且由于十路课税所的政绩对于楚材非常欣赏和信任，所以“察见其诬，怒逐来使”。这一场险恶的风波虽然过去了，但上下皆围绕各自的利益去思考，去行事，则不会有丝毫变化，矛盾犹在。

第三，阻力与观念相关。跨马扬鞭，征战杀戮，贪财掠物，早已被蒙古贵族视为一种乐趣、一种荣誉。成吉思汗曾问他身边的人，男子最大的乐趣是什么？臣属们回答：“男子之乐，莫过于乘健马，架名鹰，涉猎禽兽。”成吉思汗说：“你们说得不好。镇压叛乱者，战胜敌人，将他们连根铲除，夺取他们所有的一切，使他们的已婚妇女哭号、流泪，骑乘他们的后背平滑的骏马，将他们美貌后妃的腹部当作睡衣和垫子，注视着她们的

① 宋子贞：《中书令耶律公神道碑》。

玫瑰色的面颊并亲吻着，吮她们的乳头色的甜蜜的嘴唇，这才是男子汉［最大］的乐趣。”不过，现在要久据中原，建政立国，与以往攻战、掳掠，“委而去之”，再战、再掠，挥鞭而去，“以此连年，征伐不息”，有所不同。但是，成吉思汗的“取天下呵，各分地土，共享富贵”[①]的传统观念不会丢弃。即使在文化融合中不得不做一些适应性的变革，但是急功近利，贪财敛物，“共享富贵”，仍是其根本的观念与追求。比如窝阔台对赋税制既陌生，也将信将疑，但听到“岁可得银五十万两、帛八万匹、粟四十余万石”，还是为之心动，命楚材“试为之”。面对没有通过杀掠、抢夺而财物就“陈于廷中”，更是惊喜不已。他喜的是“国用充足”的钱财，而并非耶律楚材为了泽民济世、长治久安，必须有一个舒缓民力、利民利国的税制。所以到1239年有回鹘人奥都剌合蛮通过译史安天合，和大臣镇海，向窝阔台提出愿以四万四千锭扑买中原课税（这个数字是当时税额二万二千锭的一倍），于是一场激烈的争论随之展开。耶律楚材说：“‘虽取四十四万亦可得，不过严设法禁，阴夺民利耳。民穷为盗，非国之福。’而近侍左右皆为所啖，上亦颇惑众议，欲令试行之。公反复争论，声色俱厉。上曰:‘汝欲斗搏耶’？公力不能夺，乃太息曰：‘扑买之利既兴，必有蹑迹而篡其后者，民之穷困，将自此始，于是政出多门矣。’”[②]要知道“欲求是一个不断生长的巨人，‘现状’的外套对他永远也不够大”。所以结局还是“以奥都剌合蛮充提领诸路课税所官”。窝阔台那种一心贪财，不顾国家利病，生民休戚，竭泽而渔的饕餮，显然已是不可理喻，不可改变，终成事实。耶律楚材一手经营的“筑梦支点”（课税所）毁掉了，职务、权力被剥夺了，影响于社会的能量自然也就随之消失了。“唯思仁义济苍生”[③]的理想无望了，总之，“以儒治国”之“梦”不得不到此中断。而整个政局也由此走向败落，这就是《元史·太宗纪》说的“自壬寅（1242）以来，法度不一，内外离心，而太宗之政衰矣”。

---

①《元典章·吏部卷三典章九·官制三·投下·改正投下达鲁花赤》。

② 宋子贞：《中书令耶律公神道碑》。

③ 耶律楚材：《用前韵感事二首》，《湛然居士文集·卷二》。

第四，阻力与形势相关。在文化碰撞、融合之中，蒙古贵族对旧习的维护，财富的攫取，观念的固守，皆有赖于特权专制，而权力的安危则离不开内外的形势。比如窝阔台初登汗位时，“仓廪府库无斗粟尺帛”，而“诸路长吏兼领军民钱谷，往往恃其富强，肆为不法”[①]。国库空虚，地方权贵殷实、跋扈，社会动荡，民不聊生。另一方面由于对中原文化的陌生，如何有效地治内、治外，窝阔台心中也无底。正是在这种权力尚不稳当的时候，窝阔台对耶律楚材的一些“汉化”措施，采取了“从之”“然之”的态度。但是，经过楚材十年的“筑梦”，在政治、经济、文化等方面都取得了显著成效，这也就意味着窝阔台权力已稳。用他自己的话说：“朕之所以推诚任卿者，先帝之命也。非卿，则中原无今日。朕所以得高枕而卧者，卿之力也。”[②]这，本应该是“好事”，但也能成为“坏事”，那就看是居安思危、思治，还是居安思逸、思淫。窝阔台走的是后一条道——“时四方无虞，上颇怠于政事。”干什么呢？“日与诸大臣酣饮”，于是“奸邪得以乘间而入”[③]。是的，奥都刺合蛮一伙不就是祸国殃民的“奸邪”吗？细想当初窝阔台的“从之”“然之”，非不“贪”也，乃是“时也，势也”；如今耶律楚材“欲斗搏耶”，“又欲为百姓哭耶”，都阻止不了窝阔台恶性膨胀的“贪”，也是“时也，势也”。“君臣遇合，天下事迎刃而解。”（苏辙《姚崇》）耶律楚材说：“泽民致主本予志。”[④]他要“以儒治国”，欲有所为，首先得尽心尽力辅佐窝阔台，巩固其权力，树立其威信，以获得窝阔台的信任与支持，这是可以理解的。正如培根所言：“许多有利于人类的好事，要办成都需要借助于权势。”不过，事情是复杂的、变化的，耶律楚材似乎没有料到当窝阔台能够一言九鼎之时，那至高无上的权威，不也可以轻轻一拨，使自己倒地不起吗？那个曾经高举酒杯向耶律楚材说着感激之辞：“非卿，则天下亦无今日……”那热烈感人的

① 宋子贞：《中书令耶律公神道碑》。
② 宋子贞：《中书令耶律公神道碑》。
③ 宋子贞：《中书令耶律公神道碑》。
④ 耶律楚材：《用前韵感事二首》，《湛然居士文集·卷二》。

情景还记得吗？俱往矣，已成过去。现在——既有“今日”之“天下”，又何必“非卿”——奥都剌合蛮不是为我“收”得更多吗？“卿”可休矣！诚所谓：“有权势者，既能行善也能作恶。”“而权力之所以腐蚀人，也正是因为它提供了肆无忌惮的种种可能性，使帝王不仅可以为所欲为，而且可以不择手段。”

曾经胸怀宏愿，高歌“乍远南州如梦蝶，暂游北海若飞鹏”的耶律楚材，如今只能悲吟：“佐主焦劳力已殚，微才安可济时难。”[①]“闾山旧隐天涯远，梦里思归梦亦难。”[②]真可谓：“筑梦”无望“归梦难”，奔波一世，落幕在心寒。寂寞无助，心力交瘁，壮志未酬的耶律楚材终于在1244年5月14日愤悒而死，终年55岁。

结　　语

耶律楚材的“致君泽民”“以儒治国”，说得具体一点就是：“以唐虞吾君为远图，以成康吾民为己任。”[③]这应该说也是诸多封建文人的人生抱负和价值追求，杜甫不也唱过“致君尧舜上，再使风俗淳”吗？而且汉以后的历代王朝确也几乎都是尊孔拜孔，但要指出的是，帝王们的用心与目的，和杜甫、耶律楚材等人的理想与愿望不是一回事，也不可能是一回事。不过，尊儒也好，崇法也罢，“外儒内法”也罢，最终都改变不了“尧舜禹汤周灭了。汉三分，晋六朝。五代相交……”[④]。你方唱罢我登场，翻覆兴和废。这，是另一个问题，恕不在此言说。这里要评说的是耶律楚材。

“讨论事物的得失利弊，即等于分析事物所适应的时间和空间。”如果我们把耶律楚材“以儒治国”的思想及其实践，放到他那个具体的历史环境中去考察，其积极的意义，倒不在于它给传统“儒治”带来多少新的东

① 耶律楚材：《和武善夫韵二首》，《湛然居士文集·卷七》。
② 耶律楚材：《和薛伯通韵》，《湛然居士文集·卷一》。
③ 孟攀鳞：《湛然居士文集·序》。
④ 邓玉宾：［中吕·粉蝶儿］套。

西，而是在中原文化面临生存危机的时刻，有意识、有智慧地去引导蒙古贵族了解、适应、融合相对比较进步的、文明的中原文化，并在这一思想指导下，制定一些具体的政策、法规。这既可以减少社会冲突、破坏，可谓“救时行道”。同时，也符合人类文明的发展。这一点在六个世纪之后的马恩著作中也得到了印证。请看：

马克思在1853年说：“野蛮的征服者总是被那些他们所征服的民族的较高文明所征服，这是一条永恒的历史规律。”（《不列颠在印度统治的未来结果》）

恩格斯在《反杜林论》中说：“每一次由比较野蛮的民族所进行的征服，不言而喻地都阻碍了经济的发展，摧毁了大批的生产力。但是在长时期的征服中，比较野蛮的征服者，在绝大多数情况下，都不得不适应征服后存在的比较高的‘经济情况’。”

耶律楚材虽然不知道这一“永恒的历史规律”，但是他之所以要“追梦”“筑梦”，并利用一切时机去启发、引导、化解蒙古贵族在“不得不适应”过程中的犹疑、阻力与抗拒，从而在文化融合中做出了他力所能及的贡献。这一切应该说在客观上是符合了“永恒的历史规律”。是的，楚材之所以能有所作为，其根本原因亦在于顺应了这一“历史规律”。

不过，还应该指出“不得不适应”，绝不等于无条件、无原则的“适应”。“适应”什么？不“适应”什么？固守什么？变革什么？实行什么？对蒙古贵族而言，其准则就是对自身的权利是损？还是益？而不一定是什么“较高文明”[①]。因为最终的裁决既不是耶律楚材，更不是百姓，而是窝阔台及其特权贵族，这里也可以借用恩格斯的一句话，即“政治权利不过是用来实现经济利益的手段”。有了这样的“手段”，那“永恒的历史规律”也就不可能是什么平坦、笔直的大道，而必然充满着矛盾、碰撞、抗拒乃至反复和倒退。耶律楚材的遭遇及其结局，便是“比较野蛮”的“权力”，为“实现经济利益”，而抗拒“较高文明”的一个活生生的案例。所

① 对于这一点，笔者在本书《“权利”与“文明”——从元代“刀笔得官者多”想开去》一文中也有所论述。

以说："只有认识到权力的嗜好是社会事务中重要活动的起因，历史，无论是古代的或者是现代的，才能得到正确的解释。"

不过，回头看去，耶律楚材毕竟有过一段"筑梦"的辉煌。之所以能够如此，不仅仅是因为他客观上"适应"了"永恒的历史规律"，有明确的"以儒治国"的理念与方向，也有把握时机，因势利导，针对时弊，建制立策的智慧与才干，而且还应该指出的是：他也具备了一个政治家应有的品德与人格，所谓"以令率人，不若身先"。下面就此也略述几点。

第一，勇于当担，不计私怨。例如：先是契丹人咸得不主持燕京事务，治下盗贼横行。1228年，耶律楚材和中使塔察儿奉命前往整治，捕获的盗贼多是咸得不的亲属和势家子弟，其家人想以贿赂求免，塔察儿也动摇了，欲覆奏朝廷，以望宽宥，耶律楚材坚决反对，并处决了十六名首恶，百姓得以安宁，由此咸得不嫉恨在心。后来楚材为中书令，推行军民分治，权贵不满，咸得不以为报复的时机到了，于是煽动皇叔，"诬构百端，必欲置之死地"。同僚镇海、粘合重山二人"为之股慄曰：'何必强为更张，计必有今日事！'公曰：'自立朝廷以来，每事皆我为之，诸公何与焉！若果获罪，我自当之，必不相累'"。世事难料，没过几个月，"会有以告咸得不者，上知与公不协，特命鞫治。公奏曰：'此人倨傲无礼，狎近群小，易以招谤。今方有事于南方，他日治之，亦未为晚。'上颇不悦，已而谓侍臣曰：'君子人也。汝曹当效之。'"[①]读过上面文字，可以看到各种人物用自己的语言、行为和情绪，画出了各自的精神面貌，诸如心志、品格、气度等，很具有对比性，稍加比较就不难发现其中确有一位直者不惧，以义为上，着眼大局，不计私怨的"君子"，那就是耶律楚材！

第二，刚正不阿，不惧权势。不论是朝政大事，还是事关窝阔台本人，耶律楚材的观点就是"恤民"而不扰民、伤民。比如1234年，窝阔台任命大臣忽睹虎主持汉地括户工作，是以丁，还是以户来编定户籍，引起了激烈的争论。以忽睹虎为首的蒙古大臣主张以丁编户，都说："我朝及西域诸国莫不以丁为户，岂可舍大朝之法而从亡国政耶？"耶律楚材一人

① 以上见宋子贞：《中书令耶律公神道碑》。

认为不可，他说："自古有中原者未尝以丁为户，若果行之，可输一年之赋，随即逃散矣。"[①]最后还是以耶律楚材的意见编户。

1236年，"侍臣脱欢奏选室女，敕中书省发诏行之。公持之不下。上怒召问其故。公曰：'向所刷室女二十八人尚在燕京，足备后宫使令。而脱欢传旨，又欲徧行选刷，臣恐重扰百姓，欲覆奏陛下耳。'上良久曰：'可。'遂罢之"[②]。

窝阔台死后，皇后脱列哥那称制，朝臣皆畏附奥都剌合蛮，但此时仍在中书省供职的耶律楚材虽是大权旁落，但亦无所畏惧，"面折廷争，言人所难言"。于是皇后出面："寻复有旨，奥都剌合蛮奏准事理，令史若不书填则断其手。"可是耶律楚材的回答是："军国之事，先帝悉委老臣，令史何与焉？事若合理，自是遵行；若不合理，死且不避，况断手乎？"[③]只认事理，不畏权势，一腔正气，掷地有声，诚可谓："见势不趋，见威不惕。"失意不失格，"梦断"魂犹在，令人肃然！

第三，好学敬业，权不谋私。耶律楚材的父亲耶律履天资聪颖，"日知问学读书，一过目辄不忘。及长，通六经、百家之书，……善属文，早为时辈所推"[④]。耶律楚材对此心怀赞叹与敬佩，并以之为榜样，而且也希望儿子能继承此风，这一切都在《为子铸作诗三十韵》中可以见到："先考文献公，弱冠已卓立。学业饱典坟，创作《乙未历》。……我受先人体，兢兢常业业。十三学诗书，二十应制策。……汝方志学年，寸阴真可惜。孜孜进仁义，不可为无益。经史宜勉旃，慎毋耽博弈。深思识言行，每戒迷声色。德业时乾乾，自强当不息。……儒术勿疎废，祖道宜熏炙。汝父不足学，汝祖真宜式。酌酒寿汝年，五福自天锡。"这首诗的小序说："乙未（1235年）为子铸寿，作是诗以遗之，铸方年十有五也。"其用意正是以孔子自述的修身进程："吾十有五而志于学……"，有望于儿子。

① 宋子贞：《中书令耶律公神道碑》。
② 宋子贞：《中书令耶律公神道碑》。
③ 宋子贞：《中书令耶律公神道碑》。
④ 元好问：《尚书右丞耶律公神道碑》。

即使儿子长大之后，他也不忘身教与言教。楚材自己“笃于好学，不舍昼夜。尝诫诸子曰：‘公务虽多，昼则属官，夜则属私，亦可学也’。其学务为该洽。凡星历、医卜、杂算、内算、音律、儒释、异国之书，无不通究”[①]。读书、好学，可以说是这个家族的传统家风，由此亦可见，耶律楚材“以儒治国”的信念，以及“制器者必用良工，守成者必用儒臣。儒臣之事业，非积数十年，殆未易成也”[②]的观点与主张，绝非一朝一夕所形成的，而是有着深厚的学养与家族的传承。

不过他要实现这一信念则是极其困难的，宋子贞在《中书令耶律公神道碑》中说：“国家承大乱之后，天纲绝，比轴折，人理灭，所谓更造夫妇肇有父子者，信有之矣。加以南北之政，每每相戾，其出入用事者，又皆诸国之人，言语之不通，趣向之不同，当是之时，而公以一书生，孤立于庙堂之上，而欲行其所学，戛戛乎其难哉！”耶律楚材在如此艰难复杂，时有“悠悠之徒，咄咄之口，务欲中伤”[③]的环境中，虽有“销金众口嫉居士”的感慨，却不气馁、不退缩，大到朝政，小到具体事务，尽力亲为。“虽案牍满前，左酬右答，咸适其当。又能以忠勤自将，尝会计天下九年之赋，毫厘有差，则通宵不寐。”[④]其勤勉敬业之精神，亦令人钦佩！

蒙古贵族殖民性格的一个显著的表现就是对财富的贪婪和占有，除了直接掠夺，行贿受贿，卖官鬻爵也是公然之事，那个奥都刺合蛮不就是“以货取朝政”的吗？耶律楚材从投奔成吉思汗之后的二十几年间，也曾居于要职，手中也有一定的人权、财权，却从不谋私，可谓“自贬损以行权者”，“出淤泥而不染”。比如：1226年，“冬十一月，灵武下，诸将争掠子女财币，公独取书数部、大黄两驼而已。既而军士病疫，惟得大黄可愈，所活几万人”[⑤]。耶律楚材可以用自己的俸禄资助需要接济的宗族，

① 宋子贞：《中书令耶律公神道碑》。

②《元史·卷一百四十六列传第三十三·耶律楚材》。

③ 耶律铸：《双溪醉隐集·拜书尊大人领省翁山原茔御寝园之壁》。

④ 宋子贞：《中书令耶律公神道碑》。

⑤ 宋子贞：《中书令耶律公神道碑》。

但绝不委以公职，网罗宗亲，植党营私。对此《元史》说：“楚材当国日久，得禄分其亲族，未尝私以官。行省刘敏从容言之，楚材曰：‘睦亲之义，但当资以金帛。若使从政而违法，吾不能徇私恩也’”。《中书令耶律公神道碑》中也有更详的文字：“公当国日久，每以所得禄赐，分散宗族，未尝私以官爵。或劝以乘时广布枝叶，固本之术也。公曰：‘金币资给足以乐生，若假之官守，设有不肖者干违常宪，吾不能废公法而徇私情。且狡兔三穴，吾不为也。’”即以今日之世观之，“有权不用”，公私分明，亦属难能可贵，无怪前人对此反复称颂。爱财贪财的人总以为：“拿钱来，什么事都好办!”奥都剌合蛮也是这种人，窝阔台死后，皇后脱列哥那摄政，奥都剌合蛮在她的纵容下为所欲为，“执政者亦皆阿附，唯惮公沮其事，则以银五万两赂公。公不受，事有不便于民者，辄中止之”[①]。收买不成，才有皇后的“断手”之逼，才有“若不合理，死且不避，况断手乎”的抗争。“弊政之大，莫若贿赂行而征赋乱”（柳宗元《答元饶州论政理书》）。遗憾的是，“孤举者难起”，不受贿、不避死的耶律楚材也无力抗拒“弊政”之滥行，没能“止”住这股逆流，但是清廉、正直、刚毅的人格，却在恶浊的朝政中，黑暗的历史中，更显得光彩夺目。

“事修而谤兴，德高而毁来。”（韩愈《原毁》）楚材生前时遭谗毁、诬告，死了也不放过，“后有谮楚材者，言其在相位日久，天下贡赋，半入其家。后命近臣视之，唯琴阮十余，及古今书画、金石、遗文数千卷”[②]。李商隐说：“不知腐鼠成滋味，猜意鸳雏竟未休。”（《安定城楼》）不过，现在楚材已逝，家里也没搜查出银子，那些惯以“腐鼠”当作美味的“鸮鸱”们应该可以“休”了吧!

与此相反的是人心所向，“忽报台星折，仍结薤露新，斯民感无极，洒泪叫苍旻”[③]。且不分种族，“蒙古诸人哭之如丧其亲戚。和林为之罢市，绝音乐者数日。天下士大夫，莫不涕泣相吊”[④]。诚所谓“公道自在

① 宋子贞：《中书令耶律公神道碑》。

②《元史·卷一百四十六列传第三十三·耶律楚材传》。

③ 曹之谦：《中书耶律公挽词》，《河汾诸老诗集·卷八》。

④ 宋子贞：《中书令耶律公神道碑》。

人心”。“人心”中不仅是哀伤，更有着对邪恶扼杀正义的悲愤！历史的伤痛，人们是不会忘却的。二十多年后郝经在上忽必烈的奏章中说：

> 太宗皇帝临御之时，耶律楚材为相，定税赋，立造作，榷宣课，分郡县，籍户口，理狱讼，别军民，设科举，推恩肆赦，方有志于天下，而一二不逞之人，投隙抵罅，相与排摈，百计攻讦，乘宫闱违豫之际，恣为矫诬，卒使楚材愤悒以死[①]。

这，是对邪恶的控诉，也是勿忘前事的委婉的提醒与警戒，还折射了、预示了元代文化碰撞、冲突的延续与必然的结局。这就是鲁迅先生所说的：“翻翻过去的血的流水簿，原也未始不能够推见将来。”（《争自由的波浪》小引）

“即使后继者做得更好，荣誉也应归于开创者。”（埃及谚语）作为以自己的理念、智慧、人格与真诚的实践，引导蒙古接受中原文化的第一人，耶律楚材理应得到他应有的历史地位与后人的景仰。“莓莓新阡，浩浩流泉。不朽载传，尚千万年。”而他的遭遇与结局则意味着落后“适应”先进，文明“征服”野蛮，虽说“是一条永恒的历史规律”，却是路漫漫兮的历史进程，其中的艰难、反复还须付出无数次沉痛的、残酷的代价，这是绕不过也超越不了的时代的悲哀，楚材的悲剧，便是其中的一例。但亦无须悲观，“青山遮不住，毕竟东流去”。历史不会止步，“而且因为时代的轮子不是在空虚中进展，所以障碍的增多就证明了进展的勇猛剧烈呵！”更何况“悲剧”亦有教益与启示，比如其中的美与丑，可以化作爱与憎，激发人类对文明的追求；而成与败，既是知识、经验与智慧的积累，也使人明白通向文明之路是渐进的、曲折的，而非一蹴而就，从而使人类日益趋向理性与成熟。明白了这些，也就能更好地理解为什么说“历史给我们的最好的东西就是它所激起的热情”。那就是因为它能“激起”人类永不懈怠地追求，用先进改变落后，以文明变革野蛮的“热

① 郝经：《立政议》，《郝文忠公陵川文集·卷三二》。

情”。耶律楚材的“追梦”“筑梦”，以其生动而具体的史实，展示了他在文化碰撞、变革、融合中的才智与“热情”，而他的理念、实践与成败，也自有其值得研究且可予后人以启示的“历史”内涵。

2015年1月

“不塞不流　不止不行”

——试谈元代散曲中的“梦”

隋树森编《全元散曲》“共辑得元人小令三千八百五十三首，套数四百五十七套，残曲在外”（《自序》）。近来在翻阅时，把曲中有“梦”或“南柯”“黄粱”等字样，粗略地统计一下（如果是“梦南柯”“黄粱梦”等三字相连，只作为一处），大约有四百七十处左右，“梦”之多，亦颇为可观。当然，这对于古代文学中的“梦”也还是“沧海一粟”。不过，这“一粟”——元散曲中的“梦”——自有其产生的背景、条件，也有其独具的风味、特色。

一

“人生如梦”是个老话题，唐人说：“浮生若梦为欢几何!”（李白）宋人说：“人生如梦，一樽还酹江月。”（苏轼）这感叹往往是由于生命的短暂、飘忽而生发的，所谓“人生寄一世，奄忽若飙尘”（无名氏）；“事如芳草春长在，人似浮云影不留”（辛弃疾）。到了元代文人，这种感叹似乎成了集体的声音，且内涵也随之扩展。

> 乾坤一转丸，日月双飞箭。浮生梦一场，世事云千变。休干，误杀英雄汉；看看，星星两鬓斑。
>
> ——邓玉宾［双调·雁儿落过得胜令］

“浮生梦一场”，既来自于“乾坤转丸”，岁月匆匆，也还与“世事云千变”相关，言简意深，战乱频仍、生命不保、王朝嬗变等尽在其中。最后的结论更与传统观念迥异：“休干”，不要去谋求什么功名利禄，因为那是“误杀英雄汉”，而且这不是邓玉宾一个人的想法。请看：

人间事，一目饱经过，日月双轮，乾坤六合。麟阁将，玉堂臣，总被消磨。人生幻化待则甚么，便似一梦南柯。

——王实甫［双调］(残曲)

春色残，莺声懒，百岁韶光梦槐安，功名纵得成虚幻。一跳身,百尺竿，难转眼。

——曾　瑞［南吕·四块玉］《感怀》

“功名纵得”，如“麟阁将，玉堂臣”，也无非就像《南柯太守传》里的淳于棼，醉梦中到了淮安国，娶了公主，做了南柯太守，儿女成群，意满志得。后来公主死了，国王请他回去，一梦惊醒，依然故我，却也恋恋不舍，还去寻找缘由，发现大槐树下有一个蚁穴，形如城郭，蚁进蚁出，这就是自己得以富贵荣华的淮安国。

如果说这是以传奇小说作比，也还有真实的故事，不妨看看张养浩的经历。

海来阔风波内，山般高尘土中。整做了三个十年梦。被黄花数丛，白云几峰，惊觉周公梦。辞却凤凰池，跳出醯鸡瓮。

——张养浩［双调·庆东原］

张养浩仕途三十年，官至礼部侍郎，参议中书省事。第一次因上书批评时政弊端，罢官；第二次上《谏灯山疏》之后，借口父老归养，主动请辞归隐，以防不测。他有抱负，有能力，为官清正，政绩卓著。但这都无改于朝廷的昏聩，上下的腐败，国势的溃乱，终于感到“三十年一梦惊，才与气消磨尽”[①]，毅然归去。值得一提的是，他做的并不是升官发财的

① 张养浩：［双调·雁儿落兼得胜令］。

“梦”，而是“惊觉周公梦”，也就是效法周公辅君治国的“梦”破灭了，思想也因此醒悟了，“辞却凤凰池，跳出醯鸡瓮”。这不是“功名纵得成虚幻”的悲哀吗？

仕途无门者，如秦竹村所言：“南山敝庐，收拾园圃，安排隐居，效靖节先生归去。”（［双调·行香子］《知足》）而像张养浩“功名纵得”，为官三十载，也走上这条道：

功名事一笔都勾，千里归来，两鬓惊秋。我自无能，谁言有道，勇退中流。柴门外春风五柳,竹篱边野水孤舟……。

——张养浩［双调·折桂令］《归田谩述》

那么，“得又何欢，失又何愁？恰似南柯一梦”①。于是乎，“百年梦觉归山隐”，便成了仕途无望者，为官而不能有为者共同的时代悲歌：

懒神仙，懒窝中打坐几多年。梦魂不到青云殿，酒兴诗颠。轻便如宰相权，冷淡如名贤传，自在如彭泽县。苍天负我，我负苍天。

——乔吉［双调·殿前欢］《里西瑛号懒云窝自叙有作奉和》

花自老青山路边，梦不到白玉堂前。空嗟羡，伤心故园，何日是归年？

——张可久［中吕·满庭芳］

到闲中，闲中何必问穷通？杜鹃啼破南柯梦，往事成空。对青山酒一钟，琴三弄，此乐和谁共？清风伴我，我伴清风。

——李伯瞻［双调·殿前欢］《省悟》

休争闲气，都只是南柯梦里。想功名到底成何济，总虚华几人知！

——无名氏［南吕·玉娇枝过四块玉］

① 马致远：［黄钟·女冠子］（残曲）。

虽说“梦”不到白玉堂、青云殿，但也不无“苍天负我”的无奈和悲愤，“休争闲气”，毕竟还是有“气”。怎么办？那就要有更多的思考、更多的方式来消解心中的怨气和愤恨。比如：

第一，参透名利，自寻“快活”。

花开花谢，灯明灯灭，百年梦觉庄周蝶。兴时节，快活些，明朝绿鬓添霜雪，石氏邓通今谩说。人，不见也；钱，不见也。

——陈草庵［中吕·山坡羊］《叹世》

叹世人间事，一目饱经过，日月双轮，乾坤六合。麟阁将，玉堂臣，总被消磨。人生幻化待则甚么，便似一梦南柯。

——王实甫［双调］（残曲）

懒云窝，醒时诗酒醉时歌。瑶琴不理抛书卧，无梦南柯。得清闲尽快活，日月似撺梭过，富贵比花开落。青春去也，不乐如何？

——阿里西瑛［双调·殿前欢］《懒云窝》

第二，效法前贤，坚持自我。

莼鲈高兴西风动，挂起风篷。梦不到青云九重，禄不求皇阁千钟。浮蛆瓮，活鱼自烹，浊酒旋篘红。

——乔吉［中吕·满庭芳］《渔父词》

直钩曾下严滩钓，清风自学苏门啸。……扁舟范蠡高，五柳陶潜傲。南华梦里先惊觉。

——张可久［正宫·塞鸿秋］《道情》

第三，放开视野，纵观人世。

楚霸王，汉高皇，龙争虎斗几战场。争弱争强，天丧天亡，成败岂寻常。一个福相催先到咸阳，一个命将衰自刎乌江。江山空寂寞，宫殿久荒凉。君试详，都一枕梦黄粱。

——马谦斋［越调·柳营曲］《楚汉遗事》

南高峰，北高峰，惨淡烟霞洞。宋高宗，一场空，吴山依旧酒旗风。两度江南梦。

——刘秉忠［南吕·干荷叶］

春风桃李繁，夏浦荷莲间。秋霜黄菊残，冬雪白梅绽。四季手轻翻，百岁指空弹。谩说周秦汉，徒夸孔孟颜。人间，几度黄粱饭；狼山，金杯休放闲。

——庾吉甫［雁儿落过得胜令］

荣华似风内灯，富贵如槐安梦。恰六朝贺太平，十二国干戈动。人海混鱼龙，浮世隐英雄。收楚韩元帅，兴周的姜太公，功名，到底成何用？悉是，南柯一梦中！

——无名氏［双调·雁儿落过得胜令］

恕不再举。看了这些曲子，请别匆忙地得出“一派虚无”的结论，因为作者并不是一群是非不分、看空一切、万事随波、处事无则的人，仅举几例，亦可证之。请看：

行，也在我；藏，也在我。

——乔　吉［中吕·山坡羊］《失题》

宠辱从渠，去就从予。

——汪元亨［双调·折桂令］《归隐》

休学谄佞，休学奔竞，休学说谎无人信。

——张养浩［中吕·山坡羊］

俗物俱无，蔬圃锄蔬,书屋读书。

——刘庭信［双调·折桂令］

行藏自主，人格独立，道德持守，文化信念等等，样样可见，何曾“一派虚无”呢！至于为什么要唱出那些“都一枕梦黄粱”的原因，且留待下文再说。

二

社会、人生、思想、情感，是多向的、复杂的，“梦”亦如此。下面我们再看看元散曲中与上述之“梦”迥然不同的“梦”。

(一)“梦”与亲情乡情

半纸功名，断送关山。云渺渺，草凄凄。小楼风，重门月，应盼人归。归心急，去路迷。……忽听楼头更漏催，别凤又孤栖。暂朦胧枕上重欢会，梦惊回，又是一别离。

——侯正卿［正宫·菩萨蛮］《客中寄情》

长江远映青山，回首难穷望眼。扁舟来往蒹葭岸，人憔悴云林又晚。篱边黄菊经霜暗，囊底青蚨逐日悭。破清思晚砧鸣，断愁肠檐马韵，惊客梦晓钟寒。归去难！修一缄，回两字，寄平安。

——顾德润［中吕·醉高歌过摊破喜春来］《旅中》

一声梧叶一声秋，一点芭蕉一点愁，三更归梦三更后。落灯花棋未收，叹新丰孤馆人留。枕上十年事，江南二老忧，都到心头。

——徐再思［双调·水仙子］《夜雨》

故园一千里，孤帆数日程，倚篷窗自叹飘泊命。城头鼓声，江心浪声，山顶钟声。一夜梦难成，三处愁相并。

——汤舜民［双调·庆东原］《京口夜泊》

世途坎坷，进退两难，生计艰辛，落泊飘零，思乡怀人之情日日夜夜萦绕在一个个漂泊者的心头，归梦难，愁无涯，读之令人动容。这种生存状况，自然也折射了元代社会现实和文人凄楚的心境。

（二）“梦”与相思恋情

元散曲中涉此“梦”者不仅数量最多，且心事千万，梦亦纷繁，所以下面试以分类列举。

1.“梦”是内心愿望的满足。

离人易水桥东，万里相思，几度征鸿。……夜半衾空，想像冤家，梦里相逢。

——卢挚［双调·蟾宫曲］《咏别》

锦书红泪两三行，血点花梢上。小字平安寄无恙，雁成双，玉奴更上西楼望。月明绣窗，灯昏罗帐，今夜梦才郎。

——张可久［越调·小桃红］《秋感》

饶君巧把机谋设，止不住负心薄劣，梦儿里若见他俺与他分说。

——无名氏［双调·珍珠马］《情》

2.“梦”是无望而不弃。

鸳鸯作对关前世，翡翠成双约后期，无缘难得做夫妻。除梦里，惊觉各东西。

——曾瑞［中吕·喜春来］《相思》

数归期曲损春纤，盼回程皱定双眉。要相逢则除是枕席间魂梦里，几曾经这场憔悴。歌残金缕词，酒尽了凤凰杯。

——高栻［商调·集贤宾］《怨别》

落红满地暮春天，另一番蜂愁蝶怨。愁切切，恨绵绵。待要团圆，除非梦中见。

——程景初［双调·新水令］《春情》

3.有“梦”亦有憾。

记前日席上泛流霞，正遇着宿世冤家。自从见了心牵挂，心儿里撇他不下。梦儿里常常见他，说不的半星儿话。

——赵天锡［双调·风入松］《忆旧》

一声去也没乱杀，少几句叮咛话。说归甚日归？待罢何时罢？梦儿中见他刚半霎。

——童童学士［双调·新水令］《念远》

玉钩帘控画堂空，宝篆香消锦被重，无人温暖罗帏梦，梦中寻可意种，碧纱窗忽地相逢。舌尖恨，心上恐，惊觉晨钟。

——吴西逸［双调·水仙子］《思情》

4.无“梦”情更伤。

孤眠嫌煞月儿明，风力禁持酒力醒，窗儿上一枝梅弄影。被儿底梦难成，一半儿温和一半儿冷。

——胡祗遹［仙吕·一半儿］《四景》

雪一番霰一阵时间骤拥，云一携雨一握何处行踪。途路西东。烟雾溟濛，魂也难通，梦也难通！

——姚燧［双调·新水令］《冬怨》

剔残灯数尽寒更，自别了鸳鸯，谁更卿卿？竹影疏棂，蛩声废井，桂子闲庭。淹泪眼羞看画屏，瘦人儿不似丹青。盼杀多情，远信休凭，好梦难成。

——张可久［双调·折桂令］《秋夜闺思》

5.“梦”里“梦”外两重天。

书信寄封封，烟水隔重重。夜月巴陵下，秋风渭水东。相逢，枕上欢娱梦。飘蓬，天涯怅望中。

——姚燧［双调·新水令］《冬怨》

簌朱帘猛然离了绣幌，携手相将入洞房。欲诉相思晓鸡唱，好梦惊回泪万行，都滴在枕头儿上。

——贯云石［双调·醉春风］

初生月儿一似弓，梦里相逢恩爱同，觉来时锦被一半空。去无踪，难再逢，窗儿外烛影摇红。

——无名氏［大石调·初生月儿］

6.“梦”还是“休梦”——两难。

一丛鞍马西东，几番衾枕朦胧。薄幸虽来梦中，争如无梦，那时真个相逢。

——乔吉［越调·天净沙］《即事》

梦里相逢情倍加，梦断香闺愁恨多。梦他憔悴他，争如休梦他。

——贯云石［越调·凭阑人］《题情》

西风黄叶疏，一年音信无。要见除非梦，梦回总是虚，梦虽虚，犹兀自暂时节相聚，新近来和梦无。

——吕止庵［仙吕·后庭花］《酒兴》

亲情、乡情之“梦”，是作者自抒情怀。而上举相思、恋情之“梦”，盖多为代言体，也就是以文人之笔，写女子之情。若把宋代张先的两句词改两个字，就成为“情似双丝网，梦有千千结”。元代文人笔触之细腻直将主人公内心之期盼、失望、愁苦、焦躁、矛盾、纠结，刻画得栩栩如生，惟妙惟肖在“梦”中，令人叹服，这充分地反映了元代文人对处于底层妇女命运的关切与同情。对于美满姻缘、幸福生活的渴望，也是人类普遍的、共同的追求，在这一点上，元代文人正以诸多的创作，表现出他们的时代良知与社会责任。苦乐在心、冷暖同感，爱及于人，元代文人何曾视人间为“一派虚无”呢？元人自有真情在！另外值得一提的是，若无对妇女生活境遇、内心世界的深切了解，若无尊重妇女生存与权利的平等心态，光凭艺术才华（当然也重要）是写不出如此感人之作，而这一点，又当与社会巨变，文人地位沦落有着密不可分的关系，“唯有身处卑微的人，最有机缘看到人情的真相。”

（三）“梦”与咏物写景

落花飞絮舞晴沙，不似都门下。暮折朝攀梦中怕，最堪夸，牧童渔叟偏宜夏。清风睡煞，淡烟难画，掩映两三家。

——盍西村［越调·小桃红］《金堤风柳》

琉璃殿暖香浮细，翡翠帘深卷燕迟，夕阳芳草小亭西。间纳履，见十二个粉蝶儿飞：一个恋花心，一个搀春意。一个翩翻粉翅，一个乱点罗衣。一个掠草飞，一个穿帘戏。一个赶过杨花西园里睡，一个与游人步步相随。一个拍散晚烟，一个贪欢嫩蕊，那一个与祝英台梦里为期。

——赵岩［中吕·喜春来过普天乐］

南枝夜来先破蕊，泄漏春消息。编宜雪月交，不惹蜂蝶戏，有时节暗香来梦里。

——贯云石［双调·清江引］《咏梅》

删抹了东坡诗句，糊涂了西子妆梳，山色空濛水模糊。行云神女梦，泼墨范宽图，挂黑龙天外雨。

——张可久［中吕·红绣鞋］《西湖雨》

幽禽瘦耸双肩，晚花香褪妆钿，月淡烟寒水浅。远江如练，梦归西塞山前。

——张可久［越调·天净沙］《荷边宿鹭》

我们依次就上举数曲作个粗略的点评。

“折柳赠别”，汉唐以来已成习俗。刘禹锡说：“长安陌上无穷树，唯有垂杨管别离”（《杨柳枝词》）。天天有送别，日日遭攀折。所以王之涣说：“近来攀折苦，应为别离多”（《送别》）。写得都很好，不过盍西村犹有创新：被“暮折朝攀”的“都门”柳，不仅白天难堪其“苦”，以致连夜间也是惊魂不定、提心吊胆。心之所在，神之所在，就在可怕的一“梦”。这，也就给未遭攀折的“金堤风柳”之所以能自由自在，迎风漫舞，做了很好的铺垫。

赵岩的那首写景咏蝶的带过曲，前曲［喜来春］五句点出时间、地点，和要叙述的内容，算是一个引子。后曲［普天乐］按格式是十一句，诗人是一句写“一个”，照此下去，如何写出“十二”呢？又见神来之笔——“那一个与祝英台梦里为期”——借梁祝化蝶双飞，巧解难题，且增添了深广的审美空间。出奇制胜，全在一“梦”。

贯云石的《咏梅》，写早春之梅报春而不争春，与雪月相伴。“不惹蜂蝶戏”，不媚俗，不张扬，然其素洁高雅、暗传幽香的风姿神韵却令人心仪在“梦里”。

宋玉《神女赋序》记楚襄王尝游高唐，梦一妇人对他说：“妾在巫山之阳，高丘之阻，旦为行云，暮为行雨。”张可久的《西湖雨》可谓诗画兼备，而“行云神女梦”，就更使“西湖雨”增添了诗画难言、难绘的迷离神秘之美。

自号“烟波钓徒”的张志和有一首传世之作：“西塞山前白鹭飞，桃花流水鳜鱼肥。青箬笠，绿蓑衣，斜风细雨不须归。”（《渔父》）。有山有水，水中游鱼，岸边桃花，空中飞鹭，一派生机，而又雅静脱俗，无怪风雨中的“钓徒”不忍归去，也无怪张可久笔下的“宿鹭”，虽在“荷边”，仍要“梦归西塞山前”。这“梦”，当然也道出了元代文人“梦”中向往的“归隐”之处。

歌德说：“不要说现实生活中没有诗。诗人的本领，正在于他有足够的智慧，能从惯见的平凡事物中见出引人入胜的一个侧面”。而“智慧”中极重要的一点就是善于想象，没有想象也就没有诗歌和诗人。而在上述数曲中，正是“想象”创造了一个重要的艺术元素——“梦”。是“梦”赋予景物以神韵、境界和诗味，而不再是单调的、无灵魂的“复制品”；是“梦”从平凡事物中，展示出“引人入胜的一个侧面”，激发读者的想象和审美。

结　语

现在来回答上文留下的“问题”：元代文人为什么要唱出那些“功名”到底成何用？“悉是，南柯一梦中”？恩格斯有句话：“辩证法是关于普遍联系的科学。”所以要回答，就必须思索“问题”从哪里来？向哪里去？本来“治国平天下”，“学成文武艺，售于帝王家”，是传统文人的基本信念与人生追求。如今“四民之首”者，沦为“九儒十丐”，跌落的原因就在于大元朝的特权专制、文化歧视、奸佞专权，腐败横行，“不读书有权，不识字有钱”，“智和能都不及鸭青钞”。“苍天负我”，“我”无力改变，只好另寻活路，退隐山林，调整心态，自娱自乐，这就是以上“参透名利，自寻快活”和“效法前贤，坚持自我”中所列举的曲子。人的心理总要趋向平衡，不平之气总是要寻机宣泄的，否则又怎能“快活”起来呢？这，就是上举“放开视野，纵观人世”中的那些曲子，什么成败、兴亡、王朝、富贵、功名，都是一梦南柯。“你”颠覆“我”的价值，“我”就必然要颠覆“你”的价值。“苍天负我，我负苍天。”“极则必反”，“反”之所向，无疑是对元代统治现实的否定（说“古”无非增强其对“今”的论证），对权贵的蔑视，对黑暗的诅咒，所以那“悉是，南柯一梦中”“笑人间，无处不邯郸”等，与其解读为“一派虚无”，倒不妨视作那个特殊时代里别具一格的“弱者的武器”“隐藏的文本”。德国哲学家杜勒鲁奇的名言：“从起源中理解事物，就是从本质上理解事物。”那诸多的“一梦南柯”，就其“本质”而言，无非是对专制统治者所宣扬的、固守的价值、观念的消弥与颠覆。

荀子说：“不以梦剧乱知，谓之静。”（《荀子·解蔽》）元代文人之所以高唱功名利禄、兴亡得失，“都一枕梦黄粱”，就是要不为那些虚幻、喧嚣的“南柯梦”，去“急攘攘蝇争血”，乱了自己的心智。反之，“梦不到青云九重，禄不求皇阁千钟”，心境自然明净、安宁而洒脱，就如阿鲁威所唱的：“烂羊头谁羡封侯？斗酒篇诗，也自风流。”（[双调·蟾宫曲]）不“羡封侯”，人“自风流”。所以柏拉图说：“决定一个人心情的，不在于环境，而在于心境。”

“不俗即仙骨，多情乃佛心。”不迷于那些功名利禄的俗世之“梦”，才能以纯真的心灵，充满着爱和诗意的眼光，去审视人生世事、天地自然，写出那么多感人的亲情、乡情、恋情、物情之“梦”。不仅如此，还有元杂剧中许许多多“因情成梦、因梦成戏”，尽情抒发爱恨情仇、惩恶扬善的“梦”。“不塞不流，不止不行”这一哲理在元代文人思想与创作中、“梦”的艺术中，也获得了再一次生动地证实。

2015年12月

闲话“闲暇”（代后记）

人由青年、中年而老年，这规律尽人皆知。虽然各国退休年龄不尽相同，但老了总是要退休。罗马诗人贺拉斯早说过：“让老马在适当的时候退役，免得它在赛场上出丑，被观众们耻笑。”同样的道理，让老人退休不仅是对“规律”的尊重，也还有对老人的一份关爱。当然，退休也使人生进入另一种生活状态，其重要的标志，就是多了“闲暇”。

“闲暇”会带来什么呢？“无所事事会胡思乱想。”是的，闲暇而无所事事，惶惑不安，也可能成为一种负担，从而造成心理障碍，比如失落、茫然、抑郁、孤寂、恋旧和焦躁等，即今之所谓“离退休综合征”。说“今”，是指实行离退休制度之后的一个群体的心理现象，而这种“症”倒也不是什么新的课题。蒙田就曾说过自己的经历：“最近我退隐在家，尽量摆脱杂务，不管闲事，躲着人安度余生。我以为最让我的精神受惠的是无所事事，养气敛情，全由自己。原本希望这样会更加轻松自在，哪里知道随着时间心境愈来愈沉重，愈颓唐。”那就需要一个适应变化，调整心态，开拓新境的过程，比如阅读、思考、写作，就成为蒙田此后二十多年间生活的主要内容。至于些“驽马恋栈豆”的，或者虽离退却又弄权、攫利、贪名的人那就是另一码事了。

但是，人与人不同，花有几样红。也有人认为：“退休的生活有助于心灵的平和，就是由于我们离开了长久受人注视的生活，不需要时时刻刻顾忌到他们的评语；换句话说，我们能够‘归返到本性’的生活了。”这话很实在，也很有深度。它不仅意味着退休有助于人们从一些名利、荣誉、褒贬中摆脱出来，回归到主体平和而自然的“本性”，也包含着可以“归返到”当年曾经有过的兴趣与爱好，去追寻自己曾经有过而又未能实现的梦想。比如陆游一生爱读书，他说：“我生学语即耽书，万卷纵横眼欲枯。”可是成年之后，为生活为理想而仕宦四方，只能心怀遗憾地感叹：“官身常欠读书债！”何时能还“债”？只有等到告老还乡。所以他“老勤犹欲与书鏖”，“老死爱书心不厌”。如果说这是陆游的“归返本性”，那么今天的老人生活更是丰富多彩，有的老人和莘莘学子一同步入考场，并肩走进大学课堂，有的老人潜心搞创造、发明，有的老人骑单车周游四方，有的老人在艺术创作中“找到了快乐和健康”，还有更多老人在老年大学学习各种专业知识，尽管兴趣各不相同，总反映了一种“归返本性”的夙愿，畅放心灵的追求，寻找旧梦的热切，所以有人说：“60岁，是自由的开始”[①]，意味深长。而且在历经世事风雨、人间冷暖之后，去“自由的开始”另一段人生旅程，该是更能体会人生的乐趣和人生的真谛。人们之所以重视、珍惜这“自由的开始”，其原因殆亦在此。

是的，如果稍加留意，就会发现老人们那种认真、执着的精神也往往相似，有的老人说，每当全身心投入创作时，几乎没有时间去想生活中那些琐事和烦恼事。再比如，我身边的老伴，退休后在老年大学花卉班学了一期又一期，犹觉不足，又买些书，边读边实践。除了盆栽，还要在路边挖地、取土、觅种、施肥、浇水、灭虫、围栏，硬是把一块乱石地变成像模像样的小园子，靠墙边再栽几棵爬山虎，每至春夏红花满园，绿染西墙，一派生机，引得路人常常驻足而视。在家如此，到子女家一有空忙的也是买花、种花，还要记挂着家里的花，回到家则又念叨孩子那边的花，好在孩子们也还懂得妈的心思，电话中总不忘汇报一番。著名人本心理学家马斯洛说：“自我实现者具有奇妙的反复欣赏的能力……每一次日落都像第一次看见那样美妙，每一朵花都温馨馥郁，令人喜爱不已，甚至他见过许多花以后也是这样。”不错，她每天早晨起床后第一件事便是看看花

① 朱慧憬采访曹景行先生一文的标题为《曹景行——60岁，是自由的开始》，载《新周刊》2009年2月1日。

的长势，而且走到哪里关注的都是花，即便到菜场也要顺便看看花市。记得那年在多伦多，女儿带我们去看花展，偌大的展厅，一层就让我看得筋疲力尽，不敢更上一层楼，只好坐等，而她则一层又一层，一路看去，心满意足，毫无倦意。她自己养的花也谈不上什么名贵，但只要叶儿吐芽，枝头结蕾，心中的欣喜与期待便油然而生，每当花儿盛开还要拍照，留下她们生命的灿烂和娇艳的姿容，而自己的收获与欣慰也自在其中，所以她常常说只要种花就不觉得累。细究起来，也非偶然，原因是那爱花的兴趣，养花的心愿，几十年来被工作、生活、家务挤压得无法实现，套用陆游的话就是"身忙常欠养花债"。如今呢？正是身闲还"债"时，自有一种"归返本性"的快乐。

下面说说我自己，原想退休之后读读书，以打发闲暇的时光，而且有的书当年买的时候就打算留待退休之后读的。可是刚退休的那几年，有外地、外校要我去讲课，同时又有出版社约一本书稿，依然是教书、写作，有任务、赶时间，日子过得似乎与退休之前没有什么变化。其实也不然，去外地上课是中学教师继续教育，既无教材，也无大纲，讲什么？得自己构思、选题、准备，而书稿的内容也超出我以往的教学范围，这些事情若无充分的、自主的闲暇，是不可能贸然承担的。这之后，我就彻底地"解放"了，读自己想读的书，写自己想写的东西，这本小册子就是其中的一部分。所以2003年，台湾华成出版公司出版学锴、啸天先生和我合著的《唐代绝句名篇赏析》《历代叙事诗名篇赏析》时，要每人写个简短的"作者介绍"，我在那里面就写了这么几句话："现已退休，光阴为己有，拙笔随兴往，退之乐也，退之得也。"

之所以说"拙笔随兴往"，那是因为兴趣在闲暇中得以自由地放飞。退休前教的是唐宋文学，写的文字主要是诗词鉴赏，算是与教学相关吧。1995年黄山书社约写"导读丛书"中的一种——《元曲二百首》，自从完成这一任务之后，鉴赏一类的文章也就不写了，而去思考元代社会、元代作家的一些问题，这当然也是兴之所致。因为客观的过去虽然一去不返，但是，今天的现实也会戏剧性地重演过去的某些情景，而且还是那么"神似”！是“今天”对“过去”有意无意的“继承”，还是“陈旧的东西总企图在新生的形式中得到恢复和巩固”？总之，“历史上常常有惊人的相似之处”。可谓“剪不断，理不易”。然而也正因为如此吧，才引发了人们（也包括我）对“过去”（历史）的探索与思考的兴趣。笔随兴往，就有了本书“续编”中的那些文章。

从2006年的夏天开始，又萌发了对元代文人这一特殊的群体，做一点较深层的探索与解读。我也很清楚这对于学识浅薄的我来说，无疑是件难以胜任的活，然而有闲暇，无压力，从心所欲，也就不计成败、不揣浅陋沿着自己的思路，读读写写，依旧是拙笔随兴往。其间也常因病、因家务，以及整理、校对拙著《中国古典诗词曲鉴赏》等事，不得不放下，真如“老牛破车”，走走停停，直到2010年元月，《透视元代文人精神文化》脱稿，总算结束了这一次力所能及的“行程”。费尔巴哈曾经说过：“人是人的作品，是文化、历史的产物。”拙作之所以把主要的篇幅，放在对元代文人的生活、思想、意识、情感和创作等精神文化的阐述，是因为这一切不仅生动地反映了一代文人的生存智慧与能量，也深刻地体现了一代文人的生命内涵与价值。而前后各章则是希望通过历史的、现实的、政治的、文化的、社会的、心理的等因素的剖析，从而有助于对元代文人精神文化的形成与生存，能做出较为理性的解读。这其中前辈和当代学者的诸多研究对我颇多启迪，在此谨致谢意！至于我的“阐述”与“解读”如何，那是受着水平的制约，无可奈何，只能期待读者朋友的批评。

一路闲话，东扯西拉，不免令人生厌。最后还想再说几句：对于在“运动”中、“浩劫”中耗去大好时光的我而言，今天，不能不感谢社会和家庭这些年来，给了我这么多宁静而自主的“闲暇”！因为无“闲暇”即无此“乐”，更无此“得”。“得”，说来可笑，微不足道。只不过“自由的”做了一点感兴趣的事，说了一些想说的“闲话”。如此而已！

拙作初版于2011年1月，由安徽大学出版社出版。此次再版除了对原著作了一些增补、修订之外，又收入了近年写的七篇文章，与原书“附录”合起来篇幅近全书一半，故改称为“续编”。如果说书的前半是“正编”，综述元代文人精神文化的内涵与表现、形成与生存等问题，各章节之间，有层次，有分工，也有关联，意在略具一个完整的构架。那么，“续编”只能说是“散论”，其论题原是平常读书、写作之中偶有所感，闲时再沿着这个触发点去探索、阅读、思考而写成的。现在把它所按写作、发表的时间先后结集，看似东一榔头、西一棒子，杂而无序，但好在总是围绕着那个文化融合，碰撞时代的世风、思潮、观念，以及一些文人的经历、心理和著作，所以既未离题，还可以说是从不同的角度、层面去剖析，去审视元代文人精神文化。因此，把它视为“正编”的“续编”亦无不可吧。书能再版，欣得安徽师范大学文学院、安徽师范大学中国诗学研究中心领导的热情相助与积极筹划，又得安徽师范大学出版社领导的支持与帮助，再次一并深致谢忱！

2016年4月26日初稿，2016年10月改定于凤凰山陋室

红色广东丛书

阮啸仙

陈其明 著

SPM
南方出版传媒
广东人民出版社
·广州·

图书在版编目（CIP）数据

阮啸仙 / 陈其明著. —广州 ： 广东人民出版社，2021.6（2023.7 重印）
（红色广东·广东工农运动领袖）
ISBN 978-7-218-14558-7

Ⅰ. ①阮… Ⅱ. ①陈… Ⅲ. ①阮啸仙（1897–1935）
–传记 Ⅳ. ①K827=6

中国版本图书馆 CIP 数据核字（2020）第 209553 号

RUAN XIAOXIAN
阮啸仙 陈其明 著

出 版 人：肖风华

责任编辑：夏素玲 谢 尚
责任技编：吴彦斌 周星奎
封面设计：河马设计 李卓琪
排版制作：邦 邦

出版发行：广东人民出版社
地 址：广州市海珠区新港西路 204 号 2 号楼（邮政编码：510300）
电 话：（020）85716809（总编室）
传 真：（020）85716872
网 址：http：//www.gdpph.com
印 刷：三河市华东印刷有限公司
开 本：787mm×1092mm 1/16
印 张：11.25 **字 数：**108 千
版 次：2021 年 6 月第 1 版
印 次：2023 年 7 月第 2 次印刷
定 价：38.00 元

如发现印装质量问题，影响阅读，请与出版社（020–85716849）联系调换。
售书热线：（020）87716172

《红色广东丛书》编委会

总　序

百年征程波澜壮阔，百年大党风华正茂。习近平总书记在党史学习教育动员大会上指出："我们党的一百年，是矢志践行初心使命的一百年，是筚路蓝缕奠基立业的一百年，是创造辉煌开辟未来的一百年。"翻开风云激荡的百年党史，一代又一代中国共产党人，用鲜血和生命浸染了党旗国旗的鲜亮红色，书写了可歌可泣的历史篇章，铸就了彪炳史册的丰功伟绩。一百年来，党的红色薪火代代相传，革命精神历久弥坚，红色基因已深深根植于共产党人的血脉之中，成为我们党坚守初心、永葆本色的生命密码。

广东是一片红色的热土，不仅是近代民主革命的策源地，也是国内最早传播马克思主义、最早成立共产党早期组织的省份之一。在新民主主义革命的漫长历程中，广东党组织在中共中央的领导下，发动、组织和领导广东人民开展了一系列广泛而深远的革命斗争。1921年，广东党组织成立后，积极开展工人运动、青年运动，并点燃农民运动星火。第一、二、三次全国劳动大会连续在广州召开，全国工人运动的领导机关——中华全国总工会在广州诞生。中国社会主义青年团第一次全国代表大会在广州召开，促进了全国团组织的建立、发展。在“农民运动大王”彭湃领导下，农潮突起海陆丰影响全国。

1923年，中共中央机关一度迁至广州，中国共产党第三次全国代表大会在广州召开，推动形成了第一次国共合作，建立了国民革命联合战线，掀起了大革命的洪流。随后，在共产党人的建议下，黄埔军校在广州创办，周恩来等共产党人为军校的政治工作和政治教育作出了重要贡献，中国共产党也从黄埔军校开始探索从事军事活动。在共产党人的提议下，农民运动讲习所在广州开办，先后由彭湃、阮啸仙、毛泽东等共产党人主持，红色火种迅速播撒全国。1925年，广州和香港爆发省港大罢工，声援五卅运动，成为大革命高潮时期一个十分引人注目的重要斗争。1926年，在统一广东革命根据地后，国民革命军在广州誓师北伐，以共产党员为骨干的北伐先锋叶挺独立团所向披靡，铸就了铁军威名。在北伐战争胜利推进的同时，广东共产党组织和党领导的革命队伍迅速扩大和发展，全省工农群众运动也随之进入高潮。

1927年“四一二”反革命政变以后，广东共产党组织在全国较早打响反抗国民党反动派血腥屠杀的枪声，广州起义与南昌起义、秋收起义一起，成为中国共产党独立领导中国革命、创建人民军队的伟大开端。随后，广东党组织积极探索推进工农武装割据，在海陆丰建立第一个县级苏维埃政权，并率先开展土地革命，开启了中国共产党领导人民进行的最重大的社会变革。与此同时，广东中央苏区逐步创建和发展起来，为中国革命的发展作出了不可磨灭的贡献。1931年，连接上海中共中央机关与中央苏区的中央红色交通线开辟，交通线主干道穿越汕头、大埔，成功转移了一大批党的重要领导，传送了重要文件和物资，成为土地革命战争时期党的红色血脉。1934年，中央红军开始了举世瞩目的长征，广东是中央红军从中央苏区腹地实施战略转移后进入的第一个省份，中央红军在粤北转战21天，打开了继续前进的通道，成功走向最后的胜利。留守红军在赣粤边、闽粤边和琼崖地区进行了艰苦卓绝的游击战争，高举红旗永不倒。

抗战全面爆发后，中共中央和中共中央长江局、南方局十分重视和加强对广东党组织的领导，选派了张文彬等大批干部到广东工作。日军侵入广东以后，广东党组织奋起领导广东人民开展敌后抗日游击战争，成立了东江纵队、琼崖纵队、珠江纵队、广东人民抗日解放军、南路人民抗日解放军和韩江纵队等抗日武装，转战南粤辽阔大地，战斗足迹遍及70多个县市。华南敌后战场成为全国三大敌后抗日战场之一，党领导的广东人民抗日武装被誉为华南抗战的中流砥柱。香港沦陷以后，在中共中央的领导和周恩来等人的精心策划安排下，广东党组织冲破日军控制封锁，成功开展文化名人秘密大营救，将800多名被困香港的文化名人、爱国民主人士及家眷、国际友人等平安护送到大后方，书写了抗战史上的光辉一页。

解放战争时期，在中共中央的领导下，华南地区大力开展武装斗争，开辟出以广东为中心的七大块游击根据地，成立了中国人民解放军琼崖纵队、粤赣湘边纵队、闽粤赣边纵队、桂滇黔边纵队、粤中纵队、粤桂边纵队和粤桂湘边纵队等人民武装，其中仅广东武装部队就达到8万多人，相继解放了广东大部分农村，在全省1/3地区建立起人民政权，为广东和华南的解放创造了有利条件。在广东党组织的配合下，人民解放军南下大军发起解放广东之役，胜利的旗帜很快插遍祖国南疆。

革命烽火路，红星照南粤。广东见证了中国共产党从新生到大革命、土地革命，再到抗日战争、解放战争等革命斗争全过程。其间，毛泽东、周恩来、刘少奇、朱德、邓小平、叶剑英、彭德怀、刘伯承、贺龙、陈毅、聂荣臻、徐向前、李富春、粟裕、陈赓等老一辈革命家和李大钊、蔡和森、瞿秋白、陈延年、彭湃、叶挺、杨殷、邓发、张太雷、苏兆征、杨匏安、罗登贤、邓中夏、恽代英、萧楚女、阮啸仙、张文彬、左权、刘志丹、赵尚志等一大批革命先烈都在广东战斗过，千千万万广东优秀儿女也在革命斗争中抛头颅、洒热血，留下了光照千秋的革命历史和革命精神。广东这片红色热土，老区苏区遍布全省，大大小小的革命遗址分布各地，留下了宝贵而丰厚的红色文化历史遗产。

习近平总书记强调，中国革命历史是最好的营养剂。重温这部伟大历史能够受到党的初心使命、性质宗旨、理想信念的生动教育，必须铭记光辉历史、传承红色基因。我们有责任把党领导广东人民进行革命斗争的光辉历史和伟大功绩研究深、挖掘透、展示好，全面呈现广东红色文化历史，更好地以史铸魂、教育后人，让全省人民在缅怀英烈、铭记历史中汲取砥砺奋进的强大力量，让人们深刻认识红色政权来之不易，新中国来之不易，中国特色社会主义来之不易，确保红色江山的旗帜永远高高飘扬。

为充分挖掘广东红色文化资源的丰富内涵，我们组织省内党史、党校、社科、高校等专家学者，集智聚力分批次编写《红色广东丛书》。丛书按照点面结合、时空结合、雅俗结合原则，分为总论、人物、事件、地区、教育五个版块。总论版块图书，主要综述中国共产党在广东的革命斗争历史概况，人物版块图书主要讴歌广东红色人物，事件版块图书主要论说党领导广东人民开展革命斗争的历史事件，地区版块图书从地市和历史专题角度梳理广东地域红色文化，教育版块图书着力打造面向青少年及党员的红色主题教材。丛书以相关的文物、文献、档案、史料为依据，对近些年来广东红色文化资源研究成果做了一次全面系统梳理，我们希望这套丛书能为党史学习教育、革命传统教育、爱国主义教育提供重要内容支撑。

一切向前走，都不能忘记走过的路，走得再远、走到再光辉的未来，也不能忘记走过的过去，不能忘记为什么出发。站在“两个一百年”的历史交汇点上，我们要更加坚定自觉地学史明理、学史增信、学史崇德、学史力行，赓续红色血脉，传承红色基因，以一往无前的奋斗姿态、风雨无阻的精神状态，推动广东在全面建设社会主义现代化国家新征程中走在全国前列、创造新的辉煌。

《红色广东丛书》编委会

2021年6月

目　录

前言

阮啸仙（1898—1935），广东河源人，中国共产党早期工农运动领袖。党的一大召开之后加入中国共产党，广东学运、青运和工运重要领导人，大革命时期著名农民运动领袖，与从事农运工作的彭湃、周其鉴、黄学增，被尊称为广东“四大农头”。

1922年秋，阮啸仙在广东省立第一甲种工业学校毕业后，根据党组织的安排，立即投身于工人运动，走上职业革命家之路，成为中共最早从事工人运动的先驱之一。他从参加中国劳动组合书记部广东分部工作开始，发起创办“爱群通讯社”，与刘尔崧等人一起，组织青年工人，开展各种形式的反帝反封建斗争；成立广州工人代表会和工团军，建立工人教育机关，积极支援省港工人大罢工，是广东早期工人运动的重要领导人。

广东农运始于1922年，最初由社会主义青年团组织和发起。7月，彭湃在海丰县赤山约建立了广东第一个农会。时为广东社会主义青年团书记（后为团广州地委书记、团广东区委委员长）的阮啸仙，在竭尽全力关注青年运动的同时，积极投身农民运动。他先后担任中共广东区委委员、农委书记、广东省农协常委、农运特派员等，足迹遍布南粤大地，与农民建立了深厚的革命感情。在国共合作的旗帜下，历任国民党中央农民部组织干事和中央农民运动委员会委员、第一届至第六届广州农民运动讲习所教员和第三届农讲所主任，与毛泽东、彭湃等人一起，为我党培养造就了一大批农民运动骨干。此外，阮啸仙于1926年2月被任命为国民党中央农民部农民运动委员会九个委员之一。同年11月，中共中央决定由毛泽东、彭湃、阮啸仙、易礼容、陆沉、萧人鹄、S.Y.（指社会主义青年团）一共七人组成中共中央农民运动委员会。

1935年3月6日，阮啸仙在江西赣粤边率部突围时壮烈牺牲。在他短暂而壮丽的13年革命生涯中，驰骋大江南北，踏遍逶迤河山，担任了许多重要职务，先后当选团中央候补委员以及中共三大、五大、六大代表，中央农委委员、中华苏维埃共和国第一届和第二届中央执行委员会委员、中央监察委员会候补委员、中央审查委员会委员等；曾任广东社会主义青年团书记、中共广东省委农委书记、广东省农民协会常委、江西省委宣传部主任、江苏徐海蚌行委书记、河北省委代理书记、中央北方局组织部部长、全国互济总会救援部长、中央审计委员会主任、赣南省委书记兼赣南军区政委等重要职务。

2009年，阮啸仙被中组部、中宣部、中央党史研究室等11个部门评为“100位为新中国成立作出突出贡献的英雄模范人物”之一。2000年5月，位于河源市源城区人民广场西的阮啸仙烈士陵园被中共广东省委宣传部命名为省级爱国主义教育基地。2013年8月，审计署确定阮啸仙故居为全国审计干部教育基地。

本书以阮啸仙从事工农运动为主线，简要展示其在广东从事工人运动特别是领导全省农民运动的红色足迹，热情颂扬他心系农工、情牵民众的初心使命和“舍小家、顾大家”的革命情怀，客观记述他在参与或领导广东工农运动对全国工农运动的历史贡献，从一个侧面去解读阮啸仙壮阔而辉煌的绚丽人生，向广大读者推介一位真实可信的广东工农运动领袖。

第一章

在『心潮怒放』的日子里

1918年春，阮啸仙以优异的成绩，从河源县三江高等小学考入广东省立第一甲种工业学校（简称“甲工”）机械科就读。当他从偏僻的小山村来到繁华的广州城，正碰上了一个被他誉为“心潮怒放”的新时代。

阮啸仙，清光绪二十四年七月二十日（1898年9月5日）出生。广东省河源县义合乡（现河源市东源县义合镇）下屯村大塘面人。原名阮熙朝，字建备，号瑞宗，别号曦晁。参加革命后，曾用猿、浩、石恪、王宏、王洪、小山、晓仙、蓝露、龙伟、99号、许亚仙、阮笑仙、尹学先、白天乐、施其方、童里士等化名、笔名和代号。

据阮氏族谱《阮氏家乘》记载，阮熙朝祖辈几代都是当地较富裕人家。其祖父阮济垣，赐进士出身，任山东矿务大臣；曾“报捐州同”，诰封了一个“奉直大夫”的官衔。阮父阮集仁，是阮济垣四子，为“清例贡生”。他待己谨严，思想开明，与长兄集梯、集梁、集仪分家后，只靠分到的一部分田产祖业过日子，家业逐渐破落。为图生计，阮父在村边开设了一间经营柴米、豆腐的“洪亨”小店，兼养些肉猪，惨

阮啸仙故居外景（广东省河源市东源县义合镇下屯村大塘面屋）

淡度日。后因经营不善，入不敷出，加上人口繁衍，家境日趋维艰。

阮父共生五子一女，其中长子阮熙慈和三子阮熙心，结婚成家后均先后分开生活；次子阮熙名，4岁时便得急病夭折。排行老四的阮熙朝，在5岁和7岁时，小弟阮熙中、小妹阮熙霞先后出生。阮熙朝与父母、弟妹相依为命，过着十分清苦的日子。

阮熙朝6岁时，阮父为使儿女们日后有出息，从河源城里聘请了一个私塾先生，在“洪亨”小店对阮熙朝及弟妹们进行启蒙教育。8岁时，阮熙朝与伙伴们一起，在本村“闻啸轩”学堂上初小。阮熙朝勤奋刻苦，学业成绩一直名列前茅，深得先生阮益三的喜爱。课余饭后，阮益三经常向阮熙朝等学生讲授改革社会弊端的事，灌输了大量进步思想。在阮益三的引导下，阮熙朝的学业和思想日趋进步。

在“闻啸轩”学堂读书期间，阮熙朝阅读了大量描写民族英雄的故事书籍。他非常崇敬我国历史上的英雄人物，并自觉地以英雄人物为榜样。在他写的许多习作中，都极为赞颂洪秀全、文天祥等英雄人物，立志要做革命的先锋。为表达雄心大志，阮熙朝以“闻啸轩”学堂的谐音，将自己的姓名改为“阮啸仙”。也就在此期间，年仅10岁的阮啸仙，在自己的墨砚上，用小刀刻写了“挥笔落下如云烟，意志坚强可敌天”的诗句，表达了他从小就立志改革社会、救国救民的远大抱负。

阮啸仙小时读书的“洪亨书屋”

1910年冬，12岁的阮啸仙以优异的成绩初小毕业。正当他想着就要到河源县城读高小时，不料家境艰难，父亲再也无力供他上学。直至1914年春，阮父向人借贷和典当了衣物，千方百计凑足了学费，要供孩子继续读书。于是，阮啸仙在失学近4年后，兴高采烈地来到河源县城，终于如愿以偿，踏进了向往已久的三江高等小学的大门。阮啸仙十分珍惜这来之不易的学习机会。

其间，阮啸仙有幸得到三位老师的亲切教诲，对他以后走上革命道路起了重要的影响。徐礼如先生是一个穷秀才，是河源当时有名的书法家。他见多识广，为人正直，怜贫惜苦，憎恶权贵，在群众中享有崇高的威望。阮啸仙对徐先生十分崇敬，虚心拜他为师，经常跑到他家，向他请教文化知识和做人的道理。徐先生也很赞赏阮啸仙的学业和思想品德，常常不厌其烦地辅导阮啸仙做功课。有时两人还互相讨论时事，交往甚深。学校里的进步教师、革命党人李歧山、黄镜仁对阮啸仙的影响也很大。当时，袁世凯已窃取了辛亥革命的果实，并阴谋复辟帝制。袁世凯的倒行逆施，激起了全国人民的强烈义愤。李歧山、黄镜仁等教师在课内课外向阮啸仙等宣传反对复辟倒退、要求民主革命的思想。在他们的启发和引导下，阮啸仙思想进步很快，并激发了他热爱祖国、热爱人民的强烈感情。

在学校进步老师的影响下，阮啸仙彻底抛弃了模糊认识，认为学生也要从事现实的斗争，表现出强烈的社会责任

河源县城三江高等小学旧址一角

感。他在作文中写道：“我中华民国自鼎革以来，一跃而为法治国”，“然以立法机关不健，宪法屡更，致数年以来政绩愈演愈下，法治其名，专制其实”。“国负于上，民困于下。列强眈眈，瓜分频闻割地赔款，令人不忍注视。”为此，他强烈呼吁：“无论商工农士，都要出来争人格，谋自由，监督政府，干预政治……”阮啸仙勤奋学习、善于思考，每次考试都名列前茅，深得老师们的喜爱。一些老师在作业批语中称阮啸仙的作文“结构匀整，词笔清爽”；“脱胎前辈，文格如自己出”；“不为旧文所泥，是读书有心得者”；“从此加功，升韩子之堂而入其室，似无难矣”。

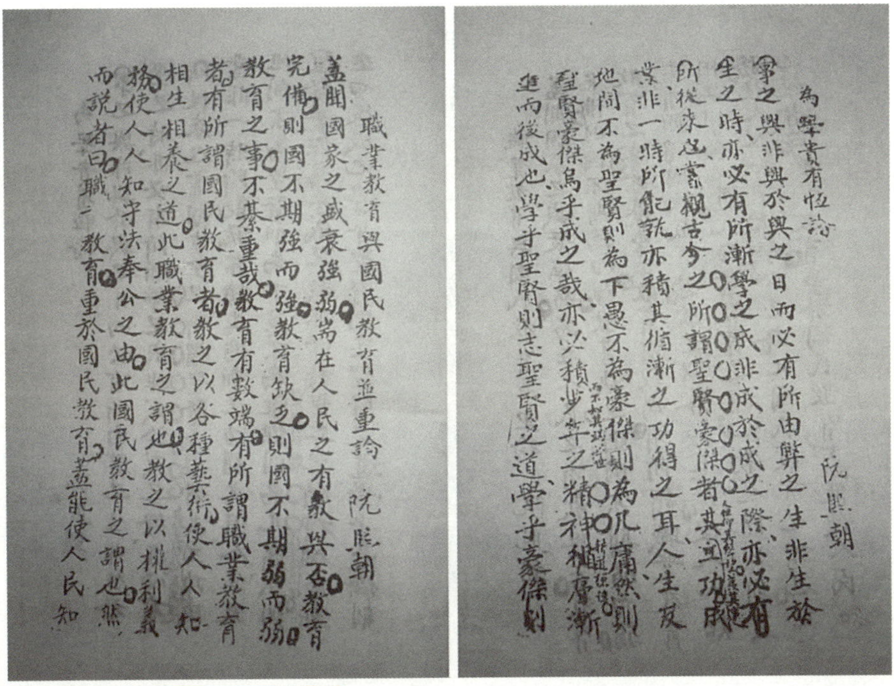
職業教育與國民教育並重論 阮熙朝
蓋聞國家之盛衰強弱，常在人民之有教與否。教育
完備，則國不期強而強；教育缺乏，則國不期弱而弱。
教育之事，不綦重哉！教育有數端，有所謂職業教育
者，有所謂國民教育者。教之以各種藝術，使人人知
相生相養之道，此職業教育之謂也；教之以權利義
務，使人人知守法奉公之由，此國民教育之謂也。然
而說者曰：職業教育重於國民教育，蓋能使人民知

為學貴有恆論 阮熙朝
事之興非興於興之日，而必有所由興之；生非生於
生之時，亦必有所漸孳之。成非成於成之際，亦必有
所從來也。嘗觀古今之所謂聖賢豪傑者，其成功
豈非一時所能就，亦積其循漸之功得之耳。人生天
地間，不為聖賢則為下愚，不為豪傑則為凡庸。然則
聖賢豪傑烏乎成之哉？亦必積步年之精神，循序漸
進而後成也。學乎聖賢則志聖賢之道，學乎豪傑則

阮啸仙（阮熙朝）少年时的作文手迹

1916年，因军阀混战，为避战乱，阮啸仙再次被迫辍学。直至翌年初春，才复入再读，并于同年冬毕业。1918年3月，阮啸仙在三江高小老师们的热心帮助下，以优异成绩夺得全县唯一的招录名额，顺利考入广东省立第一甲种工业学校（简称“甲工”）机械科就读。

阮啸仙进入广东“甲工”时，正是俄国十月社会主义革命胜利的第二年。那时，由于受陈独秀、李大钊领导的中国新文化运动的启蒙和列宁领导的俄国十月社会主义革命成功的影响，决心拯国于危难、救民于水火的中国知识界，思想空前活跃，纷纷接受和传播马克思列宁主义。与此同时，各种社会主义思潮，诸如空想社会主义、基尔特社会主义、无政府共产主义和工团主义等等，也大量涌入中国思想界。一时间，各种政治思想竞相登台，诸多书刊如雨后春笋般引入中国。由于有机会接触到这些新知识、新事物，阮啸仙感到

在“甲工”读书时的阮啸仙

既新奇又兴奋。求知欲极强、勇于追求真理的阮啸仙，如饥似渴地学习、研究、比较着各种新文化和新思想，思考着救国救民的道路。

阮啸仙最初是从阅读陈独秀和李大钊主办的《新青年》杂志中受到了启发和教育，从认真钻研《社会主义史》《阶级斗争》《唯物史观》等书中开始接受马克思主义的。由于他的家庭境遇和从小接触农村实际，了解劳苦大众的疾苦，也知道地主阶级对于农民的剥削情形，因而较容易地接受马克思列宁主义的教育和影响，思想迅速起了转变。从此，阮啸仙一边求学，一边以火一样的革命热情，投身到轰轰烈烈的变革社会和为中华民族独立解放的伟大革命洪流之中。

1919年五四运动爆发后，广州各校的爱国青年学生积极投入到这场伟大的爱国运动之中。阮啸仙与甲工同学周其鉴、刘尔崧等一起，冲破学校禁锢，不仅在学校内发动师生员工们积极参加运动，而且走出校门，到广州各个学校联络发动群众，召集会议，决定通电巴黎和会，强烈要求归还青岛；废除同日本帝国主义签订的“二十一条”；举行学生示威大游行；建立“调查日货会”。在五四风潮的影响下，阮啸仙与周其鉴、刘尔崧、张善铭等一批进步青年学生，组建了“广东中等以上学生联合会”，负责领导甲工和其他学校的学生，开展了一场轰轰烈烈的以抵制日货为主要内容的爱国行动。

5月11日，广州国民外交后援会联系省城青年学生、工人、商民几万人在东园广场召开盛大的国民大会。阮啸仙积

广东省立第一甲种工业学校旧址

极响应，组织发动甲工学生参加了大会。会上，在广州的国会议员、工人、学生团体领导人先后登台发表演说，号召“同胞速起讨贼”，指出“如犹不自振奋，国破家亡，当可立见”。阮啸仙与到会群众一致推选了8名代表赴军政府请愿。会后，阮啸仙等带领甲工学生与广州群众一起，举行了大规模的反帝示威大游行。

5月25日，广州50余间大、中学校学生代表集会，共同研究如何开展爱国运动等问题。阮啸仙以甲工代表身份参加了此次会议。会上，阮啸仙力主响应北京的学生运动，走出校门，积极投入反帝爱国斗争，极力反对所谓“力学救国”，即不从事实际斗争，只是闭门读书，不管国家存亡的错误主张，并提出了“读书不忘救国，救国不忘读书”的号召，受到进步学生代表的积极支持。

5月30日，阮啸仙发动甲工等学校学生参加广州全市三万多人的反帝示威大游行。游行队伍一路高呼爱国口号，路上群众涌来观看。会后，阮啸仙和周其鉴、刘尔崧等领导的中等以上学生联合会，带领各校学生，组织了“学生国货贩卖团”。学生们分成四个小队，分赴广州市河南、长堤、大东门等街道，向群众宣传和推销广东工艺局生产的国货，劝导市民不买日货；他们还创办平民义务学校，灌输爱国主义思想。

阮啸仙在五四运动的洪流中，经受了考验和锻炼，政治觉悟和组织能力都有了很大提高。他热烈地颂扬五四运动，认为它“是一大有价值的变化”；只有像五四运动那样，民众

五四运动集会游行中的广州学生队伍

“一个一个发觉起来，无论商工农士，都要出来争人格，谋自由，监督政府，干预政治，共和民国才有生气”。

从此，阮啸仙更加自觉地学习马列主义，认真阅读《社会主义史》《阶级斗争》《唯物主义史观》等书和《新青年》《每周评论》等刊物，他的思想开始接受社会主义和马克思主义，成为他思想发展中的一个重要转折点，促进了其从爱国主义和激进民主主义向共产主义的转变。而阮啸仙、周其鉴等人领导的广东中等以上学联会，也成为广东五四运动的实际指挥部。

1920年8月，谭平山在广州组织社会主义青年团，阮啸仙旋即加入，并积极参加青年团的各项活动，成为团的工作的

阮啸仙（后排中）与同学的合影

活跃分子。1921年春，陈独秀、谭平山等人在广州成立了马克思主义研究会，阮啸仙为该会主要成员，并协助办好《广东群报》。

1921年春夏之间，阮啸仙与周其鉴、刘尔崧、张善铭等人，在广东甲工发动和组织全校学生，掀起了一场要求读书、改造学校、驱逐校长的著名学潮。

甲工是广东工艺局的附属学校，创办于1918年春。这是全省独一无二的职业学校。甲工创办当年，面向全省免费招生200名，其中广州50名，各县150名。校内设有机械、织染、应用化学和美术四科，每班50人，除美术专业学习两年外，其他三科的学习期限都是四年。阮啸仙、刘尔崧、周其鉴、张善铭分别是机械、织染、化学科的首届学生。1920年8月，高仑继任甲工校长，他不但因循守旧，毫不振作，且比前任校长更独裁专横，还任意解雇教职员工，上任仅几个月，就弄得学校乌烟瘴气，校务废弛，引起甲工师生强烈的不满。甲工事属草创，理应先派富有办学经验和事业心的人去主持校务，但是，甲工开办几年来，不仅不用心作育人才，反而成了当局安插官僚政客的地方。

阮啸仙对甲工的黑暗现象十分愤怒。他认为，这个“环境糟透了”，“不认真的改革”是不行的，深感青年应负起“改造社会的责任”。他在《改造日记》里这样写道：“我们青年，处在现在的环境，不消说的，不满意到万分，就想马上来改造它”，“改造！改造！是刻不容缓的了”。

他认为，学生搞社会改造首先应该改造学校，“改造学校问题，就是我们学生的责任”。为此，阮啸仙与刘尔崧、张善铭等人一起，团结对学校现状不满的同学，成立了由11个工作委员会组成的“甲工校友委员会”，阮啸仙为该会交际委员会主任，具体负责团结校内同学、联络校外组织等工作。

1921年4月12日，校友委员会召开甲工全体同学大会，讨论整顿校务问题，并请校长出席答复。大家在会上揭露了高仑接任校长以来，为非作歹，压制师生，学校账目不清，校务废弛，设备残破，学生无法安心读书，一致要求高仑迅速改变现状。但是，高仑对于学生的要求，置若罔闻，敷衍了事。阮啸仙等人以甲工校友委员会主任的名义，向广州各机

阮啸仙（左一）、刘尔崧（右一）、周其鉴（中）的合影。

关、团体、报社发出通电和传单，请求社会舆论给予支持，并与学生校友会各委员会主任一起，到省长公署和省教育委员会请愿，揭发高仑的劣行，要求撤换高仑，整顿改造学校。

高仑怀恨在心，暗中指使在美术科学习的亲信钟福佑等人盗用甲工学生的名义，冒签七十多人的名字，在报刊上刊登宣言，诬蔑和攻击阮啸仙等受人指使，“利用府界问题，图获校长一席，屡次鼓动学生与校长为难”。

报纸登出宣言以后，激起甲工学生们的极大愤慨，更加坚定了阮啸仙的斗争决心。阮啸仙等人主持召开全校学生大会，与钟福佑等人展开激烈的辩论。钟福佑等人因有高仑在背后支持，有恃无恐，在会上继续攻击阮啸仙等学生干部，引起其他学生的愤恨，纷纷严厉指责钟福佑等人的所作所为。

钟福佑等人恼羞成怒，退出会场，并动手打伤学生数人。躲藏在二楼的高仑见状，急忙从楼上跑下来，拔出短剑，向学生乱刺，当场刺伤学生三人，然后在十几个校警和亲信的保护下扬长而去。高仑行凶刺伤学生的做法，更加激起全校学生的愤恨。大家义愤填膺，决心同高仑一伙斗争到底。

阮啸仙和学生会其他负责人，冷静地分析形势和考虑斗争策略，决定进一步有理有节地进行斗争。他们坚定地带领同学，一方面向广州市法院控告高仑的罪行，要求惩办凶手，并对学生的安全予以保证；另一方面又向各机关、团体、报社散发通电和传单，将真相公之于众，争取社会上的同情和支持。

甲工学生会还同时号召全校学生保持正常秩序，继续上课，不要因为高仑的破坏而影响学习；并再次向省长公署和省教育委员会请愿，拒绝高仑回校。为了向社会广泛宣传和介绍甲工学潮事件的真相，阮啸仙邀请广州各界联合会理事、广东学生联合会代表暨各校学生代表、本校前任教职员等来校参观。当天国会非常会议议长林森也来了。阮啸仙向来宾介绍了事件真相，揭露了高仑的罪恶行径，反复表明同学们关于整顿改造甲工的要求，请求社会各界人士给予大力支持。

由于高仑有军阀陈炯明撑腰，甲工学生虽连续五次上书省长公署、省教育委员会请愿，仍然毫无结果。高仑依然挂着校长的招牌逍遥法外。阮啸仙等人并不灰心，他坚信只要全校学生团结一致，坚持斗争，最终一定可以取得胜利。他们决定采取新的斗争策略，以学生中的先进分子为核心，组织二百人的退学团，以集体退学的行动进行反抗。

为了继续坚持斗争，阮啸仙等人在广州禺山市场左侧三十四号设立通讯处，作为退学学生的联络地点。与此同时，还向广州各社会团体、报社等发出《退学宣言书》，列举“高仑侵吞公款、延搁校务、破坏学制、玩视人命、剥及秋毫、刺伤学生”等罪状。阮啸仙还到参议院秘书厅找林森，

甲工机械科学生退学前合影

全国报界联合会与广东代表合影。前排右起第四人为阮啸仙。

第二章

投身广东工人运动

中国共产党自成立以来就高度重视工人运动，并把它作为党的中心工作来抓。1922年5月，中国共产党通过中国劳动组合书记部发起，在广州召开了第一次全国劳动大会，通过了关于开展工人运动的决议案。同时，中国社会主义青年团也在广州召开了第一次全国代表大会，讨论通过了《青年工人农人生活状况改良的决议案》和关于政治宣传运动等决议案。为了响应大会号召，阮啸仙于1922年8月从广东省立第一甲种工业学校毕业后，就以高度的政治自觉和革命热情，旋即投身于火热的工人运动中。

根据工人的劳动、生活等具体情况，阮啸仙利用各种场合，采取各种形式，耐心细致地对工人开展宣传工作，启发工人觉悟。针对工人群众文化水平低的状况，阮啸仙发动青年团员创办了工人补习学校。通过组织工人学习文化知识，向工人传授革命道理，引导工人破除“天命”思想，认清自己受压迫的原因，引导他们逐步走上革命道路。阮啸仙还根据青年工人的特点，建立了青年工人俱乐部。并以此为阵地，组织青年工人开展各种有益的活动，使大批青年成为广东工人运动的先锋。

1922年秋，阮啸仙参加了中国劳动组合书记部广东分部的领导工作。该分部是中共广东党组织领导工人运动的公开合法机关。阮啸仙与冯菊坡、周其鉴、刘尔崧等人，通过中国劳动组合书记部广东分部，联络广东总工会内的油业工会、车船工会、草履工会、机织工会等，在广州创办了“爱群通讯社”，出版《星期报》，指导工人的革命斗争。

爱群通讯社社址设在惠福西路五华坊。阮啸仙是该社主要负责人之一。他与爱群通讯社的同事们，经常以通讯社记者的身份，深入到工厂、学校、农村和群众团体中采访新闻，进行革命宣传，秘密发动青年团员，动员广大青年工人起来参加反帝反封建斗争。阮啸仙还以通讯社的名义，出版发行《共产主义ABC》《阶级斗争浅说》等油印小

阮啸仙（左）与杨石魂（中）、冯菊坡合影。

册子，扩大马列主义在青年工人中的传播。

在阮啸仙等人组织发动下，广州的盐业工会、配兑工会、车磨玻璃工会和香港劳动同德工会相继建立，并改组了广州的酒业、米业、柴炭、碾谷、手车等工会。至1923年2月，在阮啸仙等人的积极筹备下，成立了广东工会联合会，下属二百多个工会，占全省工会的三分之一。这样，广州地区有了一个统一的工人组织，大大加强了党对工人运动的领导。

为了便于领导工人运动，阮啸仙于1923年5月初，搬到广东工会联合会会址——广州仙邻巷四十四号居住。在此期间，他与刘尔崧等人，整顿组织涣散的基层工会，发动工人起来斗争，并在油业工会等的工人中建立起共产党和青年团组织。

阮啸仙还充分发挥党团组织的先锋作用，组织发动党团员到各工厂企业“调查工人工会状况”，“调查男女青年工人的待遇及设法援助”，设法解决工人的外宿问题，在渔船工会中建立党团组织，发展同行业之工会加入工联会，增设工人补习学校和扩充女工补习学校等，大大促进了广东工人运动的发展。

1923年9月，阮啸仙还利用赴香港开展团的工作的机会，在香港的工人群众中发表公开演讲，揭露了帝国主义侵略我国的罪行，痛陈我国工人受人欺凌的悲惨状况，高度赞扬香港工人的反帝斗争。他返回广州后，又派遣团干部到香港的工会和工厂企业从事宣传发动工作。与此同时，阮啸仙还在广州的各种群众集会上多次发表演说，制造革命舆论，启发工人觉悟，深受广大工人群众的欢迎。此间，阮啸仙参与筹办的《珠江评论》出版，但旋即遭到时任广东省省长兼粤军总司令陈炯明的查禁。

1923年10月13日，为了反对直系军阀首脑曹锟贿选总统的闹剧，中共广东党团组织联络各界在省教育会召开了一次反对曹锟贿选的国民大会。此次大会受到各工会组织的热烈响应，参加大会的除广东区团委、新学生社、省工联会外，还有油业工会、海员工会、土木建筑工会、香港中华总工会、农工协会等五十多个工会团体的代表参加。阮啸仙主持大会，会上，阮啸仙深刻揭露了曹锟“盘踞京都，摧残教育，蹂躏民权”，“勾结英美，暗输金钱”，攫取总统的罪行，并主持通过了“通电全国，讨伐曹锟，惩治猪仔议员，抵制英美”，“宣言中外，否认曹锟贿选”，“出师北伐”，“定期示威运动”和“推举临时办事职员”五项决议。

之前的1923年6月12—20日，中国共产党第三次全国代表大会在广州东山恤孤院举行，阮啸仙与谭平山、刘尔崧、冯菊坡等一起作为广东代表出席了大会。大会决定中国共产党与孙中山领导的中国国民党合作……同时保持共产党在政治上和组织上的独立性。阮啸仙坚决拥护我党关于建立革命统一战线、同国民党合作的一系列方针和政策。这标志着广东的工人运动进入了一个新的历史时期。

阮啸仙从事工人运动时的照片

阮啸仙与到会代表积极支持拥护这一正确主张。大会以后，阮啸仙积极响应号召，以个人身份参加了国民党，并受党组织的指示，在广州地区负责协助孙中山做好改组国民党的相关工作。

阮啸仙为中国国民党广州市临时区党部执行委员会委员，具体参与国民党改组的日常工作。在国民党广州临时区党部，阮啸仙多次聆听过孙中山的演讲，对孙中山改组国民党的诚恳态度十分感动。

当时，国民党组织在广州按行政区划分，成立了国民党12个分部。广州的共产党员、青年团员分到各个区分部，但相对地集中部分力量在第一区分部。按照孙中山指示，阮啸仙主持召开国民党广州第一区分部全体党员会议，并被选为中国国民党广州第一区分部执行委员会秘书。在国共合作的新形势下，虽然阮啸仙把很大的精力放在青年运动和农民运动上，但他对工人运动仍是十分重视的。

号召劳工行动起来，支持拥护国共合作。为了消除部分团员对加入国民党的疑虑，阮啸仙走家入户，登门动员全体团员以个人资格加入国民党，并在团刊上撰写署名文章，明确指出：经过改组的国民党，“可以做国民革命的工具”。

加快推动广州地区国民党的改组，这是中共广东区委、团广东区委的中心工作之一。为此，阮啸仙积极参加党团联席会议，支持以共产党员、青年团员为核心，联络青年工人、学生和其他进步人士，成立“国民运动委员会”，推动国民党改组工作的进行。对此，阮啸仙提出了许多正确的主张。

阮啸仙认为，在帮助国民党改组的过程中，要注意团结左派、孤立和打击右派的政策，即“联合勇敢向上富于革命性之青年工人学生等，成为（国）民党中之左派”，“对于糊涂之投机式的党员，取猛烈攻击的态度”，“对游离分子，以感化政策，缓缓使之趋向左派”。他强调，共产党员、青年团员加入国民党，并不是放弃自己组织上的独立性。一方面，“不要和国民党争无谓的风头和用不着的权力，吃苦的工作我们自己拿来做，占小便宜的事情让给他们”；但另一方面，“至于政策上，我们决不稍让，以保存我们的固有精神”。他还谆谆告诫青年团员们，国民党“正在改组，同志活动务须审慎，又同志乘此机会，尤要尽量表现能力，以取得该党及社会一般之信仰”。为此，阮啸仙主张在国民党的各级组织中，要组织我们自己的党团，这样做“并不是有什么阴谋。我们为中国革命前途起见，质言之，为忠实于国民革命起见，换言之，为实现我们政策起见，都应该如此”。上述这些正确主张，既充分反映了阮啸仙的马克思主义思想的真知灼见，又体现了一个革命家清醒的政治头脑和灵活应变的政治策略。

开展对国民党改组的宣传工作，是阮啸仙日常的重要工作。他与临时区党部工作人员一起，为搞好国民党改组宣传工作，亲自起草宣传大纲，组织演讲队，发动进步青年登记加入国民党。他还积极协助执委会建立了会议制度，实行各种会议、决议执行情况检验报告等措施。孙中山对此十分赏识。他高兴地认为，此举是“国民党未曾有过的好办法”，提议在全党推广。

国民党中央所在地广州的改组进展如何，直接影响到国民党全党的改组进展。为此，孙中山高度关注广州地区国民党的改组情况。当得悉广州各区党部改组工作进展得十分顺利时，孙中山感到由衷的欣慰。他认为，由于有一批共产党人协助国民党改组，极大地促进和巩固了国共合作，因而也大大推动了广州地区国民党改组工作的顺利进行。

1924年1月20日至30日，中国国民党在广州召开第一次全国代表大会，确立了“联俄、联共、扶助农工”三大政策，标志着国共两党革命统一战线正式建立。根据国民党一大所制定的“扶助农工”的政策，阮啸仙充分利用国共合作的有

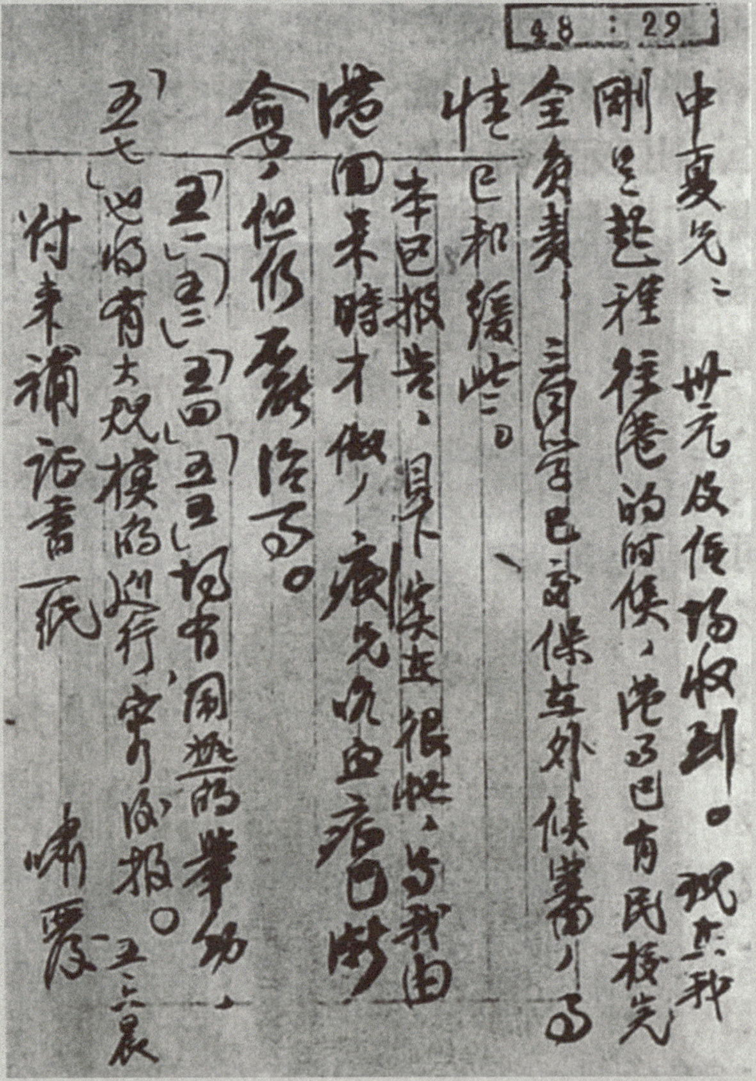

48 : 29

中夏兄兄：卅元及信均收到。现在我

刚兄起程往港的时候，港方已有民校先

全负责，[illegible]

情已和缓些。

港[illegible]本区报告，目下[illegible]很快，与我由

港回来时才做，[illegible]

会，但[illegible]可。

「五一」「五二」「五三」「五四」「五五」[illegible]

「五七」也将有大规模的巡行，[illegible]报。

付来补[illegible]书[illegible]

啸[illegible]　五、六晨

阮啸仙写给邓中夏的书信手迹

利形势，在中共广东区委和青年团区委的大力支持下，建立工运组织，开展工人运动，以实际行动支持拥护国共合作。主要措施有：设立青年团广东区委农工部（后改为农工运动委员会），直属青年团区委领导，具体负责领导工人运动和农民运动；协同中共广东区委在国民党中建立中共党团（或党团小组），尤其注意国民党区分部，做基层工农群众的工作；建立工人教育机关，组织工人游艺会。在中共广东区党团组织的领导下，以及阮啸仙等一大批共产党人的大力推动下，据不完全统计，至1924年春，仅建筑工会就建立了工人补习学校8所，油业工会创办了工人俱乐部3所，石井兵

1924年1月20日至30日，国民党一大在广州召开。图为大会会址——广州国立高等师范学校。

工厂创办了青年工人补习学校，招收学员500多人，并创办了工人子弟学校等；派员深入基层，指导各地开展工人运动，不仅发动手工业工人，而且尤为注重发动机器制造、轮渡船务、海员、粤汉路和广九路等产业的工人运动，积极争取和保护切身权益。

其间，阮啸仙不仅负责各地工人运动的指导，而且亲力亲为，多次往返顺德、东莞、新会、佛山、香港等地从事工人运动。如1924年2月初，他来到顺德县考察工作，召开了青年团顺德支部会议，号召劳苦大众尤其是青年工人团结起来，积极开展工农运动，大大激发了广大农工群众的革命热情。在此基础上，他召集了各工会领导人联席会议，改组了顺

阮啸仙在香港工作时的照片

德总工会，促进了顺德工人运动有序开展。

1925年5月1日，广东省第一次农民代表大会在广州召开。这种省级农民代表大会的召开，在全国尚属首次。这次会议，成立了广东省农民协会，阮啸仙与彭湃、罗绮园等被选为省农协常务委员，负责全权处理会内一切事务。他与同事们一起，积极发动劳苦大众，支援工人运动，特别是在省港大罢工中尤为突出。

6月19日，震惊中外的省港大罢工爆发。同日，根据中共广东区委的安排，阮啸仙与周恩来、廖仲恺等人一起，出席了省港罢工工人代表大会，并以各界代表身份在大会上发表讲话。6月23日，他与彭湃等发动广州市郊的农民和省港罢工工人以及其他革命群众一起，举行了声势浩大的示威集会，在会上发表演讲并参加大游行，途经沙基时，游行队伍突遭英帝国主义枪炮扫射，当场被打死52人、重伤170多人，轻伤者无数，造成骇人听闻的“沙基惨案”。

8月13日，为揭露“沙基惨案”暴行，援助省港大罢工，组织反帝联合战线，阮啸仙以广东省农民协会执行委员会常务委员和组织部主任的身份，前往顺德视察工作。其间，他主持召开了顺德县农民协会执行委员会扩大会议，向与会者报告了省港罢工的状况和省农民协会近期的工作，号召大家广泛动员农民群众支援省港大罢工。这次会议，通过了支援省港罢工和发展农民运动的决议案。该决议案认为，沙基惨案“分明是帝国主义与民族革命之第一次直接交锋，此种交

阮啸仙（右）与刘尔崧的合影

锋必至消灭帝国主义为止”，指出“此次省港罢工工友实为反帝国主义的先锋军”；号召“农工大联合”，“应取一致行动，誓死援助罢工工友”。在阮啸仙等人的发动下，顺德县农民协会派出农民自卫军到容奇等地，协助工人纠察队，查禁私运粮食供应香港。随后，广东各地的农民都奋起支援省港大罢工。

1926年2月7日，广东各界民众在广东大学操场举行二七罢工三周年纪念大会，阮啸仙代表中共广东区委在会上作报告，阐明援助省港大罢工的重大意义。同时，他还代表广东省农民协会参加了广东各界慰问队，前往省港罢工委员会慰问罢工工人，赠送了“民族解放先驱”“反帝国主义健将”等锦旗，并发表了演说。阮啸仙在演说中充分肯定了“罢工工人是反帝国主义急先锋”，表示“全广东农人皆愿与工人携手，打倒帝国主义；沿海农民皆愿与工人合作封锁海口，以抵制帝国主义者”。这极大地鼓舞了罢工工人的斗志，增强了他们罢工必胜的信心。

罢工期间，全国总工会和省港罢工委员会创办了劳动学院、劳动妇女学校和各工人学校，阮啸仙被聘为教员，讲授“农民运动”等课程。同时，中共广东区委在罢工工人中吸收积极分子举办培训班，阮啸仙也担负了培训班的授课及辅导任务，为我党培养工运人才做了大量工作。

在此期间，阮啸仙还充分发挥自己优势，以手中的笔作武器，制造革命舆论，启发工人觉悟。其间，最有代表性的一篇文章，是他1922年5月1日在“劳动号”发表的《“五一”运动略史》，较全面系统地介绍了五一国际劳动节的由来、历史、趋势及作用。在该文中，他认为五一劳动纪念日就是“全国劳工组合的庆典”，“劳动者的觉悟，资本家的致命丧（伤）都与这‘五一’纪念日，具有莫大之关系。世界和平的前驱，无产阶级的新生命，差不多在‘五一’纪念领着使命，开辟一个新纪元”。他从国际工运的经验联系到全国和广东工人斗争的实际，明确指出“劳工运动的趋势，已澎湃中国海，给中国劳工以新生命”。强调“劳工运动，不是一地方一种族的局部问题，乃全国人类的问题；也不是罢工、增薪、减时的问题，乃是大规模的政治革命、经济革命的问题。简言之，就是社会革命”。号召全世界无产者团结起来，“携手猛进，毋忘‘五一’”。在这篇文章中，阮啸仙不仅全面回顾了工人运动的历史，而

阮啸仙（台上站立者）在群众集会上发表演说

且精辟地阐述了劳工问题的实质，并对工人运动的趋势作了分析研判，这对于启发工人群众觉悟、动员劳工大众起来进行“社会革命”，都具有重大的历史和现实意义。

阮啸仙深刻认识到，发展工人运动，既要进行深入细致的宣传教育工作，又要善于引导工人群众开展斗争。1922年10月20日，他与冯菊坡、周其鉴、刘尔崧联名致信俞秀松、张太雷等团中央领导人，报告中国劳动组合书记部广东分部的工作情况，陈述了如何领导工人群众开展斗争，包括如何建立工人组织、联络劳工群众、指导劳工运动、保护劳工权益等方面的看法。他认为，广泛联络劳工群众，“为实际训练的准备，完成劳工运动的中心，是为必要的”；“将劳工运动的力量，向外发展，完成社会的劳动化，也为必要的”；“指导劳工在政治上的活动，以争得过渡时代的劳工保障法”，使工人获得政治权利，更是至关重要的；“联络全国的劳工们，进而至于世界的劳工们，是最有力量而且是势在必要的”。阮啸仙等人的这种认识，显然是十分正确的。初出茅庐的阮啸仙，对工人运动能有这么深刻的理解和认识，确实难能可贵。

第三章

『各地工作，以广东最佳』

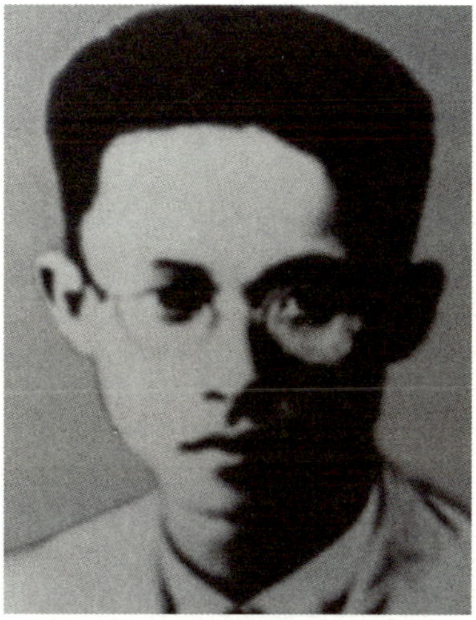

阮啸仙

1923年初夏的一天，广东工会联合会刚刚成立不久，阮啸仙就接到了陈独秀从上海发来的一封信函，指示阮啸仙暂时停止手头上的活动，委托他立即着手整顿广东团组织工作。

陈独秀于1921年秋辞去广东省教育委员会委员长一职。在此之前，中国共产党在上海召开了全国第一次代表大会。陈独秀因事虽未出席党的成立大会，但鉴于他在新文化运动的声望及在建党方面的突出贡献，加上共产国际的信任与支持，他仍被选为中国共产党的首任书记。9月，陈独秀离开广州，赶回上海，履行中央局总书记的工作。

阮啸仙加入中国共产党后，更加积极投身于青年学生运动。1922年秋，从广东省立第一甲种工业学校毕业后，他受党组织委派，随即投身工人运动。正当阮啸仙积极开展工人运动之际，1923年初夏，他接到陈独秀的指示，要他负责着手整顿广东团组织。

阮啸仙对广东团组织的情况是十分熟悉的。早在1920年8月，谭平山等人就在广州组建了社会主义青年团组织，阮啸仙、刘尔崧等积极参与其中的活动。由于缺乏经验，团组织宗旨不明，不久“自行宣布解散”。1921年冬，根据“少共国际”的意见，中共中央决定恢复中国社会主义青年团，“标明以马克思主义为中心思想”，并决定暂由上海社会主义青年团代行团中央职权，领导全国建团工作。

在此情况下，中共广东支部和谭平山受上海总团的委托，决定在广州“组织分团”。阮啸仙在中共广东支部的领导下，大力协助谭平山，创办《青年周刊》，办起青年剧社，成立演讲队，组建劳动通讯社，并撰写时政评论，宣传青年团的宗旨，激发广大青年的政治热情。在谭平山、阮啸仙等人的努力下，广东社会主义青年团于翌年初重新建立，成立时团员达500余人。

团组织恢复建立不久，旋即受到军阀陈炯明叛乱的影响，团组织虽未被冲垮，但活动转向半秘密状态。加上当时有的团领导在事变中犯了错误，或被迫出走广州，团员一度缺乏领导，组织严重涣散，纪律松弛。这种情况若不尽快改变，

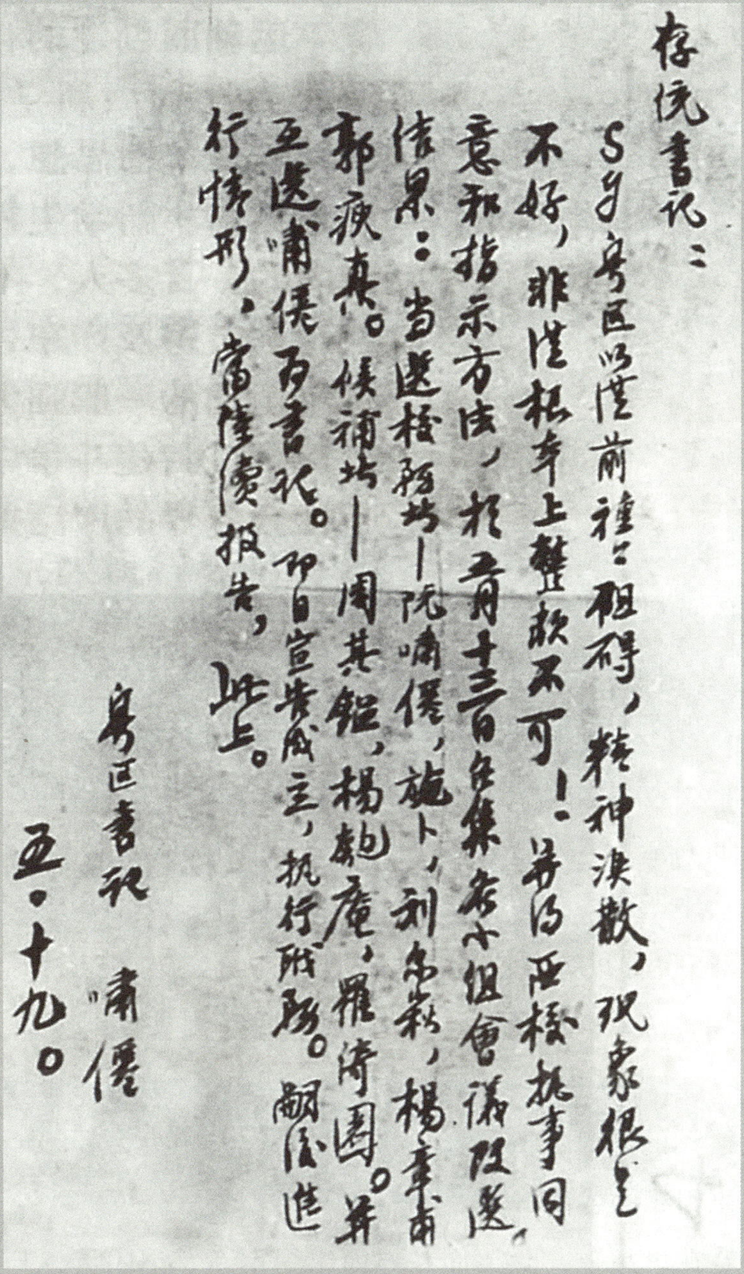

存统书记：

S.Y.分区以前种种阻碍，精神涣散，现象很是不好，非从根本上整顿不可！兹得西校执事同意和指示方法，于本月十三日召集各小组会议改选，结果：当选校务者——阮啸仙，施卜，刘尔崧，杨章甫，郭瘦真。候补者——周其鉴，杨匏庵，罗绮园。并互选啸仙为书记。即日宣告成立，执行职务。嗣后进行情形，当陆续报告，此上。

分区书记 啸仙

五·十九。

阮啸仙向施存统书记报告团组织改选情况的书信手迹

势必严重影响广东党团组织的战斗力。

在1923年初夏，即平定陈炯明叛乱，孙中山重新回到广州后不久，阮啸仙被委托负责整顿健全广东青年团。阮啸仙十分感谢党中央和陈独秀对自己的信任，深感责任重大。他在5月20日写给团中央书记施存统的信中表露了这样的心境："我自从工校出来，即跑入劳动阶级做实际的工作，个人甚有兴趣，即在粤劳工统一的运动——工人大联合，也算有了段落，广东工联会成立了，所差劳工同志们人才甚少，于精神上还欠缺工夫，但已打出血路，成功不难了。实庵又要我做S.Y.工夫（实庵，是陈独秀用过的名字；S.Y.是社会主义青年团的英文简称——引者注），他说青年运动未有适合而且努力的人。我本不舍得劳工运动……但在事实上，确有如实庵所言，现在不得不勉强注全力于S.Y.的工作，而劳工方面也要兼顾，因为我乐趣所在。"从这封信中，可充分体现陈独秀对阮啸仙的信任，也可看出阮啸仙坚定的组织观念。正如阮啸仙在信中所说，"我初接手，好像百孔千疮，不知从何做起"，"现在为时间所迫，觉得很是棘手"。他意识到此种局面的严重性，决心"尽我的力量"，"好歹都是要担当起来不可放弃"，"非从根本上整顿不可！"于是，阮啸仙在兼顾开展工人运动的同时，按照陈独秀的指示，开始大刀阔斧地进行广东团组织的各项整顿工作——

在思想上，阮啸仙一方面组织重新登记团员，开展深入细致的团员思想教育工作；另一方面撰写文章，指出革命青

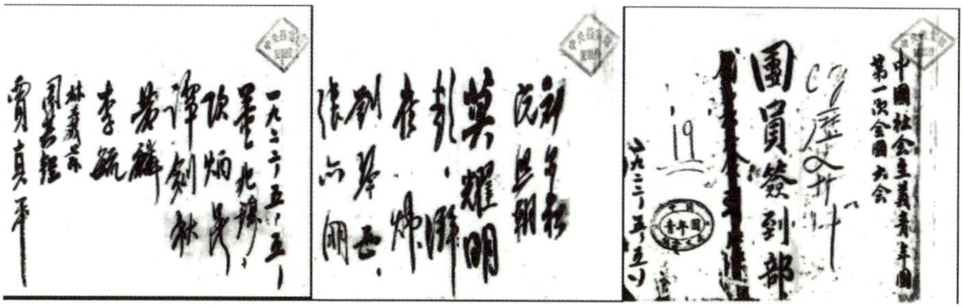

阮啸仙（阮熙朝）参加中国社会主义青年团第一次全国代表大会时，与刘尔崧、彭湃、刘琴西等人在大会签到簿上的签名手迹。

年在社会变革中应尽责任和发挥作用。他在《青年改造环境的工具》等文章中说，“把有改造宏愿的青年”，“为新社会的健儿，为主义的实行家”，“为旧社会环境的破坏者”；“劳苦大众是新中国的真势力，这种真势力得到学生的诚心引导，便可作为国民运动的重要分子，而且是最重要的分子；没有这真势力，学生自身也不能成为一种新势力”。他还认为，社会主义青年团是团结革命青年的“革命团体，是为青年无产阶级的团体”，是“使本团循序渐进变为青年奋斗的团体”；青年团的主要任务是向青年“传播主义”，即传播马克思主义，不要在“主义上发生危险”。只有广大团员青年从思想上明了这些道理，才能把团组织整顿建设好。

在组织上，阮啸仙在重新登记团员后，主持召开了广州地区各团小组会议。会议决定改组团广州地方执行委员会，代行团广东区执行委员会职权，并推选阮啸仙为团广州地方执行委员会书记，代行团区委书记职权。群龙有首了，就便

广东新学生社主要负责人合影。左一为该社执委会书记阮啸仙。

于开展全区团的工作。阮啸仙接任后，“天天都奔走，不是组织小组，就是同个人谈话”，对团的整顿工作倾注了大量心血。

在领导原则上，阮啸仙针对原先团领导“集权制”的现状，注重实行集体领导和分工负责制。根据陈独秀和团中央的指示，结合广东的实际情况，阮啸仙在确定当前的阶段性工作任务时，采取召开团员代表会议的方式来民主决定。正如他在写给团中央领导的报告中所说：广东“各校务处之内部组织注重实际分工，免至中央集权制，变成校务主任独当其冲”。文中所指“校务”，即团务；“校务主任”即团的主要负责人。他又说，“区执会委员五人，完全分配工作”，使区团委能各司其职，形成合力，共同搞好团的工作。

在纪律上，阮啸仙鉴于年轻人“凭主观”“喜欢个人自由”“不肯恪守团体纪律”等方面缺点，指出要随时向团员进行“我们为什么要遵守团体的纪律？不遵守纪律会发生什么弊害？”等问题的教育，进行“充量解释，并常在事实上加以纠正”；对那些不参加团的活动的“挂名”团员，或“不守纪律的，且在工作上确定其不堪造就，而会于团体发生恶（劣）影响的”，阮啸仙给予严肃的团纪处分，甚至“不惜开除之，并通告全体同志或其本人，以严明纪律”，达到了纯洁团组织和提高团的战斗力之目的。团中央对此给予充分肯定，认为“直接声明开除同志，算以粤区为开端”。

在政策上，阮啸仙指出：“一个革命的政党团体，与普通团体不同之点，在于有明确而且对于现社会很需要的政策，不然便是乌托邦，永不能完成其所负的使命。”为此，对于团组织所确定的政策，反复向团员解释，使他们“了解政策”。

在工作上，阮啸仙认为，了解了政策，谨守纪律，但“如果站着不动，不去找工作做，政策仍不能实现，纪律并不见得可贵”。他强调，在顺利的时候要努力工作，在不顺利的时候亦要努力工作，“要做革命工作，都要忍辱负重，努力向前。干！干!! 这是革命家的唯一信条”。

经过整顿的广东青年团，团员数量稳步增加，团的凝聚力和战斗力大大增强，团的面貌焕然一新。据1923年6月不完全统计，粤区各地团支部、团小组已重新建立了20多个，团的外围组织“新学生社”在广州市10个学校中建立，广东团的工作一跃成为全国最先进的省区之一。

阮啸仙在广东青年中的威望也越来越高，先后被推选为中国共产党第三次全国代表大会代表和社会主义青年团第二次全国代表大会代表，并当选为团中央执行委员会候补委员和团广东区执行委员会委员长。

1923年6月初，阮啸仙致信团中央书记施存统，提出了开展青工运动和学生运动的团广东区委工作方针，并提出了建立广东新学生社的打算，得到施存统的肯定和支持。经过十多天的筹备，6月17日，广东新学生社在广州司后街四十五号正式成立，阮啸仙被推选为该社执行委员会第一任书记。

“新学生社”是阮啸仙担任社会主义青年团广东区委书记后，为广泛团结各阶层青年，推进青年运动而创建的青年团外围组织。阮啸仙经常为社刊《新学生》撰写文章，揭露时弊，宣传革命思想，启发青年学生的思想觉悟。新学生社最初成立时，只有广州市内的一百多人，不到一年就发展到五六千人，人员遍及广东、广西、福建等地，成为青年运动的一股强大力量，在广东乃至全国的反帝反封建斗争中发挥了重大作用，引起了社会各界的关注。

7月8日，阮啸仙主持召开了广州地方全体团员大会，讨论如何开展学生运动、国民运动、青年工人运动和农民运动的问题，在会上被推选为出席社会主义青年团第二次全国代表大会代表，并于8月20—25日赴南京参加了此次代表大会，当选为团中央执行委员会候补委员。

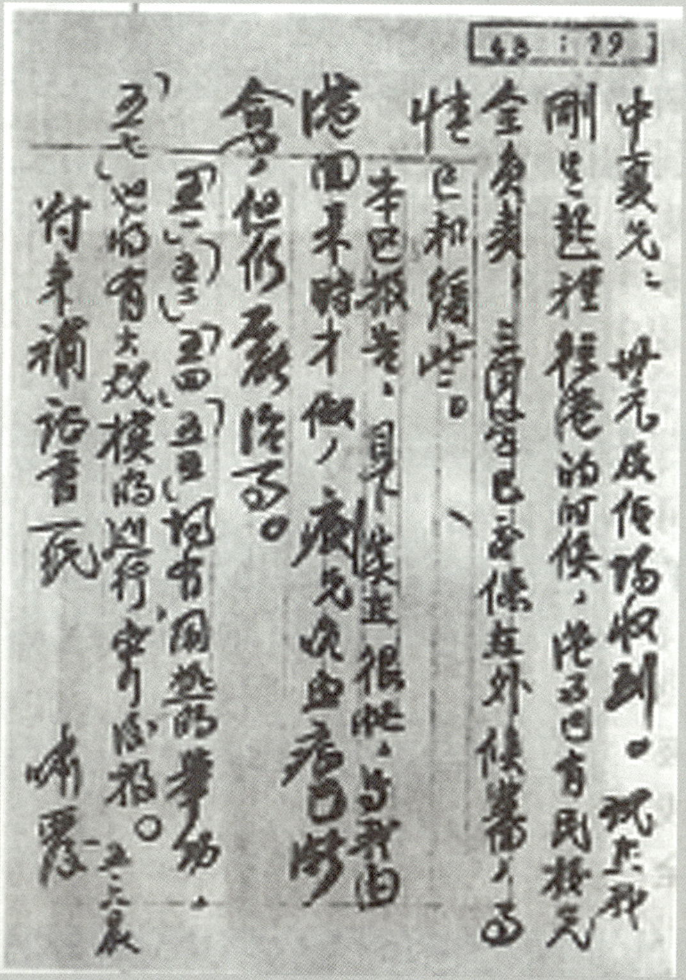

阮啸仙向团中央执行委员会委员长邓中夏报告广东团组织改选情况的信

1923年10月14日至17日，中国社会主义青年团广东区第一次代表大会在广州召开。此次会议，充分肯定了以阮啸仙为书记的团广东区委的工作，总结了青年团工作的经验教训，提出了开展“劳工运动”“文化运动”“国民运动”和“学生运动”的四项具体任务。阮啸仙在会上被选为团广东区执行委员会委员，并在18日举行的区委第一次会议上当选为区执行委员会委员长。此次会议，标志着广东青年运动在党的领导下有组织、有纲领、有计划地进行，成为广东青运史上的一个里程碑。

阮啸仙以自己的出色工作，赢得了青年们的尊敬，也受到社会各界的肯定。在1923年11月召开的中国共产党第三届第一次中央执委会上，阮啸仙等人领导的广东青年团的工作，得到了团中央的高度评价：“各地工作，以广东最佳，各项运动S.Y.均参加。”

第四章 足迹遍及岭南大地

“农民见到哈哈笑，地主见到哇哇叫！”这首大革命时期传遍岭南大地的民谣，所赞颂的就是广东著名的农民运动领袖，被称为广东“四大农头”之一的阮啸仙。

广东农民运动始于1922年，最初由社会主义青年团组织和发动，7月，彭湃在海丰县建立了广东第一个农会，广东成为全国农民运动开展较早且较好的省份之一。1923年5月，时任中共粤区委员的阮啸仙当选为团粤区书记，他在竭尽全力关注青年学生运动的同时，兼顾以花县、广宁、顺德、惠阳等地区为重点的农民运动。特别是第一次国共合作以后，国民党中央成立了农民部，由共产党员林伯渠任部长、彭湃任秘书。从事农民运动的阮啸仙与彭湃、周其鉴、黄学增以国民党中央农民部农民运动特派员的身份，到全省各地去发动和组织农民运动，被誉为广东省的“四大农头”。特别是阮啸仙，经常深入乡村，与农民群众密切联系，关心穷苦百姓的生活，宣传、训练和组织农民，足迹遍布东江、西江和北江等广大农村，农民亲切称他是“脚上有牛尿的读书人”“不是耕田人像耕田人”“我们耕田人的自家人！”

阮啸仙是较早认识农民运动重要性的先驱者之一。早在1922年3月，他还在广东省立第一甲种工业学校就读时，就热情撰文介绍过浙江萧山县衙前农民协会。彭湃在海丰从事农民运动，更是引起了他的高度关注。为此，无论他在从事学生运动、工人运动，还是从事青年团工作期间，都特别重视“农民运动问题”，并先后多次到鹤山、花县、广宁等地农村，组建农民夜校及平民阅报室，训练民团，筹建农会，积极从事农民宣传活动，足迹遍布岭南广大乡村。

最令他关注的，就是花县的农民运动。花县（即现在的广州花都区）是太平天国农民运动领袖洪秀全的故乡。这里山清水秀，土地肥沃，堪称鱼米之乡。但广大农民在地方军阀和地主豪绅的欺压剥削下，终年过着牛马般的劳苦生活。在阮啸仙等人的大力宣传和积极推动下，花县农民运动在1923年前后就“已经开始做起来了”，是广东农民运动开展较早、影响较大的县之一。

早在1922年，广东农民运动兴起之初，时任团区委书记的阮啸仙，就曾与刘尔崧等人到顺德等地，指导地方党、团组织的建立。后又多次转赴花县，深入山乡农村，走上田间地头，了解农村和农民生活状况，启发青年农民加入党团组织，动员他们投身农民运动。他曾以“新学生社”的名义来到花县，结识了农民积极分子王福三、陈道周等人，并通过他们去发动农民加入农民协会。

1923年5月，阮啸仙当选团广东地委书记后，到农村基层与农民打交道就更为频繁，并将“农民运动问题”和“工运问题”等6项重要问题，列入青年团广州区委的议事日程，要求广大青年团员在暑假期间，到农村去开展“农村调查”。阮啸仙率先示范，1923年夏天，再次来到了花县开展调查研究工作。

阮啸仙走村串户，访贫问苦，足迹遍及全县各村。在王福三等农运骨干的帮助下，他每到一地，首先团结教育农村中苦大仇深的贫雇农，然后通过他们去广泛宣传发动群众。他还经常利用两龙、平山等圩的圩日，上街公开宣传；或将农民群众召集到小学课室里，揭露地主豪绅勾结贪官污吏、土匪恶霸盘剥农民的罪行，号召农民组织起来，成立农民协会，与他们作坚决斗争。

当时，阮啸仙正身患肺病，身体较为虚弱。但他毫不顾惜自己，经常风雨兼程，深入九湖、元田、杨村、莲塘等村庄，沿着泥泞的山间小路，挨家挨户访贫问苦，了解减租减息政策的落实情况，尤其是取消“佃耕批头金”“田信鸡”和“送租例”等苛捐杂税情况，耐心向农民宣讲成立农民协会、组建农民自卫军的好处等。

为掌握真实情况，阮啸仙每到一村，必与贫苦农友们同食同劳动，同时向他们讲解成立农会的宗旨，发动农民组织起来。他废寝忘食，每天都工作至深夜。为了不扰民，他就睡在村里小学堂的学生课桌上。他的举动，深得农民的信赖和拥戴，许多农民晚上常到学堂里跟他聊家常、反映情况。

有一天，阮啸仙到元田村了解农民运动开展情况，忙完工作已是深夜了。时值盛夏，蚊虫特多。为了不打扰农民百姓，他坚持睡在乡村小学的书桌上，连蚊帐也没有。当时，正好被村里一个叫卢启辉的农民看见了，十分心疼："阮同志是我们自己人，是替我们穷苦百姓办事的大好人，怎好让他任蚊咬，我宁可坐到天亮，也要将蚊帐给他！"于是，他回家把自己家仅有的一顶蚊帐，送来给阮啸仙挂上。目送着这位农友消失在茫茫夜色之中，阮啸仙深为感动。

在阮啸仙等人的积极推动下，花县农会的影响深入人心，农运很快就在全县展开。1924年10月19日，花县农民协会暨二区农民协会宣告成立。全县各地农协会员，从四面八方，兴高采烈地来到九湖的王氏大宗祠，庆祝县农民协会的诞生。

庆祝大会，气氛热烈。会场周围，贴满了"打倒帝国主义！""打倒土豪劣绅！""工农团结万岁！"等标语，全村上下沉浸在一片节日喜庆的氛围之中。阮啸仙主持大会。他结合会议主题及特点，联系自己的工作体会、心境和感悟，为大会题写了一副对联，上联是"坚忍卓绝为吾人本色"，下联是"奋斗牺牲是我辈精神"。对联写好后，阮啸仙叫人贴在会场大门两侧。此联观点鲜明，通俗易懂，充分表现了"吾人"和"我辈"等农协会员及干部的革命气概和奋斗情怀，同时也抒发了阮啸仙等共产党人为劳苦大众谋利益的壮志豪情和英雄本色。参加大会的人们，听完阮啸仙讲解对联的含义后，都夸这副对联写得好。

会上，阮啸仙鼓励群众，要成立农民协会，要有甘于牺牲的精神，要更加坚忍不拔、全心全意地为农民做事，齐心协力，打倒剥削穷人的财主！在阮啸仙的领导和帮助下，花县各地的农民协会逐步建立起来。这次会议后，农协会员把这副对联也带到四面八方，大大促进了各地农民协会的蓬勃发展。

花县的豪绅和地主，对农民运动恨之入骨。他们组成“花县田主维持会”，用种种办法与农会对抗。针对此种情况，阮啸仙又走村串户，到处向农民群众宣传农会的作用，号召农民组织起来，与地主豪绅作坚决斗争。他说，地主的阴谋是妄图瓦解我们的力量。我们的拳头已对准敌人，我们耕田人要团结起来，锄头要对准剥削穷人的地主！地主骂我们耕田人是牛精。我们耕田人不是牛精，而是精于牛、力大于牛！田里五谷，天下人吃的、用的、穿的，哪一件能离开耕田人！接着，阮啸仙用广东话，给大家唱起了一首自己作词谱曲的《锄头歌》：“锄头不拿起，世人皆饿死。拿起锄头来，打死狗地主！”这首《锄头歌》，揭示了与地主作斗争的道理。由于通俗易懂，朗朗上口，《锄头歌》迅即传遍南粤大地，成为号召农民团结起来与地主豪绅作斗争的红色歌谣。

在阮啸仙等人的宣传推动下，花县的农民运动迅猛发展。据统计，至1926年8月，全县成立乡村农会41个，会员达1.3万户；组建了农民自卫军，至1927年底，农军人数壮大到10个中队，近五千人。

从1924年至1926年，阮啸仙先后担任中共广东区委农委

阮啸仙（右二）、高恬波（右一）与彭湃（左二）、许玉庆（彭湃夫人，左一）的合影。

书记、广东省农民协会常务委员兼组织部主任、国民党中央农民部组织干事兼特派员、国民党中央农委委员和中共中央农委委员等重要职务，全身心投入农运工作中。作为广东省农民运动的主要领导人，阮啸仙在领导全省农民运动时，十分注重以点带面，除花县外，还特别关注顺德、惠阳等重点县份，广泛发动和组织农民运动。他深入山间乡村，与农友们同甘共苦，足迹遍及东江、西江和北江等广大农村，为维护和捍卫广大劳苦大众的切身利益而呼号奔走。

顺德是广东开展农民运动较早的地区之一，从一开始就在阮啸仙和青年团广东区委的指导下发展起来。1924年2月，阮啸仙还亲自赴顺德视察青年团工作，并指导开展农民运动。1924年7月起，彭湃与阮啸仙、毛泽东等人一起，在广州开办了6期农民运动讲习所，中共顺德支部、青年团支部与国民党顺德分部商议，先后选送了5批共35名学员参加学习。在阮啸仙等人推动下，1925年4月17日，顺德党支部召开了全县第一次农民代表大会，正式成立了顺德县农民协会，设有3个区农会、18个乡农会，有会员四千余人。

顺德的农民运动，是在阮啸仙等人的大力推动下蓬勃发展起来的。1925年6月间，顺德农民协会委员长被反动民团串通县长扣押，激起了全县农民的愤慨，也引起了阮啸仙等省农协领导人的关注。经时任国民党中央农民部部长廖仲恺同意，阮啸仙以国民党中央农民部的名义，责令该县县长释放被捕农民运动领袖。顺德县农会在省农协和国民党中央农民部的支持下，理直气壮地召开了全县农民代表大会，要求县里释放农会委员长。在农民团结起来的浩大声势和社会各界的强大压力下，县长不得不释放农会委员长。这次斗争的胜利，大长了农会声威，灭了反动民团气焰，对顺德农民运动的发展壮大，产生了重大、积极的影响。

1925年8月13日，阮啸仙以广东省农协常委、组织部主任的身份再次前往顺德，给县农协会以具体指导。8月15日，他出席了专门为他的到来而召开的县农民协会执行委员会扩大会议，并在会上向与会者作了政治状况和省农民协会发展情况的报告。阮啸仙在这个报告中，较为详细地介绍了广东省农协开展工作的情况，分析了全省当前有利的革命形势，展望了农民运动的发展前景，明确了顺德县农民运动今后的斗争方向、策略与任务。阮啸仙的报告受到与会代表的热烈欢迎，顺德县农会还根据该报告作出了相应的决议。

阮啸仙给顺德县农会的悉心指导和大力支持，对推动该县农民运动的发展起到积极的作用。据《广东农民运动报告》等资料载，至1926年4月底，顺德全县已成立了5个区农会、56个乡农会，会员1.8万多人；到1927年初，顺德全县10个区全部成立了区农会、125个乡成立了乡农会，会员人数猛增到约五万人之多，成为中路地区农运发展最快、会员人数最多的先进县份。

惠阳县也是阮啸仙重点关注的县份之一。该县是东江地区较早建立农民组织的县份，但由于它是陈炯明反动统治的巢穴，所以一直未能得到应有的发展。直至1925年2月第一次东征后，农民运动才在几个地方逐步开展起来，而其间又因东征军回师镇压“杨刘叛乱”，陈炯明的反动势力又卷土重来，农民运动再度陷于停顿。同年10月下旬，随着第二次东征的节节胜利和陈炯明反动统治的摧毁，阮啸仙与陈国钧等人受广东区委派遣到惠州视察指导工作，并于11月初成立了中共惠州特别支部，惠阳农民运动已充分具备了重新发展的条件。

1925年11月14日，阮啸仙再次前往惠阳指导开展农民运动。16日，他参加了在惠阳县第一公园举行的惠阳县第一次农民代表大会开幕典礼，并亲自起草了《惠阳县农民协会成立宣言》，动员“凡是中国人民，凡是被帝国主义及军阀压迫底下的同胞，都要一齐起来为自己谋解放”；号召“凡是受洋人、军阀、贪官污吏、劣绅土豪及一切反革命派压迫的农友们，一齐起来加入惠阳县农民协会；凡是有农民的乡村，一齐来组织各乡及各区农民协会”；“工农兵商学大联合起来，打倒军阀，打倒帝国主义！”17日，阮啸仙在惠城象岭巷湖园参加了惠阳县第一次农民代表大会，并作了长达一个半小时的演说。在阮啸仙指导下召开的惠阳县农民代表大会，通过了促进农民运动发展的20多件议决案，选举产生了惠阳县农民协会执行委员会，正式宣告惠阳县农民协会成立。

会议期间，阮啸仙为惠阳农会和群众做了几件深得人心的事情：一是建议县长拘捕了为非作歹、危害百姓的陈炯明余孽、军阀杨坤如手下的一个营长和一个司令。二是清除了钻进农会并窃取了区农会副委员长职务，平时“勾结奸商”“受贿包运仇货”的一个土豪。三是协助解决了农会经费困难问题。当阮啸仙了解到惠阳农会的筹备和活动经费紧缺的情况后，立即向当时主持惠、潮、梅各属行政工作的周恩来作了汇报。周恩来高度重视，指示东征军政治部“从抄得逆产中拨出千元”，专款拨给惠阳县农民协会做筹备经费，并通令各县县署，每月拨款300元，作为县党部活动经费；不久，周恩来又指令从没收的十万元逆款中，拨出两万元作为开展工农革命运动的专用款项。

此外，在此次代表大会前后，阮啸仙还专门抽出时间，对惠阳农村状况及农民运动发展形势进行了深入的调查研究；回广州以后，他结合调研情况和掌握的相关材料，又撰写了《惠阳县农民协会成立之经过》的长篇文章，与《惠阳县农民协会成立宣言》一起，同时刊载在由国民党中央农民部主办、1926年3月1日出版的《中国农民》杂志第三期。

惠阳县农民协会的成立，对全县人民群众产生了巨大影响，广大农民、工人和学生纷纷支持农会的发展。据《中国农民》杂志等资料载，惠阳县各级农会由成立之初的5个区、76个乡、近4000名会员，发展到1926年4月底的5个区、186个乡、13000多名会员，其中乡级农会增长了近两倍；会员增长了两倍多，占惠州地区会员总数的近一半；此外，惠阳的农民自卫军也有很大发展，全县常备农军和警备农军达1500多人，并在平山、潼湖两区设立农村联防办事处，配备了军事教官，定期对农军进行军训，为维护农会和农民的合法权益作出了积极贡献。

作为广东省农民协会主要负责人，阮啸仙每时每刻都在关注着全省各地区农民运动的发展。在1925年5月至1926年5月这一年里，除花县、顺德、惠阳外，他亲自到过或密切注视过的县份就有十几个，包括东莞、紫金、高要、德庆、曲江、仁化等。阮啸仙切实加强对这些县份的具体支持和指导，帮助他们解决一些实际困难和问题，从而推动了各地区农民运动向纵深发展。

第五章 参与创办广州农讲所

1924年1月，在中国共产党的帮助下，中国国民党在广州召开了第一次代表大会，改组了国民党，确立了“联俄、联共、扶助农工”的三大政策，实现了国共第一次合作。此时，已任国民党广州第一区分部秘书的阮啸仙，被任命为国民党中央农民部组织干事，开始全面转入开展农民运动。不久，他又担任中共广东区委委员兼区农委负责人、团广东区委秘书（主要负责人），还兼任国民党中央农民部农民运动特派员；1926年2月始，他还被任命为国民党中央农民运动委员会委员，参与指导广东全省农民运动。由于身兼数职，阮啸仙忙得不可开交。

在阮啸仙等人的推动下，广东农民运动蓬勃开展起来。但是，他强烈意识到，没有一批坚定的农会干部，农民运动想扩及广东各地，并最终取得胜利，实为不可能之事，培训农民运动骨干，是当前农民运动的当务之急。之前，彭湃、林祖涵（国民党中央农民部部长，即林伯渠）曾向国民党中央提出过举办农民运动讲习所的建议。为此，阮啸仙与彭湃等同时也向中共广东区委汇报了这一想法，并提出了筹办农民运动讲习所的设想。

中共广东区委接受了彭湃、阮啸仙等的建议，并根据当时国共合作的形势和国民党一大通过的扶助农工政策，决定

中共广东区委旧址（今广州市越秀区文明路194号—200号）

阮啸仙（右）与彭湃的合影

争取国民党中央农民部出面举办农民运动讲习所。于是，彭湃、阮啸仙又利用农民部秘书和组织干事的身份，积极争取国民党财政部代理总长兼广东省省长廖仲恺、国民党中央农民部部长林祖涵（林伯渠）的支持，并草拟了一份公开培训农会干部的方案，报请国民党中央批准。后经林伯渠提议，廖仲恺主持召开国民党中央执行委员会第39次会议审议通过，决定在广州开办农民运动讲习所。

彭湃被委任为首届农讲所主任，与阮啸仙一起负责筹备工作。其间，阮啸仙与彭湃一起，四处寻找和选择所址，制订培训方案，到处物色教员，发动组织招生。阮啸仙协助彭湃，共同研究办班的一些具体事宜，包括课程设置、教学安排等。在阮啸仙等人的大力协助下，由彭湃担任主任的第一届广州农民运动讲习所，于1924年7月3日正式开学。所址设在广州越秀南路的惠州会馆，招收学员38名，全部来自广东各地。讲习所开班后，阮啸仙又接受彭湃邀请，欣然走上了讲习所的讲台。

1925年1月1日至4月1日，由阮啸仙担任主任的第三届农讲所在广州市东皋大道一号举行。该届农讲所共招录学员128

第三届广州农民运动讲习所旧址

人，大多数学员是广东籍的，此外还有四川、广西等省区的学员。他们每日半天上课，半天训练，晚上讨论、开会。为加强农讲所的师资力量，阮啸仙除自己亲自授课外，还邀请了彭湃、陈延年、廖仲恺、谭植棠、邓植仪、唐澍、赵自选及国际友人俄国顾问鲍罗廷、马马也夫、加伦等人来授课。其中，阮啸仙讲授“农民运动问题”、廖仲恺讲授“三民主义”、谭植棠讲授“社会发展史”、邓植仪讲授“农业知识问题”，唐澍、赵自选则担任军事教官。

阮啸仙深感责任重大，他充分总结吸纳了前两届农讲所的创办经验，对农讲所的训练内容提出具体明确的要求。他在给团中央的一份报告中，专门报告了第二届农讲所事宜：“此次第二次亦如前办法，招收同志入所，但人数比前多数倍，则多招收在乡村农民运动中及城市劳工运动中之与我们接近的工人农民入所。查东、西、北三江之重要乡村都有人，此亦为将来扩充农民运动之准备。”他认为，“政治训练要与军事教育并重，才能养成全材”。他充分肯定了第二届农讲所的办学经验，“此届学生分子很不错，初授以军事教育，差不多有一个多月，即所谓农民自卫军是也。在训练军事教育期间，成绩昭著，于纪律和组织方面更见功效，并使我们得一个经验：一个革命家，如果受过军事教育，必更能守纪律，勇于任事，可使涤去书生习气，而为不折不挠之挺者”。

为此，阮啸仙主持的第三届农讲所，除组织学员学习国民革命基础理论外，尤为注重对学员进行军事训练和组织训练。在军事训练方面，他把学员按军队组织编成一个连，名曰农民自卫军模范连，并分为3个排，每个排分3个班，每个班13人至15人不等，排长、班长各1人均由学生担任。除技术训练外，间授以军事应具之学识讲演。阮啸仙在总结农讲所军事训练经验时，高兴地总结道："为养成有组织有纪律之农民运动干员，同时为武装农民之准备，必使学生习惯军事生活及团体行动。"在组织训练方面，他依照农民协会章程组织假设县农民协会，名曰模范县，以学员地理上关系及言语不同，而分为若干区、若干乡，组织各级农民协会，使学员实习团体生活，并讨论各自地方农民问题。此外，还设有各种讨论会、音乐会、技击团、园艺部、新闻社，并设置了学员俱乐部，配有粗具之乐器，以及农民运动或革命殉难之人物等陈列，以增长学员知识、强化自治能力。通过军事与组织训练，学员综合素质得到普遍提高，受到社会各界好评。1926年2月1日出版的《中国农民》杂志第二期刊载《本部一年来工作报告概要》一文，全面总结了第三届农讲所学员们的收获，充分肯定了学员们3个月的学习训练和成果，认为通过军事和组织训练，使学员们充分了解和掌握了"社会之进化及其制度之特征，革命之所由发生及其趋势，明了阶级的意义。最能使他们得到实际学问的，就是他们承认广东农民运动经过得失之批评，及调查农民生活状况与宣传方法"。

阮啸仙主持的第三届农讲所为期3个月，于1925年4月1日依期毕业。该届毕业学员共有114人，其中挑选了15名学员继续留所训练，准备派往各乡训练农民自卫军，或担任第四届农讲所的军事助教；挑选了20名学员留在国民党中央农民部做见习员，准备调遣到各地去从事农运宣传工作；其他学员均派往自己老家协助农会办事。该届学员在阮啸仙及教员的教导下，服从革命需要，奔赴各地从事农民运动，为中国革命作出了积极的贡献，涌现了如韦拔群、陈伯民、钟一强、冯保葵、魏宗元、苏其礼、梁显云等一大批在群众中享有威望的农民运动骨干。

1926年5月至9月，在广州番禺学宫举办了第六届农民运动讲习所，由毛泽东任所长。此届共招录327名学员，来自全国20个省区，是历届农讲所招录学员规模最大的一届。农讲所共开设25门课程，内容都是围绕中国革命的基本知识，其中关于农民运动的课程占8门，教员大多是富有实践经验的农民运动领导者，如毛泽东、彭湃、阮啸仙等。阮啸仙讲授“广东农民运动状况”这一课程。他用了几天时间，重点给学员们阐述了农民运动在国民革命中的地位和重要作用，分析了广东农村的危机和农民运动勃起的原因，并以广宁、花县等地农民运动的经验教训，说明从事农民运动必须具备的革命立场与斗争策略，提高学员领导农民运动的本领。在讲授中，阮啸仙还经常穿插一些各地农运积极分子的事例，传授农运工作方法和应注意的事项等内容，学员们听得津津有味。阮啸仙对社会实际情况的独到见解，以及他关于农民问题的

毛泽东同志主办第六届广州农民运动讲习所旧址（今广州市中山四路42号）

深刻论断，与毛泽东的看法是基本一致的。

此前，阮啸仙还动员在国民党中央妇女部工作的妻子高恬波参加了第一届农讲所学习，介绍弟弟阮熙中参加了第五届农讲所学习。在阮啸仙的教育引导下，高恬波成为农民运动的骨干，后参加了北伐，被誉为“女将军”；阮熙中在农讲所毕业后，走上了革命道路，被派回老家，在河源、紫金等地开展农民运动。

阮啸仙是第一至第六届农讲所教员，且每届都有新的讲课内容，主要是讲授农民运动问题。其中，第三届讲授“农民运动问题”“时事和当前的革命需要”，第四届讲授“怎样做农民运动”，第六届讲授“广东农民运动状况”。他与毛泽东、彭湃等人一起，为中国共产党培养造就了一大批从事农民运动的骨干。

五十多年后，第六届农讲所学员、曾任全国政协副主席的王首道在回忆这段往事时，充满感情地说，“在农讲所学习期间，我们不但受到毛泽东同志的亲切教导和培养，还得到在农讲所担任教员的我党许多优秀干部的教育和指导”；“教员中还有恽代英、阮啸仙、周其鉴等，这些同志的讲课和他们的革命精神，给了我们许多难忘的教益”。

第六章 为了农民权益

在广东省农协工作时的阮啸仙

在推动农民运动的同时，阮啸仙高度关注农民权益的维护。他结合广东农村实际，不辞辛劳，殚精竭虑，在加强农民武装建设、减轻农民税赋负担和严惩侵犯农民权益的恶势力等方面倾注了大量心血。

为对付反动的商团武装，保卫广东革命政府，维护群众的合法权益，根据中共广东区委的指示和广东革命政府的命令，1924年8月下旬，阮啸仙与彭湃、罗绮园等人，将第二届农民运动讲习所的225名学生，组编为广东农民自卫军，亦称“广东农团军”，由彭湃任团长、徐成章任教练。这是广东最早建立的农民自卫军，也是中国建立的第一支由共产党人领导的农民自卫武装。

广东农团军成立不久，阮啸仙与彭湃等人率领队员，随孙中山大本营一起前往韶关集训，并组织队员到市郊农村进行宣传和开展社会调查。阮啸仙虽然身体不好，但仍坚持给队员们授课和指导训练。阮啸仙十分注重学员们的军事训练，认为“政治训练要与军事教育并重，才能养成全材”。为此，这一期讲习所学员的军事教育和训练时间增加到一个多月。

孙中山回师广州后，广东农团军也重返广州。按照孙中山的指示，阮啸仙、彭湃率领农团军的队员们，一起参与了平定广州商团叛乱的作战，受到广东革命政府的赞赏。

在此期间，阮啸仙还以国民党中央农民部代表的身份，带领农讲所学生和农团军五十余人，出席了广宁农民协会成立大会，并向农民协会授旗授印，以实际行动支持彭湃在广宁开展农民运动。稍后，阮啸仙在给团中央的报告中，对以彭湃为团长、第二届农讲所学员为成员的农团军作了高度评价：“此届学生分子很不错，初授以军事教育，差不多有一个月，即所谓农民自卫军是也。在训练军事教育期间，成绩昭著，于纪律及组织方面更见功效。”

在主办广州第三届农讲所时，阮啸仙更是注重学员们的军事教育和实际操练。他曾在1924年10月向青年团中央报告广州第二届农讲所情况时强调称：“一个革命家，如果受过军事教育，必更能守纪律，勇于任事，可使涤去书生习气，而为一不折不挠之挺者。不过政治训练要与军事教育并重，才能养成全材。”为此，阮啸仙在这届农讲所的军事训练中，

1927年2月8日，阮啸仙拍摄的照片，上面题有“南海农民自卫军保护广三工友凯旋”字样。

特地从黄埔军校请来了军事教官，由唐澍任军训总队长。为了提高学员们的军事素质，阮啸仙依军队编制序列，把学员编成一个连，冠名为“农民自卫军模范连”。

阮啸仙高度重视武装基层农军。1925年初，他在广州通过关系，从石井兵工厂购买了一批枪械，准备配给花县农会武装农军，以对抗日趋嚣张的“田主维持会”等地主豪绅反动武装。但要把此批武器顺利运到花县，确实是个大难题。为避开沿途哨卡检查，确保枪械安全运达花县，他与彭湃经过商议，决定通过中共党员、国民党广州市公安局侦缉课课长的关系，用广州公安局的车辆来负责运送这批枪械；同时，他们又亲自找到时任国民革命军第二军军长的谭延闿，并经廖仲恺批准，审批签发了放行手续。就这样，运送途中虽遭到宪兵盘查，但因手持盖有谭延闿大印的放行证，各宪兵哨卡不敢造次，这批枪械终于安全运抵花县，正式组建了花县第一支农民自卫军。

在阮啸仙、彭湃及战友们的共同努力下，广东农民运动成为全国先进省份之一。1925年5月1日，广东省第一次农民代表大会在广州举行。这种省级农民代表大会的召开，在全国尚属首次。会议成立了广东省农民协会，阮啸仙与彭湃、罗绮园3人被选为省农协常务委员，负责全权处理会内一切事务。农民协会只设立常务委员，不设会长或委员长。据时任广东省农民协会秘书长的肖一平回忆，当时在省农协“负主要责任的是阮啸仙，若要把负责人排名次，从实际作用来排，顺序应是阮、彭、罗”。从此，阮啸仙成为广东农运的主要领导人，继续为广东各地的农民运动四处奔波，摇旗呐喊。

1925年8月，国民党中央农民部改组，罗绮园任秘书，阮啸仙、彭湃任组织干事。10月，东征军攻克惠州城后，国民党广东省党部决定召开全省第一次代表大会。按照中共广东区委的指示，阮啸仙与彭湃等人一起，决定要把此次会议变成推进农民运动开展的大会。中共中央也明确指示，安排杨匏安、阮啸仙、彭湃一起参加筹备工作。阮啸仙与彭湃分工负责起草报告提案。经过酝酿讨论，由阮啸仙执笔，起草了一份《关于农民运动之报告及提案》。

这份近万字的提案，倾注了阮啸仙、彭湃的大量心血。他们在提案中，详细分析了农民运动的重要性，回顾了国民党关于农民政策的确立，以及广东农民运动的发展历程，揭示了农民当前在政治、经济上的痛苦境遇。该提案指出，“农民在政治上所受痛苦最残酷、最切肤，而且为农民运动之最大障碍的，就是民团”及“本党政府治下之驻防军队与地方官吏”，他们挂名“革命”，却无视党纲党纪，到处勾结土豪劣绅，压迫农民，摧残农会，以至“本党农民运动所得之结果，几乎为若辈摧陷殆尽”。农民所受经济痛苦，主要是高利贷、当押店的重利盘剥、买卖之垄断居奇、苛捐杂税及额外征收等等。提案还着重阐述了“广东农民现在的要求”，就是取消“预征钱粮”“苛捐杂税”“附加费”；“规定最高限度租额，严办重利盘剥农民者”；“解散各县摧残农民协会之商乡民团，改组民团统率处”等等。提案中，阮啸仙、彭湃还对农村中地主豪绅、自耕农、佃农、雇农的经济地位和革命态度，作了具体的阶级分析，并提出了迅速组织农民自卫军等紧迫问题。

时任中共广东区委书记的陈延年等人一致同意此提案，并提交国民党广东省党部，建议作为大会的重要议题。1925年10月20日，国民党广东省第一次代表大会正式召开，阮啸仙与彭湃出席了大会。会上，阮啸仙宣读了这一报告提案。与会人员先看了书面材料，又听了阮啸仙的宣读，都被其所述充分事实和入情入理的分析所折服。大会对阮啸仙、彭湃联名提交的《关于农民运动之报告及提案》给予充分肯定，一字未改地作为大会决议予以发表。可以说，这是国共两党历史上关于农民问题的第一个比较完整系统的文件，对于统一国共两党对农民问题的认识，加强国共合作，推动广东乃至全国农民运动的开展，都具有重要的指导作用。

蓬勃发展的广东农民运动，引起了地主豪绅的极度仇视。他们不择手段地对农会进行各种破坏，甚至指使反动民团残杀农协会员和农运干部，制造流血惨案，妄图阻止势不可挡的农运赤潮。最典型和影响最大的，就是阮啸仙亲自处理的花县、高要残杀农会干部事件。

花县农民运动在阮啸仙等人的指导下，发展势头很猛。地主豪绅异常恐慌，到处造谣惑众，攻击农会是“抽取亩捐的机关”，借以破坏农会的声誉，挑起群众对县农会的不满。他们还纠集一帮流氓地痞，谩骂、侮辱农会干部，并趁乱捣毁了一些农会。7月3日，他们又联络十多个乡村的地主豪绅，以“联护约”的名义，向县农会提出质问，筹备处觉得难以对付，便急忙向省里作了汇报。经过研究，广东区委决定委派阮啸仙到花县处置这一事件。

阮啸仙火速赶到花县。他立即召开了有三百多人参加的演讲大会，除了部分豪绅外，大部分是农民群众。会前，许多农民群众听信了豪绅们的谣言，对农会的做法不满，有的还带有武器。地主豪绅们则幸灾乐祸，反动势力头子江耀中更是放出口风，借机谩骂恫吓：“最厉害的就是阮啸仙，我非想办法除掉他不可！”会场情势非常紧张。

阮啸仙沉着应对，走上讲台。他首先说明工商学各界都有自己的团体，农民也应有自己的团体，农会是我们农民的团体；接着详细解释了农会的宗旨，绝不是为了抽取大家的“亩捐”，而是为了维护农民群众的根本利益。阮啸仙的一席话，及时化解了矛盾，改变了农民群众对农会的态度。一些农民群众的态度转向农会这边，并支持农会组织的成立，一些开明绅士也开始表示赞同。就这样，地主豪绅挑拨离间的阴谋诡计被粉碎了。

半年多后，花县又发生了一起残杀农会干部的严重事件。原来，1925年1月18日，主持县农会工作的副委员长王福三，偕同国民党中央农民部特派员黄学增、何友逖到凤岭捉拿内奸王锦照，王福三遭到地主武装的伏击而殉职。王福三是在阮啸仙的指导培养下成长起来的本地干部，他们在战斗中结下了深厚的革命情谊。当阮啸仙得知王福三不幸殉难的消息后，心情十分沉痛，立即向廖仲恺作了汇报，并与彭湃等人到花县调查处理这起惨案。

为了打击反革命嚣张气焰，阮啸仙在九湖乡召开公祭王福三烈士大会，并亲自担任主祭，与会代表和群众两千多人。会后，农会会员抬着烈士灵柩，武装游行示威，送葬的有万余人，队伍长达6里路。游行队伍绕道各村庄、圩场，行程四十余里。这次葬礼，是花县农会对地主豪绅反动势力的声讨和示威，是对农民群众英勇奋斗的号召和鼓励。当时的《广州民国日报》曾这样报道此事："经过各圩市观者人山人海，皆大呼口号，沿途散布传单及贴标语，分发烈士遗像与死难事实给各农友，诚花县空前未有之盛举，即各村妇孺亦为见所未见云云。"

为了加强对广东各地农运工作的指导，1926年1月初，广东省农协在潮梅海丰、惠州、北江、西江、南路、琼崖设立了6个办事处，彭湃、周其鉴、黄学增分任潮梅海丰、西江、南路办事处主任；中路不设办事处，由阮啸仙等负责的省农民协会直接领导。是时，高要县又发生了一起豪绅地主指使反动民团残杀农协会员的血腥惨案。阮啸仙获悉后，极为震怒，他不顾危险，赶赴高要安抚受害者家属，对事件发生的原因及经过进行调查。经过实地了解，阮啸仙先是撰写了题为《高要地主民团围攻农民协会残杀农民事件》的文章，分两期刊登在《犁头》杂志上；2月下旬，阮啸仙又遵照区委的指示，重新写了题为《高要地主民团屠杀农民之经过》一文，刊登在

广东省农民协会第一届执委合影，后排左三为阮啸仙、左二为彭湃。

中共广东区委机关报《人民周刊》上。阮啸仙的这两篇文章，愤怒地揭露了高要地主武装屠杀农民的罪行，指出此次事件“完全为反动势力集中压迫革命的民众势力”。在此期间召开的省农协扩大会议上，阮啸仙作了题为《省农民协会成立前后情形》的报告，再次详细揭露了高要地主武装屠杀民众的罪行，号召广大农民群众团结起来，与地主豪绅斗争到底！

1926年3月16日，阮啸仙与林伯渠、甘乃光、毛泽东、谭植棠、罗绮园等人一起，出席国民党中央农民部农民运动委员会第一次会议。3月30日，阮啸仙署名“笑仙”，在《人民周刊》第七期发表《广东省农民协会扩大会议》一文，全面介绍了广东农民运动的发展历程及广东农民协会成立的历史背景和重大意义，认为农民协会“不但为本身利益做了经济上政治上的奋斗工作”，而且“在中国民族运动史上开了一个新纪元”，号召“全中国的农友们”，“统一于有组织有纪律有方法的农民协会旗帜之下”，“为实现全国农民协会”而奋斗。

1926年春夏之交，蒋介石相继制造了“中山舰事件”和“整理党务案”，国民党右派加紧向农会进攻，革命联合战线骤然紧张起来。面对日趋紧张的时局，阮啸仙冷静观察，沉着应对。在省农协指导各地农会工作时，他采用不同化名代号进行秘密书信联络，以防不测。如北江一带农会写信给他，就写“白天乐”收，西江一带则写“施其方”，还有东江一带写“童里士”、南路写“蓝露”、中路写“钟”，而花县这边则

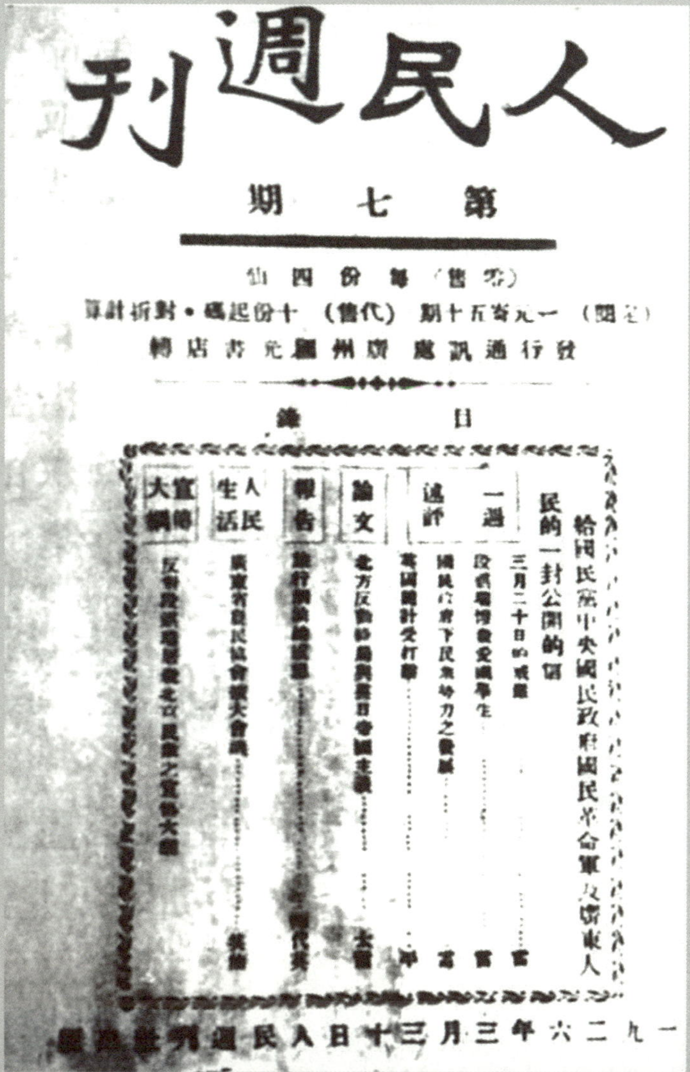

人民週刊

第七期

（零售每份四仙）

目錄

給國民黨中央國民政府國民革命軍及廣東人民的一封公開的信

一週述評

三月二十日的政變

論文

報告

人民生活

廣東省農民協會擴大會議

宣傳大綱

一九二六年三月三十日人民週刊

1926年3月，阮啸仙署名“笑仙”发表在《人民周刊》上的《广东省农民协会扩大会议》一文。

用“龙伟”这个代号。这种办法，既回避了阮啸仙因信件太多而被人产生的嫌疑，又方便其在众多信件中更便捷了解处理情况及发出指示。他在广州多次群众集会上，大声揭露反革命势力破坏农民运动的罪行，并坚定地表示：“广东农民运动，绝不因此罢休！”“要解决这个困难问题，不是靠政府能够成功的，完全要自己去奋斗，要自己努力去造成一个为人民谋利益的政府”；“农民运动也不是单靠农民自己去奋斗能够成功的，必须联合革命的同盟者——工人们去扩大全国的革命联合战线才能成功”。并强烈倡议“要在广州设立全国农民协会筹备处，以促全国农民大团结之早日实现！”这充分体现了阮啸仙坚定的无产阶级革命立场和大无畏的革命精神。

在国共合作的旗帜下，广东农民运动得到蓬勃发展。据统计，1925年9月，全省33个县成立了农民协会，农协会员有45万人；经过约一年时间，到1926年8月北伐高潮时，全省有66个县成立了农民协会，农协会员达80余万人，成立农协的县数和农协会员人数均翻了一番。

第七章

撰著《中国农民运动》

在领导和亲身参加农民运动的同时，阮啸仙十分注重总结农民运动方面的经验和教训，发表了一系列文章、讲话和报告。特别是在广州农讲所任教期间，他先后讲授了“农民运动问题”“怎样做农民运动”“中国农民运动”等课程；担任广东省农协主要领导人后，他又发表过《广东农民运动之现势》《广东省农民一年来之奋斗报告大纲》《全国农民运动形势及其在国民革命中的地位》等文章，呕心沥血地为广东甚至全国农民运动“鼓与呼”。

阮啸仙是第一届至第六届广州农讲所教员。在任教期间，他每届都更换新课，传授农民革命运动理论，主要介绍了全国农民运动最新态势，概述了广东农村的社会、经济及政治状况，分析了广东农民运动开展的原因、条件、做法、作用、影响及前景。他还根据自己从事农民运动的丰富实践经验，就广州农讲所学员的培养问题，提出了“政治训练要与军事教育并重，才能养成全才”的育才观，并总结了开展农民运动的七条经验：“一、宣传口号一定要根据实际调查所得者，因各处之情形不同，而以最简单之方言出之；二、运动者以本地人为宜，否则都要找本地人做向导；三、以各该乡之在城市作工者为运动员或介绍人，必更为有力，因其所处之地位相同也；四、运动者任何人都要自己处于农民地位做宣传的态度，是为阶级意义与利益相同之故；五、运动入手方法，先出于调查，继则向个人作诚恳之谈话，然后做群众的演讲，杂以游艺性质，能使青年农民发生团体的兴趣，也不可忽视；六、组织的时候，要自己处于负责人地位，不可处旁观态度，尤其是比农民要努力一倍，才可以指导训练之；七、成立后，要设法和纯农民时常通讯，使发生相互间密切之关系，切不可中途放弃。”这些经验通俗易懂，具体实用，简单易行，学员们记得牢，对指导各地农民运动开展起了很好的促进作用。

阮啸仙在领导农民运动的实践中，不仅研究广东的农民运动，而且对湖南、广西、河南、湖北、四川、山东、陕西、直隶、江西等省的农民运动，以及外国的经验材料，也作了广泛深入的研究，并撰写了一批农民运动的专著。他在历届农讲所授课讲义的基础上，于1926年整理撰写的《中国农民运动》一书，是指导当时农民运动的重要著作，约三万字，由省港罢工委员会刊印出版。

《中国农民运动》一书，对认识和解决中国的农民问题，作出了许多精辟的论述和独特见解，为全面指导全国农民运动作出了卓越贡献。该书主要包括五个部分：（一）农民在社会上的地位；（二）农人与工人阶级；（三）中国农民问题；（四）全国农民运动形势及其在国民革命中的地位；（五）方法和策略。其主要内容为以下六方面。

出席广东省第二次农民代表大会的代表合影

第一，全面分析了农村各阶层的经济地位及其对革命的态度。阮啸仙认为，自耕农兼雇农、自耕农及自耕农兼佃农，皆为小有资产阶级；佃农等是半无产阶级，唯雇农是无产阶级。他指出，大地主和土豪劣绅都是靠剥削和压迫农民而生活的阶级，因而他们有封建社会的思想，尊崇旧礼教，比资产阶级更甚。自耕农是小有资产阶级，可以自己生产，供给自己的需要，或有时有余，或有时多取其他雇农的利息，常有做地主的幻想，所以他们不热心革命而且怀疑革命，不敢前进；大佃农亦时有做大地主的幻想，但究竟机会甚少而难得，故有倾向革命之趋势；唯无产阶级的雇农，生活困难，觉得非革命不可，但每找不得出路，间多流入土匪队伍，或为人欺骗，作猪仔卖出南洋，变成流氓式的无产阶级。他还对农民的社会地位进行了阐述，认为就中国人数而言，农民占百分之八十；以全农民人数计算，佃农及雇农占百分之六十以上。以数量上而论，所占的地位已属重要；至于在质量上而论，中国农民人数百分之六十是贫农，“是很可以革命的”。他用阶级分析的方法，进一步提出了党在农村中的阶级路线和阶级政策，按经济地位把农村分为九个阶层，即大地主、土豪劣绅、自耕农、自耕农兼雇主、自耕农兼佃农、佃农、佃农兼雇主、佃农兼雇农、雇农，认为党在领导农民运动中必须依靠那些“觉得非常革命不可”的雇农，以及“很可以革命”的佃农，同时要团结“具有革命的动摇性，但能参加革命”的自耕农，打击“压迫农民阶级”的大地主及土

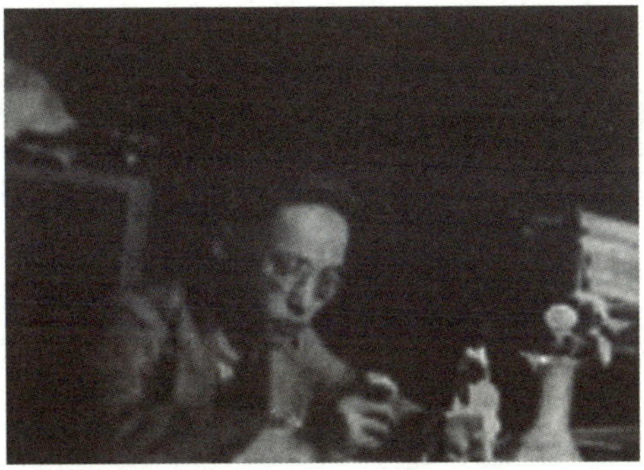

阮啸仙正在撰写文章

豪劣绅。这一科学分析和论断，与毛泽东在同年3月发表的《中国社会各阶级的分析》的结论，以及彭湃等人关于农民问题的认识，是基本一致的。

第二，明确提出了农民阶级必须与工人阶级结成联盟并接受工人阶级的领导。阮啸仙认为，农工关系至关重要，并例证指出1871年巴黎公社、1905年俄国革命“之所以失败”，就是工人“没有与农民联合的缘故”；而1917年俄国革命“之所以成功”，“就是工人能够使农民爱护俄国的无产阶级革命”。他进一步分析道，“因为农工地位相同，在社会上受经济压迫是一样痛苦，农民受土豪劣绅、大地主的压迫，而工人受资本家的压迫，亦是一样的。产业工人和手工业工人都由农民出身，所以革命感情浓厚，他们是革命的天然同盟者，可以合作到底，共同推翻资本主义社仝，而建立无压迫无阶级的共产（主义）社会”。为此，他指出，“在任何种属性的革命运动，无产阶级的社会革命亦好，资产阶级的民主革命也好，半殖民地多阶级的国民革命也好，工人阶级是革命的先锋队，农民就是工人阶级长期奋斗的革命同盟者”。“只有工农结成联盟，国民革命才可以成功”，“一定要工农起来，革命才有成功的希望”；“居生产重要地位的工人、农民若不积极起来革命，这个革命是没有力量的”，“所以第一在国民革命中，要有工农的联合，中国革命才能成功”。这是马克思主义关于工农联盟思想的具体运用。

第三，阐述了中国农民的现状及亟须解决的问题。阮啸仙在讲到中国农民问题时指出，由于资本主义的侵略，军阀、土豪劣绅、大地主的压迫和剥削，农民没有生路可走，只有起来革命。而过去的农民革命运动由于没有革命理论和方法，终归免不了失败的命运。现在农民“对于组织农会的心很急切”，“希望有一个革命政府来解决他们切身的种种问题”，即：“一、土地不要集中于少数人之手，以免耕地分配不均；二、减轻租谷；三、减除重利息；四、废除地主的不平条约”。就目前来讲，农民“视为应解决的”问题，主要有三方面，一是“夺取乡中政权及财政权，如乡政由大会选举，财政公开等”；二是“参加普通选举，如乡长、县长民选”；三是“组织农会及合作社、农民银行”。同时还要求“普及平民教育”，“农民武装自卫”等。以上这些农民需解决的问题，“是他们所欲解决不容迟疑的”，因为“在半殖民地的中国农民运动，比工人还激烈，就是他们被封建政治压迫得太厉害，直接被敌人所伤害者非常多……这是很重要的问题，是我们应该想法来解决的”。

阮啸仙学习时的照片

第四，分析了全国农民运动普遍发生的原因。阮啸仙认为，农民由于所受压迫剥削日见增加，“使他们只有暴动反抗”，且“这种反抗成为有组织的、有力量的、全国一致的农民运动”。那么，全国农民运动为什么会发生？其“重要原因”或“最大原因”有以下九方面：一是“中国的工业不发达”。他认为，由于中国“完全是个农业社会，工业发达的外国对中国实行经济侵略，中国农村便最受着影响”；“同时，国内军阀，连年的内战，简直使农民不能生存了。”“这是全国农民都感受的一种极大的痛苦，在这无法生活而失业的普遍现象底下，农民除了自己起来，是找不到别一条生路的。”二是“世界革命潮流的影响”。他认为，“以前农民在社会上是没有一点地位的”，“但是从一九一七年俄国无产阶级革命成功后，世界上一部分工农由奋斗得到成功，从压迫中把自己解放了出来，耕田佬实在并不如一般人所轻视的那样下贱，倒真是世界的主人啊”；“革命后的俄国，成为世界革命的大本营……他给予中国民族革命的影响非常之大”，“接着这种影响就达到农村，农民也渐渐起来了，在广东便产生广大群众的农民运动”。三是“土匪和军队的扰乱”。他指出，“土匪的绑票勒赎，在广东到处都可以见到”；同时，“军阀打仗不息”，“在兵匪扰乱之下，农民所受的痛苦更大”。四是“苛税杂捐繁重”。他举例说，“中山县有三十几种捐税，各省都是差不多”；“同时，军队拉夫，强住民房，弄得田没有人去耕，农民被逼失业，造成人为的饥馑”。所以说，“农民在这种压迫底下，除了暴动，也没有第二个办法”。五是“强买公债票和行使军用票”。他指出，强买公债票“是很普遍的”，使用军用票“更是普遍”，“农民的东西不能不拿出来卖，但是遇着丘八爷，就算白给他货物，换得一张军用票在手，是一个钱不值的”。为此，“农民在军用票的威迫底下，没有法子维持生活，结果便只有暴动”。六是“土地集中与农业资本化”。他分析道，由于“帝国主义经济侵略”，造成“农村破产”，大小地主“一步一步往下堕落”，但大小地主们“并不认识堕落的原因，只是加重对农民的剥削，加租便是他们取偿的方法”；同时，大城市中的中国资本家，“因竞争不过”，“去买地皮、开工厂”；再则“便是基督教在各地传播购买农村土地”。所有这些，“都是把土地集中变成农业资本化，弄得农村的田不够分配，农民自然而然就无田可耕，痛苦加厉，结果也是造成暴动”。七是“天灾水灾”。他指出，

“这两年内的天灾水旱，差不多各地都是，并且很厉害”。为此，“灾区的农民，也是无田可耕，到了走投无路时，也只有暴动了”。八是“广东农运的影响”。他分析认为，“因为广东农民群众奋斗的影响，使各省、县受压迫的农民觉悟到自己的利益是可以用自己团结的力量去斗争得到的，并且只有自己的奋斗，才靠得住。因此，各省农民运动都慢慢发生，农民起来走上自己的路去了”。九是“五卅罢工的影响”。他说，“在这个罢工当中，工人同农民合作起来做了打倒反革命派和封锁香港等的许多工作。这种合作的影响到全国农民，使农民运动更加发展”。

第五，阐述了从事农民运动的方法和策略。阮啸仙指出：“农民运动的理论和事实，以前既经说得很多，现在应说其运动的方略，去应付客观的条件，把我个人过去的工作当中所得的经验，略献给各位，藉作农民运动的准则。兹分五种方法说明，请各位特别留意，就是调查、宣传、组织、训练和策略这五种。”接着，他对每一种方法都作了生动具体的解释，并以自己的亲身经历和体验，或所见所闻，或所思所悟，从实践到理论，或由理论到实践，深入浅出地来说明从事农民运动的方法。在讲到农民运动的策略时，他“对工农联合”，“乡村联合战线”，“乡村小学教师及塾师运动”，“对地主土豪劣绅的政策”，“对民团、土匪、秘密结社”，“目前政治斗争”，“武装自卫”，“农妇运动与青年运动”这八大重要问题，作了具体深入的分析，并结合自己从事农民运动的实践，以及中外正反两方面的典型例证，作出判断，提出了工作策略。如在谈到“工农联合问题”时，他首先提出“工人阶级是革命的先锋队，农民就是工人阶级长期奋斗的革命同盟者”的结论，然后结合俄国革命、保加利亚革命以及广东系列事件中的正反案例，来充分说明“无不表现工农联合之关系重要”。

第六，指出了农民运动最终必然走上武装斗争的道路。阮啸仙认为，“因为地主有武装，动不动就杀农民的头，因为民团的武装是压迫农运，农民要抵抗这种压迫，自然便需要自己的武装自卫了”。为此，建立和发展农民自卫军便是“为我们农民唯一之保障”。

这是大革命时期中国共产党领导近代中国农民运动的经验总结，毛泽东把它列为他在农民运动讲习所主编的《农民问题丛刊》的一种。

在国共合作的旗帜下，阮啸仙与毛泽东、彭湃等人一起，

阮啸仙的著作《中国农民运动》封面

为大革命时期广东农民运动的蓬勃发展建立了卓越功勋。至1926年8月，全省有66个县成立了农民协会，农协会员达80余万人。农民运动这股赤潮，在阮啸仙等一批共产党人的推动下，迅速从广东席卷蔓延至全国各地！

1926年11月中旬，中共中央为加强对全国农民运动的领导，成立了由7人组成的中共中央农民运动委员会，毛泽东为书记，阮啸仙是7个委员之一，其他5个是彭湃、易礼容、陆沉、萧人鹄及社会主义青年团。按照安排，以委员1人常驻中央，另在汉口设办事处，就便指导湘、鄂、豫、赣、川农运工作。在毛泽东主持下，中央农委拟定了《目前农运计划》，提出："在目前状况之下，农运发展应取集中的原则，全国除粤省外，应集中在湘、鄂、赣、豫四省发展，次则陕西、四川、广西、福建、安徽、江苏、浙江七省亦应以相当的力量去做。""各地农运须切实与国民党左派合作，并促成国民党中央农民部在武汉设立办事处"，在武昌开办农民运动讲习所。这一计划，11月15日中共中央局通过。在此期间，阮啸仙因身体原因仍留在广州，随时关注中共中央农委筹备全国农民协会的各项工作，全力协助毛泽东领导全国农民运动的开展。

时任国民党中央宣传部代理部长兼《政治周报》（第一次国共合作时期中国国民党中央宣传部主办的刊物）主编的毛泽东，对广东共产党人开展的农民运动，给予高度的评价。他在1925年10月20日为《广东省党部代表大会会场日刊》而写的“发刊词”中说：“广东的同志，在反抗帝国主义、反抗军阀、反抗大商买办阶级、反抗地主阶级各次很大的运动中，都做了人民的领导。在这些反抗运动中间，得到了二十万有组织的工人，五十万有组织的农人，和数万有训练的军队，还有许多爱国的商人、学生都到了本党旗帜之下，为本党在南方定下了一个革命的基础！……在各次运动中，虽然有许多外省同志之参加，然广东同志实做了最大的努力。”1926年9月1日，毛泽东又在为《农民问题丛刊》作序、题为《国民革命与农民运动》一文中，再次对广东农民运动作了评价：“明显的例子摆在广东，哪一个土豪劣绅贪官污吏比较敛迹的县份，必是农民运动已经做起来了，广大的农民群众参加了农民协会的县份。换句话说，即是哪一个陈炯明势力削减的县份，必是农民起来的县份。”其时，阮啸仙与彭湃、罗绮园是广东省农协的主要负责人，毛泽东文中所称的“广东的同志”，当然包括出生和工作、生活一直在广东的阮啸仙等人。

第八章
中共首任仁化县委书记

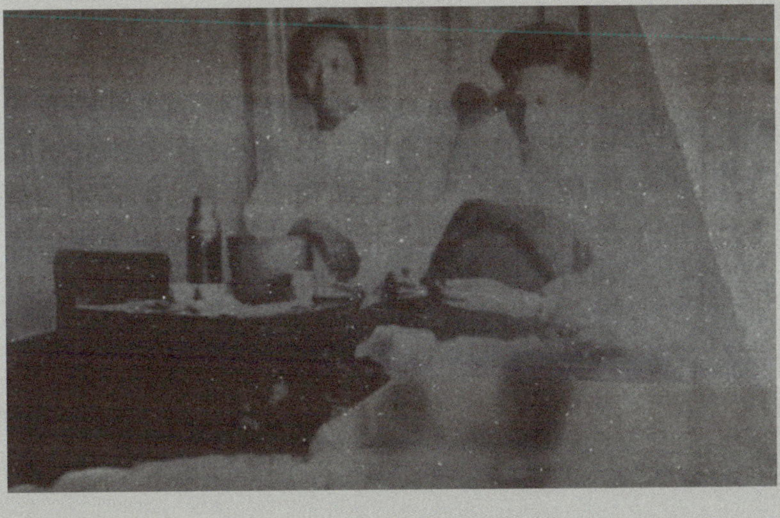

1928年1月23日，时任中共中央监察委员会候补委员、广东省委常委兼农委书记的阮啸仙，风尘仆仆地疾走在广东韶关仁化县城至董塘安岗的崎岖山道上。与阮啸仙同行的，有陆丰苏维埃政府代表吴齐，他受广东省委的派遣，协助阮啸仙在仁化开展工作。他们此行的任务十分明确，就是按照省委的指示，把仁化开创成“粤北武装割据的中心”，“造成海陆丰农暴割据东江的同样局面”，尽快形成“海陆丰第二”的仁化武装割据新样板。

阮啸仙与吴齐在北江特委两名交通员的护送下，风餐露宿，昼夜兼程，赶赴安岗。这一天，正是农历正月初一。本该是劳作了一年的农友们欢度春节的喜庆时日，但沿途看到的，却到处是烧杀抢掠留下的痕迹，路两旁尽是断垣残壁，山野上新坟随处可见，一派死气沉沉的残败景象。

大革命失败后，革命者血流成河。处在危难之中的中国共产党，面临着一个万分紧迫又亟须解决的问题，这就是中国革命在城市被强敌击败后，应该走什么道路的问题。对此，全党同志进行了反思。反思的结果，开始意识到武装斗争的重要，并进行了艰辛的探索，同时付出了极其惨重的代价——南昌起义、秋收起义、广州起义，这些党领导的武装起义，是对国民党反动派叛变革命和实行屠杀政策的一次次英勇反击。但面对国民党新军阀在城市拥有强大武装力量的形势，企图通过城市武装起义或进攻大城市来夺取革命胜利，是不可能的。在敌我力量悬殊的情况下，企图坚守大城市，只能导致惨重的失败。“城市中心论”的破灭，再一次唤醒了一代共产党人。中共广东党组织痛定思痛，总结反思广州起义失败的经验教训后，决定从城市转向山区，并在海陆丰地区率先建立了中国最早的县级苏维埃政权，成为当时全国革命运动的楷模。

这是一次伟大的反思与探索。广州起义失败后，以李立三为书记的中共广东省委，认为革命形势仍是不断高涨，决定“在全省各区造成一县或数县的割据局面”；同时认为北江有农运基础，可作为全省暴动的中心地区之一。为此，中共广东省委决定成立中共北江特委，负责指挥北江地区农民暴动。

1928年1月5日结束的省委全体会议，再次要求全省各地要“极大发展暴动，在东江、西江、北江、南路都造成一县至数县的割据局面”，并在会后正式拟定了一份北江暴动计划。北江特委根据省委的指示，向全县发出了《关于各县暴动工作纲领》，并转达了省委对北江暴动布局的决定：在曲江、仁化、南雄极力发展暴动，“以仁化为中心，造成北江第二割据局面”。就是在这种形势下，阮啸仙受省委派遣，临危受命，赶赴粤北，负责主政仁化的全面工作。

阮啸仙1月上旬离开香港，辗转于1月20日抵达韶关北江特委。在特委驻地，阮啸仙欣喜地见到了时任省委常委兼北江特委书记的张善铭，以及省委派驻北江巡视员周其鉴等老战友。当晚，他们来不及诉说分别之情，迅即就组织仁化暴动问题进行了研究。会上，阮啸仙表示，坚决拥护省委决定，提出了要到他比较熟悉的农村去，从最基层了解情况，广泛发动群众，待打开局面后再组织全县暴动，并谈了组织实施暴动的具体计划，决心把仁化开创成为“海陆丰第二”。

北江特委赞赏并同意阮啸仙的计划，并选择了群众基础较好的董塘安岗，作为阮啸仙主政仁化工作的落脚点。此时，已是农历腊月二十八。阮啸仙顾不得过年，当晚就想赶往安岗。在张善铭的再三劝说下，阮啸仙才同意改日启程。1月23日傍晚，阮啸仙一行安抵目的地——仁化安岗。

仁化，地处粤北，毗邻湘赣，是广东北部山区偏僻的小县城。安岗则是仁化县董塘区所属的一个自然村。这里距县城约二十五公里，四周山高林密，交通闭塞，石寨林立，地势险要。对阮啸仙来说，仁化并不是一个陌生的地方。几年来，他一直寄予向往与牵挂。早在1925年秋，阮啸仙就曾到过仁化。当时，正是国共合作时期，他以第三届广州农讲所主任、国民党中央农民部特派员的身份，来仁化指导建立农民协会。全县十多个乡相继成立了农会，发展会员近万人。在仁化期间，阮啸仙带领蔡卓文、廖汉忠等农运骨干，实行“二五”减租减息，废除苛捐杂税，收缴反动武装，武装保卫农会和维持社会治安等，全县城乡掀起了赤色风暴。但是，当阮啸仙此次再度来到仁化的时候，这里已不复有两年多前生机勃勃的景象。村里群众见到生人就躲，普遍存在恐惧情绪。

在村口，阮啸仙见到了在此等候的蔡卓文。蔡卓文，1895年出生，比阮啸仙年长三岁，早年曾投奔到广东护法军事讲习所学习，是个土生土长的安岗人。阮啸仙两年多前在仁化指导农民运动期间，他是个农运骨干，并秘密加入了中国共产党，是个性格耿直、革命坚决的农民领头人。春节前夕，他就接到了北江特委的通知，知道阮啸仙要来村里领导大家一起开展斗争，高兴得大年也顾不得过。

沿着一条坑洼不平的村道，蔡卓文把阮啸仙一行带到了村中心的一幢庙堂——思诒堂。这是一座清代建筑风格房屋，二进院落式布局，坐西向东，青砖灰瓦，木梁石柱。这里原是村里谭姓人氏宗祠，后因年久失修闲置不用。阮啸仙、吴齐就住在思诒堂内前院两侧的左右耳房。

在与蔡卓文交谈中，阮啸仙了解到，四一二反革命政变后，仁化全县原有的党员仅剩7人，而且一段时间以来已停止了活动；曾任仁化县县长的大恶霸地主谢梅生，出任“清党”委员会主任后，纠集反动武装百余人，在石塘、董塘等地，大肆捕杀农协干部和革命群众，放火烧毁了老董塘等13个村庄，全县处于一片白色恐怖之中！

“当务之急是要把党组织建立起来！”阮啸仙从多年的革命斗争实践中，深知党的领导的极端重要性，特别是在白色恐怖的形势下，更应该发挥党组织的战斗堡垒作用和党员的先锋模范作用，才能更好地完成省委交给自己的重要使命。于是，在到达安岗的当晚，阮啸仙就在思诒堂的厅堂里，主持召开了党员扩大会议。蔡卓文及附近能联系上的几个党员，还有一些农民群众参加了会议。

会上，阮啸仙宣读了省委关于成立中共仁化县委员会的决定，并按照省委的决定，由他亲自担任县委书记。阮啸仙提议，蔡卓文任县委副书记。没有隆重的仪式，中共仁化县第一届委员会便在这简陋的房子里诞生了。从此，仁化武装割据的序幕正式拉开！

阮啸仙简要地介绍了全国和全省的革命形势，传达了广东省委和北江特委的指示精神，提出了要在近期组织发动全县暴动，建立苏维埃政权，开展土地革命的计划。与会党员群情激昂，一致表示要在县委和阮书记的领导下，组织发动劳苦大众，把熄灭的农运之火重新燃烧起来；那些苦大仇深的群众，也摩拳擦掌，纷纷要求加入党组织和农会，誓与土豪劣绅抗争到底！

会议一直持续到深夜，大家仍不愿散去。阮啸仙趁机向大家建议：“把勇敢农民和现有农军”以及“能冲锋陷阵的尖兵”加以培养、吸收入党，壮大队伍，为全县武装大暴动奠定坚强的组织保障。用通俗易懂的话，向大家讲解中国共产党的历史、任务、策略和怎样做一名合格的共产党员。此后几天，阮啸仙、吴齐、蔡卓文等人，分头深入到各乡、村和屋场，用各种形式，对广大群众开展宣传发动工作，并细心观察在斗争中涌现出来的农运积极分子。仅几天时间，安岗就发展党员45人。阮啸仙在2月1日写给北江特委并转省委的报告中谈及此事时，兴奋地写道：“这些新发展的党员，完全是贫民，而且是武装党员，能冲锋陷阵的尖兵……”兴奋之情溢于言表。

阮啸仙白天到各乡村去了解情况，向群众宣传农运政策，讲解苏维埃政权的目的意义，组织恢复农民协会和赤卫队；晚上则在家拟订工作计划、颁发命令及接见群众，往往工作至深夜。县委的同志们都知道阮啸仙有病在身，就主动帮助解决他的饮食起居问题，都被阮啸仙婉言谢绝。他在写给省委的报告中谈到，既为仁化工作顺利“高兴极了”，又为自己“病得不可开交”而着急。为此，他除了请求省委派干部以及多带地图、望远镜等军事用品外，属于个人事项的要求，就是请求“哮喘药水、药饼、伤风药多带来……”

仁化虽然农运基础好，但历来斗争形势较复杂，特别是安岗邻近的夏富和岩头两个乡，地主豪绅比较集中而且顽固凶狠。阮啸仙毕竟是省委派来的干部，大家十分担心他的安全问题，都不愿意让他过多露面，但阮啸仙从不把个人安危放在心上，仍与同志们一道坚持早出晚归，一心扑在工作上。阮啸仙日夜战斗在斗争第一线，以自己的模范行动赢得了大家的信任，农友们亲切地称他是“耕田人的自家人”。听到大家的赞誉，整天操劳、全身心投入工作的阮啸仙十分欣慰。

经过宣传发动，农民群众起来了，一些乡和村相继恢复了农会和赤卫队。应该召开一次群众大会进行再动员，展示群众力量的威力，以振奋群众的信心。于是，阮啸仙召开县委领导会议，决定1月27日在董塘召开一次全县农民武装大会。

大会由阮啸仙亲自主持。这一天，是农历大年初五，正逢董塘圩日。在圩街尽头的大草坪上，人山人海。会场内外，红旗招展，锣鼓喧天。全县23个乡的农民武装赤卫队及群众两千余人参加了大会。赤卫队员们排着不太规则的队列，扛着汉阳造的步枪和粉枪、土炮、锄头、镰刀等，陆续进入会场。队伍中有一支“女兵队”，二百多个青壮年妇女，个个背着竹笠，扛着自制标枪，几个女子还抬着一尊笨重的土炮，精神抖擞，英姿飒爽，格外引人注目。阮啸仙走下主席台，来到“女兵队”前，用客家话问扛着土炮的妇女：“你们敢不敢烧炮？（放炮之意）”一个年轻妹子可能不认识阮啸仙，快言快语，反问道：“不敢烧抬来干吗？”

另一个干部模样的妇女，曾在乡干部大会上听过阮啸仙作报告，知道他是县委书记，赶忙回答：“报告阮书记，妇女们全都会烧土炮，这几天我们已经烧死好几个大土豪了！”队伍的最后面，十几个端着洋枪的赤卫队员，押着七八个罪恶累累的地主豪绅。这些平时横行乡邻、欺压百姓的恶霸，一扫平日的威风，蜷缩着瑟瑟发抖。

大会宣布开始，全场响起了雷鸣般的掌声。阮啸仙以仁化县委书记的身份，首先作报告。在热情颂扬了仁化农民的革命传统和斗争精神之后，他双手握拳，高高举起，大声地说，斗争目标就是要拿起枪杆子，夺回被地主豪绅剥削的一切财产和权益！阮啸仙最后说：“地主有武装，动不动就杀农民的头。我们农民要抵抗这种压迫，就必须把我们农民武装起来！农民朋友们，为了不再受剥削和压迫，我们大家要团结起来，为建立像海陆丰苏维埃政府一样的属于我们工农大众的苏维埃政权而英勇奋斗！”接着，陆丰苏维埃代表吴齐讲话。他介绍了彭湃领导海陆丰农民举行武装暴动、建立苏维埃政府、开展土地革命的情况，引起了与会农民的强烈反响与神往。

在追悼了“清党”中死难的16位烈士之后，大会进入宣读提案议程。第一个走上讲台的是蔡卓文。他代表县委宣读公告：（一）没收豪绅地主土地，由政府发给失业农工、烈士遗属、兵士家属耕种；（二）没收或征发豪绅地主谷石、银两、财物、枪械；（三）谷石、银两十分之五归农民，十分之五归区、乡……最后，他坚决表示：自家所耕的土地，放弃土地权，归由政府处理。在蔡卓文的带动下，共产党员刘建中、烈士邓祝三家属等，纷纷走上台，当众宣布放弃自己家中田地的土地权，归返给原耕农民耕种。全体与会人员群情激奋，掌声雷动，欢声震天，一致表示欢迎和拥护。大会最后一项议程，是公审国民党“清党”委员会头目张伟成。农民代表和受害者家属，争先恐后地上台，愤怒揭发和清算仇人的滔天罪行。当阮啸仙宣布当场枪毙杀人魔王张伟成时，整个会场沸腾了，高呼“打倒屠杀工农的国民党！”“没收地主土地归农民！”“组织我们的工农政府！”“工农革命成功万岁！”口号声，响彻云霄。

会议结束后，全体武装赤卫队员举行了声势浩大的示威游行。赤卫队员们高举步枪、锄头、标枪，一路高呼：“高举我们工农兵的红旗！”“我们即刻大暴动起来！”“照着海陆丰的样子去做！”口号声此起彼伏，红旗漫展。农民运动的熊熊烈火，再次在仁化的穷乡僻壤点燃！

1月28日，阮啸仙在思诒堂的门坪上，主持召开群众大会，庄重宣布：安岗乡苏维埃政府从即日起正式成立。设委员13人，阮啸仙任主席，蔡卓文任副主席，其余委员分任土地、革命、生产、宣传、财经、妇女、青年、文教、卫生等职务。会上，阮啸仙宣布了苏维埃政府的政策，阐述了苏维埃政权的性质、任务和意义，号召农民团结起来，打土豪、

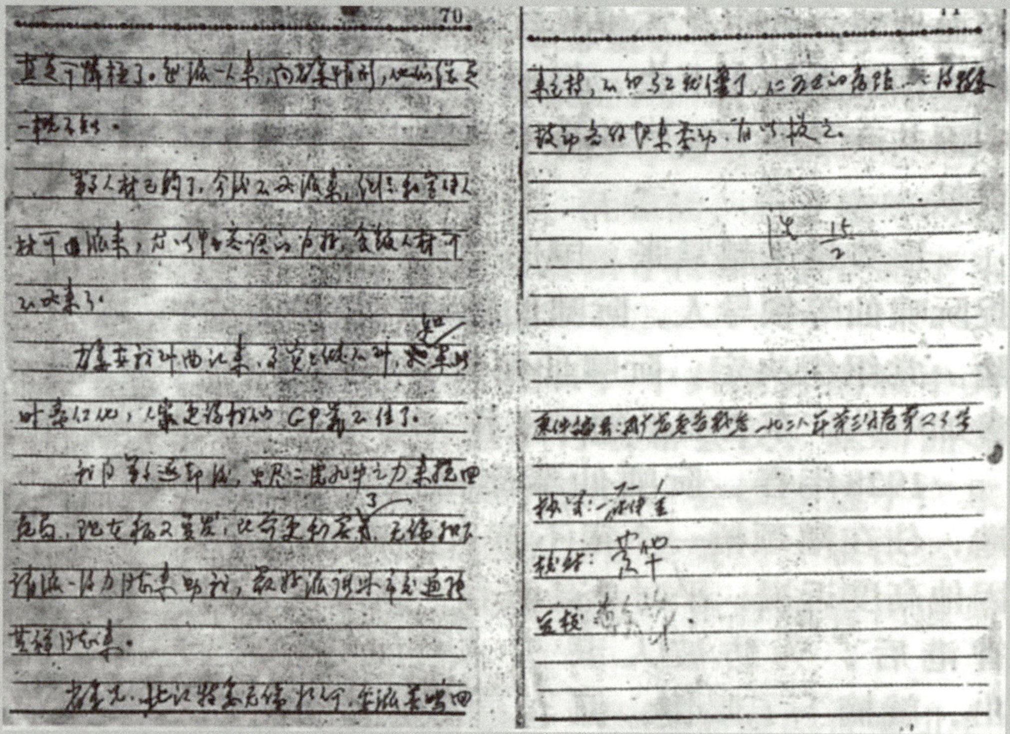

阮啸仙向北江特委报告仁化暴动情况的信。“浩”是阮啸仙的化名。

分田地，当家作主，扩大武装，巩固苏维埃政权。并决定“以安岗为首倡”，“以后各乡次第成立苏维埃”；“俟有半数，即行召开区代表会议，成立区苏维埃”。安岗乡苏维埃政府的成立，标志着仁化县第一个红色政权正式诞生。随后，全县以安岗为样板，先后成立了仁化县革命委员会和区、乡苏维埃政府。至此，县、区、乡苏维埃政权相继成立，仁化县武装割据进入了一个全盛时期。

阮啸仙高度重视农民武装建设，他亲力亲为，为组建仁化革命武装四处奔波忙碌。1月31日，仁化历史上第一个具有坚强战斗力的基层党支部——中共安岗支部正式成立。当晚，支部举行第一次干事会，决定组织安岗赤卫队，下辖洋枪队、粉枪队、大炮（土炮）队、镰刀队、锄头队、工兵队、慰问队。阮啸仙带病到会祝贺并讲话，号召全县要以安岗为模范，把此做法推广到全县各村，大造全县群众武装大暴动之声势。2月4日，在阮啸仙的推动下，“广东工农革命军北路第八独立团”在安岗成立。独立团下辖三个营，团、营干部均由朱德派来的军事干部腾代顺、腾铁生、蒋国杰等人担任。工农革命军的成立，把仁化武装割据推向了高潮。在安岗的模范带动下，全县各区、乡、村相继成立农民自己的武装——赤卫队。他们实行轮流训练，站岗放哨，除霸惩匪，保卫家园。阮啸仙感到由衷的高兴，他在写给省委的报告中写道：“乡农民完全武装动员，枪不够用，但轮流训练守卫及放哨，男女老幼都取一致行动。”

2月10日，阮啸仙在董塘主持召开了全县各方代表和全区群众大会，正式成立了仁化县革命委员会和第五区（董塘区）苏维埃政府。蔡卓文任县革委会主席，负责领导指挥全县暴动；下设参谋团，由各级军事领导干部组成，直接负责各区、乡赤卫队的军事训练，战时担任作战指挥。阮啸仙仍任区苏维埃政府主席，蔡卓文任副主席，并有13位委员。随即，全县在各级苏维埃政府的领导下，掀起了土地革命的热潮。

在轰轰烈烈的打击土豪的斗争中，阮啸仙十分注意把握政策。有一次，赤卫队在夏富收缴反动武装时，捕获了地主民团一位团丁。赤卫队员收缴其枪支后，未问缘由，当即处死。后才知道他是因“不愿意当地主守卫而私逃者”。阮啸仙了解情况后，当即对负责抓捕的赤卫队员进行严厉批评，并召开会议，重申苏维埃政府政策，反对大烧大杀，认为这是“流氓无产者的行为！”事后，阮啸仙写信向特委报告了此事。信中，阮啸仙作了自我批评，认为“此事考察的不好”，并表示“以后要藉此为戒！”

董塘区苏维埃政府的成立，成为粤北各县工农革命的一面旗帜。附近县及各区乡的农运干部纷纷前来参观，土豪劣绅却惊恐万分，就连县城军警也坐卧不安。

阮啸仙感到发动全县暴动的时机已到。于是，他派人秘密进城，侦探县城及附近反动武装的动向。

仁化县城是国民党在仁化统治区的政治中心。在阮啸仙来仁化的头一年，也就是1927年5月25日，在蔡卓文等人的领导下，为讨还血债，曾组织农民武装攻破仁化县城，破监救出了被关押的三百多名农会干部和群众，火烧了县衙门。群众虽得救了，但遭到疯狂镇压，蔡卓文等被迫躲进澌溪山打游击。同年12月上旬，朱德率领南昌起义军余部退到湘粤边境活动，在董塘等地处决土豪劣绅，并在前不久的1月4日再次攻占仁化县城，整编了仁化县农军，推动成立董塘区苏维埃政府。朱德移师湖南宜章后，仁化反动武装又纠集在一起，对仁化农军及革命群众进行大屠杀。

"既要发动暴动，更要保存实力！"阮啸仙召开县委会议和军事会议，决议以攻打县城为标志，震慑反动势力，即日举行暴动。为吸取教训，他与蔡卓文等人一起，制定了"进攻仁城，缴枪筹款……然后放弃仁城，取夏富、岩头与董塘、安岗成犄角之势，造成海陆丰第二"的暴动策略。

2月13日，阮啸仙和蔡卓文发出命令：攻打仁化县城，发动全县暴动！随着一声令下，广东工农革命军北路第八独立团，在由手持长矛、尖刀、镰刀的五六百名农民组成的赤卫队的配合下，四路出击，直捣县城。

暴动于凌晨举行。独立团冲锋在前，奋不顾身，如入无人之境。赤卫队紧随其后，呐喊助威。城内敌人在梦中惊醒后，犹如惊弓之鸟，纷纷弃城而逃；少数顽固分子妄图抵抗，见大势已去，却也无可奈何。仅短短几个钟头，独立团和赤卫队就攻占了仁化县城。随即，仁化县革命委员会发布了《革命委员会政纲》和《暴动宣言》，号召全县各区乡一起来暴动，夺取政权，建立苏维埃政府。按照阮啸仙、蔡卓文的暴动计划，为保存革命实力，独立团和赤卫队攻占县城后，立即分头筹款，发动群众，一达目的，旋即退出。

暴动队伍撤出县城后，迅即按计划开赴夏富、岩头。此地是全县土豪劣绅聚居地，反动势力顽固。阮啸仙一方面命令独立团战士收缴反动武装，组织军事操练；一方面组织赤卫队员筹粮筹款，救济群众；然后退回董塘、安岗，召开群众大会，动员大家坚壁清野，加强警戒，静观事态发展。

仁化暴动，动摇了国民党在仁化的反动统治，震撼了粤北大地，以仁化为中心的武装割据局面随即形成。

正在此时，阮啸仙接到通知，省委要调他到韶关主持北江特委工作。原来，北江特委书记张善铭回香港汇报工作后，因病不能及时回韶关，以致北江特委无人主持工作。韶关是北江暴动的中心，必须立刻恢复北江特委组织。考虑阮啸仙是省委派来的干部，对北江地区情况熟悉，工作有魄力，在干部群众中又有威望，省委决定调派他到韶关主持特委工作。

阮啸仙感到，仁化工作虽有起色，但把仁化开创成“海陆丰第二”的宏愿远未实现，特别是仁化武装暴动刚刚兴起，工农大众革命斗志正旺，此时离开仁化不合时宜。为了保卫苏维埃政权，巩固武装斗争成果，稳定军心民心，他决定留下来。于是，他写信给特委并转省委，陈述了自己的看法。信中写道：“省委要我到曲江（即韶关）来，事实上做不到。如果此时离开仁化，人家更说我们C.P.（共产党员简称——引者注）靠不住了……”阮啸仙决定继续留在仁化，与仁化军民共患难，一起保卫红色家园。

形势一天天严峻起来。在第八独立团成立的第三天，董塘就发生了一场震惊全县的“六日事变”。事情由一起突变事件引起。原湖南汝城农军通过统战关系，暂时改编为国民党第十六军范石生部特务营，营长何举成是共产党员。按照党的指示，他原打算在韶关驻地脱离范部，不料于2月6日凌晨被范石生强行缴械，后壮烈牺牲。消息传到独立团，负责军事领导的同志，未经请示县委，当即把驻扎在董塘的独立团主力撤退到山区去。区农会个别领导见势不妙，借口军事退却为由，煽动农民反对军事领导同志，通知各乡取消工农红旗、红领带，撕去各种革命标志，企图搞垮独立团。夏富、岩头的地主豪绅趁机纠集反动武装百余人，气势汹汹向董塘扑来。董塘区苏维埃红色政权危在旦夕！

面对危局，阮啸仙沉着冷静，处变不惊。当时，县委驻地只有阮啸仙一人留守。获悉“六日事变”情报时，已是深夜。他顾不得严重的病体，披衣起床，思量对策。面对当前危局，他敏感意识到，军事退却是错误的，后果是极其严重的，迅即派人找回负责军事的负责同志，对其进行了严厉的批评。

为迅速处理这一突发事件，阮啸仙果断命令独立团主力原地待命，派出第一营武装战士，星夜出击，收复董塘。独立团第一营的全体武装战士，随着一声令下，乘着夜色，迅即向董塘进发。战士们发扬英勇善战的精神，击退了地主武装的猖狂进攻，毙敌六人，伤十余人，缴枪四五支。董塘保卫战初战告捷。

第二天，阮啸仙主持召开全区大会及各方代表会议，研究解决事变遗留问题。经阮啸仙提议，会议改组了董塘区农会，处分了动摇妥协者，严惩了叛变投敌分子。接着，阮啸仙组织了阵容强大的工作队，拖着病体亲自带队，深入各

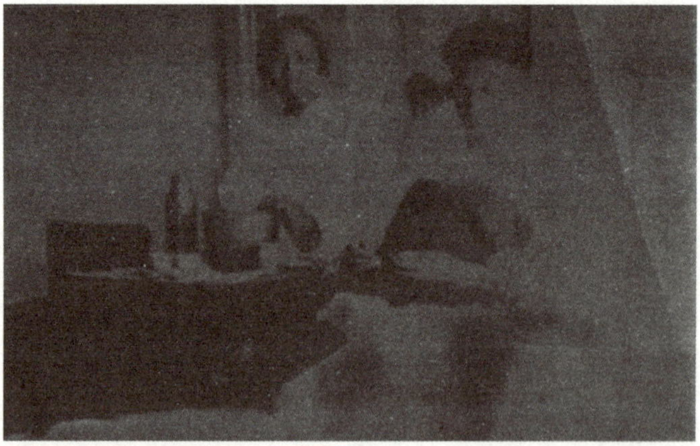

阮啸仙住院时的照片

乡、村去，向广大民众宣传当前形势和党的政策，说明事变真相，安抚民众情绪。阮啸仙与县委全体成员一起，“出尽了二虎九牛之力”来挽回危局。最终，董塘收复了，民心稳定了，苏维埃政府转危为安。阮啸仙一直悬着的心，终于放下了。

在胜利面前，阮啸仙的头脑十分清醒。为防不测，他及时召开县委常委会议和军事会议，分析敌我形势，研究应对策略，提醒要随时做好迎击顽敌进犯的准备。

果然，在独立团和赤卫队攻占县城的第二天，仁化县“清党委员会”主任、曾任仁化县县长的大土豪谢梅生，纠集各地土匪和地主武装近千人，兵分四路，气势汹汹，再次向董塘区农会及各割据乡村进攻。他们所到之处，捕杀掳掠，无恶不作。苏维埃红色政权又一次处于危急之中。

阮啸仙与蔡卓文部署好作战方案后，召开了战前动员会，号召大家英勇反击顽敌，誓死保卫红色政权。当阮啸仙、蔡卓文率队赶到董塘区附近时，一伙敌人正在村里准备烧毁民房。阮啸仙命令八名赤卫队员组成冲锋队，在蔡卓文的指挥下，以迅雷不及掩耳之势，突然冲到敌人面前。敌人还未反应过来，就懵懵然中了子弹。阮啸仙又按照事先安排，在村口和山坳摆“迷魂阵”，几个赤卫队员朝空中放空炮，往铁桶燃爆竹，使敌人摸不清我方虚实。放火烧屋的敌人果然中计，纷纷撤退逃命。村中其他敌人，听到村口密集的“枪声”，也都像兔子一样逃窜了。阮啸仙迅速指挥独立团主力和赤卫队，与蔡卓文率领的冲锋队会合后，乘胜追击，追赶了二十多华里，击毙、击伤敌人多名，缴获枪支两支，再次粉碎了敌人精心策划的反扑。这一仗，赤卫队仅以八人、步枪两支，创造了退敌二十余里的战绩，打出了声威，成为全县轰动一时的美谈。

北江特委获此消息，也深受鼓舞。2月18日，在写给阮啸仙并转仁化县委的指示信中，特委高度赞扬了阮啸仙主政仁化的可喜局面，认为“董塘农民以二支长枪把敌人冲至二十里以外，就是明证”。

面对胜利，阮啸仙仍不敢有半点怠懈。他从各条渠道获得消息，反动势力疯狂反扑，各地暴动接连失利，反革命气焰甚嚣尘上。此时，与省委、特委以及在粤湘边境活动的朱德部队也联系不上，派出去的交通员大都有去无回，尤其是获悉老战友周其鉴在清远视察工作时，惨遭国民党反动派杀害的消息后，阮啸仙更是感到形势严峻。

一场更大的考验，摆在了阮啸仙面前。2月20日，新任仁化县县长部重魁，勾结国民党正规部队范石生的十六军一三六团和当地反动武装两千余人，再次向我割据的区乡反扑，妄图彻底摧毁红色政权。其中，一千多名国民党正规部队和地主、土匪武装，集中攻击安岗华阳寨。

这将是一场恶战！阮啸仙面对强敌，临危不惧，带病亲自坐镇指挥华阳寨保卫战。阮啸仙认为，在敌众我寡的情况下，既不能让敌人的阴谋得逞，又不能与敌人硬拼，“必须避实就虚，见机行事，保存实力”。于是，阮啸仙与参谋团的同志一起，一面组织独立团百余人和千余群众，镇守华阳寨；一面派出独立团部分兵力，协助安岗、石塘等乡的农民自卫队牵制敌人。同时，再次派出交通员火速向北江特委报告，请求支援。

华阳寨城墙坚固，易守难攻。敌人多次发起进攻，独立团和赤卫队依托厚实的寨墙，将铁片、火药装入土炮，待敌人临近时一阵轰响，一条火龙扑向敌群，打得城墙下的敌人魂飞魄散。敌军围攻了四五天，华阳寨军民打退了敌人多次进攻。但终因敌我力量过于悬殊，寨内弹药缺乏，粮食所剩不多，又得不到外援，形势越来越险恶。

2月28日晚，阮啸仙与蔡卓文等领导召开紧急会议，研究如何应付这一被动危险的局面。有的说杀出一条血路，到粤湘边境寻找朱德部队里应外合打击敌人；有的说寻找时机杀出重围，上澌溪山坚持打游击；有的说再派人到韶关，请特委火速派兵救援。阮啸仙十分赞同再派人向特委请求援助的意见。他认为，如果他们把这几百军民跟敌人硬拼，就会消耗掉他们好不容易积聚起来的革命力量，不能完成省委交给他们把仁化建成“海陆丰第二”的任务！大家同意阮啸仙的意见，并一致推荐阮啸仙突围出去请求救援。阮啸仙按照集体决议，最后，和大家研究了保卫华阳寨的方案，做好了突围的准备。

2月29日深夜，在蔡卓文、刘三风、谭新铃等人的掩护下，阮啸仙冒着夜雨，由城墙坐着箩筐顺北城墙吊下，在一名交通员的护送下，取道北山，潜出华阳寨。3月1日，阮啸仙安抵韶关北江特委后，介绍了仁化暴动和华阳寨被困的情况，并请特委调派援军，迅即解救华阳寨危险。当获悉特委此时也身陷重围无法派兵的境况后，阮啸仙当即通过交通员，给蔡卓文传达了立即设法突围的意见。

蔡卓文遵照阮啸仙的嘱咐，率领华阳寨七百多名军民，一直坚持战斗到3月9日夜晚，才乘着大雨，凿墙突围，一部分开往澌溪山打游击，另一部分与石塘的工农革命军会合，投入到保卫双峰寨的战斗。

此时，阮啸仙接到省委指示，要他回香港前往苏联莫斯科参加中共六大。因此，他未能再回仁化，也未参加历经十月之久、更加惨烈的石塘双峰寨保卫战。1928年3月初，阮啸仙带着对仁化的深深眷恋，以及壮志未酬的复杂心情，奉命到香港，转赴莫斯科。

阮啸仙主持仁化党的工作时间虽短，领导的武装斗争也最终失败，但这是广东共产党人在粤北山区领导土地革命的一次重要预演，为大革命失败后党探索农村包围城市的革命道路树立了光辉典范。尤其是他在斗争中表现出的共产党人坚不可摧的革命信念、忘我的奋斗精神、砥柱中流的先锋本色，以及坚持实事求是、勇于探索的可贵品格，成为革命者的楷模。

韶关仁化双峰寨保卫战旧址

五年后，也就是1933年秋，阮啸仙奉命调入中央苏区工作，他才知道，从仁化华阳寨、双峰寨突围出来的壮士们，后来与朱德部队会合，成长为中国工农红军的一支红色劲旅。

第九章 参加中共六大

参加中共六大

1928年6月18日至7月11日，中共六大在苏联莫斯科郊外的“银色别墅”举行。阮啸仙与李立三、杨殷、苏兆征等18人，作为广东代表团的正式代表，参加了瞿秋白、周恩来主持的这次重要会议。

党的六大是中国共产党唯一在国外召开的全国党代表大会。周恩来担任主席团成员和大会秘书长。身在异国他乡，阮啸仙见到了分别一年多的周恩来和许多老战友，既兴奋又激动。在大会报到的当天晚上，他向周恩来汇报了在韶关仁化组织农民暴动、建立安岗苏维埃政府的情况。

为确保大会安全，会议期间，大会秘书处给每位与会代表都编了代号。阮啸仙的代号为“99号”。6月26日，大会讨论瞿秋白代表第五届中央委员会所作的政治报告。讨论进行得十分热烈，主要集中在中国革命的高潮与低潮等问题上。周恩来作了长篇发言。他改变了原来认为中国革命潮流仍是高潮的看法，并结合广东的情况，特别强调说：“对于南中国的几省中，在目前就应该开始割据局面的准备，因为这与全国的准备工作是有极大的关联。”在全党还把城市工作放在中心地位的时候，周恩来就把地方武装割据的想法提出来，确实难能可贵。

阮啸仙深有同感，对此也有亲身体会。为此，他在会上也作了发言，十分赞成周恩来对革命形势的判断，并用自己在仁化组织农民暴动的亲身经历，支持周恩来的发言。在发言中，阮啸仙谈到对党内过去机会主义教训的看法。他认为，应该在“实际斗争中来肃清”，而不是追究个人责任或如何处罚。对“八七会议”到“十一月扩大会议”这段时间的工作，他认为“在党的历史上有重大意义”。表现在组织上“废除家长制”；改变了“上下不通、下情不能上达”的状况；党的指导机关，“工农化多，提拔工农分子”，“党比较民主化”，党的基础改变等。表现在政治上，他认为，“党的政治路线，完全是正确的。第一，政治上挽救党的生命于灭亡。第二，在群众面前表现共产党的真面目。从南昌暴动、秋收暴动开始，创造出广州暴动，使党坚决地走上暴动政策道路”，“最主要的是南昌暴动和秋收暴动”。谈到目前任务，阮啸仙指出：“一定在土地革命之下，一定在加紧和扩大土地革命夺取城市，一定在工人阶级领导之下，实行建设苏维埃政权，且扩大这个政权。同时，在政权建设后，夺取城市大部分小资产阶级及组织反资产运动。”

关于暴动的方针，阮啸仙认为：“四省割据是可能的，我们估量中心的问题，在广东、湖南、江西，次则在上海，又次则在顺直、东三省、云南、四川。至于湖南、赣南、粤北，还有豫南、鄂北，应有互相联结的中心。在广东扩大会议提出海陆丰是东江的中心，仁化是北江的中心等。”对于北江的中心应放在仁化的看法，这显然与阮啸仙在仁化从事过实际工作，了解仁化的情况有关。

阮啸仙强调了方法的重要性和改造党的重要性。他指出：“中心问题决定了，然后要讨论最具体切实的方法。”在革命高潮快要到来时，实行四省割据，且扩大割据，这点应认为非常重要。同时，“现要继续的改造党”，要“在群众生活里改造”，这一点很重要。“现在党与群众生活不适合，非把群众的实际生活反映到党内生活，不能真正改造党。”

7月2日，大会继续讨论，主题是农民与土地问题，阮啸仙再次作了发言。

阮啸仙指出，这次大会应详细地具体地来规定一个农民政纲。他认为，土地政纲的土地革命、农村中土地的分配，这些问题是跟着政权问题而来的，我们必须把土地交给小有地者。土地私有与土地国有，土地国有并非社会主义。政纲上说，土地由苏维埃支配，雇农问题在这个政纲上没有谈到，我们对雇农应有他特别的利益，所以应该加上。土豪劣绅问题在政纲上说得很少，在广东，农民打倒土豪劣绅的需要，比需要土地的口号还要厉害些。南方的买办阶级，他们都是土豪劣绅出身，他们垄断的能力是剥削农民的中坚，他们可以勾结军阀。南方的军阀李济深就是个土豪，同时他还与帝国主义有来往。

策略路线的一个问题是富农问题。阮啸仙认为，富农在减租税的口号下是帮助农协的。他还举例说明，在广东一个铺子的联语上说：“坐遇农民，农民常临。”富农是愿意牺牲一定的利益与农民合作的。总的来看，阮啸仙对富农有具体的分析，认为富农和中农、贫农有所区别，应采取正确的策略。

针对农民暴动中出现的大烧、大杀行为，阮啸仙认为这是流氓无产阶级的行为。他指出，有的地方是暴动失败了引起的烧杀，但是还有些地方是不应该烧杀的。暴动者愿意把房屋留着做办公处，或分给农民居住。他们对杀的问题是这样解决的——他们把曾经参加过反对农民运动的人捉来，由审判委员会审判决定后再杀。对于无反动可能的老妇少子，给他们工做。所以，阮啸仙对暴动中的大烧大杀行为的批评是正确的。

阮啸仙还提出训练农民武装和开展游击斗争的问题。他认为，游击斗争影响敌人甚大，使敌人军队瓦解。但游击斗争要发展到什么程度？这要看我们本身与敌人力量的对比怎样。这反映出阮啸仙在探索中国革命的道路问题的思考。他认为，如果割据有广大群众能发展是可以的。反之亦然。这也提出了发动组织群众进行武装割据，最后夺取城市的大体思路。

讲到土地分配和政权问题，阮啸仙则不同意张国焘的意见。阮啸仙认为，土地分配不一定要有“全国形式”，农民打倒劣绅夺取乡村政权可没收土地，部分的政权建立和部分的没收土地，在斗争过程中是有可能的，而且是必须的。在没有全国工农政权建立或几省的建立之前，土地国有是不能的，因而禁止土地买卖的问题，实在无提出之必要。在探索革命规律的过程中，阮啸仙关于土地分配不一定要有“全国形式”，有可能建立部分政权和没收土地的意见是有道理的。

7月3日，也就是大会进行到第16天，周恩来向大会作军事报告。从周恩来作的军事报告中看出，军事方面还安排了另外两个副报告，作为周恩来军事主报告的补充：一个是关于兵士运动的实际方法，由刘伯承作报告；另一个是关于游击斗争的实际经验，由阮啸仙作报告。刘伯承向大会所作的军事副报告，主要偏重于在军阀军队的工作。报告共分五个部分：（一）帝国主义与豪绅军阀封建制度，南北军阀是代表什么？（二）军阀制度本身的矛盾与必然的崩溃；（三）军阀军队的成分与其一般的情形；（四）对军阀军队工作；（五）党员军事化。但极为遗憾的是，周恩来提到的阮啸仙所作的游击斗争实际经验的军事副报告，档案文献中至今未找到。

大会期间，阮啸仙先后参加大会政治委员会、组织委员会、苏维埃委员会、广州暴动问题委员会，工作异常繁忙。阮啸仙在大会上的几次发言，引起了与会代表的重视。

7月8日下午6时，大会主席团召开第14次会议，听取了选举委员会对中央委员会51人预选名单的情况介绍，阮啸仙在名单之列。在大会正式选举中，阮啸仙与孙津川、刘少奇被选为中央审查委员会委员，叶开寅、张昆弟为候补委员，刘少奇为书记。这个中央审查委员会，某种意义上可以说是中共五大成立的中央监察委员会的延续，也是今天中央纪律检查委员会的前身。设立这一机构，其目的十分明确，就是为了加强党的自身建设，强化对党员的纪律检查及监督管理，确保党的纯洁性。

从中共五大任中央监察委员会候补委员，到中共六大任中央审查委员会委员，是阮啸仙革命生涯的重要经历。十分遗憾的是，由于各种原因，对阮啸仙等在这方面的工作及业绩还研究得不够，相关的资料也鲜有提及。据和阮啸仙一起在莫斯科参加中共六大的饶卫华回忆，阮啸仙在大会期间作了“仁化县农民斗争的经验教训”的发言，讲得具体生动，得到大会代表们的热烈反应。

不仅如此，前来参加大会的苏联同志，也很关注阮啸仙的大会发言。他们要求阮啸仙在大会闭幕后，抽出一段时间，把仁化农民武装斗争的前后经过，写成一个专题报告，作为大会材料，存入苏共的档案馆保存，以供研究使用。于是，阮啸仙在大会闭幕后，利用回国前的时间，请饶卫华做助手，帮助他记录整理和誊抄报告内容。

对阮啸仙的要求，饶卫华在取得大会秘书处的同意后，全力以赴帮助他完成这一工作。首先，阮啸仙拟好提纲，然后详细讲述，饶卫华记录整理。随后，又由阮啸仙修改补充完善。在此基础上，再译成俄文，先交给参加大会的东方大学教授、共产国际东方部干部库之崲错夫，请他提意见，再作修改补充，最后才完成这一工作，将文稿交给大会秘书处转送苏联有关同志。

阮啸仙有着惊人的记忆力。据饶卫华回忆，这份报告内容丰富，如当年仁化县党的县委领导、党员人数、县委以下党支部的组织情况；全县农民协会会员人数，各区分布情况；农民自卫军武装情况、领导人姓名以及工会、妇女会、青年团等组织；各区乡先后进行的具体斗争行动、提出的斗争口号；甚至包括仁化县有名的地主豪绅的姓名、地主武装及国民党的县政府武装组织、军警武装力量分布；各阶层群众的政治态度等，都作了调查分析；对斗争经过时间、地点，以及胜利和失败的经过及原因，失败后受到的残杀牺牲等都有详细的叙述。

在中共六大会议上，阮啸仙按照大会安排，作了关于游击斗争的实际经验方面的报告，作为周恩来军事报告的补充。同时，就仁化暴动的经过及经验教训作了专题发言。他指出，仁化暴动，是四一二反革命政变后广东农民最先武装起来反抗国民党反动派的斗争之一，是全国各地农民武装夺取政权的先导之一，也是广大农民团结起来求解放的伟大斗争序幕。1928年11月25日召开的中共广东省委扩大会议，发出了《纪念死难诸先烈》一文。对于华阳寨、双峰寨保卫战，文章给予了高度的评价："仁化农民暴动失败后坚持石塘寨（即华阳、双峰两寨）十个月，抵抗反动军队进攻，这亦是农民暴动中最伟大的战斗。"

在莫斯科整理仁化苏维埃材料期间，经中共中央批准，阮啸仙与苏兆征等人一起，安排在苏联诊疗肺结核和哮喘病。在此期间，他一边诊疗治病，一边笔耕不辍，撰写了《中国为什么有苏维埃》《怎样建立与巩固苏维埃的组织》两篇文章，后被收入在1930年出版的《中国苏维埃》一书中。

第十章

驰骋大江南北

1929年初，阮啸仙从莫斯科回国，返抵上海后，按照组织安排，暂留在中共中央机关，担任中共中央审计处处长。从此，他再也没有回过广东。

1月9日，中共中央对江西省委的工作进行了讨论，提出了“巩固并扩大苏维埃区域”的重点任务和“首先要健全省委”的组织问题。为此，中央决定派阮啸仙任江西省委委员、常委、宣传部主任（部长），后还兼任省委秘书长、组织部长等职。在南昌工作期间，阮啸仙与省委一班人一起，领导江西各地恢复发展党的各级组织，积极开展工农运动，大力支援井冈山等地红军的发展，推进农村革命根据地斗争。11月下旬，省委遭敌特破坏，党的负责干部、共产党员和革命群众几百人被捕，省委领导等300余名共产党员、共青团员和革命群众惨遭杀害，阮啸仙因与省农委书记王凤飞事先到上海向党中央汇报工作，因而幸免于难。12月，根据中央指示，阮啸仙没有再回南昌工作，被抽派到东北三省和内蒙古等地，巡视检查党的组织工作。

1930年春，阮啸仙奉调中共中央宣传部工作。初时，曾以中央互助救济会的名义，与杨匏安负责主办中央政治训练

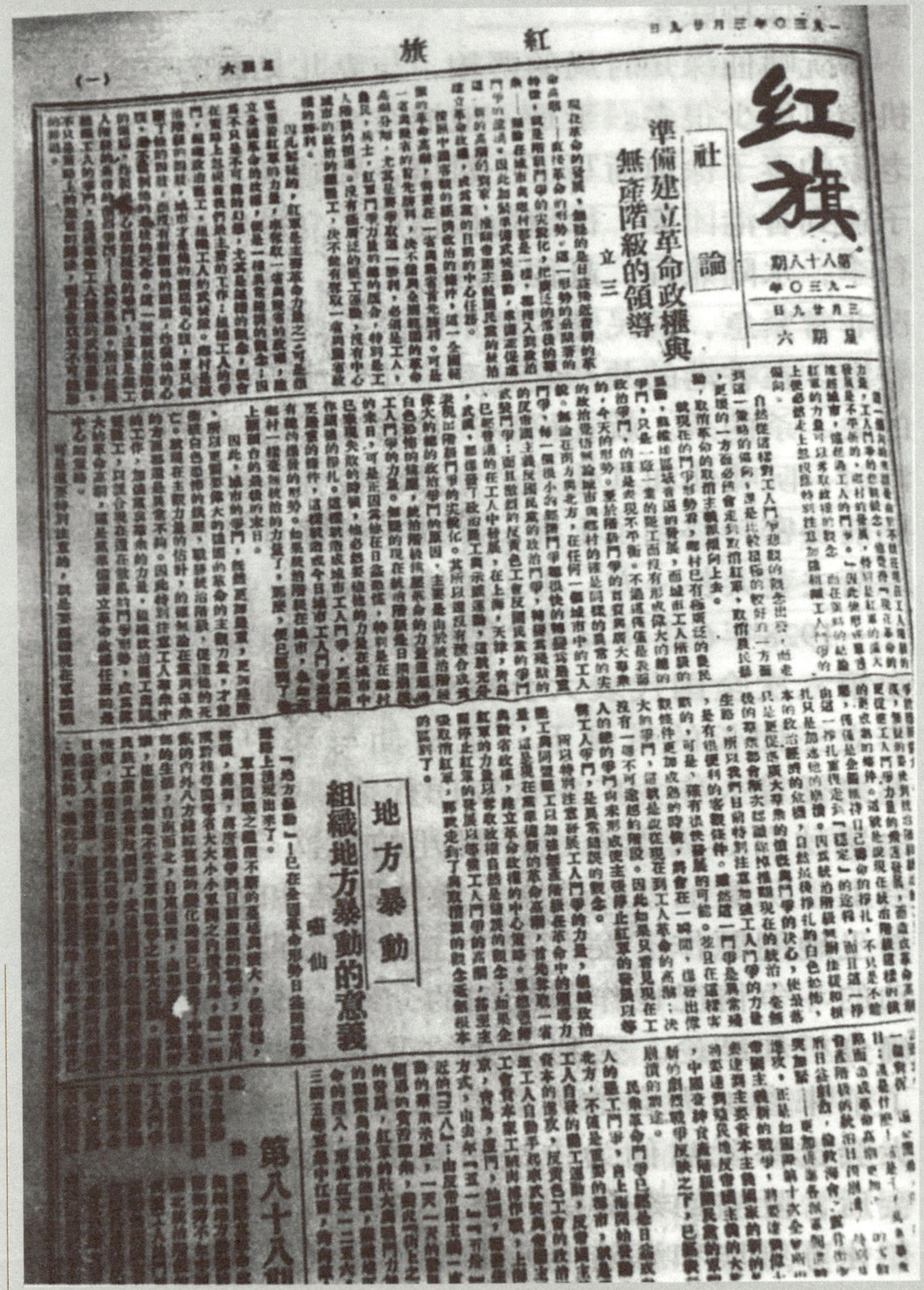

紅旗

第八十八期

一九三〇年

三月廿九日

星期六

社論

準備建立革命政權與無產階級的領導

立三

地方暴動

組織地方暴動的意義

嘯仙

第八十八

阮啸仙发表在《红旗》上的文章，署名“啸仙”。

班，主要培训中高层中共党的领导干部。他既是负责人，又兼做教员，具体负责农民运动和政治理论方面的课程。从1930年3月29日到5月17日不足两个月的时间，阮啸仙先后在中共中央机关刊物《红旗》上发表了9篇文章，它们是：《组织地方暴动的意义》《农民要为夺取政权而斗争》《“五一”与农民——红色五月中农民应该怎样斗争呢?》《地方暴动与帝国主义》《反对富农——富农路线的危险》《组织地方暴动的主要工作路线》《由苏维埃区域到全国苏维埃》《怎样来反对富农》《苏维埃政权的特点》，连同之前在莫斯科起草、在上海修改定稿的《中国为什么有苏维埃》《怎样建立与巩固苏维埃的组织》两篇文章，连续发表政论文章11篇之多，对建立红色苏维埃革命政权的必要性、重要性和可能性以及斗争的中心策略进行了详细的阐述，对中共关于农村革命根据地理论的创立和形成作出了积极的贡献。

5月20日至23日，中共中央与中华全国总工会在上海秘密召开全国苏维埃区域代表大会。按照中共中央的指示，阮啸仙化名“王宏”，担任大会秘书长，参与会议组织准备，负责大会日常事务，并向大会作了《关于苏维埃组织法报告》。

6月中旬，为指导江苏徐海蚌地区组织开展农民暴动，阮啸仙化名“王洪”，以中央巡视员的身份，到江苏徐州调研巡视。7月至9月，任江苏省徐海蚌总行动委员会书记，组织发动徐海蚌地区农民暴动，组建中国工农红军第十五军。各地在暴动中站立起来的农民，肩扛着分到的粮食，望着正在焚烧的田约地契，唱起了这样的歌谣：“五月（指农历5月——引者注）里来麦收忙，共产党出寨干一场。领兵元帅鹿世昭，出谋定计王先生。”歌谣中传唱的“王先生”，就是化名“王洪”、领导指挥徐海蚌农民暴动的阮啸仙。

9月上中旬，国民党在徐州地区实行戒严，大肆搜捕通缉参加暴动的人员，阮啸仙无法继续隐蔽，秘密潜回上海后，又迅即被党中央派赴天津，化名“阮笑仙”，任中共中央北方局委员（后任组织部部长）。9月下旬，以六届中央审查委员会委员的身份，赴上海出席中共六届三中全会。会上，阮啸仙痛定思痛，以自己的亲身经历，反思了发动徐海蚌暴动的沉痛教训，表示坚决拥护党中央纠正“立三路线”错误的决定。

12月下旬，根据中共中央指示，中共中央北方局撤销，成立中共河北省委，执行原中共中央北方局职权。12月24日，中共中央政治局常委会决定，中共河北省委由卢福坦、陈原道、阮啸仙等组成，卢福坦为书记，其未到之前，暂由阮啸仙代理书记一职。

1931年2月5日，以徐兰芝为书记的河北临时省委成立，阮啸仙由代理书记改任军委书记，3月起又改任农运书记。4月8日，中共河北省委惨遭敌特破坏，省委书记徐兰芝等省委领导人被捕。4月10日，幸免于难的阮啸仙，一方面向党中央报告了省委遭破坏的情况，请求派一名书记和一名宣传干部到河北；另一方面将省委机关紧急转移至北平，与省委委员刘锡五等人组成临时中共河北省委，阮啸仙再次代理省委书记，继续艰难坚持工作。直至5月初，中共中央派来殷鉴任省委书记后，阮啸仙又改任省委组织部部长。7月后，以中共河北省委巡视员身份，赴辽宁等地开展巡视工作。

11月12日，由于叛徒出卖，中共河北省委代理书记马星荣、省委委员兼团省委书记王德、省委驻北平代表平杰三等人被捕，中共河北省委遭到第三次大破坏，正在辽宁沈阳执行巡视任务的阮啸仙又躲过一劫！面对省内绝大部分党组织遭敌破坏的严峻现实，在与中共辽宁和河北省委机关均失去联系的情况下，阮啸仙几经辗转，于12月初只身冒险潜回上海，向党中央汇报请示下一步的工作。其间，中华苏维埃共和国第一次全国代表大会在江西瑞金召开，阮啸仙虽未出席，但仍被选为中华苏维埃共和国中央执行委员会委员。

因上海党中央机关转移，原来的交通联络已紧急停用，阮啸仙因而与党组织失去联系。后在一位热心的石姓工友的帮助下，身患疾病的阮啸仙给广东河源下屯老家的族叔阮镜波及胞兄阮熙慈等亲友写了一封请求救助的信。在信的开头，叙述了自己在沈阳逃离虎口、扶病抵沪及暗示目前已与党组织失去联系的艰险处境；接着，向家里亲友请求接济，并表示了要继续寻找党组织的坚定决心。信中写道："十余年来如何艰苦备尝，今若此则未之有也。再四思维，与其身死他乡，沦为异地之鬼，以贻乃祖乃宗羞，何不汗颜乞怜于诸兄长之前，以活涸辙之枯鱼乎。弟曾计及：（一）继续找本行

(指中共中央机关——笔者注）消息，以三个月为限，必有所获；（二）重新另谋别业，以孱弱之身及附近各地人浮于事，虽小就，亦当准备两三个月用度。在都市生活，最省三个月生活须得伍拾元之谱。如蒙诸兄长共同筹划（数人尚易为力)，照上开数目，赐以再造之机会，则结草含环图报有日。此不啻起死人而肉白骨，胜造七级浮屠者也。如数汇来，仍望另函书明某也多少，以便稍有寸进，按期归赵，越快越好，越多越妙!”在白色恐怖之下书信往来，不得不将党中央暗喻为“本行”，并以“许亚仙”的化名，由热心工友所在公司代转。此信从一个侧面真实地反映了阮啸仙寻找党组织的急切心情，表现了一个共产党员在穷困潦倒、贫病交加和随时随地都有生命危险的白色恐怖之下，对共产主义的坚定信念和对党忠贞不渝的高尚情操。阮啸仙收到家中汇款后，立即谢别了热心资助的工友，利用对上海环境熟悉的有利条件，继续四处秘密打听党组织的下落。

直至1932年初，阮啸仙才与中共临时中央取得联系，终于回到了党的怀抱。6月，受临时中央指派，阮啸仙化名“晓山”，作为中央巡视员赴北平，督促河北省委贯彻北方联席会议决议。7月12日，又以中共江苏省委巡视员的身份，第二次来到徐州，督导徐州地区组织农民暴动。由于这场斗争是在王明“左”倾教条主义错误指导下进行的，机械地搬用了“国际路线”的决议精神，强调以“拥护苏联”“拥护红军和苏区”“建立苏维埃”等口号作为号召群众的政治纲领，进

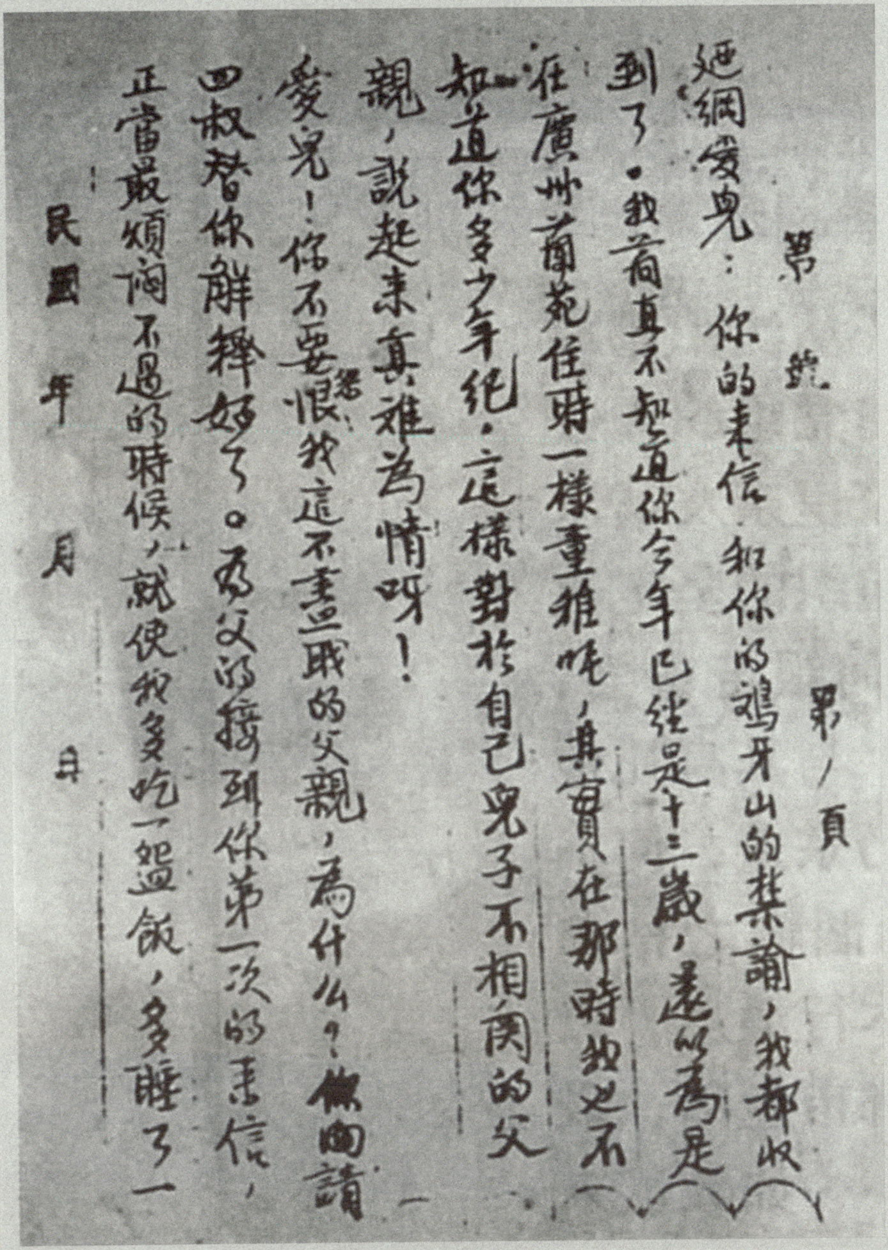

第　號　　　　第1頁

廼綱愛兒：你的來信，和你的鴉牙山的禁諭，我都收到了。我前真不知道你今年已经是十三歲，還以為是在廣州蘭苑住時一樣童稚呢，其實在那時我也不知道你多少年紀。這樣對於自己兒子不相關的父親，說起来真難為情呀！

愛兒！你不要恨我這不盡職的父親，為什么？無由請四叔替你解釋好了。為父的接到你第一次的來信，正當最煩悶不過的時候，就使我多吃一盌飯，多睡了一

民國　年　月　日

阮啸仙写给儿子阮乃纲的信

行所谓反富农路线的斗争，且斗争的目标严重脱离群众最迫切的要求，从而造成党内以及游击队内部的意见不一致，严重影响了党对斗争的领导，结果使轰轰烈烈的徐州农民暴动又一次遭受失败。同年冬，阮啸仙被分配担任全国革命互济总会救援部部长，协助邓中夏等人从事援救被捕同志和安置救济烈属等工作。

1933年秋，由于阮啸仙参加多次救援营救行动而暴露了政治身份，不再适宜在白色恐怖下的上海工作，因而上海中央执行局决定将他调往中央革命根据地工作。在中央交通员护送下，与时任全国海员总工会负责人的冯燊一起，从上海坐太古船经汕头，再由汕头乘火车到潮安，又坐电船到大埔，

阮啸仙（前排左二）与邓中夏（前排右一）、夏明翰（前排右二）、恽代英（后排右二）等人合影。

然后经过多天的步行到达福建上杭白沙的一个交通站，由闽西苏区派来四个红军大学学生护送进入了长汀，于10月上旬到达中央苏区的“首都”瑞金。

10月20日前后，阮啸仙受中央局书记周恩来的指派，受命在福建长汀与潘汉年、张鼎丞等一起，作为中共代表，与国民党十九路军代表徐名鸿、吴明（即陈公培）等人见面，并按中央要求进行洽谈，交换意见。谈判双方于10月26日草签了《反日反蒋的初步协定》，标志着国民党十九路军与中共的合作正式形成。但由于当时占据中央领导地位的博古等人推行王明“左”倾教条主义，甚至把草签的“初步协定”也视为“右倾机会主义”，因而谈判结果最终未能生效，错失了一个与国民党十九路军合作的绝好时机。

1934年1月15日至18日，阮啸仙出席了中共临时中央在瑞金沙洲坝乡大埠村一幢清代寺庙召开的中共六届五中全会，继续被选为中共中央审查委员会委员。随后，于1月21日至2月1日在瑞金沙洲坝中央大礼堂出席中华苏维埃共和国第二次全国代表大会，被选为中华苏维埃共和国第二届中央执行委员会委员。2月3日，参加中华苏维埃共和国第二届中央执行委员会第一次会议，被选为中央审计委员会主任。

在主政中央审计委员会期间，阮啸仙依照《中华苏维埃共和国中央苏维埃组织法》等规定，组织起草了中华苏维埃共和国第一部完整的审计法律文献——《中华苏维埃共和国中央政府执行委员会审计条例》，并于2月20日经中央执行委员

位于江西瑞金沙洲坝老茶亭村的中华苏维埃共和国临时中央政府大礼堂旧址

会主席毛泽东签署命令颁布施行，标志着中央苏区的审计工作开始步入了依法审计的轨道。根据该条例，阮啸仙率领审计人员先后对苏维埃中央政府各部门、党群团体和国家企业进行了认真的审计稽核，肯定成绩，发现问题，分析原因，提出对策，先后审签了8个审计报告，全部发表在当时号称“苏区第一大报”的《红色中华》，接受广大群众的监督。

这8个审计报告是：“一个初步结论”，即《中央审计委员会审查国家企业的初步结论》；“七个总结”，即《中央审计委员会审查三月份中央政府预算的总结》《中央审计委员会审核粤赣省三月的预算的总结》《中央审计委员会稽核瑞金经济开支的总结》《中央审计委员会检查互济会反帝拥苏同盟财政收支的总结》《中央审计委员会检查中央各部三月份节省成绩的总结》《中央审计委员会关于卫生部系统中五、六月节省成绩的总结》《中央审计委员会关于四个月节省运动的总结》；还有一份更正启事，即《中央审计委员会关于中央各部三月份节省的补充与更正》。

此外，阮啸仙还针对福建省苏维埃财政部3月份不但没有“节省行政经费百分之三十，恰恰相反，比二月超过百分之三十以上，比中审委本月核定数超过百分之七十以上”的理由，

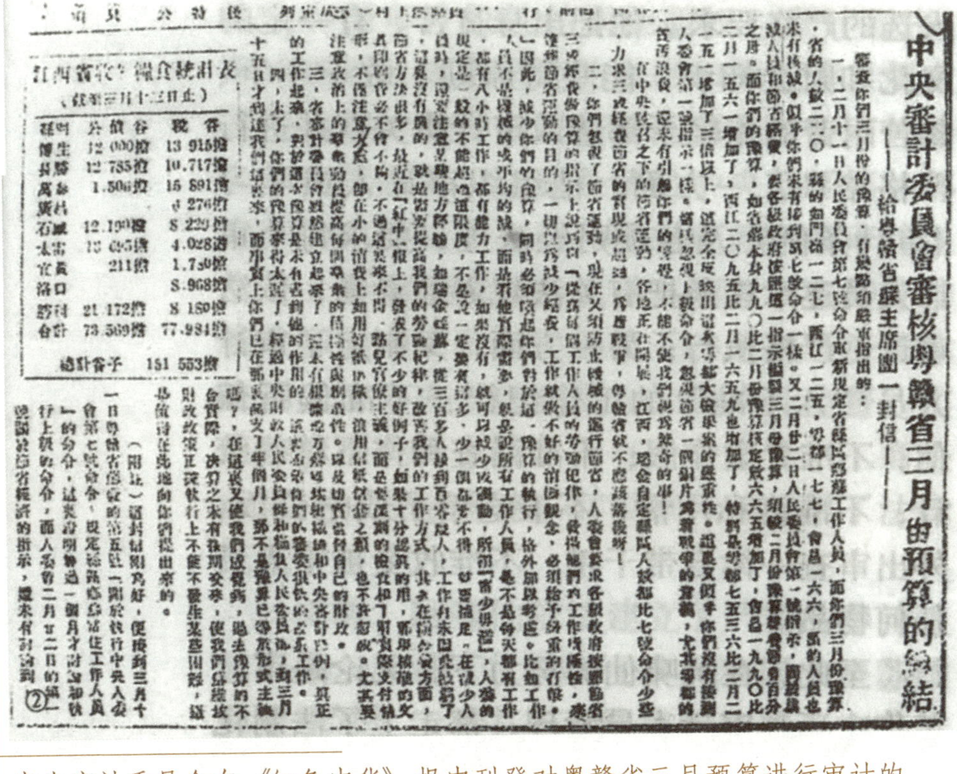
中央審計委員會審核粵贛省三月份預算的總結
——給粵贛省蘇主席團一封信——

中央审计委员会在《红色中华》报中刊登对粤赣省三月预算进行审计的总结报告

位于江西瑞金沙洲坝廉大厅杨氏众祠的中央审计委员会旧址

以公开信的方式，提出了严厉的批评，在《红色中华》发表了署名文章《把“节省每一个钱，为着战争，争取前线上的胜利”提到福建省苏面前》。阮啸仙主政中央审计委员会期间形成的以上报告、文章，集中体现了依法审计、重点审计、中心审计、公开审计、反腐审计的审计思想，直至今天仍有重要的借鉴意义。

1934年10月，第五次反“围剿”失败，中央主力红军被迫长征，阮啸仙留下继续坚持艰苦卓绝的游击战争。同年12月底，担任中共赣南省委书记兼赣南军区政治委员。

1935年1月，阮啸仙抱着日趋严重的哮喘病体，与省苏维埃政府主席钟世斌、赣南军区司令员蔡会文、赣南军区政治部

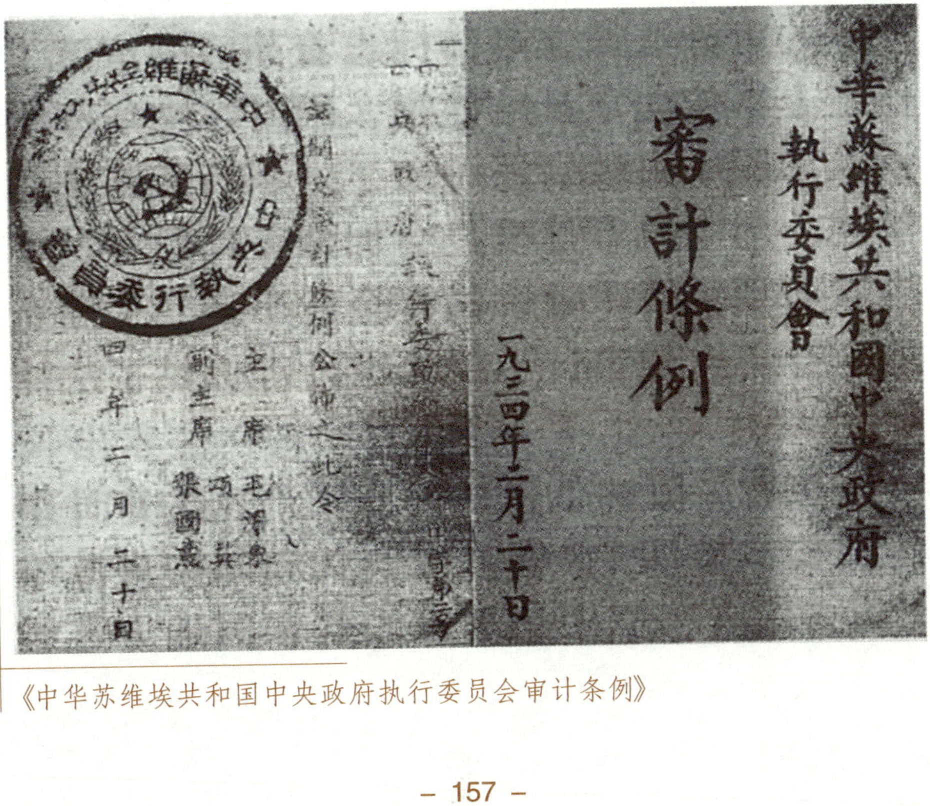
中華蘇維埃共和國中央政府
執行委員會
審計條例
一九三四年二月二十日

審計條例公佈之此令
主席 毛澤東
副主席 項英 張國燾
四年二月二十日

《中华苏维埃共和国中央政府执行委员会审计条例》

位于赣州市于都县城的中共赣南省委旧址

主任刘伯坚等人，组织赣南省军民，以于都、安远、兴国、信丰等县为中心区域，广泛开展坚壁清野，加紧进行筹粮筹款，积极扩大地方武装，全身心投入保护、疏散和安置留在苏区的红军伤病员及领导干部家属。进入2月上旬，包围中央苏区的各路敌人开始对瑞金、瑞西和于都、登贤、会昌各县进行分区“清剿”。中央苏区面临的形势到了最紧急关头。

2月中旬，整个中央苏区仅剩赣南省的黎村和禾丰两个地方，其余全部被敌占领。中央分局按照中央书记处的指示，随即在于都禾丰地区召开紧急会议，传达中央指示精神，决定将被围困在于都南部的近万名红军部队和地方工作人员，分成九路向外突围，开展游击战争。按照这一部署，阮啸仙与赣南军区司令员蔡会文、赣南军区政治部主任刘伯坚、少共赣南省委书记陈丕显和中央政府办事处副主任梁柏台等，率红军独立第六团及省委机关、中央工农剧社、红色中华社等2000余人，先留在于都南部山区，准备突围。

3月初，阮啸仙率部突围至信丰、安远交界的大山里，遭国民党粤军第一军第一师重兵包围。4日，他抱着病体，喘着粗气，作突围前的最后动员。接着，阮啸仙与蔡会文、刘伯坚、梁柏台、陈丕显等，率赣南省机关和部队2000余人，整编成三个支队，从上坪的南坑山出发，往赣粤边的龙南、全南、定南方向突围。上午10时许，阮啸仙与蔡会文发现突围部队成一路纵队行进，立即从衣袋掏出笔记本，撕下一页，

阮啸仙牺牲处——江西省赣州市信丰县安西乡上迳村枫树庵

与蔡会文联名给支队长林匡、政委刘英写了一份手令，命令队伍立即改变队形，“以连或两个连为单位，这样的来穿过敌人封锁线到三南与河西去活动”；并要求迅速行动，告诫“任何犹豫不决，都是等于帮助敌人、自杀的方法！”但部队来不及分散，即在畚岭地区的罗坑、金沙一带与敌人遭遇，激战数小时，突围部队被敌冲散。

3月5日，阮啸仙带病指挥收拢突围部队，继续在畚岭地

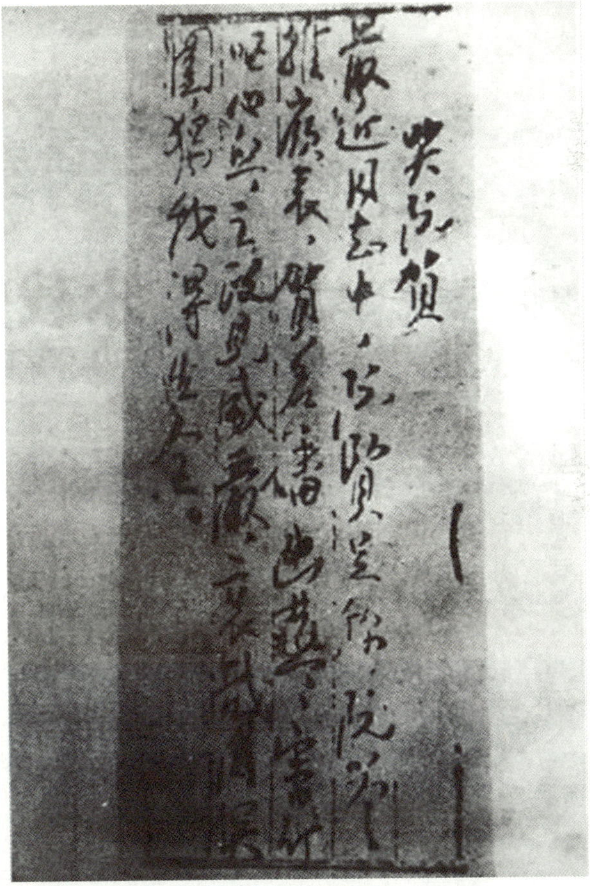

陈毅《哭阮贺》一诗手迹

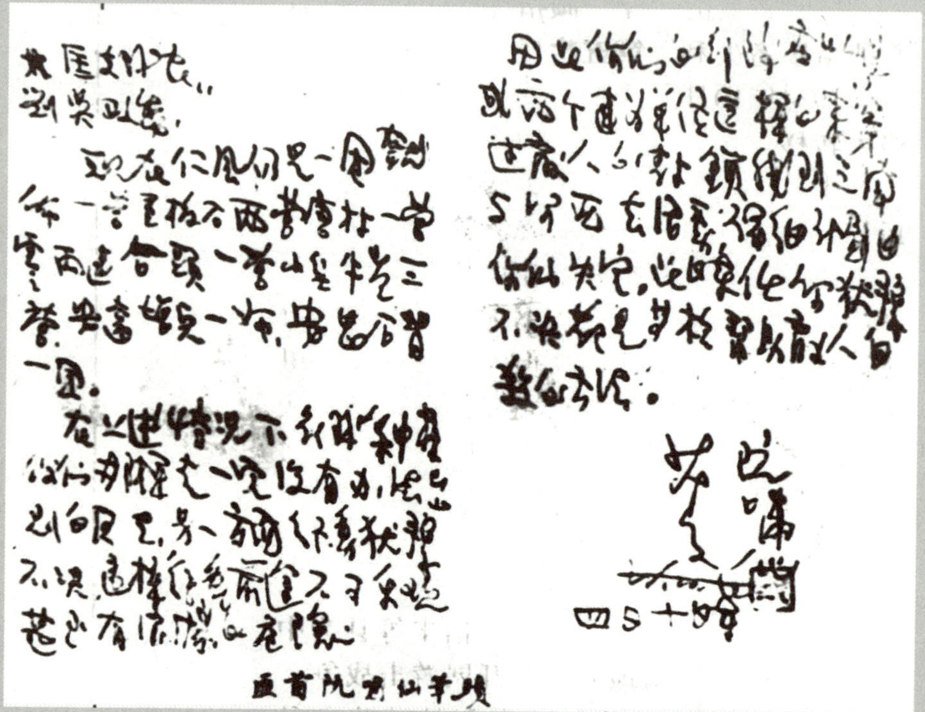

阮啸仙和蔡会文写给突围部队负责人的手令

河源市革命烈士陵园内的阮啸仙烈士雕像

区与敌激战。6日，阮啸仙与蔡会文率领第二支队突围人员，冲破敌牛岭、马岭封锁线。当突围至信丰县安西乡上迳村枫树庵附近的上小埂时，阮啸仙不幸被敌弹击中，壮烈牺牲，英年37岁。

3月底，时任中华苏维埃共和国中央政府办事处主任、安全突围到达信丰油山后的陈毅，在惊悉阮啸仙和中央军区政治部主任贺昌先后牺牲的噩耗后，含泪写下了一首催人泪下的题为《哭阮贺》的五言诗，抒发了他对两位革命战友的悼念之情："最近同志中，阮贺足称贤。阮誉传岭表，贺名播幽燕。审计呕心血，主政见威严。哀哉同突围，独我得生全。”诗中“阮誉传岭表”“审计呕心血”等句，正是体现阮啸仙作为一个职业革命家壮丽人生的真实写照。

驰骋大江南北，踏遍祖国河山。阮啸仙用他的忠诚和担当，用他的辛劳与热血，用他短暂而壮丽的37个春秋，在中共历史上镌刻了永不褪色的红色印记。

2009年，中央组织部、中央宣传部及中央文献研究室、中央党史研究室等11个部门联合组织开展了“100位为新中国成立作出突出贡献的英雄模范人物和100位新中国成立以来感动中国人物”评选活动。经过近亿群众投票，中央有关部门核准、组委会评审专家投票，阮啸仙被评为“100位为新中国成立作出突出贡献的英雄模范人物”之一。这是祖国和人民对阮啸仙革命一生的最高评价。